Saggi
Storia

Eric H. Cline

La sopravvivenza delle civiltà

Dopo il 1177 a.C.
Benvenuti nell'Età del Ferro

Traduzione di Susanna Bourlot

Bollati Boringhieri

Prima edizione agosto 2024

Titolo originale *After 1177 B.C. The Survival of Civilizations*

Torino, corso Vittorio Emanuele II, 86
Gruppo editoriale Mauri Spagnol

ISBN 978-88-339-4351-0

www.bollatiboringhieri.it

Stampato in Italia dalla Rotolito S.p.A., Seggiano di Pioltello (Mi)

FSC
www.fsc.org
MISTO
Carta | A sostegno della gestione forestale responsabile
FSC® C005461

Anno				Edizione					
2027	2026	2025	2024	2	3	4	5	6	7

Indice

Introduzione
«È la fine del mondo come lo conosciamo» (… e non mi sento tanto bene)[1]

Ho cominciato a scrivere questo libro una mattina presto del febbraio del 2019, sul balcone di un appartamento preso in affitto a Réthymno, Creta. Ci trovavamo lì per l'inizio del corso che mia moglie Diane avrebbe tenuto all'università dell'isola grazie al programma Fulbright. Quanto a me, avevo ottenuto un semestre di pausa dalla nostra università così da poterla accompagnare, e ora ci godevamo il debole sole invernale, e visitavamo siti archeologici familiari prima che iniziassero le lezioni. Eravamo meravigliati dall'onnipresenza dell'antichità anche nel marketing moderno, sotto forma di immagini di Arianna con un gomitolo in mano e di acrobati minoici intenti a balzare sui tori – di per sé nulla di sbalorditivo, non fosse che le scene decoravano i lati di un polveroso distributore di Coca-Cola fuori da un negozio della città vecchia.

Quella particolare mattina era tutto tranquillo e silenzioso, davanti a me il sole sorgeva sul Mediterraneo tanto amato da Omero e alla mia sinistra si scorgevano in lontananza le Montagne Bianche. Tutto sembrava perfetto mentre sorseggiavo il caffè leggendo varie riviste online e ascoltando distrattamente le notizie in streaming audio.

Poi cominciai a drizzare le orecchie. La BBC ci stava mettendo in guardia dal possibile collasso della nostra civiltà, grazie a una simpatica molteplicità di fattori interconnessi che spaziavano dal clima all'economia. Secondo uno studio appena uscito, che i giornalisti stavano commentando allarmati, presto quei fattori avrebbero potuto causare «instabilità economica, migrazioni su grande scala, conflitti, carestie e il potenziale crollo dei sistemi socio-economici».[2]

Erano passati quasi cinque anni dalla prima edizione di *1177 a.C. Il collasso della civiltà*, in cui esaminavo le cause del crollo che si era

Figura 1. Distributore automatico di Coca-Cola a Réthymno, Creta.
Fonte Fotografie di E.H. Cline.

verificato nell'Egeo e nel Mediterraneo orientale alla fine della tarda Età del Bronzo, più di tremila anni fa.[3] Nel libro spiegavo com'era la vita all'epoca, cioè tra il XV e il XII secolo a.C., in quelle regioni – dalla Grecia fino all'Iran e all'Iraq, e dalla Turchia fino all'Egitto, per usare termini geografici moderni. Descrivevo i G8 di allora – micenei, minoici, ittiti, ciprioti, cananei, egizi, assiri e babilonesi – ed esaminavo le possibili cause del Collasso che aveva messo fine al loro mondo internazionalizzato, ma come e perché esattamente fosse avvenuto in modo così rapido e totale è per molti versi ancora oggi un mistero.

I possibili fattori che avevo preso in esame (ancora più approfonditamente nell'edizione rivista e ampliata del 2021) comprendevano il cambiamento climatico, la siccità, la carestia, i terremoti, le invasioni e le malattie. E concludevo che nessuno di quegli elementi, da solo, sarebbe stato sufficientemente catastrofico da far crollare anche solo una delle civiltà dell'Età del Bronzo nell'Egeo e nel Mediterraneo orientale, meno che mai tutte quante. Una combinazione di tutti (o di molti / della maggior parte) di quei fattori, invece, avrebbe scatenato una tempesta perfetta di disastri, con un effetto domino e un effetto moltiplicatore che avrebbero portato a una rapida disintegrazione di una società dopo l'altra, in parte anche per via della frammentazione della rete globalizzata del Mediterraneo e dell'interruzione delle connessioni da cui quelle civiltà dipendevano. Come concludevo, «In breve, le fiorenti culture e le popolazioni dell'Età del Bronzo [...] non riuscirono a sopravvivere alla valanga di agenti stressanti che si abbatté su di loro in un colpo solo».[4]

Creta è uno dei luoghi in cui la civiltà sostanzialmente crollò e la società avanzata dei minoici, come li chiamiamo, alla fine dell'Età del Bronzo in pratica scomparve, per essere sostituita da una nuova. Neanche i micenei della vicina Grecia continentale, la patria di Achille, Odisseo, Aiace e degli Stati greci descritti nell'*Iliade* e nell'*Odissea* sopravvissero – o almeno non sopravvissero la loro società e la loro cultura. Nessuno, oggi, si definisce minoico o miceneo. Perciò le notizie di quella mattina suscitarono in me una certa costernazione, uno strano senso di «futuro déjà-vu», per così dire, accompagnato dalla preoccupazione che un collasso catastrofico incombesse su di noi e sul nostro mondo globalizzato. Sarebbe la fine del mondo per come lo conosciamo, come cantano i R.E.M., ma io non mi sentivo affatto bene all'idea. Se ci attende un altro crollo, riflettevo, sarebbe troppo presto per mettersi a pensare alla ricostruzione? Sarebbe anche solo possibile ricostruire?

Mi misi anche a pensare a come dovettero sentirsi quei popoli, quando il loro mondo era collassato. Che cos'avevano fatto i sopravvissuti dopo, o che cosa non erano riusciti a fare di fronte alla situazione (o alle situazioni) in cui si erano ritrovati? All'epoca, qualcuno si rendeva conto di star vivendo un crollo?[5] Come si erano riorganizzati e ripresi? L'avevano fatto? Erano stati resilienti? Si erano trasformati? O erano spariti e basta, per essere sostituiti da nuovi Stati e nuove società?

Non sono l'unico a pormi queste domande. Negli ultimi anni archeologi e storici hanno cominciato a esaminare più approfonditamente cosa avviene dopo un crollo, e non solo nel caso del Collasso della tarda Età del Bronzo, ma anche in quello di altre società e civiltà dei millenni passati che sperimentarono un'improvvisa disintegrazione, totale o parziale – come gli harappani nella Valle dell'Indo quattromila anni fa, i romani alla fine dell'Età Classica, o i Maya nel IX secolo d.C., tanto per fare qualche esempio. Alcuni non sopravvissero, altri invece superarono in qualche modo la transizione e furono in grado di riaffermarsi o di reinventarsi.[6]

La questione, insomma, è come riuscirono i sopravvissuti a resistere e ad andare avanti. Tra i termini oggi utilizzati per descrivere la sopravvivenza alle crisi moderne ci sono «resistenza», «adattamento», «transizione» e «trasformazione». La parola «resilienza» in particolare è diventata molto popolare perché è ormai chiaro, come ha detto una coppia di studiosi, che «collasso e resilienza sono le due facce di una stessa medaglia; il collasso avviene quando la resilienza è perduta, e i sistemi resilienti hanno minori probabilità di collassare». John Haldon, storico presso l'Università di Princeton, e i suoi colleghi hanno sottolineato che il modo in cui le società passate hanno reagito allo stress dipende da tre cose: la complessità, la flessibilità e la ridondanza sistemica, «tutti elementi che insieme determinano la resilienza del sistema».[7]

Tutto questo mi è diventato ancora più chiaro circa otto mesi più tardi, dopo essere tornati da Creta, nell'inverno e nella primavera del 2020, quando la pandemia di Covid-19 ha colpito gli Stati Uniti e le manifestazioni di protesta di Black Lives Matter si sono diffuse per il paese dopo la morte di George Floyd Jr. Le manifestazioni, alcune pacifiche e altre sfociate in violenza per via dei contromanifestanti e delle azioni degli agenti federali, sono proseguite nell'estate e nell'autunno.

Un anno dopo, nonostante un nuovo presidente alla Casa Bianca, le cose non andavano meglio. Nell'agosto del 2021, le Nazioni Unite hanno pubblicato un rapporto estremamente pessimista sul cambiamento climatico, mentre il National Intelligence Council americano ha divulgato una relazione secondo cui la pandemia «aveva esacerbato l'ineguaglianza economica, messo a dura prova le risorse governative e alimentato sentimenti nazionalisti». All'incirca nello stesso periodo erano scoppiati grossi incendi sia in California che in Grecia, ed erano cominciati a emergere i problemi con le filiere produttive globali, al punto che per i consumatori era diventato difficile comprare qualsiasi cosa, dai computer portatili alle automobili.[8]

In quel momento le riflessioni che avevo fatto quand'eravamo a Creta non mi sembravano più un esercizio accademico ozioso. Al precedente elenco di fattori di stress, ora si aggiungevano una pandemia mondiale, incendi più violenti del normale, forti uragani e altre prove del cambiamento climatico, problemi su scala globale nella filiera produttiva e gravi fratture sociali negli Stati Uniti.

E le cose non erano migliorate con l'anno nuovo. Nella primavera, nell'estate e all'inizio dell'autunno del 2022, la Russia aveva invaso l'Ucraina, nuove varianti di Covid-19 si erano diffuse rapidamente nel mondo e c'erano state rivelazioni su quanto era successo nel Campidoglio il 6 gennaio 2021. Se prima ero preoccupato, ora mi domandavo seriamente se non fosse arrivata un'altra «tempesta perfetta» di disastri, e se dietro l'angolo non ci aspettasse un altro collasso, come quello del 1177 a.C. Tutto era avvenuto a una velocità mozzafiato – molto più in fretta di quanto c'era voluto nel XII secolo a.C., che è il mio personale parametro di riferimento per le catastrofi che possono colpire le civiltà.

Le domande che mi ponevo mentre ero a Creta, e che da qualche tempo si ponevano anche altri studiosi, erano le stesse che ora assillavano il governo degli Stati Uniti e il mondo dei media.[9] Cosa succede quando una società crolla? È finita per sempre o si riprende? È possibile raccogliere i cocci e ricominciare? Ci sono delle sostituzioni che prima stavano in panchina – persone nuove e una nuova società – pronte a entrare in campo? O chi sopravvive mostra resilienza e si adatta alle mutate circostanze, trasformandosi fino a trovare una «nuova normalità»? Come disse l'archeologo George Cowgill nel 1988, «il "collasso di una civiltà" [...] è un'idea molto meno semplice di quanto siamo abituati a pensare».[10] Lo stesso vale per la rinascita o la trasformazione di una civiltà. È il tema che esploreremo in questo libro, scoprendo cos'è accaduto davvero nell'Egeo e nel Mediterraneo orientale nel periodo successivo al Collasso della tarda Età del Bronzo.

Prima di cominciare, però, è bene fare alcune precisazioni. Come vedremo, la situazione dopo il Collasso della tarda Età del Bronzo era più sfumata di quanto si possa pensare. Via via che la rete internazionale che collegava tutto l'Egeo e il Mediterraneo orientale perdeva pezzi (e non ci sono dubbi che fu così), le singole società dovettero prendere delle decisioni circa la loro sopravvivenza. Le loro scelte erano semplici: se volevano sopravvivere, dovevano resistere, trasformarsi o adattarsi alla nuova normalità. In caso contrario, sarebbero state condannate all'estinzione. Questo diventa chiaro quando si studia il periodo immediatamente successivo al Collasso e si confrontano le diverse situazioni delle società antiche coinvolte, che è esattamente quel che farò nei prossimi capitoli. Mi interessa non solo capire chi sopravvisse e perché, ma anche chi non ci riuscì (e perché).

Aggiungo inoltre che le versioni iniziali di questo libro seguivano un approccio cronologico, proprio come in *1177 a.C.*, e descrivevano cos'era accaduto secolo per secolo dopo il Collasso. Ho deciso però che un approccio geografico avrebbe reso meglio il senso di come le società avevano reagito quando gli abitanti delle diverse regioni cercarono di sopravvivere agli effetti della catastrofe che li aveva colpiti, anche se rimangono vari punti di contatto tra i capitoli. In sostanza, presento otto esempi di cosa fare, o non fare, dopo un collasso.

Racconto questa storia usando alcuni oggetti come tracce da seguire nel nostro viaggio: il più delle volte iscrizioni su pietra, argilla, papiro e altri materiali, ma anche altri tipi di manufatti antichi. Presento queste prove materiali per amor di trasparenza intellettuale: intendo infatti mostrare non solo cosa sappiamo, ma come lo sappiamo. Soprattutto nel caso degli assiri, dei babilonesi e degli egizi, che hanno lasciato un vero patrimonio di iscrizioni, è però chiaro che spesso ci sono sufficienti dettagli (talvolta anche troppi) per concentrarsi sulle personalità di alto rango e sulle loro imprese, ma lo stesso non sempre si può dire per chi apparteneva alle classi inferiori. Per altre società, invece, come la micenea, la minoica e la cipriota, gli specifici dettagli della maggior parte degli individui, ricchi o poveri che fossero, sono ormai persi nella storia. Le mie disamine quindi variano notevolmente da un capitolo all'altro, con approfondimenti dettagliati di specifiche storie quando la quantità e il tipo di informazioni disponibili lo permettono, ma con l'ambizione di arrivare a un denominatore comune di copertura storica di base ogni volta che è possibile.[11] Chi è vissuto, chi è morto, cercherò di raccontare la loro storia (per parafrasare un musical di grande successo come *Hamilton*). Per chi ha difficoltà a tenere a mente i giocatori senza una scheda segnapunti, in fondo al libro c'è un «Elenco dei personaggi» più importanti.

Dobbiamo anche tener presente che questa è una storia molto più intricata di quella dell'Età del Bronzo. Anzi, dovremmo pensare in termini di storie, al plurale, dal momento che nell'esaminare le reazioni delle varie società in quei secoli, facciamo riferimento a una regione mediterranea che era stata frammentata dal collasso del mondo interconnesso che conoscevano. È un po' come guardare in un caleidoscopio, dove pur non mancando connessioni e legami, i pezzi spesso sono separati tra loro o si sfiorano appena, per tornare insieme solo alla fine di questo racconto. Abbiamo l'opportunità unica di scoprire cosa succede dopo che un sistema crolla, esaminando nel dettaglio la storia non di una sola società, come i maya o i romani, ma di otto. Ed è esattamente quello che faremo nei primi cinque capitoli del libro. Nel sesto, poi, analizzeremo quel che avremo appreso, classificando le società in termini di resilienza e di capacità o incapacità di adattarsi e trasformarsi, usando criteri e definizioni fornite dall'Intergovernmental Panel on Climate Change (IPCC): in tal modo potremo esaminare quale di esse sia rilevante per il mondo moderno, con la speranza che ci possa fornire una guida su come rendere le nostre società più resilienti di fronte alle potenziali catastrofi di oggi.

La sopravvivenza delle civiltà

Dedicato a Diane Harris Cline,
classicista e violoncellista

Qualcuno una volta ha detto che i suoi periodi storici preferiti erano quelli in cui tutto precipita, perché significano la nascita imminente di qualcosa di nuovo.

J. Barnes, *Il senso di una fine* (2011)[1]

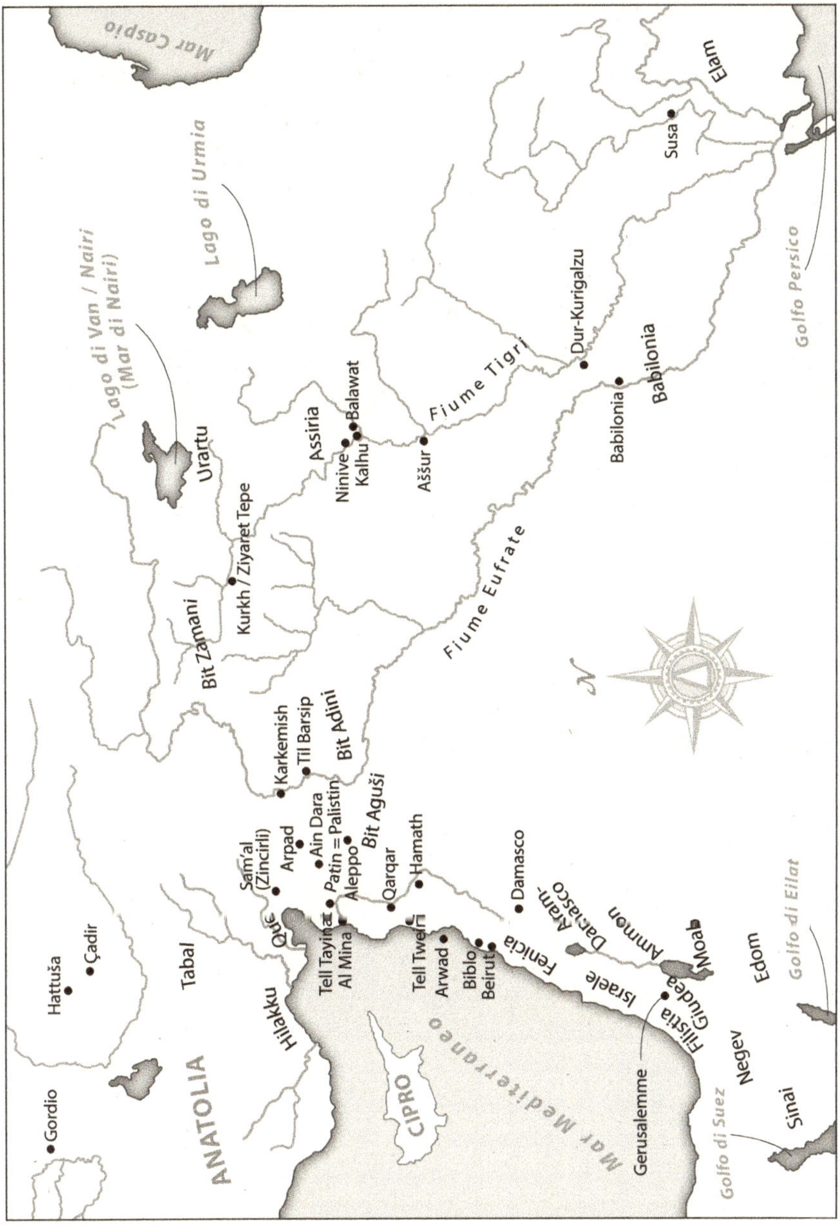

Mappa 1. Il Mediterraneo orientale nell'Età del Ferro: sono indicati i siti neo-ittiti, aramei e mesopotamici, e i regni levantini meridionali (ma non sono segnalati tutti i siti).

Mappa 2. L'Egitto nell'Età del Ferro, con i siti e le aree menzionati nel testo.

Mappa 3. Il Levante nell'Età del Ferro, con i siti e le aree menzionati nel testo.

Mappa 4. Cipro nell'Età del Ferro, con i siti e le aree menzionati nel testo.

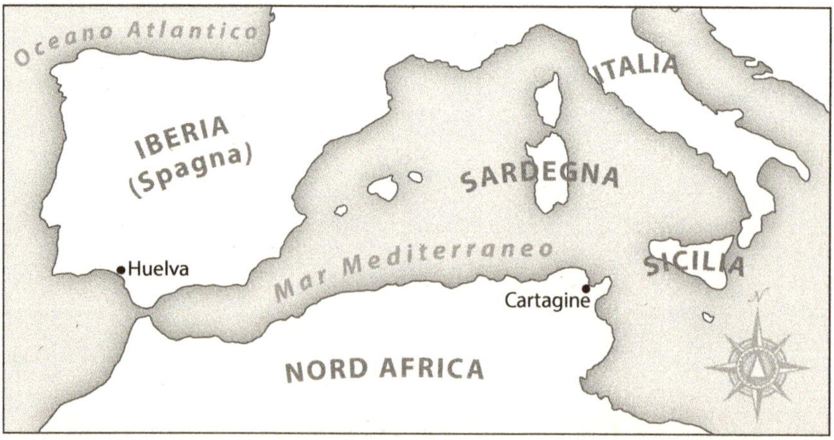

Mappa 5. Il Mediterraneo occidentale nell'Età del Ferro, con i siti e le aree menzionati nel testo.

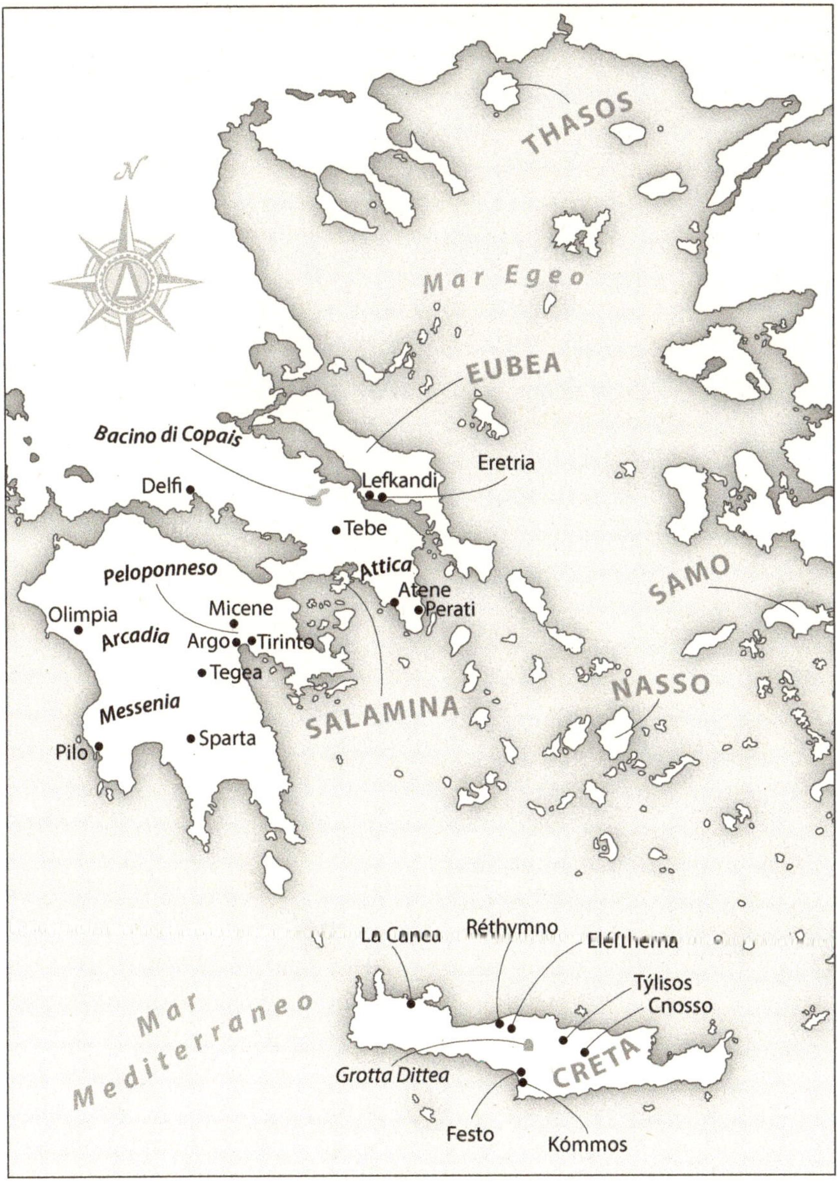

Mappa 6. La regione dell'Egeo nell'Età del Ferro, con i siti e le aree menzionati nel testo.

Tabella 1. Sovrani e anni di regno menzionati nel testo – area settentrionale.

	Assiria	*Babilonia*	*Elam*
XIII secolo a.C.	Tukulti-Ninurta I (1244-1208 a.C.)		
XII secolo a.C.	Aššur-dan I (1179-1133 a.C.)		Shutruk-Nahhunte (1190-1155 a.C.)
		Enlil-nadin-ahi (1157-1155 a.C. ca.)	Kutur-Nahhunte (1155-1150 a.C. ca.)
	Aššur-reša-iši I (1133-1116 a.C.)	Nabucodonosor I (1125-1104 a.C.)	Hutelutush-Inshushinak (1120-1110 a.C. ca.)
XII-XI secolo a.C.	Tiglatpileser I (1115-1076 a.C.)	Marduk-nadin-ahhe (1099-1082 a.C. ca.)	
XI secolo a.C.	Aššur-bel-kala (1074-1057 a.C.)	Marduk-sapik-zeri (1082-1069 a.C.)	
		Adad-apla-iddina (1067-1046 a.C.)	
	Aššurnasirpal I (1049-1031 a.C.)		
	Salmanassar II (1030-1019 a.C.)		
		Kaššu-nadin-ahhe (1007-1005 a.C. ca.)	
X secolo a.C.			
		Nabu-mukin-apli (978-943 a.C. ca.)	
	Aššur-dan II (934-912 a.C.)		
X-IX secolo a.C.	Adad-nirari II (911-891 a.C.)	Shamaš-mudammiq (900 a.C. ca.)	
IX secolo a.C.	Tukulti-Ninurta II (890-884 a.C.)		
	Aššurnasirpal II (883-859 a.C.)	Nabu-apla-iddina (887-855 a.C. ca.)	
	Salmanassar III (858-824 a.C.)	Marduk-zakir-sumi (855-819 a.C. ca.)	
	Shamši-Adad V (823-811 a.C.)	Marduk-balatsu-iqbi (819-813 a.C.)	
		Baba-aha-iddina (812 a.C. ca.)	
IX-VIII secolo a.C.	Adad-nirari III (810-783 a.C.)		
VIII secolo a.C.			

Karkemish (grande re)	*Karkemish (signore del paese)*	*Kunulua / Palistin / Patin(a) (Tayinat)*	*Sam'al (Zincirli)*	*Urartu*
Kuzi-Tešub (1200-1180 a.C. ca.)				
Ini-Tešub (fine XII sec a.C.)				
		Taita I (XI sec. a.C.)		
Sapaziti (fine XI sec. a.C.)				
Ura-Tarhunta (fine XI sec. a.C.)				
Tuthaliya II (fine XI sec. a.C.?)	Suhi I (1000 a.C. ca.)	Taita II (inizio X sec. a.C.)		
	Astuwalamanza(s) (X sec. a.C.)			
nipoti di Ura-Tarhunta (X sec. a.C.)	Suhi II (X sec. a.C.)	Manana (metà X sec. a.C.)		
	Katuwa(s) (fine X sec. a.C.)	Šuppiluliuma I (fine X sec. a.C.)		
	Suhi III (900 a.C. ca.)	Halparuntiya (inizio IX sec. a.C.)	Hayya (870/60-840 a.C. ca.)	
		Lubarna I (?) (inizio IX sec. a.C.)		
	Sangara (875-848 a.C. ca.)	Šuppiluliuma II / Šapalulme (metà IX sec. a.C.)		Arame (859-844 a.C. ca.)
		Qalparunda II (metà IX sec. a.C.)	Sha'il (prob. co-governante, 850-840 a.C. ca.)	
	Isarwila-muwa (II metà IX sec. a.C.)	Lubarna II (fine IX sec. a.C.)	Kulamuwa (840-810 a.C. ca.)	Sarduri I (834-828 a.C. ca.)
	Kuwalana-muwa (II metà IX sec. a.C.)			Ishpuini (828-810 a.C. ca.)
	Astiru(wa) I (810 a.C. ca.)			
			Qurila (810-790 a.C. ca.)	Menua (810-786 a.C. ca.)
	Kamani (790 a.C. ca.)			Inushpua (regna con Menua)
			Panamuwa I (790-745 a.C. ca.)	Argishti I (786-764 a.C. ca.)

Tabella 2. Sovrani e anni di regno menzionati nel testo – area meridionale.

	Tiro	*Biblo*	*Damasco (regno / città)*
XIII secolo a.C.			
XII secolo a.C.			
XII-XI secolo a.C.		Tjekkerbaal / Zakarbaal (1075 a.C. ca.)	
XI secolo a.C.			
X secolo a.C.		Ahiram (inizio X sec. a.C.)	
	Hiram I (ca. 970-936 a.C.)	Ethbaal (inizio X sec. a.C.)	
		Yehimilk (metà X sec. a.C.)	
	Baal-ma'zer [Baal-azor] I (fine X sec. a.C.)	Abibaal (metà-fine X sec. a.C.)	
	Abdi-Aštart [Abdastratus] (fine X sec. a.C.)	Elibaal (metà-fine X sec. a.C.)	
X-IX secolo a.C.	Methusastratos [usurpatore] (fine X sec. a.C.)	Shipitbaal (fine X sec. a.C.)	
IX secolo a.C.	Iš-Aštart (inizio IX sec. a.C.)		
	Aštar(t)-imn (inizio IX sec. a.C.)		
	Pilles (inizio IX sec. a.C.)		
	Ethbaal (inizio-metà IX sec. a.C.)		Hadad-ezer (858 a.C. ca.)
	Baal-ma'zer [Baal-azor] II (metà IX sec. a.C.)		
			Hazael (842-796 a.C. ca.)
IX-VIII secolo a.C.	Mattan I (fine IX sec. a.C.)		
	Pumiyaton [Pummayon / Pigmalione] (fine IX-inizio VIII sec. a.C.)		

Egitto	Monarchia Unita	Israele	Giuda	Moab	Edom
Ramses III (1186-1155 a.C.)					
Ramses IV-X (1155-1098 a.C.)					
1) Ramses XI (1098-1070 a.C.); *2)* Smendes (1077/69-1043 a.C.); *3)* Herihor (1080-1074 a.C.); Panedjem I (1074-1036 a.C.)					
Psusennes I (1039-991 a.C.)	Davide (1000-970 a.C. ca.)				Hadad (inizio x sec. a.C.)
Amenemope (991-982 a.C.)					
Siamon (979-958 a.C.)					
Psusennes II (958-945 a.C.)	Salomone (970-930 a.C. ca.)				
Sheshonq I (945-924 a.C. ca.)					
Osorkon I (924-889 a.C. ca.)					
		Omri (884-873 a.C. ca.)		Mesha (metà IX sec. a.C.)	
Takelot I (889-872 a.C.), Sheshonq IIa (890 a.C. ca.)		Acab (871-852 a.C. ca.)			
Osorkon II (872-831 a.C.)		Ioram (850-840 a.C. ca.)	Ieoram (849-842 a.C. ca.)		
			Acazia (842-841 a.C. ca.)		
		Ieu (841-814 a.C. ca.)			
Sheshonq III (831-791 a.C.); Takelot II (834-810 a.C.)		Ioas [Joash / Jehoash] (804-789 a.C. ca.)			

Prologo
Benvenuti nell'Età del Ferro

Giunti dal nord con armi scintillanti di ferro affilato, poco dopo il 1200 a.C. i feroci guerrieri dorici misero rapidamente fine alla civiltà micenea. La Grecia piombò nella prima Epoca Buia del mondo. Secondo Tucidide, lo storico greco del v secolo a.C., erano passati appena ottant'anni dalla guerra di Troia.[1]

I primi archeologi e storici che lavorarono nella Grecia moderna sposarono la tesi di un'«invasione dorica». Secondo i loro scenari, gli invasori portarono con sé nuovi tipi di spille, sepolture, terrecotte e – cosa più importante di tutte – spade in ferro.[2] Questa versione è entrata nei libri di storia sull'antica Grecia e occupa tuttora una posizione di rilievo in molti testi, inclusa l'edizione più recente della *Columbia Electronic Encyclopedia*, che afferma: «L'impero commerciale miceneo e la sua influenza culturale durarono dal 1400 al 1200 a.C., quando l'invasione dei dori diede inizio a un periodo di declino per la Grecia».[3]

Solo che, probabilmente, non è andata così.

La possibilità di un'invasione dorica era stata messa in dubbio già nel 1966 da diversi studiosi, fra i quali Rhys Carpenter del Bryn Mawr College (Pennsylvania), ed è tuttora dibattuta. È stata definita la «curiosa situazione di un'invasione senza invasori», «un miraggio accademico», e «una situazione straordinaria e paradossale, in cui non c'è segno della presenza di un invasore ostile». Per citare Joseph Tainter, l'insigne studioso del Collasso, «i dori hanno lasciato stranamente poche tracce archeologiche», mentre il professor Gregory Nagy, ex direttore del Centro di Studi Ellenici di Harvard, ha osservato che «non c'è bisogno di ipotizzare una "invasione dorica" [...] se in realtà i dori erano già "lì" nel Peloponneso, come una popolazione sostrato».[4]

In realtà, nessuna delle «prove» citate sopra richiede l'arrivo di un nuovo popolo, anzi oggi sappiamo che alcune delle cosiddette innovazioni videro la luce già nell'Età del Bronzo, comprese le spade Naue II e le fibule ad arco di violino. Altre innovazioni, come la padronanza della tecnologia del ferro, comparvero dopo la distruzione dei palazzi, e non prima o contemporaneamente, come vedremo più avanti. Inoltre la terracotta di stile miceneo continuò a essere prodotta per un altro secolo e mezzo dopo l'inizio del Collasso, fino a metà dell'XI secolo a.C.[5]

Ci sono anche importanti evidenze di continuità, nonostante l'improvviso e totale crollo dei sistemi politico-economici registrati nella Grecia continentale durante l'Età del Bronzo. Per esempio, i linguisti hanno suggerito che alcune caratteristiche del dialetto dorico fossero già rintracciabili nella lingua dei testi scritti in Lineare B usato dai micenei, che è una prima versione del greco. Dunque i diversi dialetti erano forse parlati da gruppi grecofoni distinti che sopravvissero al grande Collasso, e non da invasori venuti da lontano.[6]

Inoltre, non si segnala un grande afflusso di nuove popolazioni. Anzi, i ritrovamenti archeologici indicano esattamente il contrario, dal momento che la Grecia continentale subì un forte calo demografico subito dopo il Collasso. Le stime iniziali, secondo cui la popolazione era diminuita del 75-90 per cento tra il XII e l'XI secolo a.C., sono oggi considerate un po' troppo alte, ma quelle attuali si aggirano comunque intorno al 40-60 per cento – da una popolazione stimata di circa 600 000 persone alla fine dell'Età del Bronzo a una di circa 330 000 all'inizio dell'Età del Ferro nella Grecia continentale.[7]

Non tutti morirono: alcuni sopravvissuti si spostarono semplicemente in zone della Grecia che prima non erano popolate ma che ora venivano ritenute più sicure rispetto ai luoghi in cui si era vissuto fino ad allora. Altri forse si trasferirono ancora più lontano, migrando verso est in luoghi come Cipro o Canaan, o verso ovest, in Italia, Sicilia e Sardegna.[8]

In poche parole, nonostante più di un secolo di scavi, non si è ancora trovata alcuna prova definitiva dell'invasione dorica. È un mito o una tradizione letteraria creata dagli antichi greci per spiegare, in parte, la presenza dei vari dialetti del greco scritto e orale nel primo millennio a.C., ma non è suffragata da alcuna evidenza scientifica.

Se sono ormai diversi decenni che l'idea di un'invasione dorica è stata sviscerata, accantonata e infine scartata dagli studiosi, perché, ci si potrebbe ragionevolmente chiedere, se ne parla ancora? Il fatto è che al di fuori della piccola comunità degli accademici quella tesi ha ancora credito, nonostante lo scetticismo degli studiosi. Sarah Morris, professoressa all'UCLA, parlando del «persistente spettro dei dori» avverte che «malgrado i dori siano ormai esclusi da storici, linguisti e archeologi, essi continuano a sopravvivere [...] nei libri di testo e nelle aule scolastiche. In altre parole, la didattica – dai corsi di studio ai libri di testo, ai programmi scolastici – non è al passo con il mondo accademico».[9]

Invece che sull'idea di una «invasione dorica», gli specialisti dell'Età del Ferro oggi preferiscono lavorare sull'ipotesi che in Grecia si siano verificate delle migrazioni, via via che i superstiti del Collasso si spostavano in nuove aree, abbandonando le cittadelle dell'Età del Bronzo.[10] Può sembrare una questione squisitamente terminologica, ma in realtà c'è una differenza abissale tra i due fenomeni – migrazione e invasione – dal momento che il primo è spesso pacifico e a volte impiega lunghi periodi di tempo, mentre il secondo implica un evento violento, molto più raro e improvviso, che vede l'arrivo di forestieri nell'area in questione. In effetti, la migrazione di popolazioni sopravvissute è alquanto comune nel caso di un crollo come quello avvenuto alla fine dell'Età del Bronzo. Un altro ottimo esempio si verificò circa duemilacinquecento anni dopo, intorno al 1300 d.C., nell'America settentrionale, dove la popolazione emigrò in massa verso sud, dalla regione dei Four Corners alla Valle del Río Grande, in seguito a un raffreddamento del clima.[11]

Cos'è davvero un'Epoca Buia?

Se l'ipotesi di un'invasione dorica della Grecia oggi viene contestata, allora cos'altro potrebbe esserci di sbagliato nella ricostruzione dei secoli immediatamente successivi al Collasso dell'Età del Bronzo, che per lungo tempo sono stati definiti dagli studiosi «la prima Epoca Buia» della storia? Tanto per cominciare, dobbiamo chiederci se lo sia stata davvero, un'Epoca Buia: è una descrizione corretta della vita che

Tabella 3. Cambiamenti indicativi del collasso sistemico di una società e della conseguente Epoca Buia.

Aspetto	*Durante / Dopo il collasso*
Amministrazione centrale	crolla
Classi dirigenti tradizionali	scompaiono
Economia centralizzata	crolla
Insediamenti	cambiano / si spostano
Popolazione	diminuisce
Scrittura	viene persa
Architettura monumentale	scompare

si conduceva nell'intera regione subito dopo il Collasso, specialmente se l'invasione dorica non c'è mai stata?

Una trentina di anni fa, Nicholas Goldstream dello University College London aveva definito questo periodo in Grecia «un'epoca di totale analfabetismo e, nella maggior parte delle regioni egee, un'epoca di povertà, scarsa comunicazione e isolamento dal mondo esterno». Willie Coulson, che scriveva all'incirca negli stessi anni, ammetteva che fu «un punto basso nella qualità dell'arte e della vita [...] un periodo primitivo e piagato dalla povertà», ma notava anche che non siamo in possesso di una valida definizione universale su cui tutti gli studiosi possano concordare.[12]

Il dizionario *Merriam-Webster* definisce un'Epoca Buia un «periodo durante il quale una civiltà vive un declino». E offre due esempi: *(1)* «il periodo storico europeo che va dal 476 d.C. all'anno 1000 circa» (che non è il periodo qui trattato); e *(2)* «il periodo storico greco di tre o quattro secoli a partire dal 1100 a.C. circa» (che è il tema di nostro interesse). E aggiunge una definizione generale: «uno stato di stagnazione o declino».[13]

E in effetti i criteri usati nel 1979 da Colin Renfrew, archeologo dell'Università di Cambridge, per definire il crollo di un sistema possono essere impiegati anche per definire un'Epoca Buia (che secondo Renfrew segue quasi sempre il collasso di un sistema) da un punto di vista strettamente sociale. Tali criteri includono *(1)* il collasso dell'organizzazione amministrativa centrale; *(2)* la scomparsa della classe dirigente tradizionale; *(3)* il crollo dell'economia centralizzata; *(4)* nuovi insediamenti; e *(5)* il calo demografico. A questi, aggiungerei altri sintomi peculiari di un'Epoca Buia, ossia *(6)* la perdita della scrittura; *(7)* una pausa nella costruzione di opere architettoniche monumentali.[14]

Joseph Tainter osserva che il crollo sistemico di una civiltà o di una società solitamente sembra anche mettere fine alle «peculiarità artistiche e letterarie di una civiltà, e a tutti i servizi e tutele che l'amministrazione fornisce». Di conseguenza, dice, «il flusso di informazioni diminuisce drasticamente, la gente commercia e interagisce di meno, e c'è una minore coordinazione generale tra individui e gruppi. L'attività economica diminuisce [...] mentre l'arte e la letteratura subiscono il declino quantitativo che normalmente si accompagna a un'Epoca Buia. I livelli demografici tendono a calare e, per chi sopravvive, il mondo conosciuto si riduce e rimpicciolisce». Solitamente questo cambiamento viene considerato un evento negativo, «davvero un paradiso perduto». Tuttavia, secondo Tainter, il crollo socio-politico è un avvenimento piuttosto normale e anzi prevedibile nel corso dell'esistenza delle società più complesse.[15]

Allora forse non stupirà che verso la fine dell'VIII secolo a.C. il poeta greco Esiodo si rammaricasse di esser nato in un simile periodo: «Volesse il cielo che io non vivessi della quinta stirpe / tra gli uomini, ma o fossi morto prima o vivessi poi. / Ora infatti è la stirpe di ferro, né mai di giorno / né di notte smetteranno da fatica e dolore / di venir consumati; e gli dèi infliggeranno loro dure angustie».[16] È a questo poeta, e all'uso crescente del nuovo metallo, che l'Età del Ferro deve il suo nome – in alternativa a «Epoca Buia», espressione altrettanto usata.

Furono davvero secoli bui? O andrebbero visti diversamente, soprattutto se si prendono in considerazione non solo le società, ma anche gli individui che formavano quelle società? Come si è domandato James Scott dell'Università di Yale, «"bui" per chi, e in che modo?».[17]

È questa la domanda che si trova al cuore delle nostre esplorazioni. Com'era la vita dopo il Collasso e in cosa differiva a seconda dei luoghi? Di cosa c'era bisogno per sopravvivere? È quello che vedremo nei prossimi capitoli, dove esamineremo le diverse società e aree – a volte rimanendo sulla superficie, ma più spesso scendendo nei particolari, quando i reperti lo permettono – e ne seguiremo le vicende dal XII all'VIII secolo a.C., prima di procedere con le nostre analisi. Dunque, cominciamo.

1.
L'anno delle iene, quando gli uomini morivano di fame (Egitto, Israele e Levante meridionale)

Una rapida coltellata alla gola sferrata da un assassino mise fine ai trentadue anni di regno del faraone Ramses III, nel 1155 a.C. Due decenni prima, Ramses aveva ottenuto una vittoria schiacciante sui Popoli del Mare, e ora era vittima di una squallida congiura di palazzo ordita da una delle sue mogli, Tiye, e da uno dei suoi figli, Pentawere.

I moderni egittologi vennero a conoscenza di questo assassinio, oggi noto come la «congiura dell'harem», più o meno centocinquant'anni fa.[1] I dettagli sono contenuti in approssimativamente sei papiri, alcuni dei quali forse in origine facevano parte di un unico rotolo poi tagliato in sezioni da un intraprendente predatore di tombe, per essere vendute a più persone e in vari posti. Il più lungo di questi documenti è il cosiddetto Papiro giuridico di Torino, oggi conservato nel Museo Egizio della città. Era stato acquistato da Bernardino Drovetti, diplomatico italiano nominato console generale di Francia in Egitto nei primi dell'Ottocento, che poi lo aveva rivenduto al re di Sardegna.[2]

Il papiro contiene molti dettagli dei quattro processi ai presunti assassini. La congiura sembra fosse stata architettata da Tiye, che sperava così di far salire al trono suo figlio, il principe Pentawere. Gli accusati erano ben quaranta, tra membri dell'harem e funzionari di corte, che vennero processati in quattro gruppi. Molti di loro vennero giudicati colpevoli e condannati a morte; altri furono costretti a suicidarsi direttamente in tribunale. Pentawere fu tra i condannati alla pena capitale, così come, si presume, sua madre, sebbene non siano sopravvissuti documenti relativi al suo processo.

Anche se Ramses III era già morto quando vennero emessi i verdetti, dai documenti non è chiaro se la congiura avesse avuto successo, una domanda che era rimasta senza risposta per gli egittologi. Sembra però di sì, a giudicare dai risultati delle TAC fatte nel 2012 al corpo di Ramses III, che era stato trovato più di un secolo prima, nel 1881, nel «nascondiglio» di mummie di Deir el-Bahari, vicino al tempio funerario di Hatshepsut. Il corpo del faraone era stato spostato per motivi di sicurezza dai sacerdoti all'inizio della Ventiduesima Dinastia, alla fine del X secolo a.C., in seguito a una serie di furti nelle tombe reali che andavano avanti da oltre un secolo.

Come riportato dal «British Medical Journal», la gola di Ramses era stata chiaramente tagliata. La lama che aveva provocato la ferita era stata conficcata nella gola subito sotto la laringe, fino alla vertebra cervicale, recidendo la trachea e il tessuto molle circostante. Molto probabilmente la morte era stata istantanea o quasi. Durante il processo di imbalsamazione, nella ferita era stato posto un amuleto con l'occhio di Horus, perché proteggesse o curasse il defunto, sebbene fosse troppo tardi per aiutare il re nella sua vita terrena. Inoltre, gli era stata avvolta una spessa fascia di lino intorno al collo per nascondere la ferita. Fu solo grazie alla TAC che gli scienziati poterono vedere attraverso la spessa tela e individuare la ferita che aveva ucciso il re.[3]

Un secondo corpo, appartenente a un maschio tra i diciotto e i vent'anni e noto solo come «Sconosciuto E», era stato trovato insieme a Ramses III nel nascondiglio delle mummie reali di Deir el-Bahari. Avvolto in una pelle di capra, ritualmente impura, e non adeguatamente mummificato, potrebbe trattarsi del corpo del principe colpevole, Pentawere. L'esame del DNA indica che avrebbe potuto essere figlio di Ramses III, ma questa conclusione non è universalmente condivisa dagli egittologi. Le prove forensi, comprese le contrazioni facciali e le ferite alla gola, suggeriscono che probabilmente il giovane venne strangolato.[4]

L'assassinio segnò l'inizio di un periodo non facile per gli egizi, nonostante la vittoria sui Popoli del Mare. Per esempio, oggi abbiamo la prova che la megasiccità – che si può rintracciare grazie a dati «indiretti» dall'Italia fino all'Iran odierno e che a mio avviso fu uno dei principali fattori di stress implicati nel Collasso della tarda Età del Bronzo – finì per colpire l'Egitto all'incirca in questo periodo. La portata del Nilo si ridusse per via delle poche piogge sull'altopiano etiopico, situazione che durò per circa duecento anni. Questo a sua volta portò a una crisi alimentare e quindi alla carestia, e ai problemi a essa correlati, incluso il mancato pagamento dei salari. Ciò provocò uno sciopero e una manifestazione dei lavoratori a Deir el-Medina nel ventinovesimo anno di regno di Ramses – probabilmente uno dei primi episodi documentati di vertenza professionale della storia.[5]

Con la morte di Ramses III, in Egitto si chiuse un'epoca, anche se la dinastia andò avanti per altri quarant'anni grazie ai figli e ai nipoti del faraone. La cultura e la società egizie non crollarono del tutto, e gli egizi non sparirono dalla faccia della Terra, tuttavia il passaggio al nuovo ordine mondiale non ebbe – per loro – grande successo dopo il Collasso dell'Età del Bronzo. È vero che sopravvissero, ma la loro influenza si ridusse notevolmente: non facevano più parte delle «grandi potenze» dell'epoca, come invece era stato durante la Diciottesima e la Diciannovesima Dinastia.

Per due secoli, gli egizi avrebbero avuto un governo piagato da intrighi e congiure, per non parlare dei problemi di successione al trono e delle rivalità che a volte si traducevano in due, tre se non quattro sovrani che regnavano simultaneamente su parti diverse del paese. In alcuni casi emerse un leader forte, come accadde con Sheshonq I, il sovrano libico che fondò la Ventiduesima Dinastia, ma sarebbe successo solo intorno al 945 a.C., quindi più di duecento anni dopo la morte di Ramses III, e non sarebbe durato a lungo.

Gli otto faraoni che succedettero a Ramses III si chiamavano tutti Ramses (da IV a XI) e i loro regni videro un costante deterioramento della situazione. I primi due sovrani, Ramses IV e V, rimasero sul trono per appena dieci anni in tutto e fecero ben poco che meriti di essere citato.[6] Ci sono però degli aspetti affascinanti per quanto riguarda la morte di Ramses V, forse ucciso da un'altra calamità – la malattia – che potrebbe essere associata al Collasso dell'Età del Bronzo. Dal momento che la sua mummia presenta sul volto delle pustole ancora visibili, è possibile che sia morto di vaiolo nel 1140 a.C. circa, ipotesi che potrebbe essere corroborata da testi che citano lo scavo di nuove tombe per lui e per altri membri della sua famiglia. Gli uomini che avevano scavato le tombe ebbero una licenza di un mese «a spese del faraone» (ossia ferie pagate) e la Valle dei Re rimase chiusa ai visitatori per sei mesi, forse per una sorta di quarantena.[7]

Sotto Ramses V l'Egitto continuò a controllare le miniere di rame di Timna, nella penisola del Sinai, ma è l'ultimo faraone il cui nome è presente nella regione. Analogamente, il suo successore Ramses VI è l'ultimo faraone il cui nome è presente nelle miniere di turchese di Serabit el-Khadim, anch'esse nel Sinai. Per questo motivo, si pensa che intorno al 1140 a.C. gli egizi avessero ormai perso il controllo e/o si fossero ritirati dal Levante meridionale.[8] È interessante notare che un piccolo piedistallo bronzeo trovato a Megiddo dalla spedizione di Chicago negli anni trenta del Novecento reca inciso il cartiglio di Ramses VI, ed è spesso citato come prova che la Megiddo cananea venne conquistata solo allora, ma il reperto si trova in un contesto controverso e non può essere usato a sostegno di tali argomentazioni.[9]

Quando Ramses VI morì, nel 1133 a.C., gli operai che stavano costruendo la sua tomba nella Valle dei Re seppellirono accidentalmente la tomba di Tutankhamon, che si trovava lì accanto e che venne poi scoperta da Howard Carter e Lord Carnarvon nel 1922. A Ramses VI succedette il figlio, che salì al trono col nome di Ramses VII. Non sappiamo molto del suo regno, ma dai testi risalenti ai suoi dieci anni (o meno) di governo risulta che il prezzo dei cereali era schizzato alle stelle e che l'economia era instabile.[10]

Dopo un solo anno di regno di Ramses VIII, il quale, essendo figlio di Ramses III, era già anziano quando salì al trono, i problemi continuarono anche sotto il sovrano successivo, Ramses IX (1126-1108 a.C. circa). Il faraone rimase sul trono per diciotto anni, durante i quali la situazione andò peggiorando, soprattutto per quanto riguarda i furti nelle tombe, la carestia e i disordini causati da «forestieri» vicino ai villaggi di operai a Deir el-Medina. Forse fu in questo periodo che l'Egitto perse per la prima volta il controllo dell'Alta Nubia e delle miniere d'oro di quella regione. È anche possibile che durante il regno di Ramses IX il governo del paese si spaccò, lasciando presagire una situazione che si sarebbe ripresentata spesso nei secoli successivi.[11]

Tra i documenti giuridici di questo periodo ci sono i cosiddetti «Papiri dei furti nelle tombe». Si tratta di una dozzina di testi che vanno dal regno di Ramses IX a quello di Ramses XI, e includono il Papiro Abbott e il Papiro Leopold-Amherst del sedicesimo anno di regno di Ramses IX. I papiri contengono descrizioni dettagliate dei furti commessi nella necropoli reale e nei cimiteri privati. La maggior parte dei saccheggi pare fosse avvenuta proprio durante l'anno 16. Molti predatori di tombe erano stati arrestati, e durante gli interrogatori e i processi erano state estorte loro delle confessioni. Vennero condannati a morte, molto probabilmente per impalamento, la pena prevista per il furto in una tomba reale.[12]

I saccheggi non erano comunque una novità, poiché sappiamo che prima dell'anno 9 del regno di Ramses IX dei ladri erano penetrati nella tomba di Ramses VI. Anche in quel caso alcuni di loro erano stati arrestati. In un papiro frammentario conservato a Liverpool, conosciuto come il «Papiro Mayer B», uno degli arrestati confessava specificatamente: «Ho impiegato quattro giorni a scassinare [la tomba reale], eravamo in cinque. Abbiamo aperto la tomba e siamo entrati. Abbiamo trovato un cesto appoggiato su sessanta casse». Poi descriveva i calderoni e i catini di bronzo, e vari altri oggetti sempre in bronzo. I ladri, inoltre, avevano aperto due bauli pieni di vestiti, che vengono descritti nel dettaglio.[13] Il fatto che siano menzionati oggetti di bronzo, e non d'oro, è particolarmente interessante e potrebbe essere un riflesso della minore prosperità rispetto agli anni di Tutankhamon.

Purtroppo il testo si interrompe, perciò non sappiamo cos'altro fosse stato trovato e/o trafugato, né come il furto fosse stato scoperto o quale punizione fosse stata inflitta, anche se probabilmente i ladri vennero condannati a morte. Sappiamo però che quando venne trovata la mummia di Ramses VI, nel 1898, dentro alla tomba di Amenofi II dov'era stata spostata per sicurezza, risultava «aggredita selvaggiamente dai predatori di tombe, la testa e il busto fatti a pezzi con un'ascia». Come racconta l'archeologo britannico Peter Clayton, «I sacerdoti avevano devotamente riavvolto i pezzi su una tavola nel tentativo di restituirgli una forma umana. Quando Elliot Smith la esaminò nel 1905, trovò porzioni di almeno altri due corpi negli involucri: la mano destra di una donna e l'avambraccio e la mano destra mutilati di un altro uomo. Dove avrebbe dovuto esserci il collo del re, c'erano la sua anca sinistra e parte del bacino».[14]

Alcuni dei problemi del periodo di Ramses IX afflissero anche il regno del suo successore, Ramses X, che governò brevemente alla fine del tumultuoso XII secolo a.C. Secondo gli scarni documenti risalenti al suo regno, i principali problemi erano la costante mancanza di cibo e la riduzione delle attività lavorative (presumibilmente per via della fame), oltre alla presenza di ulteriori forestieri non meglio precisati dentro e intorno a Deir el-Medina.[15] Il suo successore sarebbe stato l'ultimo dei Ramses – Ramses XI –, il cui governo segnò sia l'inizio del nuovo secolo che la fine della Ventesima Dinastia.

In generale il XII secolo a.C. in Egitto fu segnato dalla carenza di cibo e da lotte politiche interne, tra gli altri problemi. Dunque, quanto furono resilienti gli egizi? Riuscirono a far fronte alla situazione e continuarono a esistere, ma in realtà non realizzarono la transizione in modo adeguato: non si adattarono particolarmente bene né si trasformarono. Di conseguenza, oltre ai problemi sociali, si assiste a un rapido declino del ruolo dell'Egitto quale grande potenza internazionale.

Dov'è la mia mummia?
L'Egitto durante la Ventunesima Dinastia

Ramses XI governò l'Egitto per quasi trent'anni all'inizio dell'XI secolo a.C., dal 1098 al 1070 circa, una durata di gran lunga superiore al regno di qualsiasi faraone della Ventesima Dinastia. I primi diciannove anni furono relativamente pacifici, anche se i furti dei predatori di tombe continuarono, così come la carestia. Un papiro cita una donna che era in possesso di oro trafugato da una tomba e che sosteneva di averlo ricevuto in cambio di cibo durante «l'anno delle iene, quando gli uomini morivano di fame». Il peggio comunque doveva ancora venire, perché la seconda metà del regno di Ramses XI fu segnata da una frammentazione del paese e dalla guerra civile, che portò ad avere dei governanti rivali.[16]

Fino ad allora l'Egitto era riuscito a conservare la maggior parte della sua struttura amministrativa, ma il sistema stava cominciando a sfaldarsi ora che gli alti sacerdoti di Amon a Tebe contendevano ai faraoni il governo del paese. Un alto sacerdote di Amon chiamato Herihor, che è citato nel *Racconto di Wenamun* di cui parleremo nel capitolo 3, rivendicava il controllo della Nubia e dell'Alto Egitto e aveva assunto il titolo di viceré di Kush e di visir del faraone. Nel diciannovesimo anno di regno di Ramses XI, Herihor governava sull'Alto Egitto e sulla Nubia fino a Tebe. Oggi viene chiamato l'«anno 1 della rinascita» (dall'egiziano *wehem meswt*, che significa «la ripetizione delle nascite») anche se non fu certo una rinascita come la intendiamo oggi.[17]

Nello stesso periodo, un governatore di nome Smendes prese il controllo del nord, ossia del Basso Egitto, in particolare della regione di Piramesse sul delta del Nilo. Anche lui è citato nel *Racconto di Wenamun*, insieme alla moglie Tanetamon, che forse era la figlia di Ramses XI. Ramses continuò a essere il faraone, ma venne ridotto a figura puramente rappresentativa. Insomma, a quel punto il governo dell'Egitto era diviso tra tre uomini, Ramses XI, Herihor e Smendes; gli ultimi due apparentemente erano fedeli al primo, ma in realtà operavano in autonomia.[18]

La frammentazione dell'Egitto non aiutò il paese a reagire alla crisi dell'epoca. Il saccheggio delle tombe continuava a essere un tale problema che Herihor e altri sacerdoti spostarono alcuni dei defunti reali dalle loro tombe nella Valle dei Re. La mummia di Ramses II, per esempio, fu sistemata temporaneamente nella tomba di Seti I nell'anno 15 di Smendes. I due vennero poi trasferiti definitivamente nel nascondiglio di Deir el-Bahari alla fine del x secolo.[19]

Subito dopo la morte di Ramses XI nel 1070 a.C., Smendes divenne faraone, dando vita a una nuova dinastia reale, la Ventunesima, e governò per i successivi venticinque anni. Questo segna l'inizio del Terzo Periodo Intermedio, che fu nel complesso un'epoca di scompiglio, in cui momenti di disordine si alternavano a fasi di relativa prosperità. Il faraone e i suoi immediati successori governarono dalla nuova capitale, Tani, nella regione del delta del Nilo, per più di un secolo, fino al 945 a.C. circa.[20]

Quanto a Herihor, continuò a governare l'Alto Egitto da Tebe: in altre parole, il paese era diviso in due. La situazione sembrò proseguire invariata con il successore di Herihor, Panedjem I, un alto sacerdote che dopo la morte di Herihor diventò re. Molto probabilmente era sposato con Henuttawy, una possibile nipote di Ramses XI, cosa che permise di unire la nuova famiglia regnante alla dinastia precedente e di dare avvio alla riunificazione dell'Alto e del Basso Egitto.[21]

Il lavoro di salvaguardia delle tombe nella Valle dei Re continuò con il trasferimento di dieci mummie reali in una camera laterale nella tomba di Amenofi II. Tra di esse c'erano i corpi di Thutmose IV, Amenofi III, Merenptah, Siptah, Seti II e Ramses IV, V e VI. Nel 1898 l'egittologo francese Victor Loret, che era appena stato nominato direttore del Servizio egiziano delle antichità archeologiche, scoprì la tomba e tutte le sue mummie reali, compresa quella di Ramses VI citata prima. Sebbene avesse condotto gli scavi con grande attenzione e avesse tenuto un diario, pubblicò solo un rapporto preliminare dei suoi risultati. Ironia della sorte, molto dopo la morte di Panedjem, anche la sua mummia venne spostata per sicurezza nel nascondiglio di Deir el-Bahari.[22]

Nel frattempo, quando Smendes morì, intorno al 1043 a.C., fu probabilmente sepolto a Tani nella prima di una serie di tombe della Ventunesima Dinastia. Circa cinque anni dopo la morte di Smendes, dopo il breve regno di un altro sovrano, salì al trono un figlio di Panedjem I, Psusennes I, che governò per quasi cinquant'anni (1039-991 a.C. circa). Con la sua guida l'Alto e il Basso Egitto vennero nuovamente riunificati. Il suo regno segnerebbe anche la ripresa degli scambi tra l'Egitto e il Levante dopo quasi un secolo.[23]

Le prove derivano in parte dai vasi in oro e argento, e da altri oggetti come gli *ushabti* (statuette antropomorfe che venivano poste nelle tombe per accompagnare il defunto nell'aldilà), rinvenuti nella tomba di Psusennes a Tani. L'egittologo francese Pierre Montet scoprì la tomba nel 1939-40, proprio quando stava scoppiando la seconda guerra mondiale. Il contenuto del sepolcro fu una vera sorpresa: è stata descritta come una delle tombe egizie più ricche mai rinvenute, seconda solo a quella di Tutankhamon.[24]

Quando Montet entrò per la prima volta nella camera funeraria, vide al centro un sarcofago d'argento massiccio, circondato da vasi di bronzo e vari manufatti, con altri ancora appoggiati ai muri. Le decorazioni murarie confermarono che quella era la tomba di Psusennes I. Montet avvertì re Faruq d'Egitto, e attese che il sovrano arrivasse sul sito prima di aprire la bara. Come racconta l'egittologo Bob Brier, «quando il sarcofago venne aperto, il 23 marzo 1939 [...] venne alla luce una maschera d'oro che copriva il faraone morto da tanto tempo». Non si trattava però di Psusennes. I geroglifici indicavano infatti che quella era la mummia di un re precedente, Sheshonq IIa. Una vera stranezza, dato che, a giudicare dal suo nome, il re apparteneva alla dinastia successiva a quella di Psusennes, e regnò forse un secolo dopo, durante la Ventiduesima Dinastia. Sheshonq inoltre non era solo nell'anticamera: vennero trovate anche le mummie degli ultimi due re dalla Ventunesima Dinastia, Siamon e Psusennes II; il sarcofago di Sheshonq era stato posizionato in mezzo a loro.[25]

Come osserva Brier, se Sheshonq IIa era nella tomba di Psusennes I, allora dove si trovava quest'ultimo? Si trattava di un altro caso di mummia reale spostata o nascosta in tempi antichi? La mummia in realtà si trovava poco lontano, e Montet non ci mise molto a scoprirlo: l'anno seguente, a metà gennaio del 1940, mentre continuava a svuotare dei vari beni quella che in realtà era l'anticamera della tomba, l'archeologo notò che nella parete ovest c'erano due ingressi nascosti, a malapena visibili. Come scrisse più tardi, «cominciammo dall'apertura settentrionale. I piccoli blocchi furono rimossi agevolmente, ma poi ci ritrovammo davanti un grosso blocco di granito che occupava perfettamente il corridoio, tanto che per un po' tememmo di non riuscire a rimuoverlo. Proiettando attraverso una fessura la luce della torcia elettrica, vedemmo all'interno due oggetti di metallo, uno lucente, l'altro verde per l'ossidazione, e un grosso pietrone».[26]

Quando alla fine riuscì a spostare il blocco di granito, arrotolandogli attorno sei giri di fune e tirandolo via per mezzo di un paranco, Montet si ritrovò in un ambiente angusto. Era una delle due camere funerarie della tomba, con un grande sarcofago di granito rosa circondato da vasi d'oro e d'argento, da vasi canopi (che contenevano le viscere della mummia) e altri oggetti. A quel punto era passato quasi un anno da quando Montet aveva trovato la tomba, ma ora si trovava finalmente di fronte al faraone? Come raccontò l'archeologo, «le iscrizioni sulla destra e sulla sinistra e quelle incise sul lato orientale ci confermarono che questa volta si trattava davvero di Psusennes».[27]

Tuttavia era chiaro che il sarcofago in origine era stato preparato e usato per Merenptah, il primo faraone a combattere contro i Popoli del Mare e a menzionare «Israele», nel 1207 a.C. I cartigli erano stati tutti cancellati e sostituiti da quelli di Psusennes, ma erano rimaste tracce sufficienti a confermare la presenza di scritte precedenti. Siccome la mummia di Merenptah era stata spostata nella tomba di Amenofi II, quel sarcofago poteva essere riutilizzato. Quindi era stato trasferito dalla sua collocazione originale nella Valle dei Re in questa tomba a Tani.[28]

A febbraio inoltrato, Montet sollevò il pesante coperchio del sarcofago rosa. Al suo interno, scrisse poi, c'era «un secondo sarcofago, di granito nero, a forma di mummia». A giudicare dallo stile, doveva essere appartenuto a un nobile della Diciannovesima Dinastia. Senza indugio Montet aprì questo secondo sarcofago. Dentro ce n'era un terzo, in argento massiccio; quando venne aperto, al suo interno non c'erano altri sarcofagi, ma una maschera d'oro e un falso coperchio dorato. Sotto di essi c'era il corpo del faraone, i cui bendaggi e la carne si erano talmente decomposti che era rimasto solo il nudo scheletro, adornato di gioielli d'oro. I geroglifici confermarono che Montet aveva finalmente trovato Psusennes I, che da allora venne soprannominato «il faraone d'argento». Ci vollero altri dieci giorni perché Montet riuscisse a rimuovere con estrema cura la maschera d'oro e poi le ossa di Psusennes; tutti questi reperti e altri manufatti rinvenuti nella tomba furono poi trasportati al Museo del Cairo in un camion dell'esercito.[29]

Dietro l'altro passaggio nascosto c'era una seconda camera funeraria. In origine era destinata alla sposa di Psusennes I, Mutnedjmet, ma a un certo punto il corpo della sovrana era stato spostato e sostituito da quello di un immediato successore di Psusennes, Amenemope. Non è chiaro il motivo dello scambio, né perché Siamon, Psusennes II e Sheshonq IIa fossero nell'anticamera della tomba di Psusennes I e non in tombe tutte loro. Siamon e Psusennes II potrebbero esser stati sepolti fin da subito in quella tomba, ma l'egittologo Aidan Dodson ha notato che i residui vegetali rinvenuti sulla mummia di Sheshonq «sembrano essere cresciuti nelle ossa mentre la bara si trovava nell'acqua stagnante», e dunque la tomba originale di Sheshonq potrebbe essersi allagata, rendendo necessario il trasferimento nell'anticamera di Psusennes.[30]

Sebbene Montet avesse trovato una tomba intatta, con manufatti straordinari quanto quelli rinvenuti nella cripta di Tutankhamon, all'epoca i giornali erano più interessati alla guerra in corso che a un faraone morto da tanto tempo. E così quella scoperta sbalorditiva non ricevette l'attenzione e il plauso che avrebbe meritato, anche se i suoi tesori vennero esposti in una sala speciale nel Museo del Cairo e oggi si trovano nelle sale che ospitano i tesori di Tutankhamon.[31]

Come abbiamo detto, nella tomba di Psusennes Montet trovò anche centinaia di *ushabti*. Oggi sono sparpagliati per il mondo in vari musei e collezioni private, secondo quanto afferma Shirly Ben-Dor Evian, ex curatrice della sezione di archeologia egizia nel Museo d'Israele a Gerusalemme.[32] Il museo ne ha quattro nella sua collezione – tre provenienti da questa tomba, il quarto probabilmente da una tomba depredata situata nelle vicinanze. Sono tutti in rame; su uno è inciso il nome di Psusennes, su un altro quello della sua sposa, Mutnedjmet, e gli altri due recano il nome del generale Wendjebaendjed, che era stato sepolto in una camera secondaria della tomba di Psusennes.

Ben-Dor Evian e i suoi colleghi hanno sottoposto i quattro *ushabti* all'analisi tramite isotopi del piombo, una tecnica che può aiutare a determinare l'origine del rame usato per fabbricare gli oggetti. È affascinante sapere che il rame dei quattro *ushabti* proviene dalla regione araba degli altopiani del Negev, al confine tra l'odierna Giordania e il Sinai. È qui che si trovano le miniere di rame della Valle del Timna (nel Sinai), chiamate a volte le «miniere di re Salomone», e quelle dello Wadi Faynan (in Giordania). L'Egitto, che durante l'Età del Bronzo importava molto del suo rame da Cipro, ora ne stava ricevendo almeno una parte da questa regione: una prova che il commercio internazionale tra l'Egitto e il Levante meridionale era ripreso dopo l'interruzione causata dal Collasso.[33]

Israeliti e filistei

Dal momento che in questo primo capitolo ci occupiamo di due aree, credo sia utile inquadrare meglio il Levante meridionale prima di tornare all'Egitto e a quella che diventerà una storia ancora più intrecciata: sappiamo qualcosa della situazione in cui versava all'epoca la regione grazie a un papiro denominato *Onomastico di Amenemope*, che venne trovato nel 1890 dentro a un'anfora nel sito di el-Hibah, in Egitto. Oggi se ne conoscono nove copie diverse. Una parte del manoscritto, che elenca popoli e luoghi, cita tre dei gruppi da cui erano costituiti i Popoli del Mare – gli shardana, i tjekker e i peleset (filistei) – insieme a tre città: Ashkelon, Ashdod e Gaza.

Dal papiro si deduce che quanto restava dei tre gruppi si fosse insediato in queste città o fosse stato portato lì dagli egizi vittoriosi, come sosteneva Ramses III. È bene notare non solo la presenza dei tjekker e dei peleset, ma anche che le città nominate sono tre delle cinque che appartenevano alla cosiddetta Pentapoli filistea: Ashdod, Ashkelon e Gaza erano tutte situate su una striscia costiera nel sud di Canaan, in corrispondenza o in prossimità delle odierne città omonime, mentre Ekron (Tel Miqne) e Gath (Tell es-Safi) si trovavano più all'interno. I reperti archeologici rinvenuti in quattro di queste cinque città (Gaza non ha ancora avuto scavi) indicano che durante l'Età del Bronzo erano tutte città cananee, ma che più o meno nello stesso periodo, vale a dire a cavallo tra il XII e l'XI secolo a.C., cominciarono a mostrare i tratti materiali della cultura filistea.[34]

Neanche dieci anni dopo, nel 1899, il sito di Tell es-Safi fu identificato come la Gath filistea, ed ebbero inizio gli scavi congiunti dell'archeologo americano Frederick Bliss e dell'archeologo irlandese Robert Alexander Stewart Macalister. Nel 1914, Macalister pubblicò uno dei primi libri in lingua inglese dedicati interamente ai filistei, dal titolo *The Philistines. Their History and Civilization*. Nel 1996 cominciarono nuovi scavi nel sito sotto la direzione di Aren Maeir dell'Università Bar Ilan, che permisero di ottenere molte nuove informazioni; farò riferimento ad alcuni di questi dati più avanti.[35]

Come ha detto Carl Ehrlich dell'Università di York, all'inizio sembrò che i filistei potessero essere «i legittimi eredi dell'antico impero egizio a Canaan», ma le cose andarono diversamente. Furono infatti gli israeliti a conquistare la maggior parte di quella che era stata la terra di Canaan e, dopo aver combattuto contro i filistei prima all'epoca di re Saul, poi di re Davide e infine di suo figlio Salomone, lo «status di erede dell'Egitto» nella regione «passò [...] a Israele».[36] Gli israeliti erano gli unici, in quel periodo, a seguire una religione monoteista. Non è chiaro se fossero nuovi sulla scena o se invece si trovassero nella zona già da qualche tempo, perché le date e le modalità con cui gli israeliti si stabilirono nella terra di Canaan rappresentano una questione complessa e controversa.

Diversi studiosi sono intervenuti sul tema, alcuni con ipotesi che si rifanno al racconto biblico dell'Esodo e della conquista militare di Canaan da parte degli israeliti, sfociata in un genocidio (stando al Libro di Giosuè) o in un'integrazione più pacifica (stando al Libro dei Giudici). Sono state avanzate anche altre teorie, secondo cui gli israeliti sarebbero stati nomadi o semi-nomadi che si infiltrarono pacificamente nell'area, o contadini degli altopiani che si ribellarono ai signori cananei, o persino genti che si evolsero gradualmente in «israeliti» dall'interno della popolazione cananea locale. Si tratta di quattro modelli diversi: rispettivamente, della «conquista», della «infiltrazione pacifica», dei «contadini ribelli» e degli «israeliti invisibili».[37] Gli studi più recenti ruotano intorno a considerazioni soprattutto di tipo antropologico sull'etnia degli israeliti, specialmente rispetto ad altri popoli che emersero anch'essi nella regione più o meno nello stesso periodo,[38] come i filistei, che conquistarono la regione costiera del Levante meridionale.

A prescindere da quale teoria i singoli studiosi sottoscrivano, da un'iscrizione su un monumento celebrativo del faraone Merenptah scoperto da sir William Matthew Flinders Petrie nel 1896, sappiamo per certo che intorno al 1207 a.C. gli egizi sconfissero un popolo chiamato «Israele» che viveva nella terra di Canaan. Sappiamo anche che, indipendentemente dagli eventi precedenti e dalle modalità con cui entrarono nel quadro generale, i primi insediamenti israeliti sorsero più o meno alla fine del XII secolo, e che il loro numero aumentò drasticamente all'inizio dell'XI secolo a.C. Ciò è attestato da una moltitudine di ricerche archeologiche che sono state condotte nella regione a partire almeno dagli anni sessanta del Novecento.[39]

Considerato tutto ciò, e a prescindere dal fatto che fossero rimasti a languire nel Sinai per decenni, che fossero già presenti nella zona ma «invisibili» o ancora che vi si fossero infiltrati lentamente nel corso di secoli, gli israeliti potrebbero aver semplicemente approfittato del caos che si creò a Canaan durante il Collasso. Il vuoto politico e militare lasciato dalla ritirata degli egizi e la distruzione delle varie città cananee avrebbero permesso agli israeliti di spostarsi in aree che altrimenti non avrebbero potuto occupare con le loro forze. Di conseguenza, sarebbero stati in grado di assumere il controllo di tutta o della maggior parte di Canaan alla fine del XII secolo a.C.[40]

Questo scenario, seppure ancora speculativo, fornisce plausibilmente il «come» che ancora manca nella maggior parte delle altre ipotesi. Per chi crede nell'intervento miracoloso di Dio non c'è bisogno di indagare oltre, ma per tutti gli altri resta una questione aperta in quale modo gli israeliti avrebbero potuto attaccare e conquistare le imponenti città cananee. In circostanze normali, difficilmente ce l'avrebbero fatta, perlomeno da soli. Invece, una volta che i Popoli del Mare invasero la costa cananea – evento che insieme ad altre calamità (siccità, carestia, rivolte interne ecc.) mise in ginocchio la cultura cananea – e una volta che gli egizi si ritirarono dalla regione, gli israeliti potrebbero essere stati in grado di occupare le rovine delle città più grandi e di far cadere da soli alcune delle città minori, completando così la conquista di Canaan. È probabile che gli autori biblici successivi abbiano attribuito tutto il merito della conquista e della distruzione delle città cananee agli israeliti senza neppure menzionare il ruolo dei Popoli del Mare perché conoscevano questi ultimi solo come i biblici filistei che causarono così tanti problemi a Saul e a Davide durante i loro regni.[41]

Studi recenti condotti da Dafna Langgut dell'Università di Tel Aviv e dai suoi colleghi sull'andamento del clima tra il 2500 e il 500 a.C. indicano un possibile collegamento tra una pausa temporanea nella grave siccità e l'avvento degli israeliti e dei filistei. A partire forse già dal 1150 a.C. e sicuramente non dopo il 1100 a.C. circa, sembra esserci stato un leggero miglioramento delle condizioni climatiche nel Levante meridionale, con un piccolo aumento dell'umidità che permise una «coltivazione intensa di ulivi e cereali».[42]

Queste condizioni più favorevoli potrebbero essere durate fino al 960 a.C. circa, più o meno lo stesso periodo in cui comparvero gli israeliti. Come scrivono Langgut e i suoi colleghi, «il miglioramento delle condizioni sugli altipiani durante il Ferro I permise la ripresa dell'attività di insediamento, che fa da sfondo alla nascita dell'antico Israele [...]. Condizioni simili in altre zone montuose del Levante potrebbero aver portato allo sviluppo di un analogo sistema di insediamenti che diede origine ad altre nazioni bibliche – gli aramei in Siria e gli ammoniti e i moabiti in Transgiordania».[43]

Quest'idea è oggi supportata da un nuovo studio, secondo cui quest'area in particolare sarebbe stata l'unica regione dove la popolazione, invece di diminuire, aumentò all'inizio dell'Età del Ferro, vale a dire nel periodo immediatamente successivo al Collasso. Se così fosse, l'aumento demografico potrebbe essere dovuto ai nuovi regni sorti nel Levante meridionale, compresi quello di Israele e di Giuda, oltre a Moab, Ammon ed Edom, sebbene gli studiosi continuino a dibattere se queste aree non fossero già abitate, presumibilmente da nomadi che erano sopravvissuti al Collasso o che erano anch'essi nuovi della regione, dove sarebbero migrati subito dopo.[44]

Re Davide

La nostra principale fonte di notizie sugli avvenimenti successivi è la Bibbia ebraica, dove – se prendiamo il racconto alla lettera – ci viene detto che nel corso dell'XI secolo i filistei causarono problemi agli israeliti, e a re Saul e ai suoi figli. La situazione raggiunse un punto critico quando Saul e il suo primogenito combatterono contro i filistei nella Valle di Jezreel, non lontano da Megiddo (la biblica Armageddon). Lì, nel 1016 a.C. circa, alle pendici del monte Gilboa, Saul e tre dei suoi figli vennero uccisi in battaglia e i loro corpi furono appesi alle mura di Beth Shean (1 Samuele 28-31; 2 Samuele 1; 1 Cronache 10).

Poco dopo, uno dei figli superstiti di Saul, Ishbaal (o Ishbosheth) assunse il controllo della metà settentrionale del giovane regno d'Israele, mentre Davide si proclamò re di Giuda, ossia la metà meridionale del regno (2 Samuele 2:1-4, 8). Alla fine Davide estese il suo potere anche sulla parte settentrionale, istituendo intorno al 1000 a.C. quella che oggi chiamiamo la Monarchia Unita.[45]

Purtroppo non abbiamo alcuna prova proveniente da fonti archeologiche o epigrafiche che corrobori questi racconti della Bibbia ebraica, perciò non siamo in grado di confermare in modo indipendente la loro correttezza – ma, seppure siano molto dibattuti, sembrano plausibili, soprattutto considerando gli altri eventi verificatisi nella regione in quello stesso periodo. Inoltre, seppure fino a non molto tempo fa non avevamo alcuna prova dell'esistenza di re Davide – per quanto strano possa sembrare – tutto ciò è cambiato nel 1992.

L'estate di quell'anno Gila Cook stava lavorando come topografa per la spedizione archeologica nel sito di Tel Dan (l'antica Laish), a nord del mar di Galilea nell'odierno Stato di Israele. Gli scavi erano diretti da Avraham Biran, archeologo molto stimato ed esperto, nonché professore allo Hebrew Union College di Gerusalemme. Biran conduceva scavi a Tel Dan da più di venticinque anni, dal 1966 per la precisione. Il sito è in una bellissima riserva naturale dove si trovano anche le gelide sorgenti del fiume Giordano e un ottimo ristorante che serve pesce ai turisti e agli abitanti del luogo.

Quel giorno l'obiettivo di Cook era di disegnare e registrare accuratamente le pietre di un muro che era stato scoperto da poco. Il suo progetto prese però una piega inaspettata quando i raggi del sole crearono delle ombre su una certa pietra, rivelando sulla sua superficie un'iscrizione che nessuno aveva notato. Era in aramaico, e usava l'alfabeto fenicio. Quando venne tradotta, il suo testo destò scalpore, perché conteneva le parole *Beit David* – la «Casa di Davide». Era la prima volta che veniva scoperta un'iscrizione in cui era citato il biblico re Davide; anzi, era la prima volta che veniva scoperta una qualsiasi attestazione dell'esistenza di re Davide al di fuori della Bibbia.[46]

La pietra probabilmente proveniva da un monumento più grande che molto verosimilmente era stato eretto intorno all'841 a.C., quasi un secolo e mezzo dopo il regno di Davide (1000-970 a.C. circa). Altri frammenti dello stesso monumento vennero trovati l'anno seguente, ma sono ancora molti i pezzi mancanti. Sebbene continui a essere oggetto di discussione e dibattito tra gli studiosi, sembra che l'iscrizione commemorasse la conquista di Tel Dan da parte di un re arameo di nome Hazael, la cui base si trovava a nord, ad Aram-Damasco, e che governò dall'842 al 796 a.C. circa. Lo incontreremo di nuovo più avanti.

Figura 2. L'iscrizione di Tel Dan, in evidenza le parole *Beit David*.
Fonte Per gentile concessione di Oren Rozen via Wikipedia Commons.

Il frammento, così com'è oggi, recita:

[...] mio padre si scontrò [con lui quando] combatté a [...]. E mio padre giacque a terra, raggiunse i suoi [antenati]. E il re di I[s]raele era entrato in precedenza nella terra di mio padre. [E] Hadad mi fece re. E Hadad venne davanti a me, [e] io mi separai dai sette [...] del mio regno / re e uccisi [potenti] [...] re, che bardarono mi[gliaia [...] di car]ri e migliaia [di] cavalli da tiro. [Uccisi Io]ram [...] figlio di A[cab], re di Israele e uccisi [Acaz]ia figlio di [Ioram, re] della Casa di Davide. E ridussi [le loro città in rovina e trasformai] la loro terra in [desolazione...].[47]

Questa iscrizione mise fine a una disputa che infuriava nel mondo accademico e che vedeva alcuni studiosi dubitare che Davide e Salomone, i re del x secolo a.C., fossero mai esistiti, dato che fino a quel momento non era stata trovata alcuna prova extrabiblica (ossia esterna alla Bibbia) su nessuno dei due sovrani. La scoperta di questa iscrizione – che cita la Casa di Davide e implica quindi l'esistenza di un Davide storico (fondatore della dinastia) – è perciò estremamente importante. Il riferimento a Davide e alla dinastia da lui fondata suggerisce inoltre che molto probabilmente anche Salomone è esistito, essendo il figlio di Davide.[48]

Vorrei ricordare, inoltre, che un possibile – ma molto dibattuto – riferimento alla Casa di Davide si trova sulla stele di Mesha. L'iscrizione, che è famosa soprattutto perché menziona «Omri, re di Israele», fu scoperta e identificata per la prima volta nel 1868 da un missionario anglicano di nome F.A. Klein sul sito di Diban, nell'odierna Giordania. Sebbene oggi manchi un terzo del suo testo, è comunque la più lunga iscrizione monumentale mai rinvenuta in Terrasanta ed è una delle prime iscrizioni mai scoperte che nomini una persona o un luogo conosciuti principalmente per la Bibbia ebraica – come Omri, re di Israele, oltre a, probabilmente, la Casa di Davide.[49]

Edom e gli edomiti

Secondo la Bibbia ebraica, quando Davide si affermò come re, conquistò il vicino regno di Edom. Si trovava a sudest del territorio originale di Davide, nella grande area dello Wadi Faynan in quella che è oggi la Giordania.

Le storie bibliche della conquista di Edom da parte di Davide potrebbero fornire ulteriore sostegno alla tesi del legame esistente tra Tinma e l'Egitto vista prima, perché nella Bibbia ci viene detto che durante gli scontri il principe edomita Hadad, che all'epoca era appena un bambino, fu fatto uscire di nascosto dal paese e portato in Egitto per garantirne la sicurezza (1 Re 11:14-22). Una volta adulto, Hadad sposò la sorella della regina egizia ed ebbe un figlio, Ghenubath, prima di tornare a Edom dopo la morte di re Davide e ribellarsi contro re Salomone.[50]

Sebbene anche in questo caso non ci siano prove indipendenti a corroborare la storia, l'egittologo Kenneth Kitchen suggerisce che potrebbe essere stato Psusennes I a offrire rifugio a Hadad in Egitto, oltre a dargli «una casa, provvedere al suo mantenimento e assegnargli dei terreni» (1 Re 11:18). Psusennes, il cui lungo regno durò fino al 991 a.C. circa e che abbiamo incontrato in precedenza, si sarebbe sovrapposto a Davide per un decennio, se non di più. Tuttavia, è anche possibile che l'episodio fosse avvenuto durante il regno del figlio di Psusennes I, Amenemope, che governò per circa dieci anni dopo la morte del padre ed estese il dominio della Ventunesima Dinastia su tutto l'Egitto, sia l'Alto che il Basso, dalla sua base a Tani.[51]

Il regno di Edom fu esplorato per la prima volta nel dettaglio dal brillante archeologo americano Nelson Glueck durante le sue ricerche in Giordania negli anni trenta del Novecento. Glueck, che era un rabbino e in seguito sarebbe diventato rettore dell'Hebrew Union College di Cincinnati, è tuttora uno dei pochissimi archeologi mai apparsi sulla copertina del «Time», nel 1963. (James Henry Breasted, fondatore e direttore dell'Istituto orientale dell'Università di Chicago, se l'era aggiudicata nel 1931.) Profondamente influenzato dalla Bibbia ebraica, Glueck collegava le miniere di rame dello Wadi Faynan e dello Wadi Araba alle attività di re Salomone, definendolo il primo «magnate del rame» del mondo, anche se questa designazione è oggi considerata poco plausibile.

Nel 1997 cominciarono quelli che sarebbero stati vent'anni di ricerca, a opera dell'Edom Lowlands Regional Archaeology Project dell'Università della California (San Diego) e del Dipartimento di antichità giordano. Il progetto ha prodotto numerose pubblicazioni da parte di studiosi come Tom Levy, Mohammad Najjar, Erez Ben-Yosef e altri ancora. Le loro indagini sulle miniere di rame nello Wadi Faynan hanno mostrato che ci fu un aumento repentino dello sfruttamento di tali miniere, e di quelle della vicina Timna, a partire già dall'XI secolo a.C. e per tutto il X e il IX secolo. Questo incremento potrebbe aver rappresentato una sfida per la precedente supremazia di Cipro nell'esportazione del rame.[52]

Oggi si ipotizza che l'ascesa di Edom e degli edomiti sia legata allo sfruttamento di quelle riserve di rame: secondo Erez Ben-Yosef dell'Università di Tel Aviv, inizialmente erano in mano a pastori nomadi altrimenti invisibili dal punto di vista archeologico, che colsero l'opportunità di gestire le miniere quando le autorità egizie si ritirarono subito dopo il Collasso. In base a questa ipotesi, i minatori nomadi finirono per stabilirsi nella zona e per diventare il popolo che la Bibbia chiama edomiti. Quest'ultima idea in particolare ha suscitato un vivace dibattito, tuttora in corso. Tra l'altro, se le miniere sono antecedenti all'epoca di Salomone, allora sottolineare la presenza di quel sovrano nel Faynan, come ha fatto Glueck, è o irrilevante o comunque meno significativo di quanto pensasse l'archeologo americano.[53]

Khirbet Qeiyafa e Tel Gezer

Altre scoperte ancora potrebbero avere attinenza con l'estensione del regno di Davide, ma anch'esse sono alquanto dibattute. Un primo esempio è il sito di Khirbet Qeiyafa, nella Valle del Teberinto (Elah) a sud-ovest di Gerusalemme, dove avrebbe avuto luogo la battaglia tra Davide e Golia. Il sito è stato scavato da Yossi Garfinkel dell'Università Ebraica di Gerusalemme a partire dal 2007. Garfinkel ha datato il sito al x secolo a.C. e ne ha esaminato il collegamento con re Davide e con la dimensione del suo territorio in quel periodo. Il luogo non è lontano da Tell es-Safi (la biblica Gath) e Tell Minque (la biblica Ekron), che erano filistee, ma secondo Garfinkel il sito si trovava giusto al di qua di quello che era sostanzialmente un confine invisibile e faceva quindi parte del regno di Davide. Lo studioso ha anche ipotizzato che Khirbet Qeiyafa sia la biblica Sha'arayim citata nella storia di Davide e Golia (in particolare, 1 Samuele 17:52), un'identificazione che non tutti gli archeologi condividono.[54]

Tre le tante scoperte fatte nel sito, finora sono state trovate anche due iscrizioni. Una è incisa sul bordo di un'anfora, in quel che sembra essere una scrittura alfabetica cananea, e potrebbe includere il nome 'Išba'al – forse il proprietario dell'anfora. L'altra iscrizione, trovata nel 2008, ha generato parecchie discussioni. È costituita da cinque righe in inchiostro nero su un coccio di terracotta (un simile frammento è un «ostrakon», nel lessico degli archeologi). Non è ancora chiaro cosa significhino esattamente quelle righe di testo, ma le varie interpretazioni e traduzioni spaziano dall'ordinario al fantastico, anche perché non tutti concordano sulla lingua utilizzata; oggi la maggior parte degli studiosi propende per una grafia dell'antico ebraico derivata dal fenicio. Secondo un primo tentativo di decifrazione ci sarebbe scritto: «Giudica lo schiavo e la vedova, giudica l'orfano e lo straniero. Implora per il neonato, implora per il povero e la vedova». Ma la questione è tuttora dibattuta.[55]

Un'altra iscrizione è invece stata scoperta nel vicino sito di Gezer, e sembra che anch'essa risalga al x secolo a.C. L'iscrizione è giustamente famosa, anche se non possiamo attribuirla a un regno specifico, di Davide o altri sovrani. Si tratta del calendario di Gezer, inciso su pietra in paleo-ebraico (la prima versione nota di ebraico) o forse in fenicio. Venne trovato più di un secolo fa, nel 1908, dal già citato R.A.S. Macalister, che stava scavando per conto del Palestine Explo-

Figura 3. Replica dell'iscrizione del calendario di Gezer.
Fonte Fotografia di E.H. Cline.

ration Fund di Londra. Descrive le principali attività agricole svolte durante l'anno e permette quindi di farsi un'idea di come si vivesse allora nella regione. Riporta: «Due mesi di raccolta, due mesi di semina, due mesi di semina tardiva, un mese di taglio del lino, un mese di mietitura dell'orzo, un mese per terminare il raccolto, due mesi di vendemmia, un mese di frutta estiva».[56]

Il faraone Siamon e il nascondiglio di Deir el-Bahari

Anche il sito di Gezer compare nella Bibbia, nel punto in cui si narra di un faraone egizio che aveva conquistato la città e poi l'aveva donata a Salomone quando quest'ultimo aveva sposato sua figlia (1 Re 9:16-17). Ci viene detto che «il faraone, re dell'Egitto, era salito a impadronirsi di Gezer, l'aveva data alle fiamme, e aveva ucciso i cananei che abitavano la città; poi l'aveva data in dote a sua figlia, moglie di Salomone. E Salomone ricostruì Gezer».[57]

Come si sarà notato, il nome del faraone non viene citato. Secondo alcuni biblisti ed egittologi potrebbe trattarsi del faraone Siamon della Ventunesima Dinastia, che regnò per vent'anni (979-958 a.C. circa). A Gezer ci sono infatti prove di una distruzione che potrebbe risalire approssimativamente a quel periodo e che potrebbe essere collegata in modo plausibile a una campagna militare di Siamon, ma non ne abbiamo la certezza.[58]

Se il racconto biblico ha un qualche fondamento reale, allora dopo il Collasso dovette esserci un cambiamento nelle dinamiche di potere, perché nell'Età del Bronzo nessun faraone egizio aveva mai dato la propria figlia in moglie a un re straniero. Abbiamo già visto, però, che nell'Età del Ferro le cose andavano diversamente: ricordiamo che, sempre secondo la Bibbia, durante il regno di Davide la sorella della regina egizia era stata data in sposa al giovane Hadad, principe ereditario di Edom.[59] Ora veniamo a conoscenza di un altro di questi matrimoni, che prima sarebbero stati impensabili. Salomone inoltre sembra essersi preso cura della principessa egizia, tanto che costruì per lei una residenza separata a Gerusalemme: «la figlia del faraone salì dalla città di Davide alla casa che Salomone le aveva fatto costruire» (1 Re 9:24).

Forse un simile matrimonio reale, che solitamente suggellava una qualche alleanza o trattato, rientrava in un tentativo da parte di Siamon di rafforzare il suo regno in Egitto, magari perché le cose non gli andavano molto bene. Un ulteriore spostamento di mummie reali, per esempio, potrebbe significare che c'erano timori per la sicurezza della necropoli tebana. Alcune vennero messe prima nella tomba della regina Inhapy nell'anno 10 di Siamon. Qualche tempo dopo (alcuni sostengono decisamente più tardi, nell'anno 11 di Sheshonq I, il 935 a.C. circa), quelle mummie, insieme ad altre, tra cui quelle di Ahmose I, Thutmose I, II e III, Seti I, Ramses I, II e III, e anche di membri della famiglia di Panedjem II, finirono in una tomba vicina a Deir el-Bahari. Questa tomba pare fosse originariamente della regina Ahmes-Nefertari della Diciottesima Dinastia e che fosse stata usata solo di recente per la famiglia di Panedjem II.[60]

Questo nascondiglio, oggi chiamato il «deposito reale di Deir el-Bahari» (numero ufficiale: TT 320) si sarebbe dimostrato quanto mai valido, dato che rimase inviolato per quasi tre millenni. Fu solo 150 anni fa circa, intorno al 1870, secondo la versione oggi più diffusa della storia, che venne scoperto da un membro della famiglia Abd el-Rassul, pare mentre stava cercando una capra che era caduta nel pozzo di una tomba. Sono in pochi a credere a questa storia, e si pensa piuttosto che l'uomo fosse alla ricerca di tombe da saccheggiare, dato che la posizione non venne divulgata e diventò invece un segreto di famiglia molto ben custodito. La famiglia trattò la tomba come fosse il suo caveau personale, vendendo per circa dieci anni diversi oggetti, uno alla volta, a ricchi turisti europei e americani.

Alla fine il furto venne scoperto nel 1881 da Émile Brugsch, l'archeologo inviato da Gaston Maspero, il nuovo direttore generale degli scavi e delle antichità d'Egitto. Brugsch assunse alcune centinaia di contadini locali e in sole quarantotto ore fece spostare al Cairo tutti i faraoni, le regine e i loro corredi funerari, rinunciando a prendere nota con precisione dell'esatta posizione di tutti gli oggetti contenuti nella tomba pur di accelerare il processo di trasferimento. La storia è oggi tra le più raccontate nell'egittologia moderna, e la collezione di mummie reali e oggetti funerari è stata per decenni uno dei tesori più preziosi del Museo del Cairo.[61] Oggi si trovano in una cripta creata appositamente nel Museo nazionale della civiltà egizia, a Fustat, un sobborgo del Cairo. Purtroppo, per via della rapidità del trasferimento, tutte le informazioni al di là degli oggetti concreti sono andate perdute o non sono state registrate; se lo spostamento fosse stato fatto con calma, senza fretta, oggi avremmo molti più dati – per chiarire l'eccezionalità del trasferimento con un paragone, la rimozione degli oggetti dalla tomba di Tutankhamon, iniziata nel 1922 da Howard Carter, durò dieci anni.

Salomone a Megiddo e a Gerusalemme

Fu proprio mentre Carter stava documentando e rimuovendo scrupolosamente il contenuto della tomba di Tutankhamon che gli archeologi dell'Istituto orientale dell'Università di Chicago cominciarono a scavare nel sito di Megiddo, in quello che è oggi l'Israele settentrionale ma che all'epoca (era il 1925) faceva parte del mandato britannico in Palestina. Tre anni dopo, nel 1928, venne scoperto un grande edificio con vari corridoi, dei pilastri e quelle che sembravano mangiatoie. Il direttore degli scavi, P.L.O. Guy, pensò si trattasse di scuderie e spedì un telegramma a James Henry Breasted, direttore dell'Istituto orientale, che diceva, tra le altre cose, «penso trovate scuderie Salomone».

La notizia fece il giro del mondo, ma il dibattito infuria ancora oggi, a un secolo di distanza. La maggior parte degli archeologi ritiene infatti che si tratti davvero di scuderie, ma non che siano state costruite da Salomone. In base alla datazione al carbonio, agli stili fittili e ad altri indicatori temporali, oggi pare più probabile che siano state costruite nel IX secolo a.C., presumibilmente da Omri o da suo figlio Acab, o persino nell'VIII secolo a.C., forse da Geroboamo II.[62]

Analogamente, decenni più tardi, il famoso archeologo israeliano Yigael Yadin e la sua squadra effettuarono degli scavi sia a Megiddo che a Hazor e scoprirono che la monumentale porta d'ingresso era identica nei due siti – quella che è oggi nota come «porta a sei camere». Esaminò anche i documenti degli scavi di Macalister a Gezer e capì che la porta di quella città era sostanzialmente identica alle altre due. Yadin determinò che le tre porte risalivano all'epoca di Salomone e dichiarò che c'era «un'impronta salomonica» nelle porte d'ingresso di quelle città.[63]

Tuttavia proprio come le «scuderie di Salomone», anche quelle porte potrebbero risalire al IX secolo e al regno di Omri o Acab, o persino all'VIII secolo e al regno di Geroboamo II, invece che al X secolo e all'epoca di Salomone. La discussione va avanti da tempo e di tanto in tanto si fa piuttosto accesa, dato che non tutti gli studiosi sono d'accordo, ma oggi sembra che anche queste possibili prove delle opere architettoniche di Salomone non siano più valide.[64]

Le evidenze testuali utilizzate in questo dibattito derivano da un unico passaggio della Bibbia, in cui quelle città sono citate come luoghi che Salomone avrebbe fortificato: «Ora ecco quel che concerne gli operai reclutati e comandati dal re Salomone per costruire la casa del Signore e il proprio palazzo, Millo e le mura di Gerusalemme, Hazor, Megiddo e Gezer» (1 Re 9:15).

Come si può notare, il passaggio attribuisce a Salomone anche la costruzione del tempio originario di Gerusalemme («la casa del Signore»). Per quest'opera, Salomone si sarebbe rivolto a Hiram, re di Tiro (in quella che un tempo era la parte centrale di Canaan e che oggi corrisponde al Libano meridionale), il quale avrebbe fornito gli artigiani e persino il progetto architettonico del tempio (1 Re 5:1-7:51). Sebbene gli archeologi non abbiano ancora trovato nulla che possa confermare il racconto biblico – e neppure l'esistenza stessa di Salomone, del suo governo e dell'estensione del suo territorio – i brani che parlano del suo regno sono ricchi di dettagli dei suoi rapporti con Hiram e Tiro.[65]

In questo caso, ci viene detto inoltre che «Hiram mandò a dire a Salomone: "Ho udito il tuo messaggio per me. Farò tutto quello che desideri riguardo al legname di cedro e al legname di cipresso. I miei servitori li porteranno dal Libano al mare, e io li spedirò per mare legati come zattere fino al luogo che tu m'indicherai; e là li farò sciogliere e tu li prenderai; e tu mi farai il piacere di fornire la mia casa dei viveri necessari". Così Hiram diede a Salomone del legname di cedro e del legname di cipresso, quanto ne volle. E Salomone diede a Hiram ventimila cori di grano per il mantenimento della sua casa, e venti cori d'olio vergine; Salomone dava tutto questo a Hiram, anno dopo anno» (1 Re 5:8-11; e anche 2 Cronache 2:1-16).[66]

Nello stesso contesto, Hiram dice anche di aver inviato artigiani esperti perché aiutassero Salomone: «Io ti mando dunque un uomo abile e intelligente, Hiram-abi, figlio di una donna della tribù di Dan e di padre di Tiro, il quale è abile a lavorare l'oro, l'argento, il bronzo, il ferro, la pietra, il legno, la porpora, il violaceo, il bisso, lo scarlatto. Inoltre sa fare ogni sorta di lavori d'intaglio, ed eseguire qualsiasi lavoro d'arte gli si affidi» (2 Cronache 2:13-14).

Siccome del tempio di Salomone non resta nulla, le descrizioni bibliche sono tutto ciò che abbiamo (1 Re 6:14-22). Come ci si potrebbe aspettare, quindi, gli studiosi continuano a discutere del suo possibile aspetto, ma sembra che calzasse con la descrizione di quello che gli archeologi chiamano un tempio a «sala lunga» – vale a dire un edificio rettangolare in cui si entrava dal lato corto per procedere in un lungo ambiente principale, in fondo al quale c'era una stanza molto più piccola, il *sancta sanctorum*, dove venivano conservati manufatti preziosi come l'Arca dell'Alleanza.

All'epoca la pianta più consueta dei templi del Levante meridionale era invece a «sala ampia», molto più tozza, e si accedeva dal centro del lato lungo. Possiamo vederne un esempio nel tempio del x secolo a.C. del sito di Arad, vicino a Beersheva nell'odierno Israele meridionale. La pianta a «sala lunga» è più comune nel nord, come nel sito di Ain Dara, nella Siria settentrionale, dove esiste un tempio il cui aspetto dovrebbe assomigliare molto a quello del tempio di Salomone.[67] Può darsi che gli artigiani di Hiram avessero portato con sé anche il progetto della pianta del tempio, oltre ai materiali con cui costruirlo.

Nella Bibbia ci viene anche detto che, come segno di gratitudine, Salomone donò a Hiram venti città situate nell'odierna Israele settentrionale, ma che Hiram rifiutò l'offerta (1 Re 9:10-14). Inoltre, i due si allearono e mandarono una spedizione oltremare a Ophir (1 Re 9:26; 2 Cronache 8:17, 9:10), la cui posizione non è mai stata confermata. Ci viene detto poi che Hiram inviò delle spedizioni a Tarshish (1 Re 10:21-22; 2 Cronache 9:21), che spesso viene identificata con Tartesso, in Spagna, sebbene tale ipotesi non poggi su solide basi.[68] Di recente è stato suggerito che re Salomone fosse stato coinvolto nelle spedizioni fenicie in Spagna, in particolare nella regione di Huelva, per comprare argento e altre merci; tuttavia non esistono prove e l'ipotesi non è confermata da alcuna evidenza fisica.[69]

Sheshonq / Shishak

A questo punto della nostra storia, le vicende dell'Egitto e del Levante meridionale si intrecciano di nuovo, ma questa volta perché l'Egitto stava tornando potente grazie a Sheshonq I. Il nuovo sovrano era salito al trono a metà del x secolo, intorno al 945 a.C., dopo la morte di Psusennes II che a sua volta era succeduto a Siamon. Siamon e Psusennes II furono gli ultimi due re della Ventunesima Dinastia; come abbiamo visto, vennero entrambi sepolti nell'anticamera della tomba di Psusennes I. Sheshonq sarebbe stato il primo re della nuova dinastia, la Ventiduesima.[70]

Sheshonq era di origini libiche, anche se la sua famiglia viveva da generazioni in Egitto, e suo zio, Osorkon il Vecchio, era stato faraone subito prima di Siamon. Sheshonq lasciò la capitale a Tani ma pose Tebe sotto più stretto controllo nominando suo figlio Iuput alto sacerdote di Amon. In questo modo rimpiazzò la precedente linea ereditaria e per alcuni decenni riportò una certa unità nel paese. È anche il primo re ad aver lasciato testimonianze di operazioni militari nel Levante dopo il Collasso della tarda Età del Bronzo.[71]

È qui che la Bibbia ebraica entra nuovamente in gioco, perché si dà il caso che alcuni anni dopo la morte di re Salomone, intorno al 930-925 a.C., un faraone chiamato Shishak assediò Gerusalemme e portò via dal tempio, dal palazzo e dal resto della città un'enorme quantità di oro: «Il quinto anno del regno di Roboamo, Sisac, re d'Egitto, salì contro Gerusalemme, e portò via i tesori della casa del Signore e i tesori del palazzo del re; portò via ogni cosa; prese pure tutti gli scudi d'oro che Salomone aveva fatti» (1 Re 14:25-26).[72]

Sebbene alcuni non siano affatto d'accordo, la maggior parte dei biblisti e degli egittologi ritiene che il faraone Shishak / Sisac citato nella Bibbia altri non sia che Sheshonq I. Questa tesi si basa in parte su un'iscrizione che Sheshonq ordinò di incidere su quello che è noto come il Portale Bubastita del complesso templare di Karnak, in Egitto, che faceva parte del primo grande ampliamento realizzato dai tempi della Ventesima Dinastia. L'iscrizione, anch'essa molto dibattuta, elenca una serie di città attaccate da Sheshonq nel territorio di quella che era stata la Monarchia Unita di Davide e Salomone. Tra di esse c'è Megiddo, insieme ad altre città nella Valle di Jezreel, tra cui Taanach e Shunem.[73]

L'elenco delle città conquistate da Sheshonq ha attirato parecchia attenzione e generato un certo scetticismo nel corso degli anni, ma la conferma della sua veridicità potrebbe essere arrivata poco meno di cent'anni fa, alla fine del 1925, quando gli archeologi dell'Università di Chicago, durante la loro prima stagione di lavoro a Megiddo, recuperarono un frammento di pietra su cui era inciso il cartiglio di Sheshonq I. Il frammento era stato trovato anni prima da Gottlieb Schumacher, durante gli scavi che aveva effettuato tra il 1903 e il 1905, ma siccome nessuno ne aveva capito l'importanza, era stato gettato su un cumulo di terra vicino alla trincea di scavo, dove la squadra di Chicago lo ritrovò vent'anni dopo.

Quando andò a trovare la sua squadra nel marzo del 1926, James Henry Breasted riuscì a tradurre i geroglifici del frammento e la notizia della scoperta presto si diffuse in tutto il mondo, destando lo stesso scalpore che avrebbero suscitato due anni dopo le «scuderie di Salomone». Quel frammento sembrerebbe corroborare le parole di Sheshonq, perché potrebbe provenire da un monumento alto forse 3 metri, che sarebbe stato eretto nella città di Megiddo dopo esser stata conquistata delle forze egizie.[74] Dal momento però che gli uomini di Schumacher non avevano preso nota della posizione del frammento, non sappiamo a quale strato di Megiddo appartenga.

Nonostante ciò, a un certo punto gli studiosi pensarono di poter identificare la città di Megiddo che Sheshonq aveva conquistato con lo strato che gli autori degli scavi chiamano Megiddo VIA. Questo strato – che è stato identificato alternativamente come l'ultima città cananea e la prima città israelita costruita sul sito – venne raso al suolo nel X secolo a.C. Gli archeologi di Chicago trovarono scheletri non sepolti che giacevano dentro le rovine e resti di pali di legno e di alberi bruciati ancora *in situ*. Altri hanno suggerito che la distruzione potesse essere attribuita alle forze di re Davide o persino ai filistei. Tuttavia le evidenze – che includono mura crepate e incurvate oltre agli scheletri e agli alberi e ai pali bruciati – fanno pensare soprattutto a un terremoto, che potrebbe aver devastato anche le comunità vicine.[75]

Quel che è particolarmente interessante circa l'attacco sferrato da Sheshonq a Megiddo è che forse era già possibile situare la città all'interno del regno settentrionale di Israele. Il regno settentrionale era stato fondato da Geroboamo dopo che la Monarchia Unita si era divisa in due, in seguito alla morte di Salomone. Geroboamo e Shishak all'epoca intrattenevano già dei rapporti, infatti secondo la Bibbia prima della morte di Salomone Geroboamo era fuggito in Egitto, dove aveva vissuto sotto la protezione di Sheshonq / Shishak: «Per questo Salomone cercò di far morire Geroboamo; ma questi partì e si rifugiò in Egitto presso Sisac, re d'Egitto, e rimase in Egitto fino alla morte di Salomone» (1 Re 11:40).[76]

Ciò significa che se Sheshonq scatenò davvero una campagna militare contro Megiddo e le altre città della Valle di Jezreel, come implicano sia l'iscrizione di Karnak che il frammento di stele di Megiddo, allora – a seconda delle tempistiche – o il faraone combatté contro le forze di Geroboamo, l'uomo che aveva protetto fino a poco prima, oppure, come ha ipotizzato Nadav Na'aman dell'Università di Tel Aviv, la campagna di Sheshonq potrebbe essere intesa in parte come un tentativo di mettere Geroboamo sul trono del regno settentrionale di Israele. Un simile intervento però non è menzionato nella Bibbia, anche se avrebbe potuto esser contenuto nel *Libro degli annali dei re di Israele*, oggi perduto (si veda, per esempio, 1 Re 14:19).[77]

È interessante che l'elenco delle città attaccate da Sheshonq I *non* includa Gerusalemme, e che l'«itinerario» non sia coerente con la sua inclusione nella campagna militare descritta sul Portale Bubastita. Tuttavia, se Sheshonq fosse vissuto ancora, avrebbe potuto far aggiungere sulle mura di Karnak ulteriori rilievi e iscrizioni per descrivere altre campagne militari, tra cui quella in cui forse attaccò Gerusalemme.[78]

Latte e miele

Sheshonq cita anche il sito di Rehov nell'elenco topografico inciso a Karnak. Rehov era stata un'importante città cananea, situata nella Valle di Beth Shean, che in qualche modo era riuscita a compiere la transizione verso l'Età del Ferro praticamente indenne. Si tratta di uno dei più grandi ritrovamenti archeologici nel Levante meridionale, costituito da un tumulo inferiore dominato da un tumulo superiore all'estremità sud, per un'area di dieci-undici ettari. È noto dal 1939, quando un frammento di terracotta con un'iscrizione proto-cananea venne trovato sul terreno da due famosi archeologi, Ruth Amiran, specialista di arte fittile, e Avraham Biran, successivo direttore degli scavi di Tel Dan, ed è stato oggetto di un'intensa e vasta attività di scavo diretta da Amihai Mazar dell'Università Ebraica di Gerusalemme, dal 1997 al 2012.[79]

Sembra che la città fosse scampata alla distruzione di Sheshonq, per poi essere colpita da un terremoto che mise fine allo strato VI durante l'ultimo terzo del X secolo a.C. (forse lo stesso che devastò lo strato VIA di Megiddo sopra citato). Rehov è diventata famosa alcuni anni fa, quando è stato scoperto un apiario nel livello successivo, lo strato V, che durò dalla fine del X secolo al primo quarto del

IX secolo a.C. La città di questo strato sembra non fosse priva di legami con l'estero, dal momento che sul sito sono state trovate terrecotte fenicie, cipriote e greche, oltre ad amuleti egizi in *faïence* e lische di pesce persico del Nilo.[80]

L'apiario si trovava in una zona centrale della città e non in periferia, come ci si potrebbe aspettare.[81] Gli archeologi hanno trovato trenta arnie; ipotizzano che in origine potessero essercene addirittura centottanta, collocate in tre file parallele. Ogni arnia consisteva di un cilindro cavo fatto di argilla cruda mista a paglia, lungo poco meno di un metro e con un volume di poco più di cinquanta litri. Un'estremità del cilindro era chiusa e dotata di un foro da cui le api potevano entrare e uscire. L'altra estremità aveva invece un coperchio di argilla rimovibile che permetteva agli apicoltori di accedere al miele.

Dentro alle arnie sono stati trovati resti di favi e anche di api – occhi, muscoli, zampe e ali – i primi mai trovati nel Vicino Oriente antico. Aspetto affascinante, sembra fossero api mellifere dell'Anatolia, e non una varietà locale, il che significa che vennero deliberatamente importate da un luogo distante circa cinquecento chilometri. Gli autori degli scavi hanno anzi suggerito che queste api «siano state importate, direttamente o meno, nella Valle di Beth Shean da uno degli Stati neo-ittiti / luvi della Turchia meridionale».[82]

Si stima che ogni favo potesse dare fino a cinque chilogrammi di miele all'anno, oltre a mezzo chilo o più di cera; in altre parole, centottanta alveari avrebbero prodotto quasi mille chilogrammi di miele e quasi cento chilogrammi di cera all'anno, e questo potrebbe spiegare almeno in parte perché l'antico Israele sia definito molte volte nella Bibbia ebraica «il paese in cui scorre il latte e il miele» (per esempio, Esodo 3:8, Numeri 14:8, Deuteronomio 31:20). Tutto quel miele e quella cera d'api erano eccessivi per un consumo esclusivamente locale, perciò gli archeologi hanno ipotizzato che gli abitanti barattassero o vendessero sia l'uno che l'altra – la cera era molto richiesta per molteplici usi, compreso quello curativo.[83]

Un'anfora ritrovata nelle vicinanze dell'apiario reca l'iscrizione «proprietà di Nimshi», ed è stato dunque ipotizzato dagli archeologi che l'apiario appartenesse alla famiglia Nimshi, che tra i suoi discendenti annoverava anche Ieu, re di Israele alla fine del IX secolo a.C. L'apiario andò poi distrutto in una circostanza violenta, probabilmente un altro terremoto, che seppellì gli alveari sotto quasi un metro di mattoni crudi e di travi di legno bruciate. Questo evento mise fine allo strato V tra la fine del X secolo e l'inizio del IX secolo a.C., ma incontreremo nuovamente questo sito, così come Ieu, nelle prossime pagine.[84]

I successori di Sheshonq

La campagna militare di Sheshonq probabilmente ebbe un impatto anche sulle comunità di Moab, Ammon ed Edom, forse per via del desiderio degli egizi di riprendersi le miniere di rame che un tempo controllavano. Alcuni anni fa, durante una ricognizione di superficie nell'area mineraria dello Wadi Faynan, è stato trovato uno scarabeo di Sheshonq, forse una testimonianza del suo interesse per quella regione.[85]

Sembra anche che Sheshonq intrattenesse relazioni diplomatiche, più che militari, con altre potenze dell'epoca, tanto che inviò una sua statua a Biblo, su cui re Abibaal appose prontamente una propria iscrizione, in fenicio, come vedremo nel capitolo 3. Sheshonq potrebbe essere morto intorno al 924 a.C., probabilmente non molto tempo dopo la campagna contro Israele e Giuda. Forse venne sepolto a Tani, ma la sua tomba non è mai stata rinvenuta.[86]

Anche suo figlio Osorkon I inviò una statua di se stesso a Biblo, e anche Elibaal, re di Biblo, vi appose prontamente una propria iscrizione.[87] Sembra che perfino Osorkon intrattenesse relazioni diplomatiche con Biblo e forse con altre potenze del tempo. Osorkon I potrebbe aver regnato per ben trentacinque anni, dal 924 all'889 a.C. La sua tomba, come quella del padre, non è ancora stata localizzata. Gli succedette un faraone piuttosto insignificante, Takelot I, di cui si sa molto poco. Forse fu durante il suo regno che Sheshonq IIa, la cui bara è stata trovata nella tomba di Psusennes I, regnò come faraone rivale. Ci sono anche altri due nomi che appartengono agli Sheshonq (oggi indicati come IIb e IIc) e non è chiaro se fossero re in questo stesso oscuro periodo o se fossero rispettivamente una variante iniziale dei titoli di Sheshonq I e un errore di ortografia commesso da uno scriba.

In ogni caso il faraone successivo, Osorkon II, che oggi si pensa abbia regnato dal 872 all'831 a.C. circa, molto probabilmente mandò un migliaio di fanti a combattere nella battaglia di Qarqar, all'interno di una coalizione formatasi contro il re assiro Salmanassar III nell'853 a.C., di cui parleremo nel capitolo 2 e a cui contribuì anche Acab con carri e soldati. Un vaso di alabastro su cui è inciso il cartiglio di Osorkon II è stato trovato a Samaria, nel palazzo attribuito a Omri e Acab, forse una testimonianza di una qualche ulteriore relazione tra Acab e Osorkon. A un certo punto, anche Osorkon mandò una sua statua a Biblo, ma a differenze di quelle dei suoi predecessori Sheshonq I e Osorkon I, chiunque regnasse a Biblo all'epoca a quanto pare non incise sulla statua il proprio nome.[88]

In Egitto, la fine del regno di Osorkon II e del suo successore Sheshonq III (831-791 a.C.) fu segnata da problemi interni, tra cui rivolte e guerre civili. Intorno all'810 a.C., il paese era ormai diviso in quattro parti, con quattro faraoni che governavano contemporaneamente.[89] L'Egitto era chiaramente in declino.

Ben presto questa situazione portò a una graduale conquista dell'Egitto meridionale da parte dei re kushiti provenienti dalla Nubia, che a partire dal 750 a.C. circa diventarono signori dell'intero paese dando inizio alla Venticinquesima Dinastia (nonostante ci fosse ancora qualche re locale). Il regime kushita portò a una ripresa dell'economia e a un rafforzamento del potere, ma alla fine si lasciò trascinare nei conflitti tra le città-stato levantine e gli assiri; questi ultimi invasero l'Egitto più volte, finché, nel 664 a.C., i re nubiani non furono ricacciati nelle loro terre d'origine.

L'indipendenza fu riconquistata dalla Ventiseiesima Dinastia, guidata da Sais sul delta del Nilo; i suoi membri passarono dall'essere prima vassalli degli assiri, poi loro alleati e infine padroni del loro destino. Tuttavia l'invasione persiana del 525 segnò la fine dell'indipendenza dell'Egitto, che nel corso del IV secolo a.C. passò nelle mani di Alessandro Magno e dei suoi successori macedoni, i tolomei. Nel complesso, pur essendo sopravvissuto al Collasso dell'Età del Bronzo meglio di altre regioni, l'Egitto non tornò mai alla sua gloria passata.

Sintesi

Se per «successo» intendiamo un ritorno agli stessi livelli di unificazione e di presenza nelle reti commerciali internazionali che aveva conosciuto prima del Collasso, allora l'Egitto non se la cavò granché bene. Come abbiamo visto, il paese sopravvisse, ma con un minore livello di vivacità socioculturale, un'amministrazione spaccata in più fazioni governanti, un ruolo internazionale limitato e un potere relativamente esiguo per la maggior parte del tempo. In generale, l'Egitto non fu mai più lo stesso, né tornò alla posizione di forza che deteneva nel periodo del Nuovo Regno. Solo occasionalmente sovrani come Sheshonq I cercarono di eguagliare i risultati raggiunti durante la Diciottesima e l'inizio della Diciannovesima Dinastia o di acquisire ricchezze come quelle scoperte nella tomba di Psusennes I, ma ogni volta si trattò di fenomeni temporanei.

Quanto agli abitanti del Levante meridionale, saranno oggetto di ulteriore analisi, sia nelle pagine finali di questo libro che da parte di altri studiosi in futuro. Non solo esiste un vivace dibattito su come e quando gli israeliti entrarono nella terra di Canaan, ma si discute anche se i cananei meridionali superarono o meno la transizione all'Età del Ferro finendo assimilati nei nuovi regni della regione, come Israele, Giuda, Edom, Ammon e Moab, o se invece riuscirono a trasformarsi, andando a formare una parte importante ed etnicamente identificabile della popolazione di quei nuovi regni.

In confronto, l'Assiria e la Babilonia se la cavarono molto meglio sia dell'Egitto che del Canaan meridionale nei secoli successivi al Collasso. Tuttavia, anch'esse dovettero affrontarono la loro parte di difficoltà, come vedremo tra poco.

2.

Conquistatore di tutte le terre, vendicatore dell'Assiria (Assiria e Babilonia)

«Uccisore delle vaste orde degli ahlamu e dispersore delle loro forze [...] conquistatore di tutte le terre, vendicatore dell'Assiria!». È così che Aššur-reša-iši, re dell'Assiria dal 1133 al 1116 a.C. si descrive orgogliosamente su vari frammenti di coni d'argilla trovati nel sito di Ninive, nell'antica Mesopotamia.[1] È grazie a lui e alla sua vanità se oggi possediamo le prime testimonianze regali scritte in Assiria dopo il Collasso dell'Età del Bronzo.

Gli «ahlamu» a cui fa riferimento sono oggi più comunemente noti come aramei. Probabilmente sono conosciuti soprattutto perché nominati nella Bibbia ebraica, per esempio nel passo in cui Abramo dice: «Mio padre era un arameo errante» (Deuteronomio 26:5). La loro lingua, l'aramaico, finì per diventare la lingua franca (ossia la lingua comune) del Vicino Oriente, ma questo sarebbe successo secoli dopo.[2]

Si ritiene che questi aramei nomadi o seminomadi fossero stati molto danneggiati dalle nuove condizioni climatiche e ambientali della regione – per esempio, la cessazione delle piogge in Mesopotamia e un cambiamento nell'alveo principale dell'Eufrate, che in quel periodo deviò verso ovest. Questo si tradusse in una riduzione dei terreni irrigabili e in un aumento della salinizzazione nella Mesopotamia settentrionale.[3] Di conseguenza, gli aramei cominciarono a fare scorrerie e ad attaccare città e villaggi nelle aree controllate dagli assiri, che stavano affrontando gli stessi problemi e che quindi erano anch'esse più povere che in passato.

Nonostante le sue vanterie, a quanto pare la sconfitta degli aramei da parte di Aššur-reša-iši non fu definitiva; infatti anche suo figlio Tiglatpileser I dovette combattere contro di loro. Gli aramei costituirono un problema per gli assiri dal XII secolo in poi, e alla fine, nel IX secolo a.C., riuscirono a istituire in tutta la regione delle «dinastie minori», come le chiama Nicholas Postgate dell'Università di Cambridge.[4]

Il regno di Aššur-reša-iši ebbe un inizio piuttosto semplice, con costruzioni nei siti di Aššur (subito a nord della moderna Tikrit) e Ninive (oggi sotto la moderna Mosul, sulla riva orientale del Tigri). Qui il sovrano fece innalzare templi e palazzi, oltre a una possibile armeria.[5]

L'armeria potrebbe essere tornata subito utile, dato che Aššur-reša-iši si vanta di aver respinto gli attacchi sferrati da un re babilonese chiamato Nabucodonosor I, che governò dal 1125 al 1104 a.C. Sebbene fosse stato Nabucodonosor ad aprire le ostilità, fu sconfitto da Aššur-reša-iši e dagli assiri in ben due occasioni. La prima volta, Nabucodonosor fu costretto durante la ritirata a bruciare le sue macchine da assedio, per impedire che cadessero nelle mani degli assiri. La seconda, Aššur-reša-iši «combatté contro Nabucodonosor, e lo sconfisse completamente, massacrò le sue truppe e razziò il suo accampamento. Furono portati via quaranta dei suoi carri con equipaggiamenti e Karaštu (?), il generale di Aššur-reša-iši, venne catturato».[6]

Sappiamo queste cose grazie alla *Storia sincronica*, testo che fa parte di una serie di tavolette, note come le *Cronache assiro-babilonesi* o semplicemente le *Cronache mesopotamiche*. Si tratta di documenti che elencano gli eventi avvenuti in Assiria e in Babilonia, ciascuno accompagnato da una data. Sono scritti in terza persona, ossia come osservazioni imparziali, e rientrano nel tentativo dei cronisti contemporanei, o relativamente contemporanei, di sincronizzare i documenti delle due aree. La loro opera è oggi molto apprezzata dagli studiosi di storia antica specializzati nella Mesopotamia del secondo e primo millennio a.C.[7]

Alcune delle più importanti informazioni in nostro possesso derivano inoltre dai resoconti delle imprese dei singoli re, spesso riportati anno per anno. Oggi conosciuti come gli *Annali reali assiri*, questi testi sono scritti come se il re stesso ne fosse l'autore (in realtà erano gli scribi a fare tutto il lavoro), ed elencano le campagne militari del sovrano, le opere architettoniche fatte costruire e così via. Da questi dati possiamo trarre dettagli importanti, come il numero di soldati che parteciparono a una battaglia e il numero di caduti o prigionieri, sebbene tali cifre vadano sempre prese *cum grano salis*, per via di una certa propensione all'esagerazione. Anche i dettagli specifici di ogni anno possono variare a seconda delle iscrizioni, dal momento che le copie non sempre sono esatti duplicati, ma una cosa è sempre costante e coerente: a quanto pare i re assiri non vennero mai sconfitti, il che risulta un po' difficile da credere.[8] È chiaro che questi testi non si limitavano a registrare gli eventi storici, ma avevano anche scopi propagandistici.

Altri documenti reali includono rilievi monumentali che illustrano scene di combattimento, battute di caccia e il sovrano intento a ricevere tributi. Spesso queste opere decoravano le mura dei palazzi reali, ma potevano essere scolpite un po' dappertutto, sulla base del trono, su grandi stele o sulle pareti rocciose lungo i fiumi. C'erano anche documenti amministrativi, scritti su tavolette d'argilla, come lettere, trattati diplomatici, ricevute, divinazioni e così via.[9]

Ulteriori informazioni possono provenire dalle varie versioni di quella che è nota come la *Lista reale assira*. Questo elenco, che sembra inverosimile nelle sezioni sulla storia iniziale dell'Assiria ma più credibile nelle parti successive, sostiene di nominare tutti i re assiri, dai primi che «vivevano in tende» fino alla fine del regno di Salmanassar V nel 722 a.C. Esistono inoltre le *Cronache eponime*, documenti che includono sintetiche descrizioni degli eventi avvenuti in un particolare anno del calendario (ogni anno è associato al nome di un *līmu*, ossia un funzionario assiro, così che tutti sapessero di che anno si trattava) e potrebbero essere più attendibili di tutti i testi citati sopra.[10]

Alcuni di questi tipi di documenti sono successivi, come i rilievi monumentali sulle mura dei palazzi assiri, che cominciano a essere presenti regolarmente solo nel IX secolo a.C., pur non mancando esempi più antichi che risalgono al XII secolo. Tutto questo materiale è una preziosa fonte di informazioni storiche, ma ancora una volta dobbiamo essere cauti nel prenderle come oro colato. Quanto sono credibili queste affermazioni? Quanta enfasi c'è da parte del re e dei suoi scribi? Quanto c'è di vero e quanto di «vero ma gonfiato»?

I materiali di questo genere sono noti ormai da più di un secolo, fin dagli albori dell'archeologia mesopotamica praticata da pionieri come Austen Henry Layard, Paul Émile Botta e Hormuzd Rassam. Oggi i loro metodi sarebbero sotto certi aspetti imperdonabili, dalle tecniche di scavo all'atteggiamento colonialista degli archeologi stranieri, ma si deve dar conto che dissotterrarono città sepolte dell'Assiria e di Babilonia la cui esistenza, all'epoca, era nota solo per via della Bibbia ebraica, e portarono alla luce la loro storia.[11]

Tuttavia, come sempre accade quando si ha a che fare con epoche così lontane, soprattutto quelle recuperate grazie all'archeologia e agli archeologi, ci sono diversi problemi con le fonti. Per via dei supporti usati, spesso si conservano solo i documenti di Stato o gli archivi tenuti dai governanti o dai mercanti di elevato status sociale, anche se talvolta abbiamo dei dati «granulari», per esempio sulla resa dei raccolti in un dato anno. E anche quando esistono informazioni sulle condizioni socio-economiche, sovente rientrano nella descrizione di crisi affrontate o trionfi ottenuti dal sovrano; possiamo comunque trarre qualche indicazione sulla vita quotidiana dell'epoca, ma capita di rado.[12]

Insomma, di solito possiamo parlare solo di quel che accadeva agli alti livelli dello Stato, e non ai livelli sociali più bassi, semplicemente perché non abbiamo documenti scritti al riguardo, e persino i reperti archeologici non sempre forniscono dati chiari sulle persone più umili. Ma, salvo che in circostanze inusuali, di solito non esistono documenti che spieghino come i re, i sindaci o altri governanti reagissero alle calamità. Abbiamo, è vero, evidenze di alcuni casi specifici in cui re ittiti o ugariti chiesero aiuto durante una carestia o citarono l'avvistamento di navi o truppe nemiche, ma spesso possiamo solo vedere il risultato finale, che ovviamente dipendeva da come reagivano (o non reagivano) e dal fatto che avessero o meno successo.

Nabucodonosor I comunque potrebbe aver imparato qualcosa dalle due sconfitte subite a vantaggio di Aššur-reša-iši e degli assiri, perché in seguito condusse delle campagne vittoriose contro i vicini elamiti, che anni prima avevano attaccato Babilonia e rubato una copia del Codice di Hammurabi e una statua di Marduk. Non furono però vittorie facili. Una prima campagna dovette essere interrotta quando un'epidemia di peste devastò le truppe babilonesi in viaggio verso Elam. Un poema successivo all'evento racconta la storia dal punto di vista di Nabucodonosor: «Erra, il più potente degli dèi, decimò i miei guerrieri. L'indebolimento affliggeva i miei cavalieri [...] un demone stava uccidendo i miei bei destrieri [...] mi invase la paura della morte, e invece di avanzare e combattere, tornai indietro», dice il re.[13]

Una seconda campagna ebbe più successo. Un'iscrizione incisa su un *kudurru* – ossia un (simbolico) cippo di confine in pietra spesso presente nei templi – cita il dono di un terreno e varie esenzioni concesse da Nabucodonosor I a un certo Shitti-Marduk, uno degli ufficiali coinvolti nella seconda campagna contro Elam. L'iscrizione include una descrizione dettagliata della marcia verso Elam e della battaglia in cui Shitti-Marduk combatté eroicamente dal suo carro alla destra del re.[14]

L'attacco a sorpresa fu sferrato a luglio, quando gli elamiti meno se lo aspettavano. E giustamente, perché quella verso Elam fu una marcia verso le porte dell'inferno. Il bagliore del sole «bruciava come il fuoco», ci viene raccontato; i sentieri lungo cui avanzavano faticosamente le truppe babilonesi «scottavano come grandi fiamme!». Non c'era acqua nei pozzi né altri posti in cui placare la sete. «I migliori dei grandi cavalli cedevano, le gambe dell'uomo forte vacillavano», dice l'iscrizione, ma Nabucodonosor e il suo esercito non si fermarono. «Così si affrettò il potente re, e raggiunse la riva del fiume Ulaya. I due re si incontrarono lì e si diedero battaglia. Ci fu una conflagrazione tra loro, il sole si oscurò per la polvere, vorticavano le trombe d'aria, infuriava la tempesta! Nel turbinio della battaglia il guerriero sul carro non riusciva a vedere il compagno sul carro a fianco». Alla fine, l'esercito degli elamiti fu sconfitto, il loro re «scomparve» e «re Nabucodonosor trionfò, prese Elam e la depredò dei suoi beni».[15]

Nabucodonosor I non riportò a casa la stele di Hammurabi, però restituì al suo popolo la statua di Marduk. Per quell'impresa, fu ricordato negli annali dei babilonesi per generazioni. Anzi, Nabucodonosor sferrò un tale colpo agli elamiti, che per centinaia di anni dopo quella disfatta praticamente non abbiamo loro testimonianze scritte e solo pochi reperti archeologici. Erano stati resilienti nella fase iniziale del Collasso della tarda Età del Bronzo ma crollarono dopo questa disfatta militare. Tornarono ad avere un ruolo importante nella politica internazionale solo alla fine dell'VIII secolo a.C.[16]

Nel complesso, gli assiri e i babilonesi dimostrarono di essere due delle società più resilienti e superarono con successo le conseguenze del Collasso. Non persero la conoscenza della scrittura, intrapresero grandi progetti architettonici e conservarono i loro sistemi di governo. Tuttavia, neanche loro ne uscirono totalmente indenni. Per esempio, in base alle ricerche archeologiche portate avanti nella regione dell'antica Babilonia, potrebbe esserci stato un calo demografico addirittura del 75 per cento durante i trecento anni intercorsi tra il Collasso alla fine dell'Età del Bronzo e l'inizio della rinascita babilonese dopo il 900 a.C.[17]

Inoltre, secondo A. Kirk Grayson – rinomato studioso dell'Università di Toronto a cui va il merito della pubblicazione di tutte le iscrizioni reali assire in una serie di volumi apparsi a partire dai tardi anni ottanta del Novecento – non esistono pressoché iscrizioni reali che risalgano ai settantacinque anni compresi tra la fine del regno di Tukulti-Ninurta I nel 1208 a.C. e il regno di Aššur-reša-iši I. È sorprendente soprattutto che tali iscrizioni non siano state lasciate neppure dal re Aššur-dan I, che governò per quasi cinquant'anni, dal 1179 al 1133 a.C.[18]

Forse questa assenza di testimonianze reali indica che gli assiri furono colpiti dal Collasso più di quanto pensassimo; comunque non possiamo saperlo con certezza, perché avrebbero potuto scrivere i loro documenti su materiali deperibili come il cuoio, il legno o striscioline di piombo, anche se per qualche ragione avevano smesso temporaneamente di incidere le iscrizioni reali su pietra. D'altro canto, Eckart Frahm, assiriologo dell'Università di Yale, fa notare che le iscrizioni reali normalmente sarebbero state scritte su pietra o su argilla, quindi quel periodo di vuoto potrebbe davvero essere significativo.[19]

Per fortuna, come abbiamo accennato, i documenti reali assiri ricominciano con il regno di Aššur-reša-iši I, in un'epoca in cui ci fu forse una tregua dalla siccità che per cinquant'anni afflisse tutto il Mediterraneo orientale e le regioni dell'Egeo; ne parleremo più avanti.[20] Se così fosse, Aššur-reša-iši I potrebbe aver beneficiato di quella tregua climatica.

Tiglatpileser I

Ad Aššur-reša-iši succedette il figlio, Tiglatpileser I, che salì al trono nel 1115 a.C. Il suo regno durò quasi quarant'anni, fino al 1076 a.C. Come suo padre, anche Tiglatpileser amava vantarsi, tanto che affermò di aver attraversato l'Eufrate per ben ventotto volte, due all'anno per quattordici anni, per inseguire gli aramei. Come Aššur-reša-iši, resistette a uno o due attacchi da parte dei babilonesi, anche da parte del solito Nabucodonosor I.[21]

Questo re assiro ci è noto anche per via delle tante iscrizioni in cui gli scribi descrivono la sua abilità militare, probabilmente in gran parte ingigantita:

> Tiglatpileser, re forte, re dell'universo, re dell'Assiria, re di tutte le quattro parti (del mondo), castigatore di tutti i criminali, giovane valoroso, uomo po-

tente e spietato che agisce con il sostegno degli dèi Aššur e Ninurta, i grandi dèi, suoi signori, e (così) ha abbattuto i suoi nemici, principe attento che, per ordine del dio Shamash il guerriero, ha conquistato con il conflitto e la forza da Babilonia della terra Akkad fino al Mare Superiore della terra Amurru e il mare delle terre Nairi ed è diventato signore di tutte [...] assaltatore le cui feroci battaglie tutti i principi delle quattro parti temevano al punto di nascondersi come pipistrelli e rifugiarsi in luoghi inaccessibili come i gerboa [piccoli roditori saltellanti che vivono nel deserto].[22]

Gli scribi riportano anche, su numerosi prismi ottagonali d'argilla e con dovizia di particolari (spesso raccapriccianti), cosa faceva Tiglatpileser I agli sventurati soldati nemici che non riuscivano a nascondersi o a riparare in regioni inaccessibili dopo essere stati sconfitti in battaglia. Per esempio, pare che dopo aver sbaragliato una coalizione di cinque re e il loro esercito di ventimila uomini in una battaglia combattuta durante il suo primo anno di regno, Tiglatpileser profanò i cadaveri dei caduti, li depredò dei loro beni e fece prigionieri i superstiti: «Come un demone della tempesta ho ammucchiato i corpi dei loro guerrieri sul campo di battaglia e ho fatto scorrere il loro sangue nelle valli e nei pianori delle montagne. Ho tagliato loro le teste e le ho accatastate come covoni attorno alle loro città. Ho portato via il loro bottino, le loro proprietà e i loro beni in quantità innumerevoli. Ho catturato i seimila uomini che erano scampati alle mie armi e li ho sottomessi a me e li ho considerati come sudditi nella mia terra».[23] L'iscrizione poi continua sempre sullo stesso tenore, descrivendo le vittorie su tanti altri nemici, elencati per nome, che vivevano in quelli che sono l'odierna Turchia, l'Iraq e le aree costiere del Levante.[24]

Come se non bastasse, le maledizioni che Tiglatpileser ordinò agli scribi di aggiungere alla fine di questa lunga iscrizione avrebbero fatto riflettere ogni lettore. Erano rivolte a chiunque «rompa o cancelli le mie iscrizioni su monumenti o su argilla, o le getti in acqua, le bruci, le ricopra di terra [...] e chiunque cancelli il mio nome e ci scriva il suo, o architetti qualcosa di oltraggioso e lo metta in atto a danno delle mie iscrizioni monumentali». Invocando gli dèi Anu e Adad per maledire l'ipotetico trasgressore, che secondo Tiglatpileser poteva essere un re o un governante successivo, fece scrivere ancora: «Possano (gli dèi) rovesciare il suo governo, possano fare a pezzi le fondamenta del suo trono reale. Possano mettere fine alla sua discendenza. Possano distruggere le sue armi, provocare la sconfitta del suo esercito, e farlo sedere in catene davanti ai suoi nemici. Possa il dio Adad colpire il

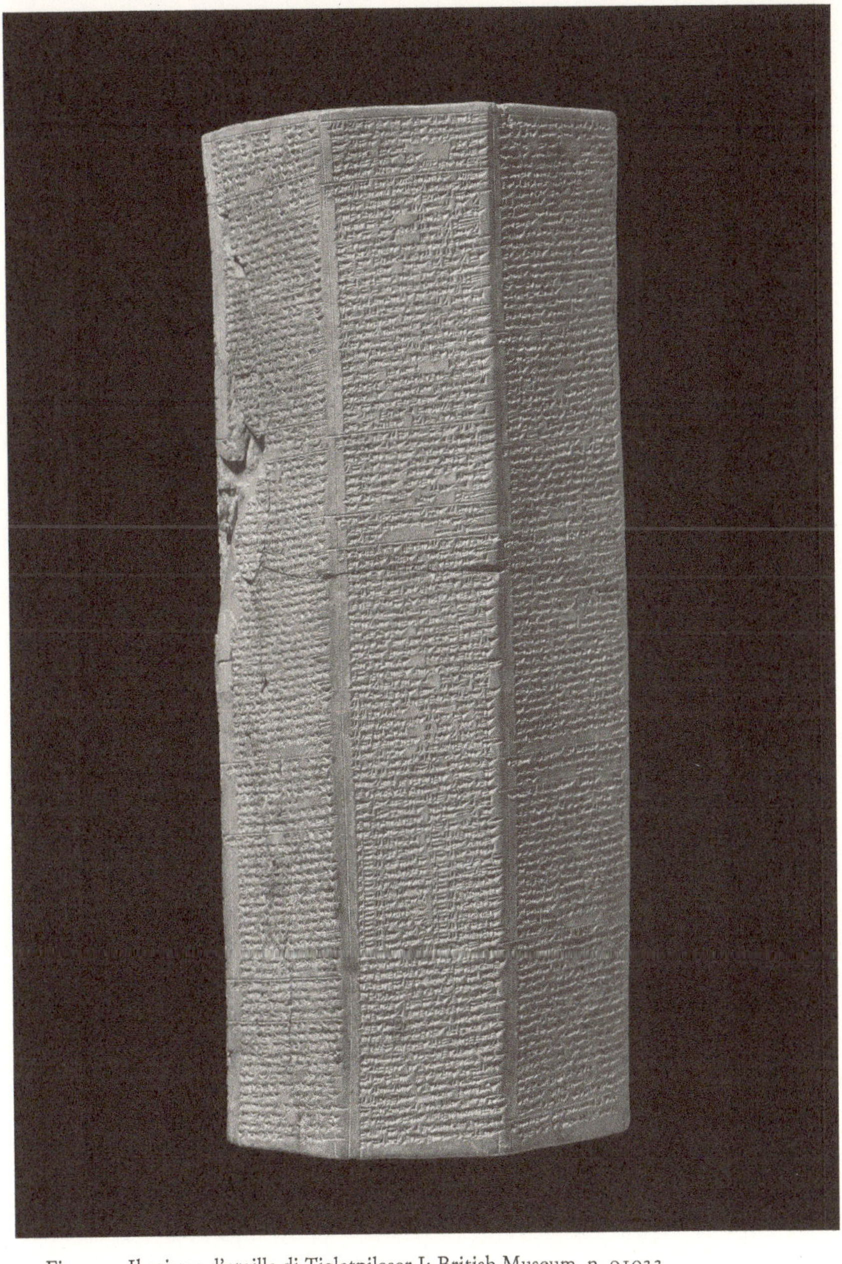

Figura 4. Il prisma d'argilla di Tiglatpileser I; British Museum, n. 91033.
Fonte © The Trustees of the British Museum.

suo regno con terribili fulmini e infliggergli sofferenza, carestia, miseria e malattia. Possa ordinare che egli non viva un giorno di più. Possa cancellare il suo nome e il suo seme dalla terra».[25] E, per quanto riguarda gli aramei in particolare, una prima iscrizione afferma che Tiglatpileser I conquistò sei delle loro città, radendole al suolo e depredandole. Massacrò anche molti dei soldati, inseguendoli attraverso l'Eufrate su zattere fatte di pelle di capra gonfie d'aria.[26]

Anche se all'epoca erano tra i più pericolosi avversari degli assiri e spesso erano descritti come gli arcinemici del re, soprattutto nei primi anni di regno di Tiglatpileser I, gli aramei non erano i suoi unici rivali. In quella stessa prima iscrizione Tiglatpileser sostiene di aver preso il controllo di molte altre terre, montagne e città, e di aver sconfitto prìncipi che erano ostili a lui e ad Aššur. «Ho combattuto contro sessanta teste coronate e le ho sbaragliate in battaglia, aggiungendo territori all'Assiria e uomini alla sua popolazione», si vanta. «Ho esteso il confine della mia terra e governato su tutte le loro».[27]

In altre iscrizioni – inclusa una serie di tavolette d'argilla e di frammenti di obelisco trovati dagli archeologi nel sito di Aššur, oltre che sul cosiddetto «obelisco spezzato» trovato a Ninive e che oggi è stato ridatato facendolo risalire ai suoi anni di regno – Tiglatpileser descrive la ricostruzione e il restauro di vari palazzi e di altri edifici ad Aššur e altrove, oltre al ripristino di fossati e canali da lungo tempo trascurati. Il re parla anche di ulteriori campagne militari, inclusa una verso ovest, negli odierni Siria e Libano. Uccise e/o catturò tori selvatici, elefanti e leoni alle pendici del Monte Libano e altrove, oltre a pantere, tigri, orsi, cinghiali e struzzi, fece abbattere cedri e ne usò il legno per un tempio in patria, quindi proseguì fino alla terra di Amurru (ossia la Siria costiera settentrionale) e la conquistò.

Ricevette anche tributi dalle città costiere di Biblo, Sidone e Arwad, dove i fenici stavano cominciando a stabilirsi, ed elenca gli animali esotici avuti in dono, come un coccodrillo e una grande «femmina di scimmia della costa». Sull'obelisco spezzato e in altre incisioni spiega che questi animali gli erano stati donati da un faraone egizio (probabilmente Ramses XI, l'ultimo re della Ventesima Dinastia), e che includevano anche una «creatura di fiume» che in precedenza era stata identificata come un bufalo d'acqua o forse un ippopotamo ma oggi si ritiene più probabile che fosse una foca monaca del Mediterraneo.[28]

Tiglatpileser racconta anche che fece una gita in barca di sei ore quando era ad Arwad e che, mentre era in mare, uccise «un *nahiru*, che viene chiamato cavallo marino». In un'iscrizione successiva, specifica che lo uccise con una fiocina di sua fabbricazione. Nonostante se ne sia discusso non poco tra gli studiosi, ancora non è chiaro cosa fosse esattamente un *nahiru*; alcuni hanno suggerito che si trattasse di una piccola balena o di una foca o di uno squalo, ma un altro testo cita l'avorio del *nahiru*, cosa che indicherebbe dei denti o delle zanne di qualche tipo e, in effetti, l'opinione attuale propende per un ippopotamo.[29]

È la prima volta, dal Collasso della tarda Età del Bronzo, che quelle città costiere fenicie vengono citate in un'iscrizione altrui. Ne parleremo più approfonditamente nel prossimo capitolo; per adesso limitiamoci a collocarle nel loro contesto, perché il nuovo mondo del tardo XII secolo a.C. era molto diverso dal XIV secolo a.C., l'apice della tarda Età del Bronzo. A quell'epoca, i re dell'Assiria facevano parte delle «grandi potenze» e scambiavano doni sontuosi con altri re, dall'Egitto a Hattuša, mentre i re delle più piccole Biblo, Sidone, Tiro e di altre città cananee nelle vicinanze intrattenevano scambi commerciali e diplomatici tra loro e con le grandi potenze. Ora invece, con Tiglatpileser I al comando, e soprattutto a partire dal IX secolo, come diventerà evidente, gli assiri semplicemente si prendevano quel che volevano dai fenici e dalle altre popolazioni, razziando le città più piccole dopo averle sconfitte, esigendo un tributo o entrambe le cose.

Qui non vive più nessuno

Nell'ottobre del 2021 due giornalisti hanno pubblicato un articolo sul «Washington Post» in cui raccontano alcuni dei problemi che affliggono l'Iraq meridionale. «Qui non vive più nessuno», scrivono. «Dal momento che il cambiamento climatico provoca un calore estremo e l'acqua scarseggia sempre di più in tutto il Vicino Oriente, il terreno si sta inaridendo. In tutto il sud dell'Iraq si ha la sensazione di essere prossimi alla fine».[30]

Avrebbero potuto usare le stesse parole per descrivere la situazione dell'Assiria di tremila anni fa, perché le cose cominciarono ad andare male verso la fine del regno di Tiglatpileser I, e toccarono il fondo circa 150 anni dopo, prima di ricominciare a migliorare.[31] Alla fine, erano arrivati i tempi duri anche per gli assiri e per i loro vicini del sud, i babilonesi. Anzi, lo stimato storico italiano Mario Liverani ha ipotizzato che in Mesopotamia la crisi si sarebbe concretizzata molto prima, non fosse stata ritardata o posticipata grazie a sovrani potenti come Tiglatpileser I in Assiria e Nabucodonosor I in Babilonia.[32] Buona parte della resilienza di queste due società nel periodo immediatamente successivo al Collasso probabilmente fu davvero dovuta alla presenza di simili leader in un momento così difficile.

Sappiamo che le due potenze continuarono a combattere una contro l'altra, anche se entrambe pativano per via delle condizioni ambientali. Per esempio, nell'XI secolo Tiglatpileser I intraprese due campagne militari contro la Babilonia, conquistando diverse città e riportando il bottino ad Aššur. Nelle iscrizioni sono citate le città di Babilonia e di Dur-Kurigalzu, che il re descrive come «le grandi città di Karduniaš [Babilonia] con le loro fortezze». Il suo rivale era Marduk-nadin-ahhe, sovrano babilonese che governò dal 1099 al 1082 a.C. circa e che in precedenza aveva saccheggiato la città assira di Ekallate e rubato le statue di due divinità, Adad e Sala – un affronto che andava vendicato.

Tiglatpileser sostiene di aver sconfitto Marduk-nadin-ahhe entrambe le volte, conquistando e bruciando i palazzi di Babilonia che appartenevano al re e recuperando le statue. Tuttavia oggi gli indizi lasciano intendere che in realtà Tiglatpileser forse perse la prima di queste battaglie, durante la quale morirono due dei suoi figli, e che solo nella seconda campagna sconfisse Marduk-nadin-ahhe.[33]

Tiglatpileser indica persino le date esatte degli attacchi, ma in forma di anni eponimi: la prima campagna fu durante l'anno che reca il nome di un ufficiale chiamato Aššur-šuma-eriš, la seconda nell'anno denominato come l'ufficiale Ninu'ayu. Sappiamo che probabilmente si tratta del 1092 a.C. e del 1091 a.C., vale a dire il ventiduesimo e il ventitreesimo anno di regno di Tiglatpileser. Probabilmente alcuni anni dopo, nel 1086 a.C., ci fu anche un attacco per rappresaglia da parte di Marduk-nadin-ahhe.[34]

Tornato ad Aššur, Tiglatpileser costruì un palazzo sbalorditivo, pare fatto tutto di legno di cedro del Libano, che chiamò il «Palazzo del re di tutte le terre». Fece anche erigere un tempio dedicato ad An e Adad, due divinità assire, oltre a una serie di edifici minori, compreso uno in legno di bosso per custodire le sue armi. Ordinò anche la creazione di una statua del *nahiru* che aveva ucciso con la fiocina ad

Amurru; doveva essere di basalto e presumibilmente a grandezza naturale o più grande ancora. E nella città di Ninive ordinò la costruzione di analoghi edifici e palazzi, oltre a un giardino reale e un canale per irrigarlo.[35]

I testi assiri di quel periodo citano altri attacchi sferrati dagli aramei, oltre a una serie di catastrofi, ma troviamo anche cenni ai problemi climatici della regione, sostanzialmente una novità per simili iscrizioni. Per esempio, in un testo del 1082 a.C., nel trentaduesimo anno del regno di Tiglatpileser, si legge che ci fu una carestia così grave che la popolazione ricorse al cannibalismo: «le persone mangiavano la carne l'una dell'altra», dicono le *Cronache assire*. Lo stesso testo afferma anche che quell'anno gli aramei avevano «razziato [la terra], preso il controllo delle strade e conquistato [molte città fortificate] dell'Assiria». I cittadini assiri dovettero fuggire sulle montagne a nordest di Erbil per salvarsi la vita.[36]

E poi, tra due e sei anni dopo (1080-1076 a.C.), alla fine del lungo regno di Tiglatpileser, il raccolto andò malissimo. A questo si accompagnò un'altra incursione degli aramei, cosa che probabilmente non sorprende dato che avranno patito per la stessa carestia. Quel che stupisce è che forse costrinsero lo stesso Tiglatpileser a fuggire. «Tutti i raccolti dell'Assiria erano rovinati», dicono le *Cronache assire*. «Le "casate" [ossia, gli invasori] aramee penetrarono nella zona intorno a Ninive e Kilizi; Tiglatpileser, re dell'Assiria, si ritirò nella terra di Katmuhi». Katmuhi (o Katmuhu) di solito viene identificata con l'area montuosa vicino all'attuale Midyat in quel che è oggi il Kurdistan turco.[37]

Gli assiri sopravvissero alla carestia, alla siccità e agli attacchi aramei negli ultimi anni di regno di Tiglatpileser I, ma fu comunque l'inizio del loro declino. La fine arrivò dopo il regno di un figlio di Tiglatpileser, Aššur-bel-kala, che governò dal 1074 al 1057 a.C. circa. Questo sovrano ci ha lasciato varie iscrizioni (anche se meno di quante si pensasse, dato che diverse sono state poi attribuite a Tiglatpileser I). Nel caso in cui qualcuno in futuro avesse avuto la tentazione di cancellare le sue iscrizioni, fece incidere una maledizione sul retro di una statua: «Quanto a colui che rimuoverà le mie iscrizioni e il mio nome: i divini Sebetti, dèi dell'Occidente, lo puniranno con il morso dei serpenti».[38]

È con la fine del regno di Aššur-bel-kala, intorno al 1057 a.C., e con il fatto che gli assiri avevano rimandato il loro declino per 120 anni circa dopo il 1177 a.C., che gli studiosi dichiarano concluso il periodo medio-assiro. Durante il regno di Aššur-bel-kala, negli anni tra il 1060 e il 1050 a.C., era tornata la siccità, accompagnata da rivolte e altre invasioni da parte degli aramei (chiamati a volte «sutei» nei documenti babilonesi del periodo). Dopo di allora, la siccità si era ripresentata precisa come un orologio ogni dieci anni, nel 1040, 1030, 1020 e 1010 a.C., secondo fonti sia assire che babilonesi. La siccità del 1040 a.C. venne accompagnata da «tumulti e disordini», quella del 1010 dalla peste, e quella del 1007 a.C da tensioni e carestia.[39] La fase seguente si estende fino al x secolo inoltrato e ancora una volta presenta siccità, carestia, disordini sociali e frammentazione politica; ci torneremo tra poco.

In definitiva l'xi secolo a.C. non fu probabilmente un buon periodo per vivere in Assiria e Babilonia, che si fosse assiri, babilonesi, o aramei-sutei. Tuttavia c'era luce alla fine del tunnel, seppure lontana, perché quando gli assiri riemersero nella seconda parte del x secolo a.C., sotto la guida dei re Aššur-dan II e Adad-nirari II, cominciarono a costruire l'impero neo-assiro, che avrebbe dominato il Vicino Oriente antico per quasi trecento anni.

Assiria e Babilonia nel x *secolo a.C.*

Per la maggior parte del x secolo a.C., in Assiria e Babilonia le cose non andarono molto meglio rispetto all'xi secolo. Per esempio, come abbiamo accennato poc'anzi, a partire dal 1007 a.C. circa e per i successivi vent'anni sembra che in Mesopotamia ci fosse stata carenza di cereali. Un'iscrizione incisa su un *kudurru* (cippo di confine) babilonese cita specificamente «indigenza e carestia sotto re Kaššu-nadin-ahhe» (1007-1005 a.C.). Si legge che «le consuete offerte [agli dèi] si interruppero, e cessò l'offerta di bevande». A quanto pare la situazione non migliorò sotto il re successivo, perché secondo la stessa iscrizione un sacerdote della città di Sippar disse al sovrano che «le offerte nel tempio di Shamash [il dio supremo] sono cessate».[40]

Poi, durante un periodo di più o meno trent'anni, a partire dal 970 circa a.C., gli aramei ricominciarono ad attaccare, a un certo punto per nove anni di fila. Sappiamo che queste incursioni avvennero durante il regno di un re babilonese chiamato Nabu-mukin-apli (978-943 a.C.), perché le *Cronache babilonesi* riportano che «gli aramei erano bellicosi, perciò il re non poté recarsi a Babilonia». Il testo cita anche una carestia nel 954 a.C., e poi, circa quindici anni dopo, intorno al 940 a.C. parla di un'altra carestia, che ridusse la popolazione alla fame.[41]

La rinascita assira ebbe inizio sotto Aššur-dan II (934-912 a.C.). Il sovrano cominciò la ripresa lentamente, attaccando i piccoli regni aramei e riconquistando il territorio perduto nel secolo precedente. Nei suoi annali, Aššur-dan II afferma con orgoglio di aver fatto tornare a casa gli assiri che erano fuggiti da quella zona. «Ho riportato in patria le genti esauste dell'Assiria che avevano abbandonato le loro città e le loro case per via della povertà, della fame e della carestia, e che se n'erano andate in altre terre», scrive. «Le ho sistemate in città e case adeguate dove hanno vissuto in pace».[42]

La rinascita proseguì sotto il suo successore Adad-nirari II (911-891 a.C.), il quale ebbe un tale successo che iniziò a espandere di nuovo i possedimenti assiri, un'impresa che finì per dar vita al colossale impero che oggi chiamiamo neo-assiro. Condusse campagne militari praticamente ogni anno dei ventuno che rimase sul trono: verso occidente contro gli aramei, verso sud ed est contro Babilonia, e anche verso nord.[43]

Adad-nirari II sostiene di aver sconfitto due re di Babilonia uno dopo l'altro e di aver invaso la terra di Hanigalbat (nota come il regno di Mitanni nella tarda Età del Bronzo) non meno di sette volte. Si impadronì di un bottino che includeva un trono d'oro, piatti d'oro lucente e persino una «tenda d'oro consona alla sua regalità, il cui peso non ho determinato». Sempre secondo le sue iscrizioni, uccise 360 leoni, 240 tori selvatici e 6 elefanti durante varie spedizioni di caccia col suo carro e restaurò templi che necessitavano di interventi urgenti.[44]

La cosa estremamente interessante, per quanto riguarda la tempistica dell'inizio della rinascita neo-assira sotto questi due sovrani, è che combacia perfettamente con nuove evidenze secondo cui, più o meno nello stesso periodo, il clima migliorò. Un nuovo studio basato sulla «datazione precisa di speleotemi» della caverna di Kuna Ba, nella regione curda dell'Iraq nord-orientale, circa trecento chilometri a sud-est di Ninive, rivela che il periodo compreso tra il 925 e il 725 a.C. circa fu umido come non capitava più dalla fine della tarda Età del Bronzo. Come notano i ricercatori, questo periodo «è concomitante alle fasi principali dell'espansione imperiale assira (920-730 a.C.

circa)» e incluse «un periodo di massima piovosità, chiamato il "periodo megapluviale assiro"» che durò dall'850 al 740 a.C. e fu uno dei «periodi più umidi degli ultimi quattromila anni» in quell'area.[45] Possiamo anche notare che, durante quel periodo, nelle testimonianze assire non si fa alcun cenno a carestie o siccità. Se queste nuove scoperte sono indicative, pare proprio che i neo-assiri non sprecarono neanche un minuto di tempo per sfruttare il cambiamento di clima.

Hormuzd Rassam e le porte di Balawat

Le informazioni sulla fase successiva della ripresa neo-assira derivano in parte da un insolito dono ricevuto nel 1877 da Hormuzd Rassam, l'archeologo iracheno (di Mosul) di cui abbiamo parlato brevemente, formatosi con il noto studioso inglese Austen Henry Layard. Rassam all'epoca viveva a Londra, e si godeva la semi-pensione dopo un'onorevole carriera. Quando aprì il pacchetto che gli era stato mandato da un amico in Iraq, vide che conteneva dei fragili frammenti bronzei, con scene di guerrieri in rilievo e brevi iscrizioni. L'amico spiegava che i frammenti erano stati trovati da un uomo del luogo mentre stava scavando una tomba nel piccolo sito di Balawat, oggi identificata come l'antica Imgur-Enlil, circa ventisette chilometri a sudest di Mosul.[46]

L'anno seguente, quando il British Museum chiese a Rassam di interrompere la sua semi-pensione e di tornare in Iraq per dirigere degli scavi a Ninive, lui accettò e ne approfittò per svolgere alcuni scavi esplorativi anche a Balawat. I frammenti che aveva ricevuto, si scoprì, appartenevano alla striscia superiore di una serie di fasce di bronzo che in origine decoravano due grandi porte di legno, alte più di sei metri e larghe quasi due metri e mezzo l'una. Le porte si trovavano all'entrata di un palazzo fatto costruire da Salmanassar III, re dell'Assiria nel IX secolo a.C., dall'858 all'824 a.C.

In tutto c'erano otto coppie di fasce, ognuna lunga circa due metri e mezzo e alta trenta centimetri, applicate alle due porte. Scavando nei sei metri di terra e mattoni caduti che ora le circondavano, sorreggendole, Rassam trovò la maggior parte delle strisce ancora al loro posto, una coppia sopra l'altra. A un certo punto, il legno delle porte era stato distrutto dal fuoco o forse si era semplicemente sbriciolato nel tempo, ed erano rimaste «in piedi» solo le fasce di bronzo, che ricordavano un gigantesco «attaccapanni», come scrisse poi Rassam. Le strisce, disse, erano «decorate in rilievo con vari soggetti, come scene di battaglia, processioni trionfali e cerimonie religiose» e «divise in pannelli incorniciati da un bordo di rosette».[47]

Le scene e le iscrizioni celebrano le campagne militari dei primi dodici o più anni di regno di Salmanassar, a partire dall'858 a.C. Vediamo le città rivali assediate, i soldati nemici catturati e impalati, e varie altre descrizioni di interesse generale, anche raccapriccianti. Ogni scena è accompagnata da un'iscrizione che identifica l'evento rappresentato. Sono citate, tra le altre, Tiro, Sidone e Karkemish, e anche città che si trovavano nel regno di Urartu (situato a nord, nella parte orientale dell'Anatolia, e di cui parleremo nel capitolo 4) e altrove in Mesopotamia. Le fasce sono estremamente importanti per la nostra ricostruzione storica di quelle aree e degli eventi accaduti in quel periodo.

Rassam mandò le fasce che aveva recuperato al British Museum, dove oggi sono esposte insieme ad altri reperti che l'archeologo aveva trovato nel sito. Tuttavia i suoi ritrovamenti furono quasi subito messi in discussione da vari curatori, incluso il famoso egittologo E.A. Wallis Budge. Nella pubblicazione del British Museum su quei frammenti, uscita nel 1915, Budge si diceva dubbioso che arrivassero da Balawat. «Dopo aver esaminato il tumulo», scrisse nella prefazione al volume, «mi è impossibile credere che questo sito insignificante possa aver contenuto un tempio assiro [...]. Sicché dobbiamo concludere [...] che il luogo in cui furono trovati i rilievi in bronzo qui pubblicati ancora non è stato accertato».

L'autore del volume, L.W. King, assistente curatore al British Museum, era d'accordo con Wallis Budge e scriveva: «Possiamo concludere che gli scopritori locali delle porte si impegnarono non poco a nascondere il vero sito della loro scoperta». I due curatori insinuarono anche che Rassam potesse aver comprato le fasce, infatti nel volume scrissero che l'archeologo le aveva «acquisite» e «recuperate», non dissotterrate.[48] Dobbiamo domandarci perché Budge e King dubitassero di Rassam, anche se è probabile che la spiegazione vada cercata nel razzismo innato, nella mentalità colonialista o nell'invidia professionale – o magari in tutt'e tre le cose.

Forse proprio per via di queste accuse Rassam non consegnò al British Museum i primi frammenti che aveva ricevuto in dono dal suo amico in Iraq. Fu invece la sua famiglia a conservarli, e alla fine vennero acquistati dalla Walters Art Gallery di Baltimora (Maryland), dove si trovano tuttora. Altri frammenti, tutti appartenenti alle due coppie superiori delle fasce, che erano stati scoperti da gente del posto che scavava tombe in cima al tumulo, finirono in diversi musei e collezioni private attraverso vari mercanti di antichità.[49]

La situazione precipitò quando Rassam, col sostegno di Layard, intentò una causa per difendere la sua reputazione, ma fu solo nel 1955 che gli venne finalmente resa giustizia, e in modo inaspettato. Tutto ebbe inizio quando, quell'anno, il British Museum creò il Dipartimento di Antichità dell'Asia Occidentale e i magazzini vennero riorganizzati. Tra lo stupore generale, vennero trovate altre fasce di bronzo di un'altra serie di porte, imballate in scatole che a quel punto languivano in magazzino da decenni. Anche quelle fasce erano state mandate da Rassam, ma erano state dimenticate. Molti reperti erano ancora avvolti nei fogli di un «Times» del 1880, presumibilmente l'anno in cui erano state tolte dalle casse che Rassam aveva spedito a Londra. Tutti quei reperti provenivano da un palazzo più antico di Balawat, fatto costruire da Aššurnasirpal II, il padre di Salmanassar III, che aveva regnato nel IX secolo a.C., dall'883 all'859 a.C. Possiamo affermarlo con sicurezza perché anche se il resto del palazzo non è ancora stato individuato, sette delle fasce recano l'iscrizione «Palazzo di Aššurnasirpal, re dell'universo, re dell'Assiria, figlio di Tukulti-Ninurta, re dell'Assiria, figlio di Adad-nirari, anch'egli re dell'Assiria».[50]

Rassam aveva scritto di questa seconda serie di fasce nei suoi rapporti e nella sua pubblicazione finale, dicendo che provenivano da porte alte la metà di quelle di Salmanassar III e situate a circa venti metri di distanza dalla prima serie di fasce. In una lettera inviata al British Museum nel 1878, Rassam diceva però: «Purtroppo questo secondo piccolo monumento è molto danneggiato [...] non appena [è stato] scoperto è andato in pezzi». Disse qualcosa di molto simile anche nel suo libro, scritto quasi vent'anni dopo: «Era molto danneggiato quando è stato scoperto, e non appena è stato esposto all'aria, si è sbriciolato». Non c'è da meravigliarsi se per molti anni si è pensato che questa seconda serie di fasce fosse andata perduta: nessuno si aspettava che Rassam avesse raccolto i pezzi e li avesse spediti a Londra, come invece aveva fatto.[51]

L'esame di queste fasce rivelò che le scene sulla coppia inferiore sono quasi identiche, e rappresentano entrambe assiri e prigionieri «di Hatti» (ossia della Siria settentrionale) in processione. In altre sono raffigurate ulteriori scene, tra cui diverse con gli hatti, oltre a una caccia al leone e al toro. Nel complesso, anche queste strisce, come quelle delle porte di Salmanassar III trovate in precedenza da Rassam, ci offrono una rappresentazione visiva di alcune delle campagne militari di Aššurnasirpal.[52]

Queste (ri)scoperte nei magazzini del British Museum convinsero gli amministratori a finanziare nel 1956 un'altra spedizione a Balawat, questa volta guidata dall'archeologo inglese Max Mallowan, il marito di Agatha Christie. La squadra trovò immediatamente nuove fasce di bronzo decorate. Provenivano da un'altra porta a due battenti, più piccola, che risaliva anch'essa all'epoca di Aššurnasirpal II. La porta faceva parte di un tempio dedicato a Mamu (forse il dio assiro dei sogni) che Aššurnasirpal aveva fatto edificare nello stesso periodo in cui aveva costruito il palazzo. La scoperta di queste ultime fasce fu la conferma che Rassam aveva detto la verità circa i suoi ritrovamenti a Balawat.[53] La squadra di Mallowan riuscì anche ad appurare che la porta ritrovata era bruciata quando la città era andata distrutta secoli dopo, intorno al 612 a.C., nello stesso periodo in cui l'impero neo-assiro volgeva ormai al termine. Gli studiosi determinarono anche che, al momento dell'incendio, un battente della doppia porta era chiuso e l'altro socchiuso.[54]

Le strisce di Mallowan vennero quindi portate al British Museum, dove furono restaurate e dove si scoprì che le scene raffiguravano campagne militari e nemici che portavano tributi ad Aššurnasirpal. In particolare, le iscrizioni e le immagini riguardano nuovamente città della Fenicia e di Urartu, oltre che Karkemish, e diverse fortezze aramee sull'Eufrate.[55] Le fasce furono poi restituite all'Iraq, dove vennero esposte nel Museo di Mosul a partire dal 1974. Purtroppo nel 2003 il museo è stato saccheggiato, e poi attaccato nuovamente dall'Isis nel 2015. Molte delle fasce trovate da Mallowan sono state rubate o distrutte, perciò è una fortuna che fossero già state studiate a fondo e pubblicate in un volume del 2008 curato da John Curtis e Nigel Tallis, curatori del British Museum.[56]

La rinascita degli assiri

Le fasce di Balawat che un tempo rivestivano le diverse porte ci raccontano le vicende del Vicino Oriente nel IX secolo a.C. Sono solo alcuni dei tanti materiali disponibili a chi desideri ricostruire quel periodo, che vanno dalle iscrizioni reali trovate nei palazzi assiri alle rappresentazioni pittoriche, dagli altri reperti rinvenuti dagli archeologi ai dettagli contenuti nella Bibbia ebraica. Di conseguenza, siamo in grado di farci un'idea piuttosto precisa di cosa stava accadendo nel Mediterraneo orientale mentre le varie società e civiltà erano intente a ricostruire il mondo interconnesso che era andato perduto alle fine dell'Età del Bronzo.

Per esempio, il IX secolo vede la ripresa e l'espansione dell'impero assiro, che Mario Liverani ha descritto come una tenue rete di insediamenti e di fortezze interconnessi tra loro, inizialmente stabiliti in «terre straniere», e non come una solida «macchia d'olio» in espansione.[57] In questa rinascita assira, i piccoli Stati rivali e le città-stato vennero soppiantati dal primo grande impero del nuovo millennio. Il vuoto creato dal Collasso permise la comparsa di nuove strutture politiche ed economiche (come il commercio fenicio nel Mediterraneo), via via che il mondo si rianimava. Senza avversari forti, l'Assiria finì per colmare il vuoto politico, diventando il più resiliente dei grandi Stati colpiti dal Collasso della tarda Età del Bronzo. Così facendo, gli assiri idearono molti elementi che vennero poi adottati da imperi successivi: eserciti permanenti, efficaci sistemi di comunicazione e trasporto, e propaganda politica (come le iscrizioni sulle porte di Balawat).

Fu Tukulti-Ninurta II (890-884 a.C.) a dare il via alle operazioni, con una campagna militare in quelli che oggi sono territori della Siria e della Turchia sud-orientale. L'impresa fu poi portata a termine dal suo successore, Aššurnasirpal II, che condusse una campagna nella stessa zona, conquistando e rifondando la città di Tushan. Si tratta dell'attuale sito di Ziyaret Tepe, che si trova sulla riva del Tigri superiore nella Turchia sudorientale, dove una squadra archeologica guidata da Tim Matney dell'Università di Akron potrebbe aver trovato il palazzo reale che Aššurnasirpal diceva di aver costruito.[58]

Per alcuni studiosi, Aššurnasirpal fu il primo re assiro a ristabilire il controllo sul territorio del Vicino Oriente antico. Grayson definisce il regno di questo sovrano uno dei periodi più importanti della storia mesopotamica, evidenziando la grande quantità di iscrizioni reali dettagliate, l'enorme numero di progetti architettonici intrapresi (nel sito di Kalhu soprattutto, ma non solo), e le molte campagne militari volte a espandere l'impero assiro.[59]

Gli scribi di Aššurnasirpal II raccontavano fin nei minimi particolari il barbaro trattamento riservato ai prigionieri. Tali descrizioni ricorrono più volte all'interno di una singola iscrizione, specificando in modo raccapricciante cosa succedeva in ogni campagna militare. Per esempio, sulla cosiddetta «stele di Kurkh», il re dice di un governante che aveva sconfitto: «Ho scuoiato Bur-Rammanu, il criminale, e ho affisso la sua pelle sulle mura della città di Sinabu».[60] Questa è una delle due iscrizioni scoperte nel 1861 dall'archeologo britannico John Taylor nel sito di Kurkh (l'odierna città di Üçtepe in Turchia, non lontana da Ziyaret Tepe); l'altra fu invece commissionata dal figlio di Aššurnasirpal, Salmanassar III, e include una descrizione degli eventi accaduti durante la battaglia di Qarqar, su cui torneremo più avanti.

Taylor donò entrambe le iscrizioni al British Museum nel 1863 e ne scrisse sul «Journal of the Royal Geographic Society of London», in cui raccontò brevemente di averle rinvenute nel sito, dove si trovavano quasi in superficie: «Ho avuto la fortuna di scoprire una lastra di pietra con l'effigie di un re assiro, ricoperta su entrambi i lati di lunghe iscrizioni in caratteri cuneiformi. [...] Un po' più in basso, sul pendio della collinetta, e quasi interamente nascosto dai detriti, ho disseppellito un altro reperto in perfette condizioni, con la stessa descrizione».[61] È strano che si trovassero nello strato superficiale del terreno anziché in profondità, ma Taylor non cita alcuno scavo, dunque non possiamo fare altro che credergli sulla parola.

La vanterie di Aššurnasirpal II non compaiono solo sulla stele di Kurkh. In un altro caso, nel narrare l'assalto a una città chiamata Pitura, scrisse: «Ho conquistato la città. Ho passato a fil di spada ottocento dei loro soldati e li ho decapitati. Ne ho catturati molti vivi. Tutti gli altri li ho bruciati. Da loro ho ottenuto un prezioso tributo che mi sono portato via. Ho costruito una pila di uomini vivi e di teste davanti alla porta della città. Ho impalato settecento soldati davanti alla porta della città. Ho razziato, distrutto e trasformato la città in un cumulo di rovine. Ho bruciato gli adolescenti, i ragazzi le e ragazze».[62]

Aššurnasirpal II combatté anche contro il re babilonese Nabu-apla-iddina (che governò dall'887 all'855 a.C. circa), attaccò il regno arameo di Bit-Adini e si rifece alla dichiarazione di Aššur-dan II di alcuni decenni prima, dicendo che anche lui aveva «fatto tornare gli assiri indeboliti che, per via della fame e della carestia, erano andati in altre terre».[63]

Pochi anni dopo l'inizio del suo regno, Aššurnasirpal II spostò la capitale da Aššur, dov'era rimasta fino ad allora, a Kalhu (la biblica Calah), che si trovava in una posizione più centrale del territorio assiro.

Kalhu rimase la capitale per quasi duecento anni, dall'879 al 706 a.C. In seguito diventò nota come Nimrud, e con questo nome divenne famosa durante gli scavi condotti da Layard, che iniziarono nel 1845.[64]

Figura 5. La stele di Kurkh di Aššurnasirpal II; British Museum, n. 118883.
Fonte © The Trustees of the British Museum.

A Kalhu Aššurnasirpal II fece subito costruire un palazzo, oggi denominato «Palazzo Nordovest». I primi resti di questa enorme struttura vennero alla luce il primo giorno di scavi, dopo che la notte Layard aveva sognato di trovare sepolti dei palazzi con «mostri giganteschi», «figure scolpite» e «iscrizioni senza fine». Ed è esattamente quel che trovò, perché le mura del palazzo erano decorate dappertutto da lastre di alabastro ricoperte di incisioni e di iscrizioni dedicate alle imprese del re, alle sue eroiche conquiste, ai bottini e ai tributi ottenuti, alla costruzione del suo palazzo e così via.[65] In sostanza, Aššurnasirpal aveva inaugurato un genere totalmente nuovo di arte storica, descrivendo le sue vittorie e altri successi nei rilievi scultorei (invece che nelle iscrizioni e basta) sulle mura del suo palazzo (e sulle fasce bronzee delle porte, come a Balawat), una pratica che venne poi portata avanti da altri re assiri nei propri palazzi.

Tra le centinaia di lastre presenti sulle mura del palazzo, Layard trovò quella che oggi è nota come l'«Iscrizione Standard» di Aššurnasirpal, che include la seguente descrizione della fase di costruzione:

Ho rimosso il cumulo di vecchie rovine e scavato fino al livello dell'acqua. Ho scavato la fossa di fondazione a una profondità di 120 strati di mattone. Lì ho fondato un palazzo di cedro, cipresso, daprānu-ginepro, bosso, legno di *meskannu*, terebinto e tamerice come mia residenza reale e per il mio nobile svago per l'eternità. Ho creato repliche di animali di montagna e di mare in candido calcare e in parūtu-alabastro e le ho messe alle sue porte. L'ho decorato con magnificenza, l'ho circondato con chiodi di bronzo. Ho voluto porte di cedro, cipresso, daprānu-ginepro e legno di *meskannu*. Vi ho messo argento, oro, stagno, bronzo, ferro che avevo preso in gran quantità, bottino delle terre su cui ho ottenuto il dominio.[66]

Come ha scritto l'assiriologa austriaca Karen Radner, il nuovo palazzo di Aššurnasirpal era enorme. Misurava duecento metri di lunghezza per centotrenta metri di larghezza (più o meno come quattro campi di calcio, uniti a due a due dal lato lungo), con giganteschi tori e leoni alati con la testa umana chiamati *lamassu* che sorvegliavano la porta d'ingresso, e con all'interno cortili, sale e le stanze private della famiglia reale.[67]

Una volta completato il palazzo, Aššurnasirpal II diede una festa sontuosa con un banchetto che durò per dieci giorni. Secondo un'iscrizione che fece poi incidere, e scoperta durante gli scavi di Mallowan nel sito, alle cerimonie inaugurali erano state invitate quasi settantamila persone. C'era l'intera popolazione della città e genti da tutto l'impero, oltre a cinquemila diplomatici stranieri, tra cui rappresentanti delle città fenice di Tiro e Sidone. Il menù includeva più di diciassettemila pecore, agnelli, vitelli e buoi; diecimila piccioni e diecimila tortore, più migliaia di altri uccelli; diecimila pesci, diecimila uova e diecimila pani; e immense quantità di vegetali, frutta, noci e spezie, inclusi melograni, uva, pistacchi (sgusciati e non), rape, olive, cipolle e aglio; tutto innaffiato da diecimila boccali di birra, diecimila otri di vino e solo cento recipienti di latte.[68]

Per generare una tale abbondanza e riuscire a usarla in un unico evento celebrativo, Aššurnasirpal II e gli assiri dovevano aver avuto molto successo nelle loro campagne militari, ottenendo grandi bottini e ricchi tributi. Come ha osservato Trevor Bryce, professore emerito all'Università del Queensland (Australia), tali beni, sottratti alle città sconfitte e poi spesso ricevuti come tributi annualmente, sono la vera ragione dell'espansione assira: nelle casse neo-assire arrivò di tutto, dal legname ai metalli preziosi, dai mobili lussuosi agli oggetti esotici, tutti beni di cui c'era bisogno e che contribuirono all'economia assira.[69] Tuttavia, non si può sottovalutare il valore propagandistico di questo particolare banchetto e il messaggio politico che esso trasmetteva.

Aššurnasirpal marciò anche contro la terra di Amurru, situata a sud di Karkemish, e contro la Fenicia, ancora più a sud. Ottenne un tributo da Amurru, così come dalle città di Tiro, Sidone, Biblo e Arwad (il sovrano descrive quest'ultima come situata su un'isola). Nelle sue iscrizioni dichiarò, grandioso: «Ho lavato le mie armi nel Grande Mare» (ossia il Mediterraneo). Anche se abbiamo già trovato simili dichiarazioni da parte degli assiri, Aššurnasirpal fu il primo re a farlo dopo tante generazioni. Sappiamo che il tributo includeva oggetti di metallo («argento, oro, stagno, bronzo») e «vesti di lino con motivi variopinti, una grande femmina di scimmia, una piccola femmina di scimmia, ebano, bosso, [e] avorio di *nahirus*».[70]

Possiamo vedere parte di questo tributo sulle fasce di bronzo trovate da Mallowan a Balawat, dal momento che si pensa che le fasce centrali delle porte del tempio di Mamu, edificato da Aššurnasirpal II, probabilmente raffigurano (o raffiguravano) città fenicie, oltre ai dignitari fenici che portavano il tributo. Una scena sull'anta sinistra – a cui oggi manca la raffigurazione della città vera e propria – mostra quattordici uomini con un tributo, sei dei quali viaggiano su barche di tipo fenicio – «con prua e poppa a testa d'anatra». L'anta destra mostra invece il re assiro che riceve il tributo da quegli uomini, compresi due grandi calderoni a doppio manico, con due delle barche visibili. Questa volta è presente anche la città: una città fortificata su quella che sembra essere un'isola, perciò è probabile che si tratti di Tiro (o forse di Arwad). In ogni caso, gli uomini indossano copricapi morbidi «con la punta ricurva» e scarpe con «la punta all'insù». Nella fila sottostante, sulla fascia sinistra, vediamo una scena quasi identica, con la città sempre circondata dall'acqua, che quindi forse si trova su un'isola, e altre due barche dello stesso tipo fenicio con sei uomini che portano un tributo, oltre ai vogatori.[71]

Salmanassar III

Una volta salito al trono, Salmanassar III ingrandì enormemente la dimensione dell'esercito assiro e proseguì l'incessante attività militare iniziata dal padre. Nelle sue iscrizioni, Salmanassar si definisce un «grande re, un re forte, re dell'universo, re senza rivali, il drago, l'arma che distrugge le quattro parti del mondo».[72] Non esagerava.

Per espandere il suo impero, Salmanassar condusse campagne militari per tutti i trentaquattro anni del suo regno – ogni anno, nessuno escluso – e attaccò praticamente tutti territori e i sovrani più o meno importanti che si trovavano nella sua orbita. Alla fine di una lunga iscrizione, il re ricapitola il numero di uomini che il suo esercito ha ucciso o catturato, e quello degli animali presi come bottino nel corso dei primi vent'anni di regno: «110 610 prigionieri, 82 600 uccisi, 9920 cavalli (e) muli, 36 565 buoi, 19 690 asini, (e) 184 775 pecore».[73] Questi numeri, se presi per buoni, sono stupefacenti.

Andò anche in soccorso del re di Babilonia appena insediatosi, Marduk-zakir-sumi (che governò dall'855 all'819 a.C. circa), il cui fratello minore si era ribellato. Salmanassar sconfisse il fratello rivoltoso e instaurò dei buoni rapporti con i babilonesi. Questo gesto venne in seguito ricompensato quando Marduk-zakir-sumi aiutò il figlio di Salmanassar, Shamši-Adad V, a soffocare una rivolta in Assiria alcuni anni dopo.[74]

Durante le numerose campagne – tra cui alcune contro Urartu, molto più a nord – Salmanassar combatté anche sui monti Amanus (oggi Nur), in quella che è oggi la Turchia sudorientale, e «abbatté tronchi di cedro» (detti anche «cedri del Libano») e di ginepro. Si diresse ancora più a ovest e a sud nell'area che corrisponde oggi al Libano, e probabilmente fu allora che ricevette alcuni dei tributi raffigurati sulle porte di Balawat. Uno di questi eventi è descritto nella Fascia III, in cui l'iscrizione del registro superiore dice: «Il tributo delle navi degli uomini di Tiro e di Sidone che io ho ricevuto». Il testo è accompagnato da una scena raffigurante le navi provenienti dalla città insulare di Tiro e i beni che vengono scaricati sulla terraferma.[75]

Un'altra fascia frammentaria, che fa parte di quelle mandate originariamente in dono a Rassam e oggi conservate alla Walters Art Gallery di Baltimora, mostra un secondo esempio di tributo consegnato a Salmanassar dalle città fenicie. L'iscrizione che l'accompagna recita: «Ho ricevuto un tributo dalle città del popolo di Tiro e Sidone: argento, oro, stagno, bronzo, lana, lapislazzuli (e) corniola». Queste iscrizioni e raffigurazioni confermano il racconto dell'iscrizione presente sul Monolite di Salmanassar, dove si afferma: «Il tributo dei re della costa che ho ricevuto. Sulla costa del grande mare ho marciato con rettitudine e in trionfo».[76] Corroborano anche ciò che sappiamo

Figura 6. Salmanassar III a Tiro (si notino le navi sul registro superiore), dalla Fascia III delle porte di Balawat; British Museum, n. 124661.

Fonte © The Trustees of the British Museum.

del tributo che Salmanassar e altri re neo-assiri esigevano da Tiro, Sidone e le altre città sulla costa fenicia.

Salmanassar combatté anche molte volte contro gli aramei, che all'epoca si erano ormai stabiliti in varie piccole città-stato, situate soprattutto in quelle che oggi sono parti del Libano, della Siria e dell'Iraq. Molti di questi piccoli regni avevano nomi che cominciavano per *Bit-* (che significa «casa di...», come *Beit* in ebraico), termine che riflette le loro origini tribali: per esempio, Bit-Adini, Bit-Zamani, Bit-Aguši e così via. Ironia della sorte, furono Salmanassar e gli assiri che aiutarono la lingua aramaica a fiorire e diffondersi a partire dal IX secolo a.C.: quando Salmanassar sconfisse gli aramei, cominciò a impiegare scribi che sapessero parlare e scrivere in aramaico nel sistema amministrativo, per poter governare le nuove regioni conquistate. Gli aramei iniziarono poi a ricoprire anche altri ruoli all'interno della burocrazia assira.[77]

L'impero di Salmanassar era talmente esteso che il re istituì persino un nuovo metodo per consentire delle comunicazioni tempestive. Era un sistema non dissimile dal «Pony Express» adottato negli Stati Uniti dell'Ottocento, solo che gli assiri usavano i muli al posto dei cavalli: invece di un messaggero solitario che portava una lettera o un decreto per l'intero viaggio, gli assiri idearono un sistema a staffetta lungo quella che veniva chiamata la «Strada del re», per cui un cavaliere percorreva una determinata distanza e poi consegnava la lettera o il decreto al cavaliere successivo, che arrivato alla tappa seguente affidava il documento a un terzo cavaliere, e così via fino a raggiungere la destinazione. Ovviamente era un metodo molto più veloce ma non altrettanto sicuro rispetto a mandare un solo messaggero fidato. Questo sistema di comunicazione rapida venne usato dagli assiri anche nei secoli successivi.[78]

La battaglia di Qarqar

La battaglia più famosa di Salmanassar III – o perlomeno quella più citata dagli storici – è la battaglia di Qarqar, che ebbe luogo nel sesto anno del suo regno (853 a.C.). L'episodio è descritto dettagliatamente nell'Iscrizione del Monolite, in cui si afferma che Salmanassar combatté contro una coalizione di dodici re.

Grayson, l'assiriologo dell'Università di Toronto, l'ha soprannominata la «Coalizione di Damasco», perché comprendeva anche Hadad-ezer (Adad-idri), il re di Aram-Damasco, che si presentò sul campo di battaglia con 1200 carri, 1200 cavalieri e 20 000 soldati; c'erano inotre Irhulenu, re di Hamath, con 700 carri, 700 cavalieri e 10 000 soldati, e Acab, re d'Israele, con 2000 carri e 10 000 fanti (è questa la prima conferma extra-biblica dell'esistenza di Acab, che abbiamo incontrato nel primo capitolo). C'erano anche 1000 soldati egizi, probabilmente inviati da Osorkon II, e altri provenienti dalle città fenicie di Biblo, Arwad e Tell Arqa (Irqata). Tutti insieme, i membri della coalizione riuscirono a mettere sul campo quasi 4000 carri e 2000 cavalieri, più di 40 000 fanti e 1000 cammelli.[79]

Salmanassar però sconfisse la coalizione che aveva osato sfidarlo. «Uccisi con la spada 14 000 soldati, i loro combattenti, (e) ho profuso su di loro distruzione come avrebbe fatto il dio Adad», dice in un'iscrizione. «Ho riempito la pianure dei loro cadaveri sparsi e [abbattuto] le loro grandi truppe con la spada. La pianura era troppo piccola per contenere il (numero incredibile) dei loro corpi riversi; la vasta area non era sufficiente per seppellirli tutti. Ho attraversato il fiume Oronte usando i loro cadaveri come ponte».[80]

L'episodio è citato in almeno altre cinque iscrizioni. In esse, il numero dei soldati nemici uccisi è ben più alto; su una serie di tavolette d'argilla provenienti dalla capitale Aššur, che costituiva una versione degli annali del re, e su due statue monumentali di tori che Layard trovò a Nimrud / Kalhu, Salmanassar III quasi raddoppia il numero, sostenendo di aver «passato a fil di spada 25 000 dei loro soldati (e) catturato i loro carri, la loro cavalleria (e l') equipaggiamento militare». Aggiunse anche un nuovo finale, dicendo che «per salvarsi la vita, fuggirono via, salirono sulle navi (e) presero il largo».[81]

La battaglia inoltre è raffigurata nella Fascia IX delle porte di Balawat. Qui vediamo la conquista di varie città nella regione di Hamath, compresa la stessa Qarqar, che è in fiamme. Salmanassar è seduto in una tenda, mentre davanti a lui vengono fatti sfilare i prigionieri e gli oggetti razziati in città.[82]

Alcuni anni dopo, Salmanassar disse di aver ricevuto un nuovo tributo dalle città fenicie di Sidone e di Tiro, nel suo diciottesimo anno di regno. Esistono più versioni di questa iscrizione; in una viene detto specificatamente che il tributo proveniva da «Ba'ali-manzer di Tiro», che nell'iscrizione è citato subito prima di «Ieu della casa di

Omri». Probabilmente si tratta di Baal-ma'zer [Baal-azor] (855-830 a.C.) di Tiro, come verrà citato da Giuseppe Flavio, uno storico ebreo-romano.[83]

Salmanassar ricevette anche un tributo «dalla terra di Musri», ossia l'Egitto, che nell'ebraico moderno è ancora noto come «Misraim». Il tributo includeva «cammelli a due gobbe, un bufalo d'acqua, un rinoceronte, un'antilope, delle elefantesse (e) delle scimmie». Originariamente si pensava che il faraone dell'epoca fosse Takelot II, ma oggi che il regno di Osorkon II è stato esteso fino all'831 a.C., è più probabile che sia stato quest'ultimo a mandare il tributo. Un'altra iscrizione di Salmanassar dice che il re ricevette un ulteriore tributo da Tiro, Sidone e Biblo nell'838 a.C.[84]

Più o meno nello stesso periodo, a partire dall'839 a.C. circa, Salmanassar rivolse la sua attenzione anche all'Anatolia sudorientale, a un regno noto come Tabal, che era stato istituito dopo il crollo ittita nella regione. Sconfisse subito i re siro-ittiti così come quelli che governavano lì vicino, in una zona della Cilicia che all'epoca si chiamava Adanawa (o Que nelle iscrizioni assire, e Hiyawa o Adana nelle iscrizione luvie). È interessante che, come ha sottolineato Trevor Bryce, il nome «hiyawa» derivi da «Ahhiyawa», ossia il nome con cui gli ittiti si riferivano ai micenei: potrebbe indicare una migrazione dalla Grecia continentale in quest'area, avvenuta subito dopo il Collasso dell'Età del Bronzo.[85]

Hazael e Ieu

Negli anni successivi alla battaglia combattuta a Qarqar da Salmanassar III nell'853 a.C., il re attraversò l'Eufrate tante altre volte e combatté in Siria durante numerose campagne, e anche contro ulteriori versioni della Coalizione di Damasco, che come abbiamo visto in origine era guidata da Hadad-ezer. Queste spedizioni furono effettuate durante il sesto, il decimo, l'undicesimo, il quattordicesimo, il diciottesimo, il ventunesimo e il ventiduesimo anno di regno. Durante le ultime campagne, gli annali citano un nuovo re arameo di Damasco, Hazael, che è definito «figlio di nessuno» – in altre parole, un usurpatore.[86]

Finora non ho dedicato agli aramei tutto lo spazio che avrei dovuto. Fino a questo momento non si erano mai unificati e sembravano essersi identificati soprattutto con i loro piccoli regni e le città-stato.

Il nuovo sovrano di Aram-Damasco, Hazael, sembrava però avere altro in mente. Lo abbiamo già incontrato in relazione alla stele di Tel Dan, che probabilmente fece incidere dopo la sua campagna militare nell'area, intorno all'840 a.C. Oggi si pensa che, più o meno nello stesso periodo, avesse attaccato anche altre città nel regno settentrionale di Israele, tra cui probabilmente Megiddo e Hazor.[87]

Di particolare interesse è il fatto che, oltre a citare la Casa di Davide, l'iscrizione di Hazael a Tel Dan nomina due re in particolare, Ioram di Israele e Acazia di Giuda, che governarono nello stesso periodo di Hazael e che a quanto pare morirono durante le sue campagne (lui dice di averli uccisi entrambi). È affascinante notare che questa iscrizione concorda con la Bibbia ebraica, in cui gli stessi due re (Ioram e Acazia) vengono uccisi non da Hazael bensì da un ufficiale traditore di nome Ieu – lo stesso Ieu il cui nome è già comparso in relazione all'apiario di Tel Rehov e che abbiamo citato poco sopra.

Secondo il racconto biblico gli omicidi avvennero all'indomani di una battaglia combattuta a Ramoth-Gilead, dopodiché Ieu usurpò il trono di Israele, assumendo la carica di re. Anche la madre di Ioram, la tristemente nota Izebel – vedova di re Acab e figlia di Ethbaal, il re fenicio di Tiro – venne assassinata durante questa insurrezione (cfr. 2 Re 9:14, 22-28, 32-37, 10:1-17; 2 Cronache 22:5-9).

Non è chiaro perché la storia di Ieu nella Bibbia ebraica e l'iscrizione di Tel Dan voluta da Hazael abbiano così tanti elementi in comune, eppure differiscono circa il responsabile della morte dei due re. È stato suggerito che forse Ieu stava agendo per conto di Hazael, ma è una tesi tuttora controversa per gli studiosi, soprattutto perché il racconto biblico non cita Hazael e l'iscrizione di Hazael non cita Ieu.[88]

Comunque sia, anche in questo caso Salmanassar III ha un ruolo centrale, perché a quanto pare sconfisse Hazael quasi subito dopo, nell'841 a.C. Durante la campagna nel suo diciottesimo anno di regno, Salmanassar dice: «Per salvarsi la vita egli [Hazael] fuggì (ma) io (lo) inseguii. Lo feci prigioniero a Damasco, la sua città reale, (e) feci abbattere i suoi giardini». Dice anche che quell'anno uccise 16 000 soldati di Hazael e catturò 1121 dei suoi carri e 470 cavalieri, ma che dovette combattere di nuovo contro di lui tre anni dopo, nell'838 a.C.[89]

Oggi è stato suggerito che Hazael si fosse ripreso da una o più sconfitte subite da Salmanassar III e che nei decenni seguenti portò scompiglio nel regno meridionale di Giuda, come ad esempio a Tell es-Safi (la biblica Gath) – una delle cinque città filistee originarie, in cui gli archeologi hanno portato alla luce una trincea lunga due chilometri e mezzo scavata dagli assedianti nella roccia. La conquista di Gath da parte di Hazael è attestata in 2 Re 12:17 («In quel tempo Hazael, re di Siria, salì a combattere contro Gath, e la conquistò»), subito dopo ci viene detto che marciò anche su Gerusalemme, ma si ritirò dopo essere stato profumatamente pagato da re Ioas di Giuda (2 Re 12:18).[90]

Alla stessa epoca viene fatta risalire anche una grande distruzione che mise fine allo Strato IV di Tel Rehov, probabilmente la città natale di Ieu. È stato ipotizzato che anche questa devastazione fosse dovuta a Hazael e al suo esercito invasore. Il danno fu tale che il tumulo inferiore del sito non venne mai più occupato; solo il tumulo superiore continuò a essere abitato per un altro secolo, finché non venne distrutto anch'esso, questa volta da Tiglatpileser III e dai neo-assiri nel 732 a.C.[91]

È anche stato suggerito che la campagna (o le campagne) di Hazael nel sud potesse avere come obiettivo il controllo del commercio del rame, e in particolare le miniere del regno di Edom. È vero che l'estrazione del rame nello Wadi Araba e nello Wadi Faynan cessò improvvisamente in questo periodo, ma questo potrebbe essere dovuto alla ripresa dell'attività mineraria a Cipro oltre che alle attività belliche di Hazael; è stato anche ipotizzato che la chiusura delle miniere derivasse dalla mancanza di combustibile per le fornaci.[92]

A un certo punto, Hazael sembra aver guidato i suoi soldati ancora più a nord o più a est, dopodiché si pensa che abbia fatto incidere e dedicare vari oggetti nel tempio di Hadad a Damasco. Alcuni di essi sono stati portati alla luce dagli archeologi, ma in siti molto lontani da Damasco. Il primo a essere scoperto, circa un secolo fa, è un paraocchi in bronzo per cavalli, rinvenuto in un santuario dedicato ad Apollo a Eretria, nella Grecia continentale. Originariamente posto accanto all'occhio del cavallo affinché guardasse solo davanti a sé durante le battaglie, l'oggetto molto probabilmente era stato donato al santuario da un fedele verso la fine dell'VIII secolo a.C. Un pezzo di bronzo triangolare detto «frontale», che serviva a proteggere la fronte del cavallo, era invece stato lasciato da un altro fedele all'Heraion (il tempio di Hera) di Samo, in un periodo risalente all'inizio del VI secolo a.C. I due manufatti molto probabilmente derivano da un solo completo di finimenti, perché recano la stessa incisione in aramaico:

«Ciò che Hadad diede al nostro signore Hazael di ‘Umqi [o ‘Amqi] nell’anno in cui il nostro signore attraversò il fiume». Non è chiaro come questi pezzi raggiunsero l’Egeo così tanto tempo dopo la loro fabbricazione, ma è stato suggerito che fossero stati trafugati durante il saccheggio del tempio di Hadad, avvenuto quando Tiglatpileser III conquistò Damasco nel 732 a.C.[93]

L’archeologa Nota Kourou, dell’Università di Atene, riferisce che esiste anche «un incensiere in bronzo, non registrato, proveniente dal tempio di Apollo a Delfi» che potrebbe recare un’iscrizione simile. Un secondo paraocchi per cavalli è stato rinvenuto dagli archeologi nella stessa area di Eretria e in un contesto dell’VIII secolo, ma non presenta iscrizioni e potrebbe appartenere a un altro completo, dato che anche questo, a quanto pare, è per l’occhio destro.[94]

Esistono però opinioni divergenti sulla possibile interpretazione delle iscrizioni presenti su alcuni di questi oggetti: è Hazael o sono i finimenti dei cavalli a provenire da ‘Umqi / ‘Amqi? Se sono i manufatti, allora si potrebbe ipotizzare una campagna militare di Hazael nelle Siria settentrionale, dato che all’epoca l’area di Tell Tayinat talvolta veniva chiamata Unqi / Umqi dai neo-assiri. ‘Amqi però è anche un nome usato per la regione di Beqa in Libano durante l’Età del Bronzo, ed è quindi possibile che si tratti solo della descrizione delle origini di Hazael – «Hazael di ‘Amqi». Ciò vorrebbe dire che il re aveva semplicemente condotto una campagna generica al di là dell’Eufrate, senza spingersi più a nord.[95] Al momento, comunque, non è possibile preferire nessuna ipotesi.

In conclusione

Meno di un anno dopo aver usurpato il trono di Israele, su cui governò dall’841 all’814 a.C., anche Ieu dovette vedersela con Salmanassar III (proprio com’era successo a Hazael), e si arrese subito. Su un monumento di pietra alto un metro e ottanta, noto come l’«obelisco nero», scoperto a Nimrud / Kalhu da Layard e oggi conservato al British Museum, Ieu è raffigurato in ginocchio davanti a Salmanassar, a cui offre un tributo che include «argento, oro, una coppa d’oro, una zuppiera d’oro, vasi d’oro, secchi d’oro, stagno, gli scettri del re, (e) lance». Nella didascalia che accompagna l’immagine, Ieu viene definito «di Bit-Humri» (ossia della «casa di Omri»). Curiosamente, come hanno notato Tammi Schneider della Claremont Graduate School in California e altri studiosi, questo episodio in cui il re d'Israele si inchina davanti al re assiro e gli offre un tributo, nella Bibbia ebraica non è citato.[96]

Figura 7. L'obelisco nero di Salmanassar III, con la sottomissione di Ieu; British Museum, n. 118885.

Fonte © The Trustees of the British Museum.

Qualche decennio dopo, salì al trono Adad-nirari III che governò sull'Assiria dall'810 al 783 a.C. Il sovrano sostiene di aver ottenuto importanti vittorie durante il suo regno, anche in quei territori che oggi sono la Siria e Israele. In un testo, noto come «stele di Tell er-Rimah», Adad-nirari dice di aver sottomesso «tutte le terre di Amurru (e) Hatti» – cioè la maggior parte della Siria. In particolare afferma di aver ricevuto un ricco tributo dal re di Damasco, che includeva 2000 talenti d'argento, 1000 talenti di rame, 2000 talenti di ferro e «3000 indumenti in lino con motivi multicolori». Subito dopo si vanta di aver ricevuto anche «il tributo di Ioas, il samaritano» (ossia Joash / Jehoash, re di Israele, che regnò dall'804 al 789 a.C. circa), altro fatto assente dalla Bibbia, e un ulteriore tributo «dalla popolazione di Tiro (e) Sidone», perciò sembra chiaro che la sua campagna si spinse parecchio a sud.[97]

Nel secondo testo, noto come «iscrizione di Calah», scoperta a Nimrud, Adad-nirari sostiene di aver ricevuto un tributo ancora più ricco dal re di Damasco: «2300 talenti d'argento, 20 talenti d'oro, 3000 talenti di bronzo, 5000 talenti d'avorio, indumenti in lino con motivi multicolori, un letto d'avorio (e) un divano con intarsi d'avorio». Specifica anche che tutti i re di Babilonia erano diventati suoi vassalli e che aveva conquistato (o sottomesso) tutta la costa sira e tutto il Levante meridionale, incluse «Tiro, Sidone, Humri [Samaria / Israele], Edom (e) Palastu, fino al grande mare a est (ossia il Mediterraneo)». Da quel che sappiamo, sembra trattarsi del primo riferimento in un'iscrizione assira a «Palastu», la regione occupata dai filistei. Notiamo anche che il re cita Edom e il regno settentrionale di Israele, oltre a Tiro e Sidone.[98]

Tuttavia, abbiamo visto fin qui solo l'inizio dell'espansione assira, di cui conosciamo il seguito fin nel dettaglio. Appena qualche decennio dopo il regno di Adad-nirari, altri re assiri come Tiglatpileser III, Salmanassar V e Sargon II attaccarono e infine distrussero il regno settentrionale di Israele (720 a.C.). Non molto tempo dopo, nel 701 a.C., Sennacherib devastò il regno meridionale di Giuda: la città di Lachish venne distrutta e Gerusalemme fu assediata. Questi eventi sono descritti sia nella Bibbia ebraica che nelle iscrizioni assire, ma esulano dal tema di questo libro. Si tratta di un'altra storia, per cui dobbiamo rimandarne la trattazione.

I re neo-assiri successivi estesero i confini del loro impero fino all'Egitto, l'Arabia, l'Iran e la Turchia, per usare termini geo-politici moderni, ma si arresero al risorto impero neo-babilonese alla fine del VII secolo a.C., proprio come i neo-babilonesi a loro volta sarebbero stati travolti dai persiani nel VI secolo a.C. Anche questi eventi esulano dalla storia che stiamo raccontando, ma possiamo già vedere che ai tanti regni e imperi della tarda Età del Bronzo subentrarono nel primo millennio imperi ancora più grandi - l'assiro, il babilonese, il persiano, il greco e poi il romano -, i cui territori si espansero nel Vicino Oriente antico uno dopo l'altro.

Sintesi

Dunque, che cosa abbiamo appreso da quest'esame serrato e in definitiva sommario della Mesopotamia nei secoli che seguirono il Collasso della Tarda Età del Bronzo?

In poche parole, è chiaro che sia gli assiri che i babilonesi inizialmente uscirono indenni dal Collasso e dal periodo di transizione dall'Età del Bronzo all'Età del Ferro, ma in seguito entrambe le civiltà dovettero fare i conti con la siccità, la carestia e la pestilenza. Gli assiri tornarono a essere potenti solo duecento anni dopo, tra la fine del X e l'inizio del IX secolo a.C., quando il clima migliorò e ricominciò a essere più umido e meno siccitoso, mentre i babilonesi dovettero attendere il loro turno, alla fine del VII secolo a.C.[99]

L'Elam inizialmente sopravvisse pressoché intatto, ma venne poi disintegrato e sostanzialmente reso inoffensivo dai babilonesi alla fine del XII secolo; attualmente le fonti indicano che tornò ad avere importanza solo alla fine dell'VIII secolo a.C. Dobbiamo menzionare anche gli aramei, che sfruttarono il caos seguito al Collasso per affermarsi nel Vicino Oriente antico in quei secoli.

E, naturalmente, durante la creazione del loro impero, gli assiri influirono, influenzarono e/o invasero praticamente tutte le altre società esaminate in questo libro, inclusa la fenicia e la cipriota. Saranno proprio queste le prossime a essere prese in considerazione.

3.
Il Mediterraneo diventò un lago fenicio (Fenicia e Cipro)

Generazioni di alunni, perlomeno negli Stati Uniti, hanno studiato che i fenici sono noti soprattutto per il loro sistema di scrittura. Venne adottato (e adattato) prima nell'Egeo e poi in Italia, formando la base di quelli che oggi conosciamo come gli alfabeti greco e latino (è quest'ultimo che usiamo oggi per scrivere in inglese, francese, tedesco, italiano, spagnolo, ceco, turco e in tante altre lingue). Nell'Età del Ferro era molto utilizzato anche nella terra di Canaan, dove presto vennero sviluppate delle versioni modificate, che furono adoperate per scrivere in ebraico antico, aramaico, moabita, ammonitico ed edomitico. Tra le altre lingue moderne che impiegano sistemi di scrittura che si ritiene siano derivati direttamente o indirettamente dal fenicio ci sono il siriano, l'arabo (tramite l'aramaico nabateo) e persino il cirillico (principalmente tramite l'alfabeto greco).[1]

I primi a tesserne le lodi furono i greci. Erodoto, per esempio, scrive che i fenici arrivarono con «Cadmo di Tiro [...] dalla Fenicia nella regione che ora si chiama Beozia», in altre parole si insediarono nella Grecia centrale e fondarono la città di Tebe. Inoltre, «questi fenici che erano venuti con Cadmo [...] introdussero fra i greci molte altre cognizioni e anche l'alfabeto, che prima, a mio parere, tra i greci non esisteva». E prosegue: «col passare del tempo, insieme con il suono ne mutarono anche la forma. Le località intorno a loro erano, in quel tempo, abitate perlopiù da greci di stirpe ionica, i quali imparate le lettere come gliele insegnavano i fenici, le adoperarono leggermente modificate e, usandole, le fecero conoscere col nome di "lettere fenicie", come del resto era anche giusto, poiché le avevano introdotte in Grecia i fenici».[2]

Questa storia ritorna anche in altri autori antichi, tra cui Diodoro Siculo, lo storico greco nato in Sicilia nel I secolo a.C. Scrive: «presso i greci, Lino [un erudito del luogo] fu il primo, quando Cadmo portò dalla Fenicia quelle che si chiamano lettere, ad adattarle alla lingua greca, ad assegnare a ciascuna il suo nome e a modellarne la forma. Ora, nel loro insieme, le lettere sono chiamate fenicie, per il fatto che vennero introdotte presso i greci dalla Fenicia».[3]

Diodoro però scrive anche: «replicando a chi dice che i siri sono gli inventori delle lettere, che i fenici, avendole apprese da loro, le hanno trasmesse ai greci, che questi fenici sono quelli che con Cadmo navigarono alla volta dell'Europa, e che per questo i greci le chiamano lettere fenicie, vi è chi afferma che non furono i fenici a inventarle originariamente, bensì ne mutarono soltanto la forma, e che la maggioranza degli uomini utilizzò questo loro modo di scrivere, e che per questo le lettere ricevettero la denominazione di cui abbiamo detto prima».[4]

La maggior parte degli studiosi moderni concorda con Diodoro Siculo: molto probabilmente i fenici non inventarono l'alfabeto, ma si limitarono a standardizzarlo. Inoltre, secondo alcuni studiosi in realtà non si trattava di un alfabeto come lo intendiamo oggi, ma di un «abjad» – un sistema costituito solo da consonanti, senza alcuna vocale. Furono i greci a modificare la scrittura fenicia così che venissero segnate anche le vocali lunghe e brevi, creando quel che oggi conosciamo come l'alfabeto greco. L'aspetto importante della standardizzazione e della diffusione dell'alfabeto da parte dei fenici, un aspetto che lo rese davvero rivoluzionario, è che la scrittura alfabetica è meno complicata dei sistemi di scrittura non alfabetica della Mesopotamia e dell'antico Egitto. Ciò a sua volta significò che i tassi di alfabetizzazione potevano migliorare, dato che chiunque, dai livelli più bassi della società a quelli più alti, poteva imparare a leggere e scrivere con maggiore facilità. In sintesi, l'alfabetizzazione non era più appannaggio di pochi eletti, come accadeva invece nell'Età del Bronzo.[5]

Ai fenici attribuiamo spesso anche la produzione della porpora e la capacità di navigare per secoli nel Mediterraneo praticamente indisturbati, fondando colonie e commerciando con vari popoli, da Cipro al Nord Africa, alla Spagna. La più celebre delle città da loro fondate è Cartagine, che centinaia di anni dopo avrebbe combattuto contro Roma nelle guerre puniche, mentre il colorante che producevano fu apprezzato per secoli. Strabone, per esempio, scrive: «tutti i fenici, senza distinzione, sono sempre stati più bravi degli altri popoli [nell'attività marinara e si sono risollevati grazie] alla manifattura della porpora. La porpora di Tiro, infatti, è unanimemente giudicata di gran lunga la più bella fra tutte. Anche le conchiglie, raccolte nelle vicinanze, e tutto ciò che serve ai tintori si trovano a portata di mano. E le numerose tintorie, se pure rendono la città tutt'altro che piacevole ad abitarsi, grazie alla destrezza dei loro gestori le consentono comunque di prosperare».[6]

Tuttavia, proprio come nel caso dell'alfabeto, è possibile che i fenici si siano limitati a perfezionare la produzione della porpora, invece di «inventarla». Oggi ci sono prove che tale tintura esistesse già e venisse usata nell'Egeo durante l'Età del Bronzo – così come a Cipro secoli prima, dall'inizio del secondo millennio in poi – e che sia stata utilizzata sia lì che nel Vicino Oriente per tutta la tarda Età del Bronzo.[7]

I «fenici» non usavano questo nome per definirsi, naturalmente, ma era così che li chiamavano i greci, compreso Omero sia nell'*Iliade* che nell'*Odissea*. Come ha scritto la storica di Oxford Josephine Quinn, «"fenici" era un'etichetta usata dagli autori greci per i marinai levantini che parlavano dialetti simili di una lingua molto diversa dalla loro. Il termine diceva poco dei legami culturali o ancestrali di queste popolazioni, e sembra che per loro non significasse niente: per quanto ne sappiamo, nessun abitante delle città costiere né delle colonie d'oltremare si è mai definito "fenicio"».[8]

Invece di «fenici», quegli abitanti della costa potrebbero aver continuato a chiamare se stessi «cananei» (come facevano i loro parenti di lingua ebraica; si veda, per esempio, Genesi 10:1-20), ma è tuttora oggetto di dibattito tra gli studiosi. Ancora più probabile è che si definissero secondo le diverse città-stato in cui abitavano, tutte affacciate sul Mediterraneo – principalmente Tiro, Sidone, Beirut, Biblo e Arwad. Il loro territorio corrispondeva grossomodo all'odierno Libano, ma il loro dominio si spingeva anche più a nord, in quella che è oggi la Siria, e a sud fin sotto Akko, in Israele.[9]

Comunque li chiamiamo, o si chiamassero loro, è chiaro che i fenici non erano nuovi della regione, com'è invece stato suggerito in passato. Oggi infatti è generalmente accettato che la maggioranza, se non la totalità, degli abitanti di quei centri fossero cananei che erano sopravvissuti al Collasso dell'Età del Bronzo in quell'importante regione costiera del Levante. Tutte quelle città esistevano già nel Canaan dell'Età del Bronzo e continuarono a prosperare durante l'Età del Ferro. Sebbene le evidenze siano ancora poche per quanto riguarda i siti più grandi – in parte per la difficoltà di accesso alle vestigia sepolte sotto le città odierne –, i dati tratti da scavi in siti più piccoli sembrano indicare che per gli abitanti di quella regione la transizione fu pacifica. Potrebbero essere stati anzi tra i più resilienti dei popoli presi in esame in questo libro, perché non solo tennero in vita le città-stato cananee iniziali, ma addirittura prosperarono nel vuoto lasciato dal Collasso.[10]

Sembra infatti che gli abitanti di quei centri mutarono o forse semplicemente rafforzarono la funzione che i loro predecessori avevano nella tarda Età del Bronzo: ora infatti assunsero il nuovo (e forse più esteso) ruolo di mercanti indipendenti, che trasportavano merci di tanti tipi diversi attraverso e attorno al Mediterraneo e all'Egeo. Come ha spiegato Carol Bell, storica e archeologa britannica, «le attività commerciali fenicie si spostarono verso ovest e, perlomeno dal punto di vista economico, il Mediterraneo diventò un lago fenicio».[11]

Christopher Monroe della Cornell University ha approfondito quest'idea, suggerendo che i fenici cominciarono a navigare lungo «molte rotte preesistenti passando per porti noti da lungo tempo ai marinai». Immagina queste rotte come «una rete di informazioni commerciali creata da secoli di partenze non solo da Tiro ma anche da Sidone, Arvad, Biblo, Ugarit, Cizio ecc.», e attribuisce ai fenici la creazione della «più grande rete informativa che il mondo avesse mai visto nel X secolo a.C.».[12]

Possiamo dunque suggerire che i sopravvissuti cananei di quei centri – che ora venivano identificati in base alla città (per esempio Sidone) o erano chiamati genericamente «fenici» dai greci – furono più che resilienti di fronte al Collasso. Sarebbe meglio definirli «antifragili», per prendere a prestito il termine di Nassim Nicholas Taleb – il teorico che ha reso popolare l'espressione «cigno nero» per indicare un evento imprevisto, come il Collasso dell'Età del Bronzo. Secondo Taleb, «antifragile» può essere utilizzato per descrivere una situazione in cui un'entità mostra più che semplice resilienza o robustezza, e «con la giusta quantità di stress [...] fiorisce», sfruttando la situazione non solo per sopravvivere ma per crescere. Per la precisione, Taleb parla di «prosperare nel disordine».[13] Nel caso dei fenici, sembra avessero approfittato del caos e soprattutto della distruzione di Ugarit nella Siria settentrionale, per prendere il controllo delle rotte marittime verso ovest, solcando l'Egeo fino alla Grecia e da lì fino all'Italia, la Sicilia e la Sardegna.

Forse commerciavano anche con l'Oriente, infatti è possibile che dal sud-est asiatico arrivasse la cannella: ne sono state trovate tracce in una decina di fiaschette fenicie dell'epoca, portate alla luce in tre diversi siti nell'odierno Israele settentrionale, tra cui Tel Dor. Proprio grazie ai reperti rinvenuti in siti come Tel Dor, Tell Erani e Tell es-Safi, è oggi chiaro che sebbene il commercio fosse molto diminuito nel Levante meridionale della prima Età del Ferro rispetto alla tarda Età del Bronzo, non cessò mai del tutto.[14]

Cipro e il passaggio alla tecnologia del ferro

Per quanto riguarda Cipro, non c'è dubbio che nel XII secolo a.C. l'isola dovette far fronte a molti degli stessi problemi che afflissero anche altre parti del Vicino Oriente antico all'indomani del Collasso. Tuttavia, nonostante le difficoltà, sembra che i suoi abitanti furono resilienti quanto i fenici, non solo mostrando capacità di adattamento simili, ma anche rinnovando e, nel passaggio alla nuova situazione, trasformandosi quasi subito. La loro sopravvivenza potrebbe esser dovuta in parte alla ricchezza e al prestigio raggiunti grazie alla lavorazione del ferro, che insieme all'alfabeto fu una delle grandi innovazioni dell'epoca.

Possiamo vederlo nel sito di Perati, una trentina di chilometri a est di Atene, sulla costa orientale della penisola attica, vicino all'attuale Porto Rafti. Qui si trova un grande e famoso cimitero che risale al XII secolo a.C. Tra gli oggetti funerari deposti dai parenti accanto ai loro defunti ci sono coltelli in ferro con rivetti in bronzo. Ne sono stati trovati di simili nei siti di Tylissos a Creta e di Lefkandi a Eubea e su alcune altre isole come Nasso e Thasos. Questi coltelli bimetallici sono tra i primi esempi di manufatti in ferro lavorato rinvenuti nell'Egeo e nel Mediterraneo orientale. Sembra siano stati tutti fabbricati a Cipro e da lì esportati in vari luoghi, dall'Egeo al Levante meridionale.[15]

Questi ritrovamenti hanno cambiato radicalmente le nostre teorie, e oggi si ipotizza che il passaggio dal bronzo al ferro sia molto probabilmente da attribuire agli innovativi fabbri di Cipro, e non ai dori o ai Popoli del Mare come generazioni di studiosi hanno suggerito in passato. Susan Sherratt, archeologa dell'Università di Sheffield, ha infatti definito i ciprioti «a dir poco geniali» per quello che considera il loro ruolo di primo piano non solo nella diffusione di questi oggetti ma anche nella tecnologia utilizzata.[16]

È vero che autori greci più tardi – come Strabone, Senofonte e Apollonio Rodio – citano la tecnologia del ferro in relazione a un popolo che chiamano di volta in volta chalybes, chalyboi o chaldoi (calibi in italiano) che viveva e lavorava in Anatolia, sulle rive del Pontus, ossia il Mar Nero, ma probabilmente alludono a una situazione di molto successiva, sempre ammesso che si scelga di dare per buone le loro affermazioni.[17] In ogni caso, probabilmente non è necessario spingersi tanto in là, sia geograficamente che temporalmente.

Sappiamo, per esempio, che il ferro era già noto alle potenze dell'Età del Bronzo, come dimostrano gli oggetti in ferro rinvenuti in contesti antecedenti di secoli al Collasso in Egitto, Anatolia, Grecia, Mesopotamia e altrove (sebbene gli ittiti non avessero un monopolio iniziale sul ferro, come invece si pensava). Tuttavia molti, o forse la maggior parte, di quegli oggetti erano costruiti a partire dal ferro trovato nei meteoriti, inclusa una daga con l'impugnatura d'oro e la lama di ferro scoperta nella tomba di Tutankhamon, forse un dono di nozze che Tushratta, re di Mitanni, aveva offerto al faraone Amenofi III decenni prima.[18] I manufatti costruiti con ferro estratto dai giacimenti terrestri diventarono di uso comune solo dopo il Collasso.

Dal momento che a quanto pare i fabbri di Cipro, e non solo loro, cominciarono a usare il ferro in grandi quantità solo quando furono costretti a farlo, gli studiosi avevano ipotizzato che la crescente popolarità del ferro negli anni successivi al Collasso fosse dovuta a una temporanea mancanza di stagno o persino di rame – i componenti del bronzo – e che solo per questo motivo si sarebbe ripiegato su risorse locali. Una possibilità quanto mai plausibile se alcune vie del commercio, come quelle che portavano lo stagno dall'Afghanistan o da altri paesi dell'Asia centrale, fossero state interrotte o danneggiate dal crollo delle economie palaziali della tarda Età del Bronzo.[19]

Insomma, già negli anni settanta e ottanta del Novecento gli studiosi sostenevano che il passaggio al ferro non era stato tanto un progresso quanto una reazione a «circostanze avverse» (ossia l'impossibilità di accesso allo stagno e/o al rame). Quegli studiosi notarono anche che la diffusione del ferro inizialmente riguardò soprattutto l'artigianato e l'agricoltura, con la fabbricazione di aratri, falcetti, ceselli e seghe, invece che le attività belliche e le armi.[20]

Più di recente, però, altri studiosi hanno suggerito che, se anche ci fosse stata un'interruzione nella filiera produttiva, non avrebbe causato una tale carenza di bronzo, rame o stagno, com'era stato prima ipotizzato, e che il rame continuò a essere estratto a Cipro per tutta l'Età del Ferro, sebbene venisse forse inviato per la maggior parte a ovest, per esempio in Sardegna. Vasiliki Kassianidou, specialista in archeometallurgia e in tecnologia antica all'Università di Cipro, ha affermato infatti che «all'epoca degli "anni di crisi" [...] Cipro riuscì a superare la tempesta e a sopravvivere. I mercanti ciprioti raggiunsero nuovi mercati dove c'era grande domanda di rame, come la Sardegna, e cercarono nuove fonti di stagno e metalli preziosi, la cui fornitura dall'Asia si era interrotta».[21]

Il passaggio al ferro potrebbe quindi essere il risultato di una risoluzione economica, soprattutto nel momento in cui il ferro cominciò a essere più apprezzato. «In molte regioni l'adozione del ferro non significò un abbandono del bronzo», ha scritto l'archeologo Nathaniel Erb-Satullo dell'Università di Cranfield. «Almeno in alcune aree, inizialmente il ferro potrebbe essere servito più come un'integrazione a un'economia dei metalli in espansione, piuttosto che come sostituzione del bronzo». I minerali ferrosi erano già disponibili in molte regioni, compresa l'Italia e la Grecia continentale, e sarebbero tornati utili via via che la tecnologia si diffondeva.[22]

Il passaggio alla produzione del ferro potrebbe anche non essere stato troppo difficile, soprattutto se la nuova tecnologia fu un effetto secondario dell'estrazione e della fusione del minerale di rame che era ricco di ferro. Secondo Kassianidou, «i fabbri di Cipro, supportati da quasi mille anni di esperienza nella fusione dei minerali solforati, durante i quali potrebbe essersi prodotto accidentalmente del ferro oltre al rame, si imbatterono in quel nuovo materiale e ci fecero degli esperimenti, adoperando gli strumenti e le conoscenze che già possedevano». L'archeologa nota, però, che una volta che il ferro è pronto per essere lavorato, richiede un processo molto diverso rispetto al rame, perché «il ferro si basa sulla forgiatura meccanica di un metallo solido che prende forma e si indurisce tramite carbocementazione e raffreddamento, mentre il rame si basa sulla fusione di un metallo liquido e sull'indurimento tramite lavorazione a freddo».[23]

Nonostante ciò, la lavorazione del ferro sembra aver preso piede piuttosto velocemente a Cipro. In effetti, non è escluso che esportare manufatti in ferro oltre a diffondere la conoscenza della tecnologia usata sia stato uno dei fattori che permisero ai ciprioti di sopravvivere al Collasso e poi persino di prosperare in una certa misura, come ha suggerito Kassianidou. Si è anche ipotizzato che i ciprioti abbiano portato il loro sapere fino in Italia – in Sicilia e in Sardegna –, perché le vie del commercio tra Cipro e il Mediterraneo occidentale all'epoca erano ancora operative.[24]

Anche queste regioni occidentali (compresa probabilmente la Sardegna) avevano risentito del Collasso dell'Età del Bronzo. Oggi pare evidente, per esempio, che la cultura terramaricola della Valle del Po, nell'Italia settentrionale, affrontò una crisi e un crollo tra la fine del XIV e l'inizio del XIII secolo a.C., e potrebbe esserci stata una massiccia migrazione dalla parte meridionale di questa regione, che rimase poi spopolata per diversi secoli, e una riorganizzazione nel numero e nella dimensione degli insediamenti nella parte settentrionale.[25]

Insomma, se le ragioni del passaggio al ferro continuano a essere oggetto di dibattito, oggi le ipotesi avanzate sono generalmente più sfumate che in passato. In ogni caso, è chiaro che l'adozione su larga scala del ferro non avvenne prima del Collasso e probabilmente fu una risposta agli eventi piuttosto che una loro causa. Si pensa anche che sia avvenuta in momenti diversi nelle varie aree, e comunque non prima della seconda metà del XII secolo o della prima metà dell'XI secolo, man mano che la tecnologia si diffondeva e i fabbri delle diverse regioni imparavano a padroneggiarla. Cipro fu forse la prima, o perlomeno una delle prime, ma la lavorazione del ferro presto si diffuse nella Grecia continentale e anche altrove, senza dubbio grazie alla disponibilità di minerali ferrosi in praticamente tutte le terre del Mediterraneo e del Vicino Oriente.

Dunque i ciprioti, forse proprio come i fenici, potrebbero aver prosperato in mezzo al caos – perlomeno entro certi limiti. Come scrive Carol Bell, «Cipro e i fenici riuscirono a cogliere la palla al balzo quando la crisi colpì la regione. Privi di mire imperiali e già abituati a operare in un ambiente commerciale decentralizzato, i mercanti di queste due regioni rimasero aperti agli affari, con l'obiettivo principale di generare guadagni sufficienti a portare avanti il commercio».[26]

In questo modo, però, ci stiamo inoltrando nell'ignoto, dato che non disponiamo di lunghe iscrizioni o altri testi dettagliati che forniscano informazioni concrete sulla storia dell'isola in quel periodo. Sulla base di ritrovamenti archeologici possiamo solo fare delle ipotesi su quale fosse all'epoca la situazione politica ed economica di Cipro. Tuttavia, da questi ritrovamenti possiamo ricavare parecchie informazioni, tra cui cambiamenti nelle sepolture e/o nei corredi funerari, nuovi tipi di terrecotte, e l'improvviso abbandono o la nuova fondazione di vari siti, sebbene ci siano più dati su alcuni periodi e meno su altri.

In ogni caso, le nostre conoscenze su Cipro nel periodo di assestamento seguito al Collasso e nei secoli successivi sono cambiate radicalmente negli ultimi decenni. Per esempio, nonostante Cipro abbia dovuto affrontare gli stessi problemi che affliggevano altre aree del Mediterraneo, e nonostante la distruzione e lo sconvolgimento che avevano interessato vari siti all'inizio del XII secolo a.C. – come Cizio, Enkomi, Maa-Palaeokastro, Pyla-Kokkinokremmos, Kalavasos-Agios Dimitrios, Sinda e Maroni –, è oggi opinione comune che il Collasso non abbia interessato tutta l'isola. Inoltre, le variazioni di popolazione, che gli studiosi avevano attribuito a invasioni e conquiste, sono oggi considerate più complesse.[27]

Alcuni studiosi – come Maria Iacovou dell'Università di Cipro – oggi sostengono che, malgrado i problemi, a Cipro si può osservare una continuità tra l'Età del Bronzo e l'Età del Ferro e che tra i due periodi probabilmente non ci fu uno stacco netto, ma più un riorientamento. Secondo Iacovou, Cipro risentì meno del Collasso rispetto ad altre aree dell'Egeo e del Mediterraneo orientale, e la sua popolazione riuscì ad adattarsi alla nuova realtà piuttosto rapidamente. Non tutti concordano pienamente con questa tesi, e c'è chi ha suggerito che l'isola e i suoi abitanti ne risentirono in misura maggiore: il problema è che le evidenze archeologiche al momento disponibili non sono conclusive né in un senso né nell'altro.[28]

In ogni caso, tutto ciò rappresenta un'importante evoluzione nel pensiero accademico. Negli anni settanta del secolo scorso e fino ad almeno i primi anni novanta, le discussioni vertevano ancora intorno al fatto se vi fossero state una o due ondate migratorie verso Cipro dall'Egeo alla fine dell'Età del Bronzo. Si pensava che tutti i progressi registrati in quel periodo – e forse lo stesso sviluppo della tecnologia del ferro – fossero da attribuire a micenei che, dopo aver lasciato la loro terra, erano giunti sull'isola come rifugiati o simili. Oggi quest'idea è molto criticata, e viene attribuita a un atteggiamento colonialista, forse a ragione.[29]

A tale ipotesi si preferiscono teorie secondo cui la popolazione di Cipro dopo il Collasso sarebbe stata di natura ibrida, una mescolanza di etnie e nazionalità diverse. È quindi problematico parlare genericamente in quei secoli di «ciprioti», dato che gli abitanti dell'isola appartenevano a varie etnie: oltre agli autoctoni c'erano greci e fenici, per esempio.[30] Dunque per «ciprioti» si dovrebbero intendere, in quel periodo, non solo i superstiti della tarda Età del Bronzo ma anche i nuovi abitanti che forse arrivarono dopo il Collasso.

Sebbene Cipro nel suo insieme fosse sopravvissuta al Collasso, i reperti archeologici ci dicono che, tra la fine del XII e l'inizio dell'XI secolo a.C., molte città che erano state importanti durante l'Età del Bronzo vennero abbandonate, anche se in genere per motivi piuttosto banali. Fu in questo periodo, per esempio, che Hala Sultan Tekke, una fiorente cittadina costiera con connessioni internazionali sia a oriente che a occidente, venne abbandonata quando il suo porto si insabbiò. È nell'area attorno a questo sito che David Kaniewski e la sua squadra hanno raccolto dei dati sul polline, grazie ai quali oggi sappiamo che il clima era cambiato, diventando più secco e arido, e che l'area fu quindi soggetta a siccità nel periodo compreso tra il 1200 e l'850 a.C. circa. Non sappiamo invece se furono gli effetti del cambiamento climatico a far insabbiare il porto, ma in ogni caso si pensa che gli abitanti della città si trasferirono in massa nella vicina Cizio. Lo stesso vale per Enkomi, i cui abitanti si spostarono in una nuova città chiamata Salamina (da non confondersi con l'omonima isola greca) ad appena tre chilometri di distanza, dopo che anche il loro porto si insabbiò all'inizio dell'XI secolo a.C.[31]

Vediamo casi simili anche in altri insediamenti importanti, come Kalavasos-Agios Dimitrios e Maroni-Vournes, che fino ad allora avevano prosperato felicemente. Data la loro vicinanza alle miniere di rame, secondo alcuni studiosi l'abbandono di queste città potrebbe essere dovuto a un calo (forse temporaneo) della domanda di quel minerale nel Mediterraneo (anche se abbiamo appena visto che, per altri esperti, la domanda di rame non diminuì affatto).[32]

Altri siti che invece sarebbero diventati molto importanti più avanti, come Idalio, sarebbero sorti più o meno in questo periodo, forse approfittando del declino delle altre città. Durante il passaggio al primo millennio a.C. furono fondati anche nuovi porti, come Amatunte, mentre altre città, come Cizio e Pafos, prosperarono traendo vantaggio dai grandi cambiamenti in atto.[33]

La maggior parte degli studiosi concorda che, in seguito a tutti questi mutamenti, quasi certamente vi fu una riorganizzazione politica che finì per portare alla creazione delle città-stato che troviamo sull'isola sicuramente nel IX e nell'VIII secolo a.C., se non prima.

Le «tombe dei guerrieri» e l'«obelos» di Opheltas

Nei decenni passati, archeologi e storici hanno molto discusso delle possibili migrazioni e/o colonizzazioni dell'isola da parte dei greci dopo il Collasso. Un oggetto in particolare, un *obelos* bronzeo (sostanzialmente uno spiedo appuntito) ha suscitato grande interesse al riguardo, perché reca un'iscrizione con il primo nome greco mai rinvenuto sull'isola: «Opheltas». È un nome maschile, scritto usando cinque segni sillabici cipro-minoici, nel dialetto arcado-cipriota del greco, e declinato al genitivo per indicare il possesso dell'oggetto. Di solito viene quindi interpretato come il nome del proprietario dello spiedo.

Venne trovato nella Tomba 49 nel cimitero di Skales a Palea Pafos («antica Pafos»). È una tomba particolarmente ricca che risale alla seconda metà dell'XI secolo a.C. Fu scoperta dal celebre archeologo cipriota Vassos Karageorghis, direttore per decenni del Dipartimento di Antichità dell'isola. Dentro la tomba, che conteneva due «scheletri umani quasi intatti» distesi a terra e, poco distante, i frammenti di un terzo cranio, c'erano tre grandi anfore, oltre ad alcuni oggetti in bronzo: un grande colino, una grande ciotola, quattro ciotole più piccole, un tripode, una punta di lancia e tre *obeloi*, tra cui quello di Opheltas.[34]

A questo punto è importante sottolineare che diversi miti di fondazione delle città cipriote dell'Età del Ferro, in particolare Pafos e Salamina, coinvolgono alcuni degli eroi meno famosi della guerra di Troia, oltre ai fenici. Secondo la leggenda, Pafos per esempio sarebbe stata fondata da Agapenore, re di Tegea in Arcadia, nella Grecia continentale. Solitamente tali miti non hanno alcun fondamento storico – Pafos esisteva già ben prima di questo periodo – ma si tratta comunque di informazioni interessanti, considerato l'utilizzo del dialetto arcado-cipriota per scrivere il nome di Opheltas sull'*obelos* del cimitero di Palea Pafos-Skales (in altre parole, in questo periodo c'erano già stati dei contatti tra l'Arcadia e Cipro, seppure forse solo indiretti).

Analogamente, la città di Salamina sarebbe stata fondata da Teucro, che nell'*Iliade* di Omero è dipinto come un arciere leggendario. Non solo era il fratellastro di Aiace, ma anche il figlio di Telamone, che guarda caso era stato re dell'isola di Salamina in Grecia, il che può spiegare l'omonimia. Virgilio nell'*Eneide* (1619-1626) racconta inoltre che Teucro era stato aiutato da un re di Sidone, Belos, ossia un fenicio il cui nome ci sarebbe altrimenti sconosciuto.[35] Ancora una volta non possiamo prendere queste storie per oro colato, ma è interessante notare la presenza di fenici, greci e ciprioti.

Detto ciò, oltre che per il primo nome greco, la tomba con lo spiedo bronzeo di Opheltas è insolita anche sotto un altro aspetto: è annoverata tra le cosiddette «tombe dei guerrieri» trovate a Cipro, Creta e nella Grecia continentale e che risalgono a un periodo tra la metà dell'XI e l'inizio del X secolo a.C. In queste tombe il defunto, che spesso veniva cremato, era quasi sempre accompagnato da un costoso corredo funerario. Tra gli oggetti rinvenuti ci sono armi, vasi di metallo, tripodi e spiedi, tutti in bronzo o in ferro. Spesso con il guerriero è sepolta una donna, ma in molti casi non è cremata e la sua relazione con il defunto non è sempre chiara.[36]

A Cipro tali tombe sono state trovate nei cimiteri di Palea Pafos-Skales, Salamina, Lapithos-Kastros, Kourion-Kaloriziki e Amatunte. A Creta sono state trovate nel Cimitero Nord di Cnosso, come pure ad Amari, dove un cratere anforoide di bronzo conteneva le ceneri di una cremazione. Nella Grecia continentale, potrebbe esserci una di queste tombe a Tirinto, oltre a quella molto famosa di Lefkandi, sull'isola di Eubea. Torneremo su queste sepolture egee nel capitolo 5.[37]

Nel complesso, sembra che Cipro mantenne un ruolo preminente nel commercio internazionale anche in questo secolo. Come ha detto Nota Kourou dell'Università di Atene, la specialista in contatti fenici con l'Egeo citata nel capitolo precedente, «le vecchie reti marittime del Mediterraneo rimasero attive nelle mani dei ciprioti, che anche nell'XI secolo a.C. continuarono i loro lunghi viaggi via mare, sebbene su scala molto più ridotta rispetto a prima».[38]

A quel punto, i ciprioti esportavano ormai regolarmente manufatti in ferro, perlopiù coltelli e spade. Anche se queste armi comparvero per la prima volta a Cipro nel XII secolo a.C., come detto prima, oggi i coltelli in ferro vengono rinvenuti soprattutto a Creta, nella Grecia continentale, in Siria e nel Levante meridionale, in contesti che risalgono all'XI secolo a.C.[39]

Oltre alle armi e agli utensili in ferro, oggetti ciprioti in bronzo come vasi e supporti sono stati trovati in contesti dell'XI secolo nella regione dell'Egeo, soprattutto a Creta. Tra essi vi sono un cratere anforoide in bronzo e altri manufatti di derivazione cipriota, scoperti in una tomba del sito di Amari citato poc'anzi, un supporto bronzeo nel Cimitero Nord di Cnosso, e altri oggetti come per esempio ciotole di bronzo con manici a forma di loto. Oggetti ciprioti di quello stesso periodo sono stati rinvenuti anche in luoghi lontani come la Sardegna, la Sicilia e nella zona di Huelva, in Iberia.[40]

Analogamente, Jan Paul Crielaard, archeologo dell'Università di Amsterdam, aveva già suggerito nel 1998 che «membri dell'élite cipriota erano in contatto con individui di rango elevato in Sardegna, e tramite loro con aree lontane dell'ovest» e che una rete mediterranea di commercio internazionale stava già cominciando a riformarsi, perlomeno a livello delle élite, con l'obiettivo di acquisire «merci esotiche di grande valore intrinseco e simbolico».[41]

E per quanto riguarda i ciprioti che non facevano parte dell'élite? Com'era la vita per la gente comune di Cipro, vale a dire agricoltori, commercianti, fabbri, minatori e tutti coloro che appartenevano alle classi medio-basse? Onestamente, è difficile dirlo, non abbiamo abbastanza evidenze dell'epoca per esprimerci in un senso o in un altro, però è senz'altro possibile che chi viveva in insediamenti più piccoli, lontano dai centri urbani, non si fosse accorto granché del cambiamento, perlomeno in termini di struttura politica, pur dovendo forse fare i conti con condizioni più aride.[42] A chi viveva nelle città, soprattutto nei nuovi centri fondati in quel periodo, e alle élite, forse sembrò che l'isola stesse continuando a mostrare resilienza e a trasformarsi a fronte delle condizioni avverse. Qualunque cosa si pensi delle «tombe dei guerrieri» trovate a Cipro e nell'Egeo, gli oggetti ciprioti esportati in questo periodo a est e a ovest indicano che gli isolani continuarono a eccellere nel commercio internazionale, e che non smisero di prosperare dopo il Collasso.

*L'intraprendenza dei fenici nell'*XI *secolo a.C.*

Sembra che allora anche i fenici fossero in contatto con queste aree. Che ciprioti e fenici cooperassero o si contendessero i mercati occidentali è una possibilità che andrebbe presa in considerazione e che invece Kourou scarta decisamente: «L'assenza di manufatti del Vicino Oriente nell'Egeo di quel periodo», dice, «rafforza l'ipotesi che i ciprioti fossero gli unici possibili visitatori [...] di Creta e [...] della terraferma».[43] A mio avviso è invece un argomento maturo per ulteriore discussione.

Sappiamo che i fenici erano in contatto con l'Egitto, e non c'è da stupirsi. In particolare, conosciamo i dettagli grazie al *Racconto di Wenamun*, visto brevemente nel capitolo 1, narrato in un papiro che venne scoperto nel 1890 a el-Hibah, in Egitto, dentro la stessa anfora dell'*Onomastico di Amenemope*.

Wenamun era un sacerdote egizio del tempio di Amon che era stato mandato a Karnak a comprare cedri del Libano per la costruzione di una nuova nave da dedicare al dio Amon-Ra. Il viaggio probabilmente avvenne intorno al 1075 a.C., nei primi decenni dell'XI secolo.[44] La storia scritta sul rotolo di papiro comincia così:

> Anno 5, quarto mese della terza stagione, giorno 16: giorno in cui Wenamun, l'Anziano della Porta del tempio di Amon [Signore dei Troni] delle Due Terre, partì per procurarsi legname per la grande e nobile nave del dio Amon-Ra, Re degli Dèi. [...] Il giorno in cui arrivai a Tani, nel luogo [in cui] sono [Smen]des e Tanetamon, consegnai loro gli editti di Amon-Ra, Re degli Dèi, e li fecero leggere alla loro presenza. [...] Smendes e Tanetamon mi mandarono con il capitano Mangabut, e io andai fino al grande mare siriano.[45]

Wenamun viaggiò in nave fino alla città di Dor, oggi situata nel nord di Israele, che definisce città dei «tjekker». «Raggiunsi Dor, una città tjekker», dice, «e Beder, il suo principe, mi fece portare cinquanta pani, un'anfora di vino e una coscia di bue». I tjekker erano uno dei Popoli del Mare citati nell'attacco all'Egitto durante il regno di Ramses III e poi sistemati dal faraone in «roccaforti legate al mio nome». Erano anche uno dei tre gruppi menzionati nell'*Onomastico di Amenemope*.

Il sito di Tel Dor, a sud dell'odierna città di Haifa, in cui gli scavi archeologici sono stati pressoché continui dal 1990 a oggi e su cui torneremo tra poco, non ha prodotto molte prove a conferma del fatto che si trattasse di una roccaforte degli sconfitti Popoli del Mare, sebbene il brano di Wenamun sia stato esaminato in più occasioni. Piuttosto, il sito contiene molte terrecotte fenicie negli strati archeologici dell'XI secolo, che hanno contribuito non poco alla nostra conoscenza della «Fenicia meridionale». Di recente, gli archeologi marini dell'Università di Haifa hanno trovato tracce del porto di Dor, che sarebbe stato attivo durante l'Età del Ferro, nell'XI e nel X secolo a.C.: gli scavi sottomarini condotti negli ultimi anni hanno rivelato che quella che sembrava una barriera corallina naturale in realtà fa parte di un molo in pietra ben costruito, usato come banchina o come frangiflutti.[46]

Purtroppo per Wenamun, mentre erano attraccati nel porto di Dor, un marinaio della sua stessa nave rubò gli oggetti preziosi che dovevano servire a pagare il legname. Tra di essi c'erano un vaso d'oro, quattro ciotole d'argento e un sacchetto di monete d'argento. Dopo aver denunciato il furto al principe di Dor, da cui non ricevette né comprensione né gratificazione, Wenamun risalì via mare il territorio fenicio fino a Biblo. Lì conobbe il principe della città – un uomo di nome Tjekkerbaal – che gli fu apertamente ostile, atteggiamento che forse riflette la diminuita levatura dell'Egitto a livello internazionale. Wenamun dovette attendere l'invio di altri oggetti preziosi dall'Egitto; quando finalmente arrivarono, includevano quattro ciotole d'oro e un altro vaso d'oro, cinque ciotole d'argento, dieci capi di vestiario, cinquecento rotoli di buon lino (o di papiro), cinquecento pelli di bue, cinquecento funi, venti sacchi di lenticchie e cinque cesti di pesce.[47]

Ci viene detto specificamente che «il principe fu contento e mandò trecento uomini e trecento buoi e dei supervisori incaricati dell'abbattimento degli alberi. Gli alberi vennero abbattuti, e rimasero dov'erano per tutto l'inverno. Nel terzo mese della terza stagione, furono trasportati fino al mare». Wenamun ci dice che il legno venne poi caricato su una nave, mentre lui venne «mandato via dal porto in mare» dal principe, affinché tornasse in Egitto.

Le tribolazioni e le prove di Wenamun però non finiscono qui. Quasi subito la nave è spinta fuori rotta dal vento e finisce per attraccare a Cipro. Lì Wenamun per poco non viene ucciso dagli abitanti di una città e si salva solo perché Hatiba, la principessa della città senza nome in cui si trova, interviene in suo aiuto e fa arrestare gli assalitori. Il rotolo di papiro e la storia si interrompono a questo punto. Non sappiamo come andò a finire, anche se l'esistenza stessa del racconto fa pensare che Wenamun riuscì a tornare in Egitto.

Il *Racconto di Wenamun* è stato oggetto di molte discussioni accademiche nel corso del Novecento. Tuttora non è chiaro se sia il resoconto ufficiale di un viaggio realmente avvenuto o un'opera di fantasia. In ogni caso, i dettagli della storia sono così verosimili e calzano così bene con la situazione dell'epoca – con l'Egitto che continuava a perdere di importanza sulla scena internazionale e che si trovava ad affrontare una frammentazione politica – che di solito viene considerato un riflesso di quel periodo storico, alle battute finali del regno di Ramses XI, l'ultimo faraone della Ventesima Dinastia (anche se il testo potrebbe esser stato scritto un po' più tardi, durante la Ventunesima o la Ventiduesima Dinastia).[48]

Il territorio fenicio e i contatti oltremare

Definire il territorio della Fenicia è oggi un tema di crescente interesse per gli archeologi e gli storici. Parte del problema è che le città antiche più importanti, nel Libano, si trovano di solito al di sotto delle loro omologhe moderne, e quindi non è facile effettuare degli scavi. I periodici sommovimenti politici, poi, hanno rallentato il ritmo dei lavori. Di conseguenza non ci sono state grandi opportunità di recuperare materiale di quel periodo in siti che non fossero Tiro, Beirut, l'isola di Arwad e Tell Arqa (l'antica Irqata). Fra questi vi è anche Sarepta, un sito identificato come la biblica Zarephath, sulla costa tra Sidone e Tiro, i cui scavi sono stati condotti da James Pritchard e dall'Università della Pennsylvania negli anni settanta del Novecento. Questi scavi hanno gettato un po' di luce – ma non abbastanza – sulla cultura materiale fenicia, in particolare sulla terracotta.[49]

Oggi però sappiamo che all'epoca il territorio fenicio si estendeva anche molto più a sud, in quel che è l'odierno Israele. Si tratta dell'area che alcuni studiosi chiamano «Fenicia meridionale», dove in siti come Tel Dor sono stati trovati, negli strati dell'Età del Ferro, terrecotte fenicie e altri reperti, compresi molti oggetti d'argento che suggeriscono contatti fenici con la Spagna. A Dor è stato scoperto un tesoro di otto chilogrammi e mezzo di argento lavorato, nascosto in una brocca di ceramica chiusa con una ciotola. Sembra sia stato trovato vicino a un edificio che conteneva terrecotte greche di Eubea, in un contesto inizialmente datato tra la fine dell'XI e l'inizio del X secolo a.C., ma che oggi si pensa risalga alla seconda metà del X secolo.[50]

L'argento di questi manufatti, a Dor come altrove, sembra provenire da più luoghi, ma soprattutto dall'Iberia (ossia la Spagna); altri pezzi potrebbero invece arrivare dall'Anatolia e dalla Sardegna. È un fatto senza dubbio interessante, perché molti dei reperti risalenti al 1200-950 a.C. trovati in Israele non contengono argento puro bensì una lega di argento e rame. Gli autori di uno studio guidato da Tzilla Eshel all'Università di Haifa attribuiscono questa diluizione a una carenza di argento dovuta al Collasso della tarda Età del Bronzo, e ciò spiega l'intensa ricerca di nuove fonti in Anatolia e nel Mediterraneo occidentale, da cui si cominciò a importare a metà del X secolo a.C.[51]

L'idea che i fenici potessero importare argento dalla Spagna già nell'XI secolo e sicuramente nel X secolo a.C. non si basa solo sulle analisi dell'argento presente nei reperti dell'Età del Ferro trovati nel Levante, come quelli di Dor, ma anche sulle terrecotte fenicie rinvenute nel sito di Huelva in Spagna, che secondo alcuni risalirebbero all'XI secolo. La scoperta e l'importazione dell'argento spagnolo sarebbero stati tra gli eventi più importanti dell'epoca. Come scrisse Mitchell Allen nella sua tesi di dottorato all'Università della California (Los Angeles) nel 1977, questo diede ai fenici una grande autonomia, rendendoli sufficientemente ricchi da fondare colonie in tutto il Mediterraneo e soprattutto da proteggerle dagli assiri (per i quali si limitavano a pagare un tributo ogni volta che era necessario).[52]

Inoltre, nel vicino sito di Tel Shiqmona, nei pressi dell'odierna Haifa, sono emerse valide prove della manifattura della porpora a partire perlomeno dal X secolo e fino al VII secolo a.C. I reperti del sito, i cui primi scavi risalgono agli anni sessanta e settanta del Novecento, sono stati recentemente riesaminati, soprattutto i tanti frammenti di terracotta il cui interno è ancora macchiato di porpora e blu. Golan Shalvi e Ayelet Gilboa, entrambi dell'Università di Haifa, sospettano che il sito fosse attivamente coinvolto nella produzione della tintura. Di solito in questi siti, o nelle loro vicinanze, si trovano solo grandi quantità di frammenti di conchiglie di murice, il mollusco da cui si estraeva la porpora, invece a Shiqmona ci sono ulteriori reperti – come i frammenti di terracotta – che potrebbero aiutare a gettare maggiore luce sui fenici e sulla produzione della porpora anche qui, nella «Fenicia meridionale».[53]

Per spingersi fino alla Spagna, immaginiamo che i fenici abbiano dovuto fare degli scali, magari proprio a Cipro e nell'Egeo, o nei porti di Creta e della Grecia continentale. A tal proposito, sono rilevanti le importazioni fenicie che risalgano a questo periodo e che sono state trovate a Cipro, soprattutto in contesti funerari nella parte occidentale dell'isola, come Palea Pafos. Carol Bell ha ipotizzato in particolare che per i fenici la costa occidentale di Cipro fungesse da «scalo tecnico nei viaggi verso ovest». Al momento comunque ci sono pochi reperti materiali a testimonianza dei contatti fenici nell'Egeo durante l'XI secolo a.C.[54] Ciò non vuol dire che tali contatti non ci furono, soprattutto se le navi fenicie erano dirette ancora più ovest, in Iberia, ma dovremo attendere ancora per scoprire che cosa porteranno alla luce futuri scavi.

Fenici, ciprioti e greci

Le similarità tra le ceramiche greche locali e le terrecotte rinvenute a Tiro negli anni settanta del Novecento suggeriscono che furono proprio gli abitanti di Tiro a veleggiare per primi verso l'Egeo e verso ovest nel corso del X secolo a.C.[55] «Una sorta di navigazione fenicia pre-colonizzazione e su piccola scala all'inizio della prima Età del Ferro è oggi considerata molto probabile – verosimilmente databile nel X secolo, quando l'organizzazione sociale e politica dei fenici cambiò in modo radicale», scrive Kourou, la specialista di contatti fenici che insegna all'Università di Atene.

E prosegue: «il X secolo rappresentò un periodo cruciale per la Fenicia, perché fu allora che il re di Tiro, Hiram I, riuscì a portare le città costiere sotto la sua autorità in una specie di unione commerciale, seppure non ancora politica. Hiram fu il primo sovrano a organizzare la politica mercantile dei fenici e a inaugurare i loro viaggi commerciali attraverso il Mediterraneo verso la fine del X secolo». Di particolare interesse è l'idea secondo cui «è proprio ora, cioè nella seconda metà del X secolo, che sia i fenici che i greci ritentano, dopo la fine dell'Età del Bronzo, di compiere lunghi viaggi a scopo commerciale».[56]

L'isola di Eubea (in particolare Lefkandi) e le cretesi Cnosso e Kómmos sono le aree dell'Egeo in cui finora sono stati ritrovati i manufatti fenici più antichi. A Kómmos, sulla costa meridionale di Creta, sono stati rinvenuti da duecento a oltre trecento (a seconda dei resoconti) frammenti di terracotta fenicia nel tempio greco del luogo. Il tempio risale alla seconda metà del X secolo (anche se i frammenti potrebbero risalire al IX secolo, in base alle analisi più recenti delle ceramiche).[57]

Nel corso del secolo, i manufatti fenici scoperti a Creta e nella Grecia continentale aumentano di numero. Secondo alcuni studiosi, è infatti in questo periodo che la regione viene usata come scalo dalle navi fenicie dirette molto più a ovest, a Cartagine o addirittura in Spagna. Altri studiosi hanno persino suggerito che a questo punto fenici, siriani del nord o altri migranti del Vicino Oriente vivessero in città come Cnosso e Kómmos a Creta, o a Lefkandi a Eubea, oppure ancora ad Atene nella Grecia continentale.[58]

Viceversa, molti frammenti greci di questo stesso periodo sono stati rivenuti in vari siti del Levante, come a Biblo, Tiro e Sarepta, e anche più a sud, come a Tel Dor nell'odierno Israele. Sembra però – anche in base ai reperti di Lefkandi – che a questo punto persino i ciprioti avessero cominciato a navigare verso ovest e a instaurare rapporti duraturi con l'Egeo e oltre. Manufatti provenienti da Cipro e dal Vicino Oriente infatti vengono rinvenuti quasi sempre insieme nei contesti egei, come la ciotola cipriota con un'iscrizione fenicia nel cimitero di Tekke a Cnosso e i frammenti di terracotta fenicia scoperti a Kómmos. Ci sono anche altri oggetti ciprioti trovati a Creta, nel Cimitero Nord di Cnosso e a Fortetsa.[59]

Il X secolo viene solitamente considerato per Cipro come un proseguimento del processo di transizione, ma non sono molti gli studi che esaminano questo periodo in modo dettagliato, poiché al momento i dati disponibili sono ancora pochi; se se ne parla, di solito è in relazione agli sviluppi dell'XI secolo che abbiamo visto in precedenza e che preparano il terreno per i cambiamenti che sarebbero avvenuti nell'VIII secolo a.C., oppure in termini specifici di reperti mortuari provenienti dai vari cimiteri.

I re di Biblo e di Tiro

Non conosciamo i nomi dei re di Cipro di questo periodo, a parte quello della regina (o principessa) Hatiba citato nel *Racconto di Wenamun*. Abbiamo invece delle iscrizioni che forniscono i nomi di sei sovrani di Biblo che regnarono tra il X e l'inizio del IX secolo a.C.: Ahiram, Ethbaal, Yehimilk, Abibaal, Elibaal e Shipitbaal.[60] In effetti, di tutte le città fenicie, forse quella che conosciamo meglio è proprio Biblo per quanto riguarda i suoi governanti nel X secolo a.C.

Biblo era presente da tempo sulla scena internazionale. All'inizio del XIV secolo a.C. il suo re, Rib-Hadda, mandò decine di lettere al faraone Amenofi III e a suo figlio Akhenaton, che vennero conservate negli archivi di Amarna, in Egitto, dove furono scoperte nel 1887.[61] Biblo era anche la destinazione di Wenamun nel 1075 a.C. circa, quand'era governata da Tjekkerbaal (o Zakarbaal).

Oggi conosciamo i nomi degli altri sei sovrani grazie alle iscrizioni lasciate proprio dai sovrani stessi. Nel loro insieme, sono noti e studiati dagli esperti da più di un secolo. Per ciascuna occorrenza ci viene detto il nome del re e poi dei suoi avi per una o due generazioni. Per esempio, sappiamo dell'esistenza del re Ahiram e di suo figlio Ethbaal da un'iscrizione incisa sul coperchio di un sarcofago che Ethbaal fece preparare per suo padre quando morì. Questo reperto venne scoperto poco più di cent'anni fa, nel 1922, quando una frana rivelò il cimitero

Figura 8. Il sarcofago di Ahiram con l'iscrizione fenicia.

Fonte Per gentile concessione della Biblioteca del Congresso, G. Eric ed Edith Matson Photograph Collection, matpc.03491.

reale di Biblo. Oltre a identificare il re defunto e attribuire la costruzione del sarcofago al figlio, l'iscrizione contiene una maledizione: «[Questo è] il sarcofago che Ethbaal, figlio di Ahiram, re di Biblo, fece per Ahiram, suo padre, come dimora per l'eternità. Se un re tra i re, o un governante tra i governanti, o il comandante di un esercito dovesse arrivare a Biblo e aprire questo sarcofago, possa lo scettro del suo potere essergli strappato, possa il trono del suo regno essere rovesciato e possa la pace fuggire da Biblo. Quanto a lui, che sia cancellata la sua memoria da Biblo».[62]

Purtroppo non ci sono legami noti tra questi due re e i quattro successivi. Tuttavia, sulla base dello stile dei caratteri usati nelle varie iscrizioni, si pensa che questi due sovrani siano i più antichi dei sei, e che governarono rispettivamente nel 1000 a.C. e nel 975 a.C. circa.[63]

Tre degli altri quattro re sono citati in un'iscrizione «trovata vicino al muro associato all'acropoli di Biblo» e pubblicata nel 1945. Nota come «Iscrizione di Shipitbaal», recita: «Il muro che re Shipitbaal di Biblo, figlio di re Elibaal di Biblo, figlio di re Yehimilk di Biblo costruì per Baalat di Biblo, suo signore. Possa Baalat di Biblo prolungare i giorni di Shipitbaal e i suoi anni su Biblo». Dunque abbiamo una sequenza di tre generazioni di sovrani, a partire da Yehimilk, seguito da suo figlio Elibaal, seguito dal nipote Shipitbaal. È stato ipotizzato che regnassero nella seconda metà del x secolo a.C.[64]

Questa genealogia reale è confermata da un'altra iscrizione scoperta a Biblo, incisa su un busto del faraone egiziano Osorkon I, che come abbiamo visto nel capitolo 1 regnò sull'Egitto tra il 924 e l'889 a.C. circa. Pubblicata per la prima volta nel 1925 e nota come «Iscrizione di Elibaal», dice: «[La statua] che Elibaal, re di Biblo, figlio di Yehi[milk, re di Biblo] ha fatto per Baalat di Biblo, suo signore. Possa Baalat [di Biblo] prolungare [i giorni di] Elibaal e i suoi anni [su Biblo]». Questo non solo ci offre una sequenza di due generazioni – Yehimilk seguito dal figlio Elibaal – ma ci dice anche che il secondo governò più o meno nello stesso periodo di Osorkon I, consentendoci di trarre delle date approssimative per Elibaal. Come omaggio aggiuntivo, ci consente di apprendere il nome di una delle divinità di Biblo, Baalat, che è citata in entrambe le iscrizioni.[65]

Abbiamo anche un'iscrizione lasciata da Yehimilk stesso, che testimonia la sua costruzione di un tempio a Biblo e che fornisce ulteriori informazioni sulle divinità dell'epoca. L'Iscrizione di Yehimilk venne pubblicata per la prima volta nel 1930 e dice: «Il tempio [letteralmente la "casa"] che Yehimilk, re di Biblo, ha costruito. Egli ha restaurato tutti i templi in rovina. Possano Baal-Shamen e Baalat di Biblo e l'assemblea dei sacri dèi di Biblo prolungare i giorni di Yehimilk e i suoi anni su Biblo perché egli è un re retto e giusto di fronte ai sacri dèi di Biblo».[66]

Infine, abbiamo l'Iscrizione di Abibaal, incisa su una statua del faraone Sheshonq I, il padre di Osorkon, che regnò sull'Egitto dal 945 al 924 a.C. circa, anch'egli citato nel capitolo 1. Se le ricostruzioni delle parti mancanti di questa iscrizione sono corrette, sembra che Yehimilk avesse anche un altro figlio, Abibaal, che si definisce anch'egli successore al trono del padre. Pubblicata nel 1903, l'iscrizione

Figura 9. Il faraone Osorkon I con l'iscrizione di Elibaal, da Biblo.
Fonte Per gentile concessione di Rama via Wikimedia Commons.

recita: «[La statua che] Abibaal, re di [Biblo, figlio di re Yehimilk] di Biblo, portò dall'Egitto per Baalat [di Biblo, suo signore. Possa Baalat di Biblo prolungare i giorni di Abibaal e i suoi anni] su Biblo». Proprio come nel caso dell'Iscrizione di Elibaal sulla statua di Osorkon I, anche quella di Abibaal sulla statua di Sheshonq I ci dà delle date approssimative del regno di Abibaal.[67]

A prima vista, le iscrizioni di questi sovrani senza volto non sembrano dire molto oltre la loro genealogia, ma in realtà sono estremamente utili, soprattutto perché grazie a esse sappiamo che nell'Età del Ferro Biblo continuò a essere governata da dinasti ereditari. Purtroppo, i reperti archeologici non ci hanno (ancora) fornito un elenco dei sovrani di Tiro per quella stessa epoca, ma sappiamo che Hiram I, di cui abbiamo parlato nel capitolo 1 e di nuovo qualche pagina fa, probabilmente regnò dal 970 al 936 a.C. circa. Altri sovrani, poi, sono citati da autori greci e latini successivi. Per esempio, secondo Giuseppe Flavio, attivo alla metà del primo secolo d.C., a Hiram succedettero Baal-ma'zer (Baal-azor) e Abdi-Aštart (Abdastratus), entrambi alla fine del x secolo. Quindi salì al trono un usurpatore, Methusastratois, e poi, all'inizio del IX secolo a.C., Iš-Aštart e Aštar(t)-imn, se possiamo fidarci di quello che scrive lo storico ebreo-romano.[68]

Nella Bibbia compare il nome di un altro sovrano, Ethbaal, che regnò a Tiro tra l'inizio e la metà del IX secolo a.C., dopo i suoi predecessori Iš-Aštart e Aštar(t)-imn. Si deve fare attenzione a non confondere questo Ethbaal con l'omonimo re di Biblo che abbiamo appena menzionato e che regnò all'inizio del x secolo, subito dopo suo padre Ahiram.[69]

Secondo il racconto contenuto in 1 Re 16:29-32, Ethbaal di Tiro si alleò con Omri, monarca del Regno settentrionale di Israele (sul trono dall'884 all'873 a.C. circa) e diede in sposa sua figlia, la sfortunata Izebel, al figlio di Omri, Acab (sul trono dall'871 all'852 a.C. circa). La loro figlia, Atalia, sposò re Ieoram di Giuda (2 Re 8:16-18). Che Izebel seguisse attivamente la religione politeista di Tiro (e di Biblo) nel monoteista Israele è confermato, com'è noto, dai passaggi biblici che narrano lo scontro tra i sacerdoti di Baal e i sacerdoti israeliti sul Monte Carmelo (1 Re 18-19, 21; 2 Re 9).[70]

Per quanto riguarda Omri, che abbiamo incontrato brevemente alla fine del capitolo 1, sotto il suo governo venne fondata la capitale del Regno settentrionale di Israele, Samaria (poi rinominata Sebaste da

Erode il Grande), oggi situata nella West Bank a nordovest di Nablus. Qui Omri costruì un palazzo, poi completato dal figlio Acab, che rimase in piedi per circa centocinquant'anni, fino alla distruzione finale della città, quando il Regno settentrionale venne inglobato dall'impero neo-assiro, nel 720 a.C. circa.

I primi scavi del sito e del palazzo furono effettuati da una squadra di archeologi americani guidata da George Reisner dell'Università di Harvard dal 1908 al 1910. Dopodiché, la cosiddetta Spedizione Congiunta guidata dall'archeologo britannico John Crowfoot, che si avvaleva di archeologi della British School of Archeology di Gerusalemme, del Palestine Exploration Fund e dell'Università Ebraica di Gerusalemme, scavò il sito dal 1931 al 1935. Una dei membri di questa seconda spedizione era una giovanissima Kathleen Kenyon, che decenni dopo sarebbe diventata famosa per gli scavi di Gerico e Gerusalemme. Nelle rovine del palazzo furono trovati il vaso di alabastro con il cartiglio di Osorkon II che abbiamo già citato, e un migliaio di manufatti d'avorio, oggi chiamati gli «avori di Samaria». Questi oggetti risalgono al IX o all'VIII secolo a.C. e per la maggior parte sono esposti al Museo di Israele di Gerusalemme.[71]

Ethbaal di Tiro viene descritto da Giuseppe Flavio (che lo chiama Ithobaal) come il primo re fenicio che fondò delle colonie nel Mediterraneo, compresa Cizio a Cipro. In effetti, come hanno sottolineato vari studiosi, l'archeologia sembra confermare che Cizio è davvero la prima colonia fenicia dell'isola, anche se i suoi abitanti non hanno lasciato molte tracce.[72]

I reperti archeologici trovati in Sardegna e in Spagna, Huelva compresa, sembrano invece confermare una presenza fenicia regolare in quelle aree all'inizio del IX secolo a.C. (a differenza dei più fugaci contatti commerciali nei secoli precedenti, come detto), forse in risposta alla continua domanda di argento estratto in quelle aree. C'è anche la nota, e molto dibattuta, iscrizione fenicia del sito di Nora, in Sardegna, scoperta nel lontano 1773. Probabilmente commemora la costruzione di un tempio e potrebbe risalire alla fine del IX secolo a.C.[73]

Tra le altre cose, Giuseppe Flavio afferma che Ethbaal fondò una dinastia che governò Tiro per un secolo. Anche se non possiamo esser certi che il resoconto sia accurato e affidabile, Giuseppe Flavio elenca i successori di Ethbaal – Baal-ma'zer [Baal-azor] II, Mattan I, e Pummayon [Pigmalione] – che regnarono dalla metà del IX secolo all'inizio dell'VIII secolo a.C. Un'iscrizione del re neo-assiro Salmanassar III, che abbiamo incontrato nel capitolo 2, afferma specificamente che nel suo diciottesimo anno di regno (841 a.C.) il sovrano ricevette un tributo da «Ba'ali-manzer di Tiro». Dovrebbe trattarsi dello stesso Baal-ma'zer di Giuseppe Flavio, e la frase ci fornisce più dettagli rispetto al semplice «abitanti di Tiro e Sidone» di solito usato nelle varie versioni dell'iscrizione di Salmanassar. Come evidenziato da Nadav Na'aman dell'Università di Tel Aviv, ciò rende maggiormente attendibile l'elenco di Giuseppe Flavio, dal momento che la lista di Salmanassar è sia contemporanea al periodo di questo re di Tiro, sia (presumibilmente) una fonte indipendente.[74]

Per fare una digressione letteraria, secondo autori molto più tardi, come lo stesso Giuseppe Flavio e i poeti latini Ovidio e Virgilio (si veda la sua *Eneide*), Elissa (ossia Didone), la sorella di Pigmalione, sarebbe fuggita da Tiro dopo che Pigmalione le aveva ucciso il marito, e avrebbe fondato la città di Cartagine nell'odierna Tunisia intorno all'814 a.C. Potrebbe trattarsi solo di un mito di fondazione, ma i reperti archeologici scoperti a Cartagine suggeriscono che la città fu davvero fondata alla fine del IX secolo (835-800 a.C. circa).[75]

Questa leggenda è stata anche collegata a una recente scoperta fatta accidentalmente dal sottomarino nucleare americano NR-1 nel 1997, mentre cercava il Dakar, un sottomarino israeliano scomparso negli anni sessanta. L'equipaggio non trovò il Dakar, però incappò nei relitti di due navi dell'VIII secolo a.C.: entrambe erano affondate a poco più di trenta miglia dalla costa della Striscia di Gaza e si trovano oggi a quattrocento metri di profondità.[76]

Due anni dopo, nel 1999, Bob Ballard, noto forse soprattutto per aver individuato il relitto del Titanic, e Larry Stager, all'epoca professore a Harvard e direttore degli scavi nel sito di Ashkelon, decisero di esplorare ulteriormente le due navi, soprannominate Tanit ed Elissa, nell'ambito dell'Ashkelon Deep-Sea Project. Usando un veicolo a comando remoto chiamato Medea-Jason, riuscirono a scansionare e mappare entrambe le imbarcazioni, rivelando centinaia di anfore – 385 anfore dentro o vicino al relitto della Tanit e 396 sul sito dell'Elissa. La Tanit probabilmente misurava circa quattordici metri di lunghezza e sei metri e mezzo di larghezza, mentre l'Elissa era un po' più grande, con i suoi quattordici metri e mezzo di lunghezza per circa sette di larghezza.

Per campionare ed analizzare alcuni dei reperti, il team portò in superficie sedici anfore dalla Tanit e otto dall'Elissa, oltre ad altro vasellame, come pentole e ciotole. Tutte le anfore vennero prontamente identificate come fenicie, prodotte in «una o più città portuali fenicie» e datate per il loro stile intorno al 750 a.C. Nell'articolo che pubblicarono sull'«American Journal of Archaeology» nel 2002, Ballard e Stager chiamarono in causa nelle loro analisi Elissa (Didone) e «Pumiyaton» (Pummayon [Pigmalione]), e ipotizzarono che le navi stessero navigando da Ashkelon verso l'Egitto e da lì alla nuova colonia fenicia, Cartagine.

I contatti proseguono nel IX e nell'VIII secolo a.C.

Per quanto riguarda Cipro, durante il IX secolo a.C. le sue esportazioni continuarono a raggiungere l'Egeo – dai coltelli in ferro alle perline d'oro, a un diadema –, in particolare in siti cretesi come Cnosso, Kómmos ed Eléftherna. Come dice Nota Kourou, «a metà del IX secolo le comunicazioni nel Mediterraneo erano tornate a essere costanti, e a Creta erano già attive varie reti cipriote e cipro-levantine».[77]

Kourou nota anche che, a partire dalla fine del IX secolo, le visite cipriote a Creta diventano più regolari e aumenta il volume delle importazioni cipriote. Questo, scrive, «coincide con l'inizio di costanti viaggi fenici nel Mediterraneo centrale e con la fondazione di Cartagine». Ciò spiegherebbe anche l'improvviso aumento delle importazioni fenicie a Creta, dato che l'isola si trovava sulla rotta commerciale, e potrebbero esserci state «delle reti cipro-fenicie attive a Creta nel periodo geometrico».[78]

Nel contempo, nella Grecia continentale i manufatti ciprioti diminuiscono, mentre continuano a esserci oggetti del Vicino Oriente, da ciotole di bronzo a oggetti in *faïence* a manufatti in oro e avorio. È possibile che i fenici avessero assunto il controllo delle rotte per la Grecia continentale e bloccato il commercio dei ciprioti, com'è stato suggerito, anche se la ricostruzione è dubbia, dal momento che il commercio con Creta chiaramente non si era interrotto. Comunque sia, Crielaard nota che fu solo allora, «nel IX e soprattutto nell'VIII secolo a.C., che lo scambio interregionale raggiunse [nuovamente] un livello di complessità paragonabile a quello della tarda Età del Bronzo».[79]

Come sappiamo, e com'è stato evidenziato lungo tutto *1177 a.C.*, il mio libro precedente, probabilmente la siccità ebbe un ruolo significativo nel Collasso della tarda Età del Bronzo. A metà del IX secolo, la siccità sembra esser finalmente terminata in tutte queste aree, a Cipro e nel Mediterraneo orientale, e ciò potrebbe spiegare almeno in parte la ripresa degli scambi. Al clima arido a cui le popolazioni avevano dovuto adattarsi nei secoli precedenti seguirono infine condizioni più calde e umide che sarebbero durate per il resto dell'Età del Ferro e che potrebbero aver contribuito al rinnovamento delle società. Gli scavi archeologici, per esempio, hanno rivelato che a partire dal tardo IX secolo vi furono nuovi insediamenti e reinsediamenti in aree precedentemente abbandonate di Cipro, cosa che senza dubbio riflette nuovi tipi di utilizzo e sfruttamento del terreno date le mutate condizioni climatiche.[80]

Nell'VIII secolo a Cipro riprende in modo significativo la produzione di rame. È sempre in questo periodo, se non addirittura un po' prima, che molte delle principali città dell'isola vengono fondate o rifondate o assumono una posizione preminente, magari in forma di nuove realtà sociopolitiche (come hanno suggerito alcuni), che sarebbero durate fino a tutto il IV secolo a.C. e forse oltre. Queste realtà includono i sette regni ciprioti i cui sovrani sono citati su una stele posta a Cizio dal re neo-assiro Sargon II alla fine dell'VIII secolo (intorno al 709 a.C.) e i dieci regni ciprioti nominati su un prisma d'argilla del re neo-assiro Esarhaddon verso l'inizio del VII secolo (nel 674 a.C. circa).[81]

È in questi anni che Cipro venne incorporata nell'impero neo-assiro, sebbene non ci siano prove che il suo territorio sia stato conquistato. L'isola avrebbe continuato a prosperare nel periodo romano, essendo un'importante fornitrice di rame, metallo di cui ci sarebbe stata richiesta ancora per secoli.

Sintesi

Sia i ciprioti che i fenici si dimostrarono resilienti e innovativi nei secoli successivi al Collasso della tarda Età del Bronzo. I fenici in particolare sfruttarono il sacco di Ugarit e di altre città portuali per prendere il controllo delle rotte commerciali nel Mediterraneo, diffondendo la loro versione dell'alfabeto e scambiando merci come la porpora con l'argento e altri metalli provenienti da luoghi lontani come la Sicilia, la Sardegna e l'Iberia. I ciprioti fecero altrettanto per quanto riguarda la diffusione di manufatti in ferro e della tecnologia del ferro sia a est che a ovest. Insieme, mi sento di affermare, furono le due società che uscirono meglio dal passaggio alla nuova normalità: entrambe potrebbero persino essere definite «antifragili», in grado di prosperare nel caos che seguì il Collasso. Lo stesso invece non si può dire degli ittiti dell'Anatolia centrale, come risulterà chiaro nel prossimo capitolo.

4. Il re della terra di Karkemish (Anatolia e Siria settentrionale)

Il primissimo giorno di una nuova spedizione archeologica a Karkemish, nel 2011, Nicolò Marchetti dell'Università di Bologna trovò una stele di basalto con un'iscrizione. Era stata posta in quel sito tremila anni prima, nel x secolo a.C., da un re neo-ittita, Suhi, «governante, signore della città di Karkemish».

Quel giorno Marchetti stava ispezionando da solo il sito, che si trova al confine tra la Siria e la Turchia. Era la prima volta che gli archeologi avevano il permesso ufficiale di lavorarci dopo quasi un secolo, ossia dall'ultima spedizione degli archeologi inglesi nel 1920. Da allora, il sito era stato spartito tra i due paesi alla fine della guerra di indipendenza turca: cinquantacinque ettari alla Turchia e trentacinque alla Siria.[1]

Nella parte turca era stata installata una base militare e nel 1956, quando la regione pullulava di contrabbandieri, lungo il confine erano state interrate mine anti-persona e anti-carro in una striscia larga dai trecento ai cinquecento metri (e lunga cinquecento chilometri). Per questo motivo, prima che gli archeologi potessero iniziare le loro ricerche, l'area si era dovuta mettere in sicurezza. Quando Marchetti cominciò la sua ispezione, si sentì dire che il sito era stato sminato per il 99,6 per cento. Come fece notare l'archeologo, «su 1000 ordigni, resta un rischio statistico di 4 mine ancora interrate». Ecco perché, quando la squadra cominciò finalmente a scavare, arruolò degli sminatori professionisti che ricontrollassero l'area in cui si intendeva procedere.[2]

La stele trovata quel giorno da Marchetti è alta quasi due metri. Era stata commissionata da Suhi I per commemorare la fine di una disputa tra Ura-Tarhunta, il grande re della terra di Karkemish, e la «terra Sura», oggi solitamente identificata con l'Assiria, disputa che sembra fosse avvenuta qualche tempo prima.[3] L'iscrizione dice: «Il grande re Ura-Tarhunta, grande re, eroe, re della terra di Karkemish, figlio di Sapaziti, grande re, l'eroe. Per lui una disputa sorse con la terra Sura, e lui contrappose l'esercito. Al re Ura-Tarhunta il potente dio-tempesta e Kubaba [diedero] una protezione potente e posero su di lui il braccio destro, e lui stesso risolse la disputa. E Suhi, caro parente di re Ura-Tarhunta, governante, signore del paese della città di Karkemish, eresse questa stele».[4]

Oggi questo reperto è considerato la prima iscrizione dell'Età del Ferro trovata nel sito di Karkemish. È interessante notare che si tratta quasi della copia esatta di un'altra iscrizione scoperta molto tempo prima dagli archeologi britannici nello stesso sito, che però sembra fosse stata posta da uno dei figli di Suhi I.[5] Ma andiamo con ordine. Sapevamo di due re precedenti di Karkemish, vale a dire Kuzi-Tešub e Ini-Tešu, che regnarono nel XII secolo. Adesso siamo a conoscenza anche di questi altri due sovrani, Sapaziti e suo figlio Ura-Tarhunta, che governarono il territorio di Karkemish alla fine dell'XI secolo a.C. Tutti loro portavano il titolo di «grande re». Purtroppo, siccome non conosciamo con esattezza le date di Ura-Tarhunta, non siamo in grado di dire quale re assiro fosse al potere all'epoca della disputa citata sulla stele. Molto probabilmente si trattava di Aššurnasirpal I, che governò dal 1049 al 1031 a.C., o di Salmanassar II, che regnò dal 1030 al 1019 a.C, ma sono solo ipotesi.

L'iscrizione però ci fornisce anche il nome di Suhi, che sostiene di essere un parente di Ura-Tarhunta. Sembra che il regno di Suhi ebbe inizio intorno al 1000 a.C. – sappiamo da questa e altre iscrizioni che fondò una dinastia di sovrani che si definivano non «grandi re» ma «governanti, signori del paese della città di Karkemish». Questi governanti includevano il figlio di Suhi, Astuwalamanza, il nipote Suhi II e il pronipote Katuwa, e un pro-pronipote chiamato Suhi III (che salì al trono intorno al 900 a.C.).[6]

È tuttora argomento di dibattito tra gli studiosi che ruolo avessero i due diversi tipi di governanti, i «grandi re» e i «signori del paese». Dal momento che il titolo completo usato da Sapatizi e Ura-Tarhunta, così come dai loro successori, sembra essere «grande re, re della terra di Karkemish», può darsi che regnassero sull'intera area controllata da Karkemish, mentre Suhi e i suoi discendenti sarebbero stati semplicemente i governanti della città. È la posizione solitamente condivisa dagli studiosi, ossia che almeno per un breve periodo le due dinastie avessero governato contemporaneamente, e Suhi dice infatti di essere un «caro parente» di Ura-Tarhunta. Invece secondo Alessandra Gilibert, docente all'Università Ca' Foscari di Venezia, Suhi I potrebbe essere un usurpatore che si era impadronito del trono di Karkemish, e lui e i suoi successori avrebbero governato sull'intera area, seppure con un titolo differente. È senz'altro possibile, perché dopo il x secolo a.C. vediamo poche sovrapposizioni, se non nessuna, in termini di date di governo, tra i grandi re e i signori del paese di Karkemish. A complicare ulteriormente le cose però i governanti della vicina città di Malatya, che sostenevano di discendere da Kuzi-Tešub, «il grande re di Karkemish» del 1200 a.C., si definivano anch'essi «signori del paese» nei loro titoli.[7] In poche parole, continua a non essere chiaro quale fosse esattamente la relazione tra questi gruppi di governanti.

Ittiti e neo-ittiti

Abbiamo introdotto questo argomento, di Karkemish e dei governanti neo-ittiti, in *medias res*, perciò torniamo un attimo indietro e mettiamo le cose nel loro contesto. Nelle iscrizioni neo-assire in cui Tiglatpileser I menziona Biblo, Sidone e Arwad e i doni ricevuti dal faraone egiziano di cui abbiamo parlato nel capitolo 2, il sovrano dice anche di essere diventato «signore di tutta la terra [di] Hatti» e in particolare di aver ricevuto ostaggi, una tassa, un tributo e legno di cedro da Ini-Tešub (o Ini-Teššub), «re della terra Hatti».[8] Queste precisazioni ci sono estremamente utili, perché abbiamo appena incontrato Ini-Tešub, che da altri reperti scritti sappiamo regnò a Karkemish alla fine del xii secolo a.C. (a differenza di un precedente sovrano ittita con lo stesso nome che invece regnò in Anatolia nella tarda Età del Bronzo). Possiamo quindi mettere in relazione i regni di questi due monarchi dell'Età del Ferro, Tiglatpileser I dell'Assiria e Ini-Tešub di Karkemish, e avere la discreta certezza che l'episodio in questione sia avvenuto tra la fine del xii secolo e l'inizio dell'xi secolo, intorno al 1100 a.C.[9] Per la prima volta, in un testo dell'epoca troviamo gli Stati siro-anatolici che erano succeduti a quelli ittiti dell'Età del Bronzo, e vediamo gli eredi degli imperi dell'Età del Bronzo entrare in contatto e in conflitto.

Si noti che Tiglatpileser chiama Ini-Tešub «re della terra Hatti», nonostante l'impero ittita in Anatolia fosse crollato e quasi completamente scomparso dopo il 1200 a.C. La capitale Hattuša venne prima abbandonata e poi parzialmente distrutta, e nell'Età del Ferro su una zona della città originale sorse un piccolo villaggio. La situazione è stata riassunta di recente da Lorenzo d'Alfonso e dai suoi colleghi della New York University: «Ci fu una trasformazione profonda in quello che prima era il cuore dell'impero, attorno alla capitale Hattuša, che portò a una drastica riduzione della complessità politica, a un cambio dell'economia domestica di sussistenza e a una mancanza di prove che attestino l'esistenza di istituzioni pubbliche». Inoltre James Osborne, docente dell'Università di Chicago, cita studi recenti secondo cui potrebbe esserci stato «un calo degli insediamenti di circa il 90 per cento» nell'Anatolia centro-meridionale e dice che «malgrado le evidenze che attestano, in alcuni luoghi, una certa continuità [...], il quadro generale è quello di una marcata riduzione della complessità sociale fino al IX secolo».[10]

In altre parti dell'Anatolia invece la vita andò avanti, come nell'entroterra, dove per gli agricoltori e gli abitanti dei villaggi le cose non cambiarono più di tanto, a parte forse nel fatto di allevare più capre e bovini che pecore – come documentato da Sarah Adcock nella sua tesi di dottorato all'Università di Chicago – e di subire il cambiamento climatico, che si ripercosse sulla popolazione di tutta l'area.[11] (Viceversa, per quanto riguarda la Grecia continentale, recenti ricerche hanno mostrato che il presunto aumento di bovini a Nichoria, nella Messenia, va oggi riconsiderato, perché i reperti della prima Età del Ferro suggeriscono che, perlomeno per l'allevamento, la situazione nella regione rimase sostanzialmente la stessa nella tarda Età del Bronzo e nella prima Età del Ferro.)[12]

Inoltre, grazie alla nuova datazione di reperti già noti, abbiamo la prova che il sito di Gordio, nell'Anatolia centrale, fu abitato a partire dal XII secolo a.C. e che vi fu una riorganizzazione dell'economia locale nonostante l'influenza ittita sull'area fosse ormai terminata. Ciò è di grande interesse, in particolare perché ci sono ora nuove prove – basate sulla dendrocronologia e sull'analisi isotopica del legno di ginepro usato nel sito – che l'area attraversò periodi secchi alla fine della tarda Età del Bronzo, compresa una siccità che durò tre anni, dal 1198 al 1196 a.C.[13]

Diventata poi famosa come la città del ricchissimo Mida (il re della mitologia greca) e del nodo gordiano tagliato da Alessandro Magno, a metà del IX secolo a.C., Gordio era l'importante capitale della Frigia. I frigi, che forse erano immigrati in quest'area da altre regioni, sembra fossero conosciuti dagli assiri come abitanti del regno di Mushki, sebbene gli studiosi stiano ancora dibattendo al riguardo. Tiglatpileser I sostiene di averli combattuti e sconfitti in almeno una battaglia, dopodiché non attirarono più seriamente l'attenzione degli assiri fino all'VIII secolo a.C.[14]

L'area è tornata alla ribalta solo in tempi recenti, per via di una scoperta fatta nel 2019 nella provincia di Konya, in Turchia, vicino al sito di Türkmen-Karahöyük. L'Iscrizione di Hartapu, come viene chiamata informalmente, è stata segnalata da un agricoltore locale a una squadra di archeologi che stavano svolgendo indagini nella zona. Scritta in geroglifico luvio e incisa nella dura pietra, era stata commissionata da un re locale chiamato Hartapu, che sosteneva di aver conquistato la Frigia nell'VIII secolo a.C. Comincia così: «Quando il grande re Hartapu, eroe, figlio di Mursili, conquistò il paese di Mushka [...] il dio celeste della tempesta (e) tutti gli dèi consegnarono i tredici re (del paese) a sua maestà, il grande re Hartapu. In un solo anno, egli pose i tredici re, le loro armi [= truppe?] e animali selvatici sotto (l'autorità di) dieci fortezze dalle solide mura».[15]

Anche Troia, sulla costa occidentale della Turchia, città che gli archeologi in precedenza pensavano fosse rimasta abbandonata per quattrocento anni dopo il Collasso, continuò a essere abitata con una certa continuità, soprattutto nel XII e nell'XI secolo a.C. Inoltre, si è sempre discusso molto di una possibile immigrazione dalla Tracia o dai Balcani subito dopo la distruzione di Troia VIIa. In ogni caso, le rovine che vennero occupate non sono minimamente paragonabili all'opulenta città che era stata nell'Età del Bronzo.[16]

Insomma, nonostante il crollo dell'impero ittita, sappiamo che ci furono dei sopravvissuti e che la vita andò avanti, soprattutto nell'entroterra, ma il governo centrale e la relativa burocrazia e amministrazione quasi scomparvero, lasciando le diverse aree a se stesse. Tra queste c'erano piccoli «Stati superstiti», soprattutto in quella che è oggi la Siria. Qui rami della famiglia reale, discesi dal sovrano ittita Šuppiluliuma I, sopravvissero e governarono a Karkemish e Aleppo nel XII secolo e oltre, come abbiamo appena visto. Gli archeologi hanno chiamato queste realtà «Stati neo-ittiti» (o siro-ittiti), perché è a questa zona che Tiglatpileser e i neo-assiri si riferiscono con la «terra di Hatti», e non all'altipiano centrale dell'Anatolia dove l'impero ittita aveva un tempo la sua base. E naturalmente non sono solo i neo-assiri a chiamare così queste piccole città-stato e la loro cultura: molto probabilmente si tratta degli stessi «ittiti» citati nella Bibbia ebraica, dato che gli ittiti originali erano ormai scomparsi da tempo quando vennero scritte le prime versioni del testo religioso.[17]

Nel complesso, i neo-ittiti fondarono (o continuarono a occupare) ben quindici città-stato nella regione di quelle che sono oggi la Siria e la Turchia sudorientale durante l'Età del Ferro, dal XII all'VIII secolo a.C. È la stessa area colpita dallo spaventoso terremoto del febbraio del 2023, che ha fatto quasi sessantamila vittime e devastato la regione. La città di Karkemish che sfidò Tiglatpileser I era una delle più importanti della zona. Le vestigia del sito furono analizzate e scavate per la prima volta all'inizio del Novecento da diversi archeologi, incluso T.E. Lawrence (reso poi immortale da Hollywood come «Lawrence d'Arabia») e dal 2011 sono nuovamente oggetto di scavi, questa volta da parte di una squadra congiunta di archeologi turchi e italiani.

Se torniamo ancora un po' indietro nel tempo, i lettori più attenti e affezionati ricorderanno che Karkemish era stata citata da Ramses III nell'iscrizione del suo ottavo anno di regno (1177 a.C.) come uno dei luoghi che i Popoli del Mare avevano invaso («Nessun paese era in grado di resistere di fronte alle loro armi, da Khatti, Qode, Karkemish, Arzawa e Alashiya...»). Tuttavia, forse curiosamente, non vi sono evidenze archeologiche che indichino che la città venne distrutta in quel periodo. Può darsi che Ramses si riferisse più in generale alla regione intorno a Karkemish e non alla città in sé, una zona che in effetti continuò a essere contesa fino alla fine dell'VIII secolo a.C. Nel 1920 sir Leonard Woolley scriveva: «[...] salite sulla grande collina dell'acropoli, e capirete subito perché Karkemish era da tempo immemorabile una fortezza in una terra tormentata».[18]

Ogni anno apprendiamo qualcosa di nuovo su questi piccoli regni neo-ittiti (o siro-ittiti e siro-anatolici). In larga parte ciò è dovuto ai nuovi scavi e ai ritrovamenti fatti dai ricercatori, compresa la squadra turco-italiana a Karkemish e una squadra statunitense-tedesca a Zincirli (l'antica Sam'al), ma anche ai progressi nella comprensione del geroglifico luvio. Il luvio era una delle lingue parlate in Anatolia durante e dopo l'Età del Bronzo, e inoltre veniva usato dagli ittiti come sistema di scrittura pittografica per le iscrizioni reali incise sui monumenti in pietra. In seguito fu utilizzato anche dai neo-ittiti per le stele e i monumenti delle loro città. Ecco perché siamo in grado di individuare le dinastie e la genealogia dei governanti di molte di queste città e regni dell'Età del Ferro.[19] Tanto per fare un esempio, nel 1911 i primi archeologi britannici giunti a Karkemish scrissero di aver trovato nel sito rilievi e iscrizioni. «Sul lungo muro inferiore sembra sia stata scolpita una serie di grandi rilievi che davano sull'esterno, sulla corte pavimentata», riferiva D.G. Hogarth, direttore della spedizione. «Li abbiamo trovati a terra, nella corte, in numero di tredici in tutto. Sei di essi rappresentano carri da guerra in azione; due, guerrieri a piedi; quattro, mostruose figure ultraterrene; e uno, più o meno a metà della serie, reca una lunga iscrizione in caratteri in rilievo, sotto la quale vi sono tre teste barbute e sedici mani mozzate. Dato che queste lastre in origine davano verso l'esterno, costituivano il rivestimento di un monumentale accesso alla scalinata e conducevano a una serie che adornava il lato nord della scalinata stessa».[20]

Oggi sappiamo che nel 1340 a.C. circa Šuppiluliuma I aveva nominato viceré della città uno dei suoi figli, Piyaššili (che assunse il nome di Sharri-Kušuh). I discendenti di Piyaššili, tra cui Kuzi-Tešub e Ini-Tešub, continuarono a governare la città, il territorio circostante e i villaggi vicini (vale a dire la città-stato nel suo complesso) per circa cinque generazioni, finché non furono sconfitti dall'impero neo-assiro di Sargon II nel 717 a.C. Alcuni successori assunsero persino il titolo di «re degli ittiti» dopo che l'impero ittita era crollato e alcune sue parti si erano separate, e diedero vita a propri piccoli Stati neo-ittiti. Sappiamo anche che, più o meno nello stesso periodo (1340 a.C. circa), Šuppiluliuma I aveva messo un altro suo figlio, Telepinu, a governare la città e il regno di Aleppo, che non era così lontano. Anche quella dinastia sopravvisse dopo la caduta dell'impero ittita vero e proprio.[21]

Le azioni di Tiglatpileser prefigurano quel che sarebbe accaduto ripetutamente nei secoli successivi, in particolare le aggressioni assire ai piccoli regni e alle città-stato dell'Età del Ferro che presero il posto degli imperi dell'Età del Bronzo nel Vicino Oriente antico. Alcuni vennero fondati già alla fine del XII secolo a.C., mentre altri comparvero solo nell'XI, X o IX secolo a.C. Si tratta di realtà politiche e di etnie diverse, alcune le abbiamo già incontrate e altre le incontreremo presto: città-stato siro-anatoliche o siro-ittite come Karkemish, Aleppo, Sam'al (l'attuale Zincirli) e Til Barsip in quella che è oggi la Siria settentrionale e il confine con la Turchia; e altre, come Que, che si trovavano nella Cilicia (l'attuale Turchia sudorientale); città-stato aramee come Damasco e Hamath in Siria; le enclavi fenicie di Tiro, Biblo, Sidone, Arwad e Beirut sulla costa dell'odierno Libano; le città filistee e i regni di Israele e di Giuda in quello è che oggi Israele e nella West Bank; e altri piccoli regni come Ammon, Edom e Moab nell'odierna Giordania.[22] Naturalmente, in tutte queste città e regni probabilmente avremmo trovato non una sola etnia, ma una popolazione variegata, proprio come ci aspetteremmo di trovare oggi nelle città della regione.

È una situazione non del tutto diversa da quella della tarda Età del Bronzo, quando nel Levante le piccole realtà cananee erano guidate da un governatore (o piccolo re) e dovevano fedeltà o agli egiziani o agli ittiti. Ma ora, con il crollo delle potenze regionali alla fine dell'Età del Bronzo, queste città-stato perlomeno godevano di un po' più di indipendenza rispetto a prima. In seguito gli assiri avrebbero approfittato di questo vuoto di potere e creato un loro impero, ma questo sarebbe avvenuto solo nel IX secolo, come abbiamo visto.

I neo-ittiti a Tayinat e Karkemish

Gli abitanti superstiti della Siria settentrionale dimostrarono vari gradi di resilienza tra la fine del XII e l'inizio dell'XI secolo a.C. Fu un periodo di transizione per tutti: alcuni si trasformarono, altri si adattarono, altri ancora se la cavarono alla bell'e meglio. Come ha scritto Hélène Sader dell'American University di Beirut, «la transizione dalla tarda Età del Bronzo all'Età del Ferro fu diversa da un posto all'altro». In certi luoghi fu una transizione morbida, senza interruzioni. In altri ci fu una chiara cesura, come a capo Ras Ibn Hani, il porto di Ugarit, che fu rioccupato dopo essere stato devastato da invasori durante il Collasso, per non parlare di Ugarit stessa, naturalmente. Come nota Sader, però, «la maggior parte dei luoghi venne quasi subito rioccupata, e presto riprese l'attività agricola, industriale e commerciale».[23]

Karkemish invece non andò distrutta ma subì una contrazione di qualche tipo, per cui un regno vicino, con capitale Tell Tayinat, colse l'opportunità per sbocciare e prosperare.[24] Sappiamo di questo nuovo regno dell'Età del Ferro grazie agli scavi nel sito, ma anche grazie ad alcuni interessanti sviluppi nella comprensione del geroglifico luvio.

I progressi nella decifrazione del sistema di scrittura si sono tradotti in una lettura aggiornata del nome del nuovo regno che si trovava nella Valle di Amuq, sempre al confine tra la Turchia e la Siria moderne. Attivo soprattutto a partire dall'XI secolo a.C., e probabilmente con un territorio che comprendeva Aleppo e Hamath (a sud), in precedenza il regno era stato identificato come «la terra di Padastin» (o di «Padasatini», «Wadastin» e altre varianti). J.D. Hawkins della Facoltà di Studi orientali e africani dell'Università di Londra e altri studiosi hanno però fornito delle prove in base alle quali è molto più verosimile che la grafia e la lettura corrette siano «Palistin» (che compare come «Walistin» in alcune iscrizioni) e che il regno probabilmente fosse noto come la «terra di Palistin». Questa nuova lettura fa pensare, naturalmente, sia alla fama dei filistei quali Popoli del Mare che al nome moderno della Palestina, e negli ultimi anni ha suscitato discussioni d'ogni genere tra gli archeologi – alcuni peraltro non del tutto convinti della tesi.[25]

La sua capitale era anch'essa conosciuta con nomi dalle grafie diverse – Kunulua, Kumulua, Kinalua e Kinaliya – e si tratta, come abbiamo visto, del sito oggi noto come Tell Tayinat. I primi scavi risalgono al 1935-38 e furono effettuati dall'Università di Chicago, mentre i più recenti sono condotti dal 2004 dall'Università di Toronto sotto la direzione di Tim Harrison.

Tayinat, situata su un'ansa del fiume Oronte, subito a nordest di Ugarit e più internamente rispetto alla costa siriana, sembra essere stata una realtà alquanto complessa. Lo studio della sua cultura materiale si è concentrato sulla natura non locale (cioè egea) della terracotta e sulla possibilità che migranti stranieri si fossero stabiliti nel luogo durante e subito dopo il Collasso dell'Età del Bronzo. Le iscrizioni trovate nel sito «hanno [invece] evidenziato la continuità politica della regione, dal periodo del controllo imperiale ittita della tarda Età del Bronzo agli Stati superstiti dell'Età del Ferro». Come affermato dai responsabili degli scavi, «esistono prove convincenti sia di continuità che di cambiamento» nel sito, il che è per noi di straordinario interesse.[26] I ricercatori dicono inoltre che in quel periodo Tayinat era in contatto sia economicamente che culturalmente con società e individui di molti luoghi diversi, come l'Anatolia, la Siria interna, il Levante e l'Egeo. Dunque Tayinat non era affatto isolata, bensì «alla confluenza di molte sfere culturali». Anzi, proseguono, «la varietà di legami culturali osservata a Tayinat negli strati della prima Età del Ferro riflette chiaramente una realtà culturale considerevolmente più complessa e più ambigua di quanto fosse stato riconosciuto in precedenza».[27]

Oggi sappiamo da varie iscrizioni scoperte in siti come Aleppo, Arsuz, Ain Dara e altri luoghi, tra cui Tayinat stessa, che uno dei primi re della «terra di Palistin» era un uomo chiamato Taita I, che governò nell'XI secolo a.C. Diverse di queste iscrizioni sono state scoperte nelle stagioni di scavo del 2003-05 nel tempio del dio della Tempesta ad Aleppo. Una comincia così: «Io (sono) re Taita, l'eroe, il re della [terra di] Palistin». Una seconda iscrizione frammentaria contiene il suo nome e cita sia Karkemish che l'Egitto, ma il contesto è incompleto in entrambe le righe.

A Taita I succedettero, all'inizio del X secolo, Taita II e sua moglie Kupapiya, quindi Manana (la cui datazione è stata recentemente corretta e anticipata rispetto al IX secolo) e poi Šuppiluliuma (che assunse il nome di un precedente re ittita) più avanti nello stesso secolo. Tra l'inizio e la metà del IX secolo a.C. il nome del regno si contrasse e diventò Patin(a) invece di Palistin – sebbene a volte venisse chiamato Unqi dai neo-assiri, come abbiamo visto – e fu governato da re come Halparuntiya e Šuppiluliuma II; quest'ultimo probabilmente è il Sapalulme che compare nelle iscrizioni (858 a.C.) del re assiro Salmanassar.[28]

Karkemish sembra tornare in auge nel X secolo a.C., in un periodo di rinascita per la città e il territorio circostante. Risale a quegli anni, per esempio, la «Porta dell'Acqua» («Water Gate») costruita dal lato della città affacciato sul fiume Eufrate, che era decorata di ortostati (lastre di pietra verticali usate per rivestire mura o ambulacri) scolpiti e risalenti alla fine dell'XI o all'inizio del X secolo a.C. Durante gli scavi del 1920, sir Leonard Woolley la descrisse in modo alquanto poetico:

> Una strada in discesa inframezzata di gradini conduceva al molo tra file di sculture. Sull'angolo dell'argine c'era un leone, poi tori e di nuovo leoni, e un gruppo di guardiani demoniaci adatti a una porta monumentale – un amuleto architettonico, per così dire, che tenesse fuori gli spiriti malvagi; c'era la scena di un sacrificio, un toro e una capra portati al macello, e un sacerdote o un re seduto che versa libagioni agli dèi. Gli stipiti esterni erano formati da enormi leoni di basalto scolpiti a tutto tondo, che misuravano più di tre metri e mezzo

dalla testa alla coda, con una lunga iscrizione incisa sui lati. Oggi la porta è una rovina malconcia, che si distingue a stento dagli edifici all'interno della città; ma oltre a permetterci di immaginare come fosse in tempi più felici, ha un'importanza storica che manca a rovine meglio conservate.[29]

Lì vicino si trova anche il «lungo muro di sculture», che molto probabilmente risale alla fine del X secolo a.C. e che presenta una «serie impressionante di grandi lastre di pietra decorate con scene militari e con una processione di divinità», come ha scritto Marchetti. Era il «lungo muro inferiore» con «la serie di grandi rilievi» di cui aveva scritto Hogarth nel 1911 e che abbiamo citato prima.[30]

Dunque oggi sappiamo che a quel punto del X secolo a.C. la vita a Karkemish presentava nuovamente tutti i segni tipici di una società complessa – edifici e sculture monumentali, iscrizioni, governanti titolati, occupazioni specializzate come quella di sacerdote, il culto di divinità all'interno di specifici edifici e templi, e un territorio che aveva un governo e che presumibilmente forniva prodotti agricoli e altri beni per il sostentamento degli abitanti della regione e dell'élite che li governava. Sebbene Karkemish fosse una realtà politica molto più piccola dell'impero ittita, che, si potrebbe dire, l'aveva fatta nascere, è chiaro che la città tornò a essere una protagonista nel mondo del Vicino Oriente antico, e lo sarebbe rimasta fino al 717 a.C., quando venne distrutta dai neo-assiri.

Oggi sappiamo anche che la regione di Karkemish era tra quelle che nel IX secolo a.C. pagavano un tributo a Aššurnasirpal e ai neo-assiri, perché un certo «Sangara, re della terra Hatti» è citato in relazione alla terra di Karkemish in un'iscrizione dell'870 a.C. circa. Il re Sangara, che probabilmente governò dall'875 all'848 a.C. circa, è anche citato due volte sulle fasce bronzee che decoravano le porte del palazzo di Aššurnasirpal a Balawat e che furono rinvenute da Rassam: una scena contiene la didascalia «razzia di Sangara, un uomo di Hatti», mentre l'altra, che raffigura l'assalto a una città, dice: «La città Ulluba di Sa[n]gara, [re del]la terra Hatti, io ho conquistato». Un'ulteriore fascia, scoperta da Mallowan e proveniente dal tempio di Mamu, anch'esso costruito da Aššurnasirpal a Balawat, mostra il tributo offerto dal re di Karkemish, ma purtroppo il suo nome è illeggibile; presumibilmente si tratta sempre di Sangara.[31] Lo stesso re è citato anche in seguito, da Salmanassar III, come vedremo.

Dalla precisione dell'iscrizione di Aššurnasirpal dell'870 a.C. e dalla ricchezza del tributo consegnato, è chiaro che Karkemish all'epoca non era una città impoverita né, tantomeno, isolata.[32] L'iscrizione dice:

Ho attraversato l'Eufrate, che era in piena, su zattere (fatte di) pelli di capra (gonfiate d'aria e) sono arrivato alla terra di Karkemish. Ho ricevuto un tributo da Sangara, re della terra Hatti, 20 talenti d'argento, un anello d'oro, un braccialetto d'oro, pugnali d'oro, 100 talenti di bronzo, 250 talenti di ferro, (calderoni di) bronzo, secchi di bronzo, vasche da bagno di bronzo, un forno di bronzo, molti ornamenti del suo palazzo il cui peso non poté essere determinato, letti di bosso, troni di bosso, piatti di bosso con decorazioni in avorio, 200 giovanette, indumenti di lino multicolori, lana porpora, lana rosso-porpora, alabastro *gišnugallu*, zanne d'elefante, un carro d'oro (lucido), un divano d'oro con decorazioni – (oggetti) consoni alla sua regalità. Ho portato con me i carri, la cavalleria (e) la fanteria della città di Karkemish.[33]

La terra di Urartu

Aššurnasirpal dice anche di essersi spinto con il suo esercito più a nord, e di aver conquistato «la terra Urartu». I suoi uomini si avventurarono fino in Anatolia, dove incontrarono le forze di Arame, il re urarteo che aveva cominciato a governare verso la fine del regno di Aššurnasirpal.[34] È possibile che ci fossero già state delle interazioni con questa regione nel XIII secolo a.C., all'epoca di Salmanassar I, il quale secondo i testi assiri aveva conquistato una terra chiamata Uruatri, che potrebbe o no essere Urartu.[35] Per quanto riguarda gli urartei che incontrò Aššurnasirpal II, si trattava però sostanzialmente di una nuova potenza, che esistette solo nell'Età del Ferro.

Gli urartei divennero quasi immediatamente i destinatari dell'animosità assira. Le loro città si trovavano a nord dell'Assiria, nella stessa regione dove un tempo c'erano le province più orientali dell'impero ittita. Dalla zona del lago di Van, gli urartei si diffusero in quelli che oggi sono territori della Turchia orientale: l'Armenia, l'Azerbaijan e l'Iran nordoccidentale. Le relazioni tra gli assiri e gli urartei furono quasi sempre ostili: pare che fin dal loro primo incontro si ritrovarono in un perpetuo stato di guerra.

Furono gli assiri a chiamare questo regno «Urartu» (da cui, tra l'altro, deriva il nome del monte Ararat), mentre gli urartei chiamavano il loro regno «Bianili». Gli urartei, in seguito, diventarono famosi per la lavorazione dei metalli e gli studiosi spesso attribuiscono loro la creazione di grandi calderoni col bordo ornato da teste di tori, leoni e grifoni (dette «protome»), e di scudi incisi e lavorati a sbalzo e decorati con figure di animali. Questi manufatti arrivarono, o furono imitati, nella Siria settentrionale e raggiunsero addirittura Creta, la Grecia continentale e persino l'Italia, soprattutto tra l'VIII e il VII secolo a.C.[36]

Anche re assiri precedenti, come Tukulti-Ninurta I, Tiglatpileser I, e Aššur-bel-kala, raccontarono di aver condotto delle campagne militari in una regione situata sul lago di Van che chiamavano «Nairi». Sebbene si continui a discutere se questa regione sia la stessa di Urartu, nel IX secolo a.C. gli urartei talvolta chiamavano il loro regno con questo nome (Naiuri), e sembra che nell'VIII secolo a.C. fosse ormai stato assimilato da Urartu.[37]

Dopo essere salito al trono nell'858 a.C., Salmanassar III proseguì l'assalto assiro a questo regno del nord. Le sue iscrizioni registrano ben quattro campagne militari contro gli urartei e/o nel territorio urarteo. La prima risale al primo anno di regno quando, racconta, arrivò a Sugunia, che era il nome della «città fortificata di Arame [o Aramu], l'urarteo». La assediò, la conquistò, massacrò molti dei suoi abitanti e poi «eresse una torre di teste davanti alla città» prima di dare alle fiamme altre quattordici città della zona.[38]

Questa prima campagna è descritta anche nei registri inferiore e superiore della Fascia I delle porte di Balawat e in un'iscrizione più lunga incisa in altri due punti, vale a dire sulle coperture bronzee poste sui bordi delle due ante, che si univano quando la porta veniva chiusa. L'iscrizione del registro inferiore sulla Fascia I dice: «Ho preso Sugunia, la città di Arame di Urartu». Mentre l'iscrizione più breve nel registro superiore spiega: «Ho eretto un'immagine sulla riva del mare di Nairi». Analogamente, l'iscrizione più lunga sui bordi della porta dice: «Dopo essere passato accanto al mare ho creato un'immagine colossale della mia signoria (e) (l') ho posta dove (c'è) l'immagine di Anum-hirbe. [...] Ho creato un'immagine colossale della mia signoria (e) su di essa ho scritto le lodi [di Assura, il grande signore, il mio signore e le gesta potenti che] ho compiuto [accanto] al mare. (L')ho eretta sulla riva del mare».[39]

Questa descrizione ricorda molto da vicino il racconto che Salmanassar aveva fatto incidere su una stele: si tratta della seconda delle due iscrizioni che l'archeologo britannico John Taylor scoprì a Kurkh nel 1861 e che due anni dopo donò al British Museum, come abbiamo visto nel capitolo 2. Su quel monumento, Salmanassar aveva citato gli stessi dettagli appena menzionati, compresa la catasta di teste e la distruzione delle quattordici città, e affermava di aver marciato fino al mare di Nairi. Specificava inoltre, nel caso non fosse ancora chiaro, che l'opera era realizzata «a sua immagine».[40]

Come illustrano le figure scolpite sul registro superiore della Fascia 1 di Balawat, quella che Salmanassar aveva fatto erigere sulle rive del lago non era una statua, come si potrebbe pensare, ma la sua immagine di profilo (a figura intera, rivolta verso destra) scolpita nella roccia viva, proprio come le teste dei quattro presidenti americani sul monte Rushmore, nel South Dakota. Il re è intento a offrire una libagione – sta versando un qualche liquido per terra – ed è accompagnato da musici e sacerdoti, e da vari animali da sacrificare agli dèi. Sono raffigurate anche le truppe che scortavano il re, compresi i carri, la cavalleria e la fanteria.[41]

A quanto pare, Salmanassar aveva l'abitudine di commissionare simili memoriali autocelebrativi mentre era in guerra. Durante la stessa campagna, infatti, dice di aver posto una «statua colossale [...] alle sorgenti del fiume Saluara, ai piedi dei monti Amanus». Fece scolpire anche un'altra «immagine della mia signoria che stabilisce la mia fama per l'eternità», che pose sulla riva del Mediterraneo dopo aver sconfitto i «re della costa» nella regione di Amurru e nel regno di Patin. C'erano almeno altre due immagini di questo tipo che fece collocare in altri luoghi, compresa una sul monte Eritia dopo aver conquistato un'altra città appartenente a Arame l'urarteo, e una sulla riva del mare di Nairi.[42]

Sei anni dopo, durante una campagna condotta nel suo settimo anno di regno, Salmanassar lo fece ancora: «Ho marciato fino alle sorgenti del Tigri, dove sgorga l'acqua. Lì ho lavato l'arma di Aššur, offerto sacrifici agli dèi e organizzato un festoso banchetto. Ho creato la mia colossale statua reale e scritto su di essa le lodi ad Aššur, il mio signore, e tutte le gesta eroiche che ho compiuto in quelle terre. L'ho posta lì». E otto anni dopo, commissionò l'ennesima statua: «Nel mio quindicesimo anno ho marciato fino alla terra di Nairi. Ho creato nelle sorgenti del Tigri, dove sgorga l'acqua, la mia statua reale».[43]

Incredibilmente, queste due statue sono state entrambe ritrovate e sono note ormai da tempo. Anche in questo caso, non si tratta di statue vere e proprie, come le iscrizioni potrebbero indurci a credere, ma di bassorilievi scolpiti su una parete di roccia e corredati da iscrizioni. Si trovano nella «galleria del Tigri», una delle tre grotte nei pressi delle sorgenti del fiume, a nord dell'odierna città turca di Lice, non lontano da un analogo bassorilievo fatto scolpire da Tiglatpileser I durante una precedente campagna nella regione. Taylor fu tra i primi esploratori occidentali a visitare la grotta: era il 1862 – come abbiamo visto, l'anno prima aveva scoperto le due iscrizioni di Kurkh – e non molto tempo dopo pubblicò sul «Journal of the Royal Geographic Society» una descrizione e un'analisi dei bassorilievi, insieme a una traduzione preliminare di una delle iscrizioni fatta da sir Henry Rawlinson.[44]

Così come l'effigie scolpita durante la campagna militare precedente è raffigurata nel registro superiore della Fascia I di Balawat, una delle sculture successive di Salmanassar è rappresentata sulla Fascia X (registro superiore e inferiore). Le fasce di Balawat illustrano anche altre scene importanti: il registro inferiore sulla Fascia I riproduce, come abbiamo visto, l'assalto alla città di Sugunia sulla metà sinistra, e l'esito della battaglia con i prigionieri sottomessi sulla metà destra. Insieme, queste scene della Fascia I riportano in vita gli eventi della campagna militare dell'858 a.C.; proseguono, lugubri, sulla Fascia II, dove l'iscrizione recita semplicemente «La distruzione della [...] terra di Urartu», e dove sono raffigurate una o più città urartee assediate, saccheggiate e date alle fiamme – presumibilmente appartenenti alle quattordici città citate nelle altre iscrizioni. Vediamo i prigionieri e il bottino mentre vengono portati via, i raccolti di datteri distrutti e sulle mura alcuni dei difensori impalati su alti pali di legno, le teste di altri inchiodate alle torri.[45] Salmanassar non sembra dunque essere stato clemente con gli urartei che avevano opposto resistenza durante la sua prima incursione nel loro territorio.

Lo stesso vale per la campagna successiva, che è rappresentata nella Fascia VII delle porte di Balawat. Qui l'iscrizione dice solo: «La città di Arame, l'urarteo, ho conquistato». È una sintesi stringata della descrizione, ben più lunga, incisa nell'Iscrizione del Monolite, in cui il re racconta di aver ucciso 3400 soldati urartei, «facendo piovere su di essi la distruzione, come il dio della tempesta» e tingendo la montagna come lana rossa con il loro sangue, mentre nel frattempo incendiava varie città urartee. Tutto questo è raffigurato nel registro superiore della Fascia VII, con i genieri assiri che scavano gallerie sotto le mura della città e le danno fuoco mentre la cavalleria e la fanteria falciano i difensori urartei senza pietà.[46]

Salmanassar condusse anche una lunga campagna contro un re urarteo di nome «Sarduri, figlio di Lutibri» che governò dall'834 all'828 a.C. circa e che oggi chiamiamo Sarduri I. È durante il regno di Sarduri che troviamo le prime iscrizioni in urarteo. È interessante notare che sono in lingua neo-assira e scrittura cuneiforme, perché sembra siano state incise da uno scriba assiro che era stato catturato dagli urartei nel IX secolo a.C. e che era stato portato nella loro terra come prigioniero di guerra.[47]

In effetti, per la primissima iscrizione di Sarduri lo scriba non fece altro che prendere un'iscrizione assira precedente di Aššurnasirpal II e riprodurla parola per parola sul lato anteriore di due grandi blocchi di pietra, cambiando solo i nomi propri di modo che ci fosse Sarduri invece di Aššurnasirpal: «Sarduri, figlio di Lutibri, grande re, potente re, re del mondo, re di Nairi, re che non ha eguali, meraviglioso condottiero, impavido in battaglia, re che sottomette coloro che gli sono ribelli».[48]

Nell'830 a.C. Salmanassar cominciò a combattere contro Sarduri, che nel frattempo aveva preso il posto del sovrano precedente (Arame). Sarduri fondò una dinastia che avrebbe governato Urartu per due secoli, a partire da suo figlio Ishpuini, seguito dal nipote Menua, dai pronipoti Inushpua e Argishti I, dal pro-pronipote Sarduri III e così via.[49]

Il principale quartier generale di Sarduri si trovava nella fortezza di Tushpa (o Tushupa), che si ergeva in cima a un promontorio roccioso sul lago di Van e che è citata in diversi annali assiri. Molti degli insediamenti urartei erano fortezze situate in zone montuose, posizione che le rendeva difficili da espugnare. Tuttavia non erano impenetrabili e in alcune raffigurazioni, come quelle volute da Salmanassar III nella Fascia VII delle porte di Balawat, si vedono i soldati assiri bruciare le fortezze urartee abbarbicate sulle montagne.[50]

Possiamo insomma aggiungere Urartu alla lista dei nuovi regni che emersero in quei secoli, colmando il vuoto lasciato da regni e imperi più grandi, come quello ittita, che non sopravvissero al Collasso della tarda Età del Bronzo. Nel complesso, Urartu dimostrò di essere l'avversario degli assiri più degno, in grado di combatterli quasi più di chiunque altro. Si è ipotizzato che l'innovazione di Salmanassar di ricorrere alla cavalleria, che prima non era molto utilizzata dagli assiri, possa derivare dall'incontro con i cavalieri urartei. È stato anche suggerito che l'aumento della quantità di vino consumato dagli assiri a partire dall'VIII secolo a.C. sia il risultato dell'interazione con (e delle importazioni da) Urartu, all'epoca una regione famosa per la produzione vinicola, proprio com'è tuttora la vicina Armenia.[51]

Salmanassar III e il Levante settentrionale

Nell'858 a.C., durante il suo primo anno di regno, oltre a guidare la campagna militare contro Urartu, Salmanassar racconta di aver combattuto nella regione della Siria settentrionale contro diversi re neo-ittiti, tra cui Sangara di Karkemish e un altro che chiama «Sapalulme, il patineo». Abbiamo citato questi due re qualche pagina fa; il secondo probabilmente è Šuppiluliuma II, che regnò a metà del IX secolo a.C., dopo i più famosi Taita I e II, nella terra di Palistin, a quel punto abbreviata in Patin(a). Gli scavi effettuati nel 2012 nel sito di Tayinat – identificata come la capitale Kunulua – dalla squadra dell'Università di Toronto, hanno portato alla luce la testa e il busto di una statua di questo sovrano, in origine alta forse 3,5-4 metri. Sul grande frammento c'è un'iscrizione incompleta, che non è ancora stata pubblicata ma che pare includa il nome del re.[52]

Salmanassar cita la sua campagna contro Sangara di Karkemish sulla Fascia VI delle porte di Balawat. L'iscrizione dice semplicemente «Il tributo di Sangara di Karkemish», che è illustrato in due scene nel registro superiore e inferiore. In quello superiore vediamo Salmanassar in piedi davanti alla sua tenda (o padiglione reale) mentre riceve una legazione mandata da Sangara e incaricata di portare il tributo, che include zanne d'avorio e pesanti calderoni di bronzo. Potrebbe essere raffigurata anche la città di Karkemish, in lontananza, di là dall'Eufrate. Nel registro inferiore vediamo l'accampamento fortificato degli assiri sulla riva del fiume e Sangara che presenta a Salmanassar la sua giovane figlia, con i servi che portano la sua dote; è chiaro che la fanciulla faccia parte del tributo offerto da Sangara.[53] Sembra fosse un'usanza per nulla insolita, perché nell'Iscrizione del Monolite Salmanassar dice di aver ricevuto figlie e doti da vari altri re nemici nel corso del suo regno.

Sappiamo che uno degli altri sovrani siro-ittiti alleatosi nell'858 con Sangara contro Salmanassar III era un uomo chiamato Hayya, che regnò intorno all'870/860-840 a.C. a Sam'al (l'odierna Zincirli). Hayya è citato per nome negli annali di Salmanassar agli anni 858, 857 e 853 a.C., dove viene chiamato «Hayyanu» (o «Haiianu»), e definito «il sam'alita». Dopo il conflitto dell'858, Salmanassar dice: «Gli ho portato via molti carri e cavalli da giogo. Ho eretto colonne di teschi davanti alla sua città, distrutto, demolito e raso al suolo le sue città». Dopo quella sconfitta, Hayya si sottomise ufficialmente a Salmanassar, ribadendo la sua fedeltà al re assiro negli anni seguenti.[54]

Anche i suoi successori sembrano aver giurato fedeltà all'Assiria, compreso suo figlio Sha'il (che forse funse da co-governante per un decennio) e un altro figlio chiamato Kulamuwa (a volte scritto Kilamuwa), che salì al trono intorno all'840 a.C. e regnò per trent'anni. Kulamuwa ci ha lasciato un ortostata di basalto su cui sono incise una sua rappresentazione e un'iscrizione di sedici righe in lingua fenicia ma in alfabeto aramaico. Datato intorno all'825 a.C., l'ortostata era esposto in uno dei palazzi di Sam'al e fu portato alla luce molti anni fa da archeologi tedeschi. È oggetto di dibattito da allora. Nell'ortostata Kulamuwa cita i nomi di Hayya e di Sha'il e dice: «La casa di mio padre era in mezzo a re potenti, e ognuno stendeva la sua mano per combattere». Poi suggerisce di aver raggiunto un accordo con un re assiro di cui tace il nome – probabilmente Salmanassar III, ma potrebbe anche trattarsi di Shamši-Adad V –, e di aver collaborato con lui per attaccare un nemico comune: «Il re dei danuniani era più potente di me. Ma io gli ho rivolto contro il re dell'Assiria».[55]

Salmanassar III e il signore del paese di Karkemish

Nelle sue iscrizioni, Salmanassar III elenca anche una serie di altri re a cui richiese di pagare un tributo subito prima o subito dopo la battaglia di Qarqar, nell'853 a.C., oltre ai principali nemici che sconfisse. Tra questi c'è «Sangara il karkemishita», che abbiamo citato in più occasioni e che compare anche una mezza dozzina di volte negli annali di Salmanassar. Nell'ultimo (anno 11), che risale all'848 a.C., Salmanassar dice di aver conquistato novantasette città di Sangara, ennesimo segno che Karkemish era ormai un regno consolidato, il cui dominio comprendeva diverse città. È l'ultima volta che Salmanassar nomina Sangara, motivo per cui si ritiene che il suo regno sia durato dall'875 all'848 a.C.[56]

Non è però l'ultima volta in assoluto che sentiamo parlare di Sangara: il sovrano, infatti, viene citato anche in un altro contesto, nella sua Karkemish, quasi sessant'anni dopo. L'iscrizione del 790 a.C. fu commissionata da un suo discendente, chiamato Kamani, quando questi diventò re di Karkemish. È incisa su una stele di basalto alta più di due metri e dedicata alla dea Kubaba, che è raffigurata nella parte superiore e viene definita «Regina di Karkemish». Nell'iscrizione, Kamani fece includere il proprio status e la propria genealogia, ed elenca i re saliti al trono prima di lui, compreso il suo trisnonno Sangara.[57]

La stele è oggi divisa in sei pezzi, il primo dei quali fu scoperto nel 1876, mentre gli altri vennero trovati dagli archeologi britannici tra il 1911 e il 1920. Uno dei frammenti è stato recuperato nel 2015, dopo che era stato trafugato decenni prima e portato a circa duecentocinquanta chilometri di distanza. I sei pezzi si trovano oggi in tre musei di tre paesi diversi: il British Museum, i Musei Vaticani e il Museo di Gaziantep in Turchia. Ovviamente provengono tutti dallo stesso monumento originale e il lavoro d'indagine svolto per rintracciare i frammenti è una storia a sé, che è stata ben raccontata altrove.[58]

Con l'aiuto di un'altra iscrizione frammentaria possiamo integrare il testo della stele e ricostruire la genealogia di questa dinastia di «signori del paese» che governò Karkemish per più di un secolo, dall'875 al 760 a.C: «[Io (sono) Kamani, il governante] signore del paese delle città di Karkemish (e) Melid, figlio di Astiru(wa), signore del paese, [nipote di Kuwalana-muwa, signore del paese], pronipote di Isarwila-muwa, signore del paese, [bis-bisnipote di] Sangara…».[59]

Oggi dunque sappiamo che con Sangara proseguì la discendenza dei signori del paese di Karkemish. Possiamo anche aggiungere, basandoci su altre iscrizioni, i nomi di altri signori del paese di Karkemish che governarono nel tardo IX secolo e nell'VIII secolo a.C. e che facevano parte della stessa linea dinastica. Nel complesso, oggi siamo a conoscenza di circa una dozzina di governanti, a partire da Suhi I, intorno al 1000 a.C., fino all'ultimo, Pisiri. Pisiri pagò un tributo a Tiglatpileser III nel 738 a.C. ma fu poi detronizzato da Sargon II nel 717 a.C., quando Karkemish venne annessa all'impero assiro, mettendo fine a quattro secoli di trasformazione e cambiamento dopo il Collasso della tarda Età del Bronzo.[60]

Sembra che, dall'inizio del XII fino al tardo VIII secolo a.C., Karkemish continuò ad avere una complessa gerarchia di sovrani, che governarono ininterrottamente su una zona remota, edificarono costruzioni monumentali e conoscevano la scrittura. Qualcosa di analogo si può dire di molte altre città-stato neo-ittite e siro-anatoliche, e credo si possa concordare con Alessandra Gilibert quando scrive che «la prima Età del Ferro nella Siro-Anatolia non fu un periodo di de-urbanizzazione e stagnazione, ma, al contrario, di transizione, caratterizzato da continuità oltre che da cambiamenti nelle strutture sociopolitiche».[61]

Sintesi

È chiaro che gli ittiti non riuscirono a gestire il passaggio all'Età del Ferro e cedettero il loro territorio a nuovi regni, come Urartu e la Frigia. Dobbiamo però riconoscere ai sopravvissuti il merito di aver superato con successo il cambiamento avvenuto nell'Anatolia sudorientale e nel Levante settentrionale, come esemplifica il territorio governato dalle città di Karkemish e Tell Taynat, soprattutto tenendo conto dei ripetuti attacchi sferrati dagli assiri nel corso dei secoli. Una situazione non dissimile la ritroviamo nell'Egeo, dove i micenei non riuscirono ad adattarsi alle nuove condizioni e gli abitanti della Grecia continentale dovettero sostanzialmente ricostruire da zero la loro società dopo il Collasso. È questo il tema del prossimo capitolo.

5.

All'ombra dei palazzi in rovina (La regione dell'Egeo)

Negli anni settanta dell'Ottocento l'archeologo dilettante Heinrich Schliemann stava effettuando degli scavi a Micene, nella Grecia continentale, alla ricerca della tomba di Agamennone e di altri eroi della guerra di Troia, quando in un edificio dell'acropoli trovò i frammenti di un grande vaso. Inizialmente il vaso venne datato al VII secolo a.C., ma in seguito diventò chiaro che era stato fabbricato nel XII secolo a.C., ossia l'epoca immediatamente successiva alla distruzione del palazzo.[1]

Sui lati del vaso si possono vedere due gruppi di guerrieri, che apparentemente marciano verso o da una battaglia bardati di tutto punto: elmo sulla testa, corazza sul petto e gambiere sugli stinchi, oltre a scudo e lancia. Possiamo senz'altro considerarla una rappresentazione esemplificativa di quegli anni, dal momento che conflitto e distruzione erano all'ordine del giorno. Ci sono anche altri frammenti di vasi dello stesso periodo, scoperti nella Grecia continentale, che raffigurano guerrieri o navi o entrambi, a indicare che si trattava di un tema ricorrente dell'epoca.[2]

Un numero imprecisato di superstiti aveva continuato a vivere o a occupare zone diverse a Micene, anche dopo che la città era andata distrutta. Alla fine del secolo, però, persino la cittadella venne abbandonata da quei pochi abitanti, e restò disabitata fino all'VIII secolo a.C., quando sulla sommità, dove prima c'era il palazzo, venne costruito un tempio dedicato a Era o Atena.

Oggi sappiamo che ci volle più di un secolo perché nella Grecia continentale scomparissero anche le ultime vestigia della società palaziale micenea dell'Età del Bronzo e avesse inizio la cultura dell'Età del Ferro. È ovvio che certi siti continuarono a essere abitati anche

Figura 10. Vaso miceneo con guerrieri.
Fonte Per gentile concessione di Sharon Mollerus via Wikimedia Commons.

nel XII e nei primi decenni dell'XI secolo a.C., durante quello che gli archeologi chiamano il periodo postpalaziale.[3] Tuttavia in Grecia non abbiamo testi risalenti ai decenni successivi alla caduta dei palazzi o anche solo al XII secolo a.C. in generale. E le opere di Omero, Esiodo, Erodoto e Tucidide che parlano degli anni della guerra di Troia e del periodo immediatamente successivo non possono essere prese per oro colato, perché si tratta di fonti che raccontano un'epoca che ai loro tempi non esisteva più.[4] I dati racimolati dall'archeologia sono insomma la nostra unica speranza.

Per fortuna, proprio come nel caso di Cipro, anche nella Grecia continentale e a Creta non c'è penuria di dati quali corredi funerari, terrecotte, e cambiamenti nei modelli di insediamento. Oggi esistono letteralmente centinaia di articoli e parecchi libri dedicati a temi che sono attinenti o specifici dell'Età del Ferro nella regione egea, e tali pubblicazioni escono a un ritmo sempre più sostenuto via via che aumenta l'interesse accademico e vengono condotti nuovi scavi e indagini.[5] Tutte queste informazioni sono state oggetto di interpretazioni, nuove letture e, a volte, discussioni e dispute accademiche decennali, che hanno portato a comprendere meglio quei secoli.

Di conseguenza oggi abbiamo la prova che nella Grecia continentale alcuni abitanti delle zone rurali, e non solo dunque di centri urbani come Micene, riuscirono a sopravvivere dopo il Collasso. Per esempio, le tombe di Perati, citate nel capitolo 3, contengono una miriade di piccoli oggetti funerari importati da Cipro, Canaan, Anatolia ed Egitto – compresi manufatti con cartigli faraonici –, segno che le vie del commercio non si erano interrotte del tutto.[6]

Non lontano da Micene, a Tirinto, nell'Argolide, sembra che i muri rimasero in piedi per buona parte del XII secolo a.C. e che vennero intrapresi grandi progetti edilizi, come la costruzione dell'Edificio T sopra le rovine del palazzo dell'Età del Bronzo nella Cittadella Alta. Inoltre, la Città Bassa (o «Unterberg») continuò a essere occupata e utilizzata, ma forse la cosa più sorprendente è la costruzione di una nuova Città Bassa fuori dalle mure cittadine. Finora si è scavato solo in una piccola parte di questa struttura, ma sembra fosse molto grande, forse edificata in seguito all'arrivo di genti straniere. I reperti dimostrano che all'epoca nella zona lavoravano ancora vari artigiani, e continuavano ad arrivare merci d'importazione, forse insieme a lavoratori specializzati provenienti dal Vicino Oriente. Può darsi che siano stati proprio questi migranti a portare una bacchettina d'avorio rinvenuta nel sito, con un'iscrizione in quello che sembra essere ugaritico; in questi strati del sito è stata scoperta anche una pallina d'argilla incisa con segni cipro-minoici. Nonostante le prove di continuità culturale, Tobias Mühlenbruch, autore di molte pubblicazioni dedicate a Tirinto, definisce questo un tempo «di radicale cambiamento culturale». Alla fine, comunque, anch'esso giunse al termine, e intorno al 1100 a.C. il sito venne abbandonato.[7]

Nella Grecia meridionale, la distruzione del palazzo miceneo di Pilo fu quasi totale, come abbiamo visto in *1177 a.C.* Eppure anche qui ci sono prove che il luogo non venne abbandonato del tutto e che almeno in parte l'attività proseguì. Nuovi studi indicano che alcune stanze del palazzo, comprese forse delle dispense e la sala del trono, rimasero in piedi. Sembra fossero sufficientemente in buono stato da venire riutilizzate dai sopravvissuti o da nuovi occupanti, tra il momento di crisi e l'inizio del X secolo a.C., anche se non siamo in grado di circoscrivere più di così la data dell'occupazione.[8]

In generale, per quanto riguarda i commerci e i contatti con terre d'oltremare, l'archeologa Sarah Murray dell'Università di Toronto ha sottolineato che anche le importazioni dal Mediterraneo orientale continuarono dopo il crollo dei palazzi e che dovremmo parlare di cambiamenti sia quantitativi che qualitativi dall'Età del Bronzo all'Età del Ferro. Murray ha suggerito che se mai ci fu un calo nell'intensità di tali contatti, molto probabilmente è da attribuirsi al semplice fatto che in quel periodo la Grecia aveva meno abitanti. Anche Ian Morris dell'Università di Stanford ha evidenziato che «i nuovi insediamenti sorti nel XII secolo all'ombra dei palazzi in rovina mantennero contatti, seppure attenuati, con il Vicino Oriente». Tuttavia nota anche che «il commercio diminuì drasticamente dopo una seconda ondata di distruzione, intorno al 1100 a.C.».[9]

Insomma, per molti versi nella Grecia continentale il Collasso non costituì una netta cesura. Sia nel XII che nell'XI secolo a.C. vi fu infatti una certa continuità, con evidenti tentativi di adattamento e trasformazione, persino quando, durante il Collasso o nei decenni successivi, i palazzi crollarono uno dopo l'altro. Anche gli stili dell'arte fittile sopravvissero, al punto che vediamo delle modifiche e delle variazioni sulle forme micenee standard – da cui deriva il nome di quel periodo, accurato seppure non ottimale: submiceneo. Anche nella religione vi fu continuità, dato che il culto di Zeus, Era, Poseidone e altre divinità presenti nei testi micenei in Lineare B proseguì nell'Età del Ferro e nell'Età Classica.[10]

In ogni caso è lecito domandarsi come si vivesse nella Grecia postpalaziale. Nei centri urbani la vita era cambiata drasticamente; in tutti o quasi – con l'eccezione forse di Tirinto – sembra ci fossero solo occupanti «abusivi» delle rovine. E anche per quanto riguarda Tirinto, non è chiaro fino a che punto fosse davvero abitata. Quanto agli abitanti delle campagne e delle città dell'entroterra, la maggior parte degli studiosi ha concluso, in base alle poche evidenze in nostro possesso, che molti vivevano in un ambiente sociopolitico ed economico meno complesso rispetto a prima, probabilmente per via della scomparsa dei palazzi e del sistema amministrativo che vigeva da secoli.

In certi casi, possiamo osservare l'effetto domino che si verificò via via che i palazzi venivano sostituiti da comunità più piccole. Per esempio, dai testi di Omero e di Esiodo (VIII secolo a.C.) risulta chiaro che il termine *wanax* (wa-na-ka) in Lineare B, che nell'Età del Bronzo veniva utilizzato per indicare il «re», nei primi secoli dell'Età del Ferro cadde in disuso. Fu sostituito da *basileus* (qa-si-re-u), che prima faceva riferimento a un «capotribù» di livello inferiore. E invece degli amministratori di palazzo ora c'erano funzionari locali. Inoltre, anche la scrittura andò temporaneamente perduta: a mano a mano che i palazzi crollavano, i pochi scribi alfabetizzati morivano, si trasferivano o perdevano il lavoro, dal momento che non c'era più bisogno né di curare gli inventari né di tenere i conti nei palazzi – i due utilizzi principali della scrittura nella Grecia del periodo miceneo.[11]

Detto questo, secondo alcuni studiosi non tutti in Grecia si disperarono per il tramonto dei palazzi, la scomparsa degli amministratori palaziali e la fine dei grandi progetti architettonici e ingegneristici micenei – fra questi ricordiamo la Porta dei Leoni e le nuove mura fortificate, o la cisterna sotterranea e l'immensa tomba a *thòlos* detta «Tesoro di Atreo», tutte costruite a Micene intorno al 1250 a.C. Tali progetti e l'economia palaziale potrebbero, infatti, aver impoverito la gente «comune» verso la fine dell'Età del Bronzo. La scomparsa dei palazzi forse liberò alcuni da un peso tremendo, tanto che certe aree rurali potrebbero aver vissuto un breve momento di prosperità nei decenni immediatamente successivi al Collasso.[12]

Alex Knodell del Carleton College suggerisce, anzi, che dovremmo considerare il periodo palaziale nella Grecia della tarda Età del Bronzo un esperimento fallito, e che il Collasso permise il ritorno alla normalità, come già era stato nella prima metà del secondo millennio a.C. «Invece di considerare i palazzi il culmine di una traiettoria evolutiva di formazione dello Stato, a cui seguì un crollo», scrive, «potremmo vederli come anomalie storiche ed esperimenti sociali che in definitiva non ebbero successo».[13]

In ogni caso, è opinione comune che il tramonto del periodo miceneo in Grecia rappresenti la fine di un'epoca. Come ha detto Sigrid Deger-Jalkotzy, professoressa emerita dell'Università di Vienna: «Non c'è dubbio che il crollo della civiltà avanzata dei palazzi micenei fu un punto di svolta fondamentale nella storia greca. Le imponenti strutture palaziali non vennero ricostruite, e sembra sia sopravvissuto ben poco delle arti e dei mestieri dei palazzi. Le complesse forme di organizzazione politica, sociale ed economica caddero nell'oblio. I palazzi, i re e le famiglie reali diventarono materiale per i miti greci.

L'arte della scrittura andò perduta per secoli. In poche parole, la civiltà greca tornò al livello di una società preistorica».[14]

Nel frattempo a Creta

Al contrario, le cose a Creta sembrano essere andate addirittura meglio nel periodo immediatamente successivo alla crisi, sebbene scompaiano i tratti distintivi della potente società minoica. Recenti ricerche indicano, per esempio, che c'erano ancora segni di vita nella capitale, Cnosso. Inoltre, anche se erano passati letteralmente secoli da quando i minoici erano stati così importanti nel commercio internazionale da venir citati da altre società, per esempio sulle tavolette di Mari del XVIII secolo a.C., o raffigurati nelle pitture delle tombe egizie del XIV secolo a.C., sembra esserci una ripresa delle interazioni con il Vicino Oriente, seppure in tono minore rispetto a prima – proprio come Sarah Murray ha documentato per la Grecia continentale in questo stesso periodo.

Secondo Saro Wallace, ricercatrice della Gerda Henkel Foundation in Germania, gli abitanti di Creta non furono meno colpiti dalla crisi del Collasso rispetto ad altri, ma forse superarono meglio la transizione all'Età del Ferro grazie ad azioni deliberate e a diffusi riadattamenti culturali che contennero il caos. La loro reazione, dice la studiosa, spicca in quanto risposta «notevolmente pronta, coerente e creativa» a «condizioni di maggiore insicurezza e nuove opportunità», che si tradussero in quello che definisce un «crollo positivo».[15] Sembra si siano adattati, e forse addirittura trasformati, in una certa misura, invece di limitarsi a resistere.

Le indagini «alpinistiche» dell'archeologo polacco Krzysztof Nowicki, durante le quali ha coraggiosamente scalato molte delle vette più alte alla ricerca di reperti archeologici, hanno mostrato la presenza di tanti piccoli insediamenti sorti subito dopo il Collasso in posizioni facili da difendere, arroccati sulle montagne e lontani dalle coste, forse per sfuggire ai pirati.[16]

Tuttavia, le evidenze mostrano che non solo a Cnosso, ma anche in molti dei più importanti siti cretesi, come Festo e La Canea, la vita andò avanti senza interruzione, nonostante i palazzi fossero ormai ridotti ad ammassi di rovine. A quanto pare non mancò la continuità in termini di insediamenti urbani, stabilità economica, culti religiosi, santuari e pratiche funerarie, tutti elementi che formarono la base della riuscita strategia di sopravvivenza dei cretesi, come documentato da Wallace e altri studiosi.[17]

Insomma, l'epoca d'oro della civiltà minoica alla metà del secondo millennio a.C. sarà stata anche finita per sempre, ma Creta e i suoi abitanti superstiti andarono avanti, adattandosi alla nuova normalità dell'Età del Ferro. Si potrebbe però sostenere che ciò avvenne a caro prezzo, perché i cretesi persero la loro identità culturale di «minoici» – o di «keftiu», come erano noti agli egiziani, o ancora di «caphtoriti», com'erano chiamati dai mercanti di Mari e Ugarit nella tarda Età del Bronzo. Ma a essere onesti, è possibile che fossero già avviati a perdere quell'identità collettiva quando furono conquistati dai micenei intorno al 1350 a.C.; Metaxia Tsipopoulou, specialista dell'Egeo nell'Età del Bronzo e del Ferro e direttrice degli scavi di Petras a Creta, ha proposto il termine «micenoici» per descrivere la popolazione che visse a Creta durante l'ultima fase della tarda Età del Bronzo, ossia dalla fine del XIV secolo a.C.[18]

L'avvento dell'alfabeto

Abbiamo già esplorato nel capitolo 3 l'idea che l'alfabeto fosse stato portato nell'Egeo dai fenici, perlomeno secondo i greci di epoca successiva. Non è però chiaro quando. Il primo manufatto con un'iscrizione fenicia rinvenuto nella regione egea è una ciotola di bronzo probabilmente di fabbricazione cipriota trovata nella Tomba J del cimitero di Tekke a Cnosso. Incise lungo il bordo della ciotola ci sono quattro parole difficili da decifrare e ancora di più da tradurre. Finora sono state fatte molte ipotesi, e la più plausibile sembra essere «ciotola di [o appartenente a] x, figlio di y». La tomba in sé viene oggi fatta risalire al tardo X secolo, ossia al 950-900 a.C. circa, ma la ciotola doveva già essere un cimelio di famiglia quando venne posta nel sepolcro, dal momento che sembrerebbe di poco antecedente, del 1000 a.C. circa.[19]

L'iscrizione sul manufatto indica che l'alfabeto potrebbe essere giunto nell'Egeo ben prima dell'800 a.C. circa, che è la data solitamente ipotizzata in passato dalla maggioranza degli studiosi. Infatti, sebbene le più antiche iscrizioni greche risalgano in genere alla seconda metà dell'VIII secolo, attualmente le ricerche hanno mostrato che potrebbero esserci state ben trentatré varianti diverse dell'alfabeto in uso nell'area egea prima che venisse accettato un gruppo standard di lettere. Oggi alcuni studiosi stanno dunque cautamente suggerendo che l'alfabeto sia stato introdotto già nell'XI secolo a.C., e che gli abitanti dell'Egeo possano aver scritto per un certo tempo su materiali deperibili come pelle, legno o piombo.[20]

Un aspetto interessante di questa ipotesi è che una datazione anteriore concorderebbe con la cronologia dello sviluppo e dell'utilizzo dell'alfabeto nel Vicino Oriente, ed eviterebbe di attribuire all'Egeo un ritardo di tre secoli rispetto ai suoi vicini. Una delle prime iscrizioni fenicie scoperte nel Mediterraneo orientale è l'iscrizione di Azarba'al, che è stata rinvenuta a Biblo e che risale alla fine dell'XI o all'inizio del X secolo a.C. Le sei righe sono incise su una spatola di bronzo, ma purtroppo il testo è frammentario e incompleto. Quindi non siamo del tutto sicuri del suo significato, ma sembra c'entri del denaro e la terra ancestrale. Un altro testo fenicio, risalente più o meno alla stessa epoca, è inciso su un vaso di bronzo trovato in una tomba di Kefar Veradim, in Israele. Identifica chiaramente il suo proprietario: «La ciotola di Pesah, figlio di Shema».[21]

Willemijn Waal dell'Università di Leida ha osservato che «siccome i greci erano in contatto con i fenici (e altri popoli) che usavano la scrittura, pare poco credibile che la Grecia, unica regione dell'area, fosse rimasta analfabeta per più di trecento anni – soprattutto perché, come sappiamo, non si trattò di un periodo di regressione e buio totale». È chiaro che all'epoca in Grecia ci fosse bisogno di un nuovo sistema di scrittura, dato che il Lineare B era caduto in disuso dopo il tramonto del sistema palaziale. Se i fenici portarono l'alfabeto già nell'XI secolo, allora fu solo per un breve periodo che la Grecia continentale rimase senza scrittura, forse un centinaio d'anni invece di quattro secoli.[22]

Indipendentemente dal momento in cui fece la sua comparsa, il sistema alfabetico rappresentò per i greci una conquista importante, perché permise a tutti di imparare a leggere e scrivere, e non solo agli scribi che si occupavano di contabilità per l'amministrazione palaziale. Ma come e perché avvenne il trasferimento di questo nuovo sistema di scrittura? Riguardò dapprima le città portuali, magari usato dai mercanti che importavano beni dall'estero? O forse un marinaio greco lo imparò da un commerciante fenicio? Come si diffuse e perché inizialmente ci furono così tante varianti? Esistevano scuole scribali a cui si iscrissero giovani allievi desiderosi di imparare un sistema relativamente semplice? O all'inizio fu usato soprattutto per incidere il proprio nome su un oggetto, magari per contrassegnare i propri averi come nella ciotola di Tekke e come ha notato Antonis Kotsonas per il periodo in cui la prima scrittura greca veniva sicuramente usata, ossia a partire dall'VIII secolo a.C.?[23]

Secondo Rudolf Wachter dell'Università di Losanna, una volta adottato / inventato, l'alfabeto avrebbe impiegato settimane, e non mesi o anni, a diffondersi in gran parte dell'Egeo. Sembrerà forse un tempo troppo breve, ma lo studioso immagina che l'adozione potrebbe essere avvenuta durante «un incontro piuttosto casuale tra commercianti greci e fenici in un qualunque porto del Mediterraneo». A suo dire bastarono «uno o due greci, preferibilmente mercanti lontani da casa, seduti insieme a un fenicio che parlò loro dell'utilità dei caratteri per scrivere lettere, ordinativi, appunti e così via, e che poi insegnò loro i nomi delle lettere e li munì di un abbecedario. Un simile incontro potrebbe essere avvenuto in un qualsiasi insediamento greco o fenicio».[24]

Il problema principale nel proporre una data così precoce per l'avvento dell'alfabeto è la ridotta complessità della società greca in quel periodo, nonché la relativa scarsità, nella Grecia continentale, di reperti risalenti all'XI secolo a.C. Questo però potrebbe esser dovuto a difficoltà di conservazione, perché come sottolinea Ian Morris, «le case dell'Epoca Buia [sono] fragili e [...] sopravvivono male». D'altro canto Morris osserva anche che «i siti dell'XI secolo noti sono appena un decimo rispetto a quelli del XIII secolo».[25]

Nel corso dell'XI secolo sembra esserci stata, in Grecia, un'altra fase discendente. Gli stili fittili cambiano radicalmente e si registra un ulteriore spopolamento delle zone rurali. Scompaiono anche le ultime vestigia della «cultura materiale» micenea, e si può affermare con una certa sicurezza che a metà del secolo, intorno al 1050 a.C., la società micenea allora conosciuta giunse alla fine.[26]

Eppure, non tutto andò storto: secondo Morris, infatti, all'incirca nello stesso periodo in Grecia ebbe inizio una «rivoluzione», che portò al passaggio dal bronzo al ferro – riscontrabile soprattutto nei corredi funerari – e a un'inedita varietà nei tipi di sepoltura, tra cui molti oggi a noi «invisibili», dato che riguardavano le classi meno abbienti e lasciarono pochissime tracce. Per Morris questo periodo, che durò fino all'inizio del IX secolo, ossia centocinquant'anni (dal 1050 al 900 a.C.), godette di una certa stabilità, dal momento che mise fine al caos lasciato dal crollo dei palazzi micenei.[27]

I siti tornarono a ingrandirsi, soprattutto nel corso del X secolo. Sebbene sia un punto tuttora dibattuto, è possibile per esempio che all'epoca Atene fosse costituita da un gruppo di villaggi (proprio come sarebbe stata poi Sparta), e che alla fine del X secolo a.C. contasse tra i tremila e i cinquemila abitanti. Nei suoi lavori usciti tra il 1995 e i primi anni Duemila, Morris ha ipotizzato che anche altri insediamenti avessero una popolazione relativamente numerosa, come ad Argo, nel Peloponneso (600-1200 persone), e forse a Cnosso, sull'isola di Creta (1250-2500 persone).[28]

Persino Morris, però, potrebbe aver sottostimato la situazione, perlomeno per quanto riguarda alcuni luoghi. Per esempio, oggi abbiamo nuove prove che la cretese Cnosso all'epoca era forse più grande di quanto si pensasse. Qualcuno lo aveva già sospettato, non a caso Nicholas Coldstream – uno dei più stimati esperti britannici che abbiano mai studiato l'Egeo e la Cipro dell'Età del Ferro – aveva sottolineato il fatto che diversi cimiteri di Cnosso risalgono a questo periodo e coprono un'area di cinque chilometri da nord a sud. Supponendo che i cimiteri fossero alla periferia della città, cosa quanto mai probabile, nel 2006 Coldstream aveva osservato che «se la dimensione di una comunità fosse data dai suoi cimiteri, allora l'antica Cnosso sarebbe di gran lunga la più grande città del suo tempo nel mondo egeo».[29]

Le ricerche condotte a partire dai primi anni Duemila dal Knossos Urban Landscape Project (KULP) indicano che, per quanto riguarda l'XI secolo a.C., l'ipotesi potrebbe essere corretta. Se tali conclusioni sono giuste, Cnosso sarebbe stata da tre a quattro volte più grande di quanto pensassimo, e avrebbe occupato un'area di 50-60 ettari (quasi 150 acri) – uno spazio sufficiente a ospitare una popolazione di 3000-4000 persone. Sebbene si tratti di un'area più piccola rispetto a quella occupata da Cnosso nell'Età del Bronzo, è estremamente grande per una città greca dell'Età del Ferro, persino più grande di quanto Ian Morris aveva suggerito vent'anni fa.

In seguito agli esiti delle nuove ricerche, di recente Antonis Kotsonas della New York University ha scritto che a quanto pare «Cnosso si era ripresa in fretta dagli sconvolgimenti della fine del secondo millennio, era cresciuta rapidamente di dimensione ed era fiorita diventando un centro cosmopolita dell'Egeo e del Mediterraneo in un modo tale che rivoluziona la nostra comprensione della Grecia della prima Età del Ferro».[30] Ma non si può più parlare di città minoica, perché la società minoica era ormai svanita insieme a quella micenea, e Creta stava iniziando la transizione verso una nuova fase della sua storia. Nonostante ciò, gli abitanti dell'isola non dimenticarono i loro antenati dell'Età del Bronzo, come vedremo tra un attimo.

Di nuovo le «tombe dei guerrieri»

Già negli anni novanta del Novecento Hector Catling, ex direttore della British School of Archaeology di Atene noto per il suo lavoro sui vasi bronzei, suggeriva che le tombe dei guerrieri trovate a Cipro e in vari altri luoghi dell'Egeo in contesti dell'XI e XII secolo a.C. (che abbiamo citato nel capitolo 3) dovessero essere «associate al ritorno degli eroi "omerici" da Troia», in parte per spiegare la presenza di manufatti ciprioti in quei secoli a Creta. Per esempio, l'uomo sepolto nella Tomba 186 nel Cimitero Nord di Cnosso è stato identificato come «un uomo d'armi, munito di lancia di bronzo e pugnale di ferro, coltello di ferro e due pietre per affilare le sue lame». Catling era interessato soprattutto al pugnale, al coltello di ferro e alle due pietre per affilare, dato che molto probabilmente provenivano da Cipro, e citò i parallelismi con le tombe di Palea Pafos-Skales.[31]

In un'altra sepoltura nello stesso cimitero di Cnosso (la Tomba 201), sono stati trovati i resti cremati di due adulti (un maschio e una femmina) e forse di un bambino. Il corredo funerario includeva frammenti di un tripode bronzeo di fabbricazione cipriota e alcune armi, oltre ad altri manufatti. Catling identificò il defunto come un guerriero che «era armato di tutto punto, con spada, lancia e massicce punte di freccia». Oltre alla spada e alla lancia, c'erano anche evidenze che fosse stato sepolto con uno scudo e un elmo di zanne di cinghiale; le punte appartenevano a frecce ormai disintegrate che probabilmente si trovavano in una faretra, di cui sono stati trovati alcuni frammenti.[32]

Catling rimase particolarmente colpito dalla presenza dell'elmo di zanne di cinghiale, che all'epoca doveva essere un cimelio, perché quel tipo di elmo non veniva più utilizzato né era più di moda da tanto tempo. Lo studioso concluse: «Il nostro guerriero doveva essere un personaggio importante, considerati i suoi averi – perlomeno per l'Epoca Buia greca. Credo fosse una figura per la quale si possono trovare analogie in Omero, e per cui esistono parallelismi in altre scoperte archeologiche».[33]

Catling proseguiva poi con un'ipotesi piuttosto audace, e cioè che in base alle evidenze del cimitero di Cnosso, alcuni defunti di quelle tombe dell'XI secolo a.C. «potrebbero essere superstiti e discendenti dell'antica stirpe minoica, ma è probabile che tra loro ci siano anche nuovi elementi, persone provenienti dal di fuori dell'isola o tornate a Creta dopo un lungo periodo di assenza, magari trascorso nel Mediterraneo orientale. I nuovi venuti potrebbero aver imposto la loro autorità alla popolazione nativa; forse fu una loro scelta quella di creare nuovi luoghi di sepoltura, compreso il Cimitero Nord. Suggerisco che i guerrieri le cui ceneri furono sepolte nelle [Tombe] 186 e 201 possano essere questi nuovi venuti, distinguibili dalla popolazione autoctona per via delle loro tradizioni funerarie, in particolare il rito della cremazione».[34]

Inoltre, per quanto riguarda i corredi funerari trovati in queste tombe, Catling citava l'*Odissea* di Omero, che descrive il ritorno in Grecia dei vari eroi una volta finita la guerra di Troia (noti come i *nostoi*, i «ritorni») e gli oggetti che avevano portato con sé. A un certo punto del poema Menelao, il marito di Elena, parla delle sue peregrinazioni nel Mediterraneo orientale, e dice: «Per Cipro e Fenicia ed Egitto avevo vagato, / ero giunto presso gli Etiopi e i Sidonii e gli Erembi / e in Libia» (*Od.* 4.83-85). Più avanti Menelao descrive un vaso che sta per donare a Telemaco, e anche questo oggetto ha una sua storia mitica: «Ti donerò un cratere ben lavorato, che è tutto / di argento e gli orli sono rifiniti in oro. / È un lavoro di Efesto; me lo donò l'eroe Faidimo, / re dei Sidonii, quando la sua casa mi accolse / laggiù, mentre tornavo; e a te lo voglio donare» (*Od.* 4.615-19).[35]

È per questo che Catling collega queste «tombe dei guerrieri» di Cipro, Creta e della Grecia continentale a Odisseo, Menelao e altri «eroi» omerici che vagarono per il Mediterraneo orientale nel loro viaggio verso casa dopo la guerra di Troia. Per Catling, «alcuni cretesi trascorsero lunghi periodi a Cipro nella prima metà dell'XI secolo a.C.» e «i personaggi importanti / eroi delle Tombe 186 e 201 del Cimitero Nord potrebbero aver passato parte della loro vita a Cipro, dove magari erano nati e cresciuti pur essendo di etnia cretese, o potrebbero aver vissuto la prima parte della loro vita a Creta ed esserci tornati dopo una lunga assenza, trascorsa almeno in parte a Cipro».[36]

Sebbene non tutti gli studiosi concordino con la tesi di Catling, queste tombe potrebbero davvero rappresentare la comparsa di un nuovo gruppo di élite locali sia a Cipro che in Grecia. Per esempio, James Muhly, professore emerito dell'Università della Pennsylvania, li considera «spietati signori della guerra, principi guerrieri determinati a creare qualcosa di nuovo dalle rovine del passato: guerrieri con la volontà, l'energia e l'ambizione di impadronirsi di tutto il possibile e di creare una qualche base di potere per se stessi». Secondo altri studiosi queste sepolture, perlomeno a Cipro, lascerebbero «intravedere la presenza e l'attività di uomini armati che potrebbero essere stati coinvolti in una lotta per il potere per la nuova definizione territoriale dell'isola».[37]

Più di recente, Kotsonas ha riesaminato il «guerriero» della Tomba 201 di Cnosso, quello di Catling, e lo ha collegato specificamente alla figura di Merione, un giovane e meno noto eroe acheo dell'*Iliade*, famoso per la sua abilità di arciere, che si recò a Troia sotto il comando di Idomeneo, re di Cnosso. Kotsonas nota che l'intero corredo di armi e oggetti funerari non ha eguali nelle altre tombe dell'Egeo dell'Età del Ferro, e che il corredo nel suo insieme è equiparabile all'equipaggiamento che Merione presta a Odisseo nel Libro X dell'*Iliade*, e che comprende un arco, una faretra, un elmo con denti di cinghiale e una spada (*Il.* 10.260-65). Come osserva Kotsonas, «queste armi erano molto rare nell'epica, così come nei ritrovamenti archeologici». Poi aggiunge che Merione possiede l'unico elmo con denti di cinghiale citato da Omero nell'*Iliade* e che «è eccezionale tra i greci nell'usare arco e frecce», e fa notare che Merione vince la gara di tiro con l'arco nei giochi indetti per il funerale di Patroclo (*Il.* 23.859-95).[38]

Naturalmente non è Merione colui che è sepolto nella tomba di Cnosso, dato che secondo gli studiosi Merione è uno dei primissimi eroi greci, proprio come Aiace e i pochi altri guerrieri micenei della guerra di Troia le cui storie preesistenti vennero incorporate nell'*Iliade* nel corso della creazione dell'epica. Kotsonas però avanza l'affascinante teoria secondo cui quella che abbiamo è la tomba di un abitante molto in vista nella Cnosso dell'Età del Ferro, la cui famiglia «allestì il funerale come una performance che promuoveva il legame del defunto con Merione», l'eroe cretese.[39]

Resta da capire come l'ipotesi di Kotsonas possa accordarsi con le congetture di Catling sugli «eroi» omerici che vagavano per il Mediterraneo orientale o sui cretesi dell'Età del Ferro che avrebbero trascorso del tempo a Cipro, ma offre senz'altro spunti di riflessione, soprattutto considerando che questa tomba conteneva anche un tripode di bronzo di origine cipriota. Calza anche con la definizione di Renfrew di «crollo sistemico», che vede i superstiti guardare con invidia all'epoca precedente e inventare storie romantiche su quel passato. Magari come l'uomo sepolto in questa tomba dell'Età del Ferro o la sua famiglia potrebbero aver guardato a Merione, un personaggio dell'Età del Bronzo.

L'eroe di Lefkandi

Delle tombe dei guerrieri, quella dedicata al cosiddetto «eroe di Lefkandi» può essere considerata una delle più importanti, sebbene sia leggermente successiva e risalga al 950 a.C. circa. La storia della sua scoperta ha inizio nel 1981, quando il proprietario di un appezzamento di terreno situato a Lefkandi, sull'isola di Eubea, cominciò a spianare col bulldozer un grande cumulo di terra, nell'illegale tentativo di costruire una casa per l'estate. Per fortuna venne fermato dalle autorità, che consentirono poi agli archeologi di intraprendere degli scavi di salvataggio. Presto venne scoperto un edificio absidale fatto di mattoni crudi, lungo 45-50 metri, ossia il più grande edificio noto di questo periodo. Dopo essere caduto in disuso, fu deliberatamente sepolto sotto un'enorme quantità di terra, quella che il proprietario dell'appezzamento stava cercando di rimuovere con il suo bulldozer.[40]

Sotto il pavimento dell'edificio absidale, gli archeologi trovarono un'insolita tomba doppia, in cui erano conservati i resti di un uomo che era stato cremato e di una donna più giovane che era stata seppellita ma non cremata. Una seconda tomba nelle vicinanze conteneva i resti di quattro cavalli, due dei quali con il morso di ferro in bocca. Probabilmente erano stati sacrificati al momento della sepoltura.[41]

Le ceneri dell'uomo erano state avvolte in un tessuto e collocate in un'anfora di bronzo di fabbricazione cipriota, decorata con tori, leoni, arcieri sul bordo e sul manico. La sua compagna era stata sepolta accanto a lui insieme a un corredo funerario che includeva un coltello di ferro col manico in avorio, forse importato dal Levante, che giaceva vicino alla sua testa. Alcuni hanno suggerito che la donna fosse stata sacrificata alla morte dell'uomo, per via della posizione del coltello e perché ci sono segni che le sue mani fossero legate, ma al momento non ci sono prove in tal senso. Indossava inoltre una collana con un maestoso ciondolo d'oro importato dal Vicino Oriente; si tratta chiaramente di un cimelio, dato che risale all'Età del Bronzo. C'erano anche spille d'oro e di ferro e ornamenti in foglia d'oro che forse erano fissati al suo vestito o alla sua tunica.[42]

Se il grande edificio absidale fosse stato già in uso e le tombe fossero state scavate sotto il suo pavimento – proprio come i bambini spesso venivano sepolti sotto il pavimento di casa – o se fosse stato costruito in un secondo tempo per segnalare la posizione delle sepolture, è una questione che divide gli studiosi. In ogni caso, in seguito gli abitanti della zona seppellirono l'edificio sotto un ammasso di terra (lo stesso che tanto infastidiva l'ultimo proprietario), che per migliaia di anni continuò a essere un gigantesco tumulo – nel gergo archeologico, il monticello di terra che si alza sopra una tomba. Molti studiosi chiamano questo tipo di sepoltura *heroon*, o «tomba dell'eroe», luogo solitamente destinato proprio al culto dell'eroe. In Grecia si conoscono soprattutto quelli dell'Età del Ferro, il che calza bene con il caso in questione.[43]

Personalmente sospetto che la costruzione esistesse già prima della morte dell'uomo e della donna sepolti sotto di essa, anche se non è chiaro se il luogo fungesse da residenza privata o da edificio amministrativo. Comunque sia, secondo Irene Lemos dell'Università di Oxford, che dal 2003 dirige gli scavi di Lefkandi, «non c'è dubbio che il defunto di Toumba fosse il capo di Lefkandi all'inizio del X secolo. L'uomo sepolto nell'edificio di Toumba ricevette il funerale più sorprendente finora scoperto nella Grecia della prima Età del Ferro».[44]

Era davvero il capo di Lefkandi come pensa Lemos? Perché fu cremato invece di essere semplicemente sepolto? E come venne cremato, esattamente? Dovremmo immaginare una scena come quella della pira funebre di Patroclo nel libro XXIII dell'*Iliade*? E poi: chi era la donna seppellita con lui? Sua moglie? Una consorte? Un sacrificio a caso? È stato ipotizzato di tutto. Perché non venne cremata anche lei? Il coltello accanto alla testa ha a che fare con la sua morte? Non ci sono risposte, per ora, ma l'esistenza di una tomba così ricca ed elaborata all'interno di una grande struttura e la presenza di oggetti d'importazione mostrano la rinascita della società greca, l'aumento della diseguaglianza sociale e, ancora una volta, gli stretti legami con il Mediterraneo orientale.

Ci sono anche altre tombe nel cimitero di Toumba, vicino all'*heroon* di Lefkandi, che risalgono al x secolo a.C. Alcuni studiosi hanno suggerito che il cimitero si sia sviluppato proprio intorno al tumulo dell'eroe. Anche queste tombe contengono manufatti fabbricati altrove, come una brocca fenicia e un sostegno cipriota su ruote, in bronzo. Non è chiaro come questi oggetti vennero importati a Lefkandi né da chi; si è ipotizzato che fossero stati i fenici o forse i ciprioti, oppure ancora degli abitanti di Eubea di ritorno dal Mediterraneo orientale.[45]

Nel complesso, le evidenze trovate nella Grecia continentale confermano che i contatti con il Vicino Oriente erano ormai ristabiliti nel 925 a.C., e forse già molto prima, sempre ammesso che si fossero interrotti. Morris nota che «il bronzo, l'oro, l'avorio e altri beni d'importazione dal Vicino Oriente ricompaiono nelle tombe della Grecia centrale, mentre oltremare si riscontra una maggiore quantità di terracotta greca». In particolare, «nel 925 i fenici avevano ripreso a viaggiare verso il Mediterraneo centrale e occidentale, talvolta facendo scalo nell'Egeo».[46]

Di particolare interesse è un recente studio che presenta le prove della presenza di rame dello Wadi Faynan nella Grecia sud-occidentale intorno al 950 a.C. Abbiamo già incontrato le miniere dello Wadi Faynan nel capitolo 1, ma questa è la prima indicazione che il rame della regione giordana avesse raggiunto la Grecia. È interessante notare che venne usato per fabbricare calderoni di bronzo nel sito di Olimpia, dove circa due secoli dopo si tennero le prime Olimpiadi.[47] L'uso del rame di Faynan invece di quello cipriota è curioso, ma forse è solo l'ennesimo segnale che testimonia che i ciprioti ormai lavoravano soprattutto il ferro.

La «rich Athenian lady» e altre sepolture

Dovremmo tenere a mente quanto Anthony Snodgrass disse nel 1971, quando suggerì che la seconda metà del x secolo in Grecia fosse stata per certi versi «una falsa alba», perché «il lento progresso della cultura greca nel IX secolo e all'inizio dell'VIII rappresenta una delusione, dopo tutto quel che c'era stato».[48] Direi che oggi potremmo essere più ottimisti e ipotizzare invece che la Grecia avesse ormai imboccato la strada della ripresa, anche se fu un cammino lungo e difficile.

In questo contesto, possiamo sottolineare soprattutto una scoperta fatta ad Atene, in un'area sulla pendice nord dell'Areopago, vicino all'Acropoli e all'Agorà. Qui, nel giugno del 1967, gli archeologi americani scoprirono la tomba di quella che presto ribattezzarono «rich Athenian lady». Risalente alla metà del IX secolo (850 a.C. circa), descrive un quadro di maggiore opulenza rispetto a quanto si era pensato fino ad allora. Quando Evelyn Smithson, professoressa dell'Università di Buffalo (Stato di New York), pubblicò i risultati sulla tomba l'anno seguente, la definì la «più ricca dell'epoca post-micenea nell'area dell'Agorà e forse la più ricca del suo tempo, ad Atene».[49]

La defunta di questa tomba era stata cremata, le sue ceneri raccolte e poste in una grande urna dai disegni geometrici. L'urna poi era stata chiusa inserendo sull'imboccatura una coppa intatta, che aveva impedito alla terra di entrare nel vaso. Il corredo funerario includeva gioielli d'oro, tra cui degli anelli e un paio di orecchini, perle di vetro e *faïence* che si pensa facessero parte di una collana, due timbri per sigillo in avorio, un paio di *fibulae* di bronzo, e tre o quattro spilli (uno di ferro, gli altri in bronzo). C'erano anche molti vasi e ciotole di ceramica, oltre a quella che oggi è la famosissima pisside in ceramica con cinque piccoli granai.[50]

Smithson pensava che la donna sepolta potesse essere la figlia o la moglie di un importante aristocratico. Sospettava anche che la ricca signora ateniese non fosse sola nella tomba, ma non riuscì a dimostrarlo, nonostante i resti fossero stati analizzati da J. Lawrence Angel, uno dei più celebri e stimati esperti di antropologia biologica che all'epoca lavorava in Grecia e che era stato incaricato di studiare molti dei resti umani delle tombe risalenti alla tarda Età del Bronzo e alla prima Età del Ferro di quest'area.[51]

Fu solo nel 2004, quasi quarant'anni dopo la pubblicazione iniziale, che Maria Liston dell'Università di Waterloo e John Papadopoulos dell'UCLA annunciarono che l'intuizione di Smithson era corretta. La ricca signora, infatti, era incinta al momento della morte, e le ossa del feto, che erano mischiate alle sue, sono state definitivamente identificate. Siccome la donna poteva avere tra i trenta e i trentacinque anni e sembrava per il resto in buona salute, Liston e Papadopoulos ipotizzarono che fosse morta di parto.[52]

Oltre a quella della ricca ateniese, altre tombe del IX secolo sono state oggetto di scavi ad Atene, sia vicino all'Agorà che nel cimitero di Kerameikos, incluse diverse sepolture che sono state recentemente pubblicate e/o ristudiate. Per esempio, nella stessa area della ricca signora ateniese si trova la Tomba 31, nota come la «tomba del guerriero». Pubblicata da Carl Blegen nel 1952, questa cremazione risale al primo periodo geometrico, intorno al 900-875 a.C. Per via delle armi e degli utensili trovati al suo interno, tutti in ferro, Blegen pensò che fosse la tomba di un «guerriero-artigiano» morto forse a trentaquattro anni. Secondo studi più recenti sarebbe semplicemente un «guerriero» e alla morte sarebbe stato più vicino ai quarant'anni.[53]

Le ossa bruciate erano state collocate in una grossa anfora alta circa mezzo metro, la cui imboccatura era coperta da una grande pietra grezza, ma nel corso dei secoli era entrata della terra. Nella tomba si trovava un certo numero di vasi di ceramica, il che non è insolito; quel che invece non ci si aspettava di trovare sono le armi e gli utensili che sarebbero stati raccolti dalla pira funeraria, avvolti in un telo e posti nella tomba – Blegen notò che «chiare tracce dell'ordito e della trama del tessuto erano visibili su alcuni degli oggetti di ferro».[54]

Oltre a due punte di lancia, due coltelli, un cesello e un'ascia, tutti di ferro, c'era anche una lunga spada, sempre di ferro, che era stata ritualmente «uccisa» prima della sepoltura, ossia curvata fino a formare quasi un cerchio, e poi posta sull'anfora, così da cingere come un nastro il collo e i manici, e poggiare sulle spalle del vaso.[55] Il defunto doveva essere chiaramente un uomo importante, perché era raro che un morto venisse mandato nell'aldilà con tutti questi preziosi oggetti di ferro, che solitamente venivano invece riutilizzati.

Per quanto riguarda le sepolture in generale, Nicholas Coldstream ha sottolineato che a quel punto ci fu un'adozione quasi universale della cremazione, forse per risparmiare spazio in tombe di famiglia già affollate. Coldstream sottolinea anche che il numero di nuove sepolture nel Cimitero Nord di Cnosso, a Creta, indica «una rapida crescita demografica». Le evidenze a sostegno di questa tesi derivano dai nuovi insediamenti sorti in quel periodo, alcuni dei quali sarebbero diventati il nucleo delle varie città-stato che fiorirono nella Creta arcaica.[56]

Una tomba interessante si trova anche nel cimitero di Tekke, a Cnosso – lo stesso cimitero della tomba in cui era conservata la ciotola cipriota con l'iscrizione fenicia. Questa sepoltura è in quella che sembra essere stata, in origine, una tomba a *thòlos* minoica, poi riutilizzata per generazioni dalla fine del IX all'inizio del VII secolo a.C. Tra i numerosi manufatti e urne cinerarie presenti nella tomba, si annoverano oggetti preziosi, come una bellissima collana d'oro con intarsi di cristallo e ambra, e materiali grezzi messi insieme in due vasi nascosti sotto il pavimento della tomba proprio all'entrata. Inizialmente si era ipotizzato che questi oggetti appartenessero a un gioielliere o a un orafo originario della Siria settentrionale, che era emigrato a Creta e si era stabilito a Cnosso con la famiglia. Questa ipotesi fantasiosa, avanzata anni fa da sir John Boardman, è stata da allora usata e dibattuta per determinare se davvero dei migranti originari del Vicino Oriente, in particolare artigiani, si fossero stabiliti a Creta nel IX secolo. Tuttavia, un nuovo studio di questi manufatti e del loro contesto all'interno della tomba ha sollevato dei dubbi circa l'origine del loro proprietario, tanto che si è ipotizzato che la sua famiglia non fosse affatto immigrata ma facesse parte dell'élite locale. Anche senza le evidenze di questa tomba, comunque, si continua a ritenere che a Creta in questo periodo vivessero artigiani giunti dal Vicino Oriente.[57]

Resilienza e adattamento finale

Secondo Ian Morris, i legami tra la Grecia e il Vicino Oriente si allentarono di nuovo tra l'825 e l'800 a.C., tanto che «all'inizio dell'VIII secolo le tombe sono solitamente più povere e più semplici di quanto non fossero state dal X secolo in poi». Anzi, lo studioso ha suggerito che l'intero sistema nella Grecia continentale «entrò in crisi nel 900 e crollò intorno al 750, con l'ascesa della *polis*». E siccome all'epoca c'erano ancora contatti con il Mediterraneo orientale, per Morris significa che «nell'800 a.C. i greci avevano ormai negoziato tra loro una nuova relazione con il Vicino Oriente».[58]

Ma questo secondo crollo non è affatto chiaro, poiché le evidenze indicano che i contatti tra il Vicino Oriente e l'Egeo proseguirono per tutto quel tempo. La terracotta fenicia è stata trovata a Cnosso (Creta) in contesti risalenti all'800 a.C. circa. Altri oggetti, perlopiù rivenuti in contesti del tardo VIII secolo a.C., sono stati scoperti nel sito di Eléftherna, sempre a Creta. Entrambi i ritrovamenti potrebbero indicare la presenza continua, sull'isola, di artigiani del Vicino Oriente. Viceversa, per lungo tempo si è sostenuto che lavoratori egei vivessero nel porto di Al Mina, in quella che è oggi la regione costiera della Turchia sudorientale e della Siria settentrionale.[59]

Alla fine, alla metà dell'VIII secolo a.C., e comunque non prima del 750 a.C. circa, la cultura greca riprende una strada che porterà a qualcosa di più della semplice sussistenza e sopravvivenza. James Whitley, autore di un volume sulla Grecia dell'Età del Ferro, scrive che «l'Egeo è una regione in cui la formazione degli Stati [...] è avvenuta due volte: la prima, nell'Età del Bronzo, e portò alle civiltà dei palazzi della Creta minoica e della Grecia micenea; la seconda, nella prima Età del Ferro, e portò alla civiltà della Grecia arcaica e della Grecia classica».[60]

Dobbiamo dunque riconoscere ai greci una qualche forma di resilienza, perché malgrado l'instabilità e l'incertezza di questi secoli, nel complesso finirono per riprendersi invece di essere rimpiazzati integralmente da altre popolazioni. Nell'Egeo, nonostante la falsa tradizione dell'invasione dorica, l'etnia e l'identità della popolazione potrebbero non essere cambiate poi così tanto – in altre parole, non è detto che dopo il Collasso ci furono grandi migrazioni e che nella regione arrivarono nuovi popoli. Piuttosto, a modificarsi furono soprattutto le circostanze socioculturali e politiche: un adattamento della popolazione superstite alla nuova e dura realtà di un ambiente segnato dalla siccità e in cui la carestia e l'instabilità politica erano un dato di fatto.

Ora, però, nell'VIII secolo a.C., i greci erano pronti a partecipare a pieno titolo a una rete internazionale di contatti e interconnessioni che si estendeva dal Mediterraneo occidentale al Mediterraneo orientale. Era stato faticoso superare quei secoli – più faticoso di quanto fosse mai stato per la maggior parte delle altre civiltà e società che abbiamo esaminato finora – ma adesso all'orizzonte si stagliavano i racconti eterni di poeti come Omero ed Esiodo, le prime Olimpiadi, per tradizione datate al 776 a.C.,[61] l'avvento della *polis* e del movimento di colonizzazione greco, nuove forme di terracotta, e molti degli altri segni di ricchezza e complessità che erano andati perduti con il crollo dei palazzi micenei circa quattrocento anni prima.

Sintesi

In breve, i minoici e i micenei non riuscirono a passare all'Età del Ferro conservando intatte le loro società. Sebbene vi sia continuità tra la Grecia dell'Età del Bronzo e la Grecia dell'Età del Ferro, e lo stesso si possa dire di Creta, le società che identifichiamo come micenea e minoica smisero di esistere al più tardi alla fine dell'XI secolo. I superstiti dovettero riorganizzarsi, praticamente da zero, e nonostante rari casi, in cui non tutto era cupo e regressivo, è solo a partire dall'VIII secolo a.C. che la cultura greca riprese la via che porterà a qualcosa di più della semplice sussistenza e sopravvivenza.

A questo punto, poiché abbiamo completato la nostra breve disamina di tutte le società colpite direttamente dal Collasso della tarda Età del Bronzo e della loro reazione nei secoli immediatamente successivi, possiamo cominciare ad analizzare quel che abbiamo appreso. Lo faremo nel prossimo, e ultimo, capitolo.

6.
Dal Collasso alla resilienza

Per alcuni, la fine fu improvvisa – gli invasori saccheggiarono la loro città o un terremoto fece crollare una casa sui suoi abitanti. Per altri, fu una catastrofe al rallentatore, con la siccità che rovinava i raccolti e la carestia che decimava la popolazione. Nessuno, nelle regioni dell'Egeo e del Mediterraneo orientale, sfuggì agli effetti del Collasso della tarda Età del Bronzo. Tutti ne furono colpiti, in qualche modo: ricchi e poveri, aristocratici e contadini, vittime e superstiti, uomini e donne le cui vite cambiarono drasticamente o solo un poco. La vita come la conoscevano, come l'avevano conosciuta per secoli, mutò irrevocabilmente. Chi sopravvisse alle calamità dell'epoca dovette adattarsi, tirare avanti, trovare il modo di resistere – anche quando la siccità continuò, le vie del commercio scomparvero o diventarono ostaggio di banditi e predoni, e le risorse fondamentali cominciarono a scarseggiare.[1]

Che lo si consideri un crollo, una trasformazione o entrambe le cose, è chiaro che il mondo interconnesso come l'avevano conosciuto gli abitanti della tarda Età del Bronzo cessò di esistere.[2] Molti degli imperi e dei grandi regni che erano fioriti nel secondo millennio a.C. caddero come tessere di un domino. Come abbiamo visto nei capitoli precedenti, questo si tradusse in una riconfigurazione delle regioni, dal momento che alcune realtà vennero sostituite da entità più piccole, tra cui quelle presenti nella Bibbia ebraica come israeliti, giudei, moabiti, ammoniti ed edomiti, oltre ad altre tra cui aramei e neo-ittiti. Tutto questo è chiaro e indiscutibile.

Gli archeologi Patricia McAnany e Norman Yoffee hanno affermato che studiare il collasso di una società è come osservare una fotografia digitale ad alta risoluzione: «È bella quando è piccola, compatta, e guardata da una certa distanza, ma si dissolve in elementi scollegati quando la si esamina da molto vicino».[3] Hanno senz'altro ragione, ma a mio parere il Collasso e il periodo immediatamente successivo ricordano soprattutto un quadro impressionista: è vero che la rete globalizzata del Mediterraneo crollò, e che ci fu un passaggio, una profonda transizione dall'Età del Bronzo a quella del Ferro, ma se ci avviciniamo, come abbiamo fatto nei capitoli precedenti, le cose diventano più granulose – le singole macchie (cioè le società) risultano separate all'occhio, e cominciano a emergere anomalie ed eccezioni, tanto che lo spettatore rischia di non vedere più il quadro nel suo insieme e di perdersi invece nei dettagli. Quel che da lontano a qualcuno sembra un crollo, a qualcun altro che osservi da pochi centimetri la scena può sembrare una trasformazione della società. Ebbene, a loro modo hanno entrambi ragione.

Un senso di fine e di inizio

A grandi linee, a partire dal XII secolo a.C. assistiamo a una frammentazione e a un declino della sicurezza e degli standard materiali di vita negli anni immediatamente successivi al Collasso, che continuarono fino al X secolo circa, via via che i regni dell'Età del Bronzo tramontavano uno dopo l'altro. Nelle zone più colpite, come la Grecia continentale, Creta, l'Anatolia e il Levante meridionale, si registrò un crollo dei palazzi, degli Stati o dei regni (compresi governi, economie centralizzate e così via), anche se segmenti della popolazione riuscirono a sopravvivere.

La ricomposizione ha inizio nel IX secolo e prosegue nell'VIII, quando gli assiri conquistano la maggior parte dell'area, il commercio nel Mediterraneo fiorisce grazie ai fenici e ai ciprioti, mentre potenziali rivali come la Monarchia Unita, Damasco e l'Egitto si fanno da parte, seguiti più tardi dall'Assiria e da Babilonia, rispettivamente alla fine del VII secolo e nel VI secolo a.C.

Per dirla diversamente, e per enfatizzare le ripercussioni concrete del Collasso, in generale il periodo compreso tra il XII e il X secolo a.C. vide cali demografici, l'abbandono di città, violenza, probabili migrazioni, il collasso della rete commerciale, malattie, minore aspettativa di vita, calo della produzione economica, abbassamento degli standard di vita e perdita o declino di abilità avanzate, sebbene la situazione vari a seconda dei luoghi. A partire dal IX secolo a.C., però, molte di queste tendenze si invertono, tanto che quando arriviamo alla seconda metà dell'VIII secolo vediamo in molte di quelle aree nuova vita e innovazioni originali, e un mondo pienamente interconnesso comincia a riprendere forma per la prima volta dopo vari secoli.[4]

Molti aspetti restano però oscuri, compreso il peso che ebbe la migrazione nell'intera regione e se le fluttuazioni demografiche osservate durante questi secoli in certe aree, come la Grecia continentale, potessero essere legate tanto alle migrazioni quanto al decesso degli abitanti. L'indagine su queste possibili migrazioni durante e immediatamente dopo il Collasso è tuttora in corso, e vale la pena ricordare che all'inizio di questo libro abbiamo trattato l'avvento dei dori più come una migrazione che come un'invasione vera e propria. Abbiamo anche accennato all'ipotesi che gli ammoniti fossero emigrati dall'Anatolia verso sud subito dopo il Collasso. Sono state suggerite anche altre possibilità, come migrazioni di genti di lingua luvia nel Canaan settentrionale e di frigi nell'Anatolia centrale. Erodoto pensava che ci fosse stata una migrazione dalla Lidia (l'attuale Turchia) all'Italia per via della siccità intorno al 1200 a.C., fatto che a suo parere spiegherebbe l'origine degli etruschi.[5]

A proposito di siccità, non posso non domandarmi che ruolo abbia avuto il clima nella ripresa, perché si notano diverse fluttuazioni climatiche che possono essere collegate direttamente o indirettamente all'andamento delle diverse aree. Per esempio, abbiamo notato: *(a)* condizioni leggermente più umide nel Levante meridionale nel periodo tra il 1150 a.C. e il 950 a.C. circa, che permisero «una coltivazione intensa di ulivi e cereali» e che forse diedero agli israeliti e ad altri popoli la possibilità di fondare i loro regni;[6] *(b)* l'inizio di un'era molto più umida in Mesopotamia dal 925 a.C. circa, che potrebbe aver permesso ai neo-assiri di raggrupparsi e cominciare a conquistare i territori circostanti; e *(c)* un generale passaggio da condizioni di aridità a condizioni più calde e umide nell'intera regione, compresa Cipro e forse anche la Grecia, dall'850 a.C. circa in avanti, cambiamento che potrebbe aver aiutato tutte le aree e le società a mettersi (o continuare) sulla strada verso la piena ripresa.

Il ciclo adattivo e i rapporti dell'IPCC

È a questo punto che alcuni studi contemporanei possono tornarci utili, in termini di confronto e analisi, inclusi quelli su altre società in epoche e luoghi diversi. Per esempio, alcuni studiosi sostengono che il collasso sia semplicemente insito nel ritmo naturale delle cose che ogni impero o società sperimenta - che faccia parte insomma di un ciclo infinito di ascesa e caduta, crollo, ristrutturazione, rinascita e ricostruzione. Fa pensare a un'altra frase dal musical *Hamilton* - «oceans rise; empires fall» - ma questa ascesa e questa caduta sono note ufficialmente nella letteratura sulla resilienza come «ciclo adattivo», rappresentato graficamente da un otto rovesciato, e prevede quattro fasi.[7]

Due di esse, le fasi alfa e omega, possono essere particolarmente utili per spiegare quel che osserviamo durante il Collasso e nel periodo immediatamente successivo. La fase omega (Ω) è la parte del ciclo adattivo in cui si hanno «collasso caotico e rilascio», mentre l'alfa (α) è la «fase della riorganizzazione». Questa riorganizzazione può avvenire rapidamente o lentamente, ma soprattutto è anche la fase «durante la quale sono possibili innovazioni e nuove opportunità». Le altre due fasi, la «fase di crescita e sfruttamento (r)» e la «fase di conservazione (κ)» sono quelle che osserviamo una volta che la riorganizzazione è completa, ma durano solo fin quando non si ripresenta la successiva fase di «collasso e rilascio» e il ciclo ricomincia daccapo.[8]

A mio avviso, il sistema internazionalizzato che era in vigore nella tarda Età del Bronzo nell'Egeo e nel Mediterraneo orientale rientra in un ciclo adattivo. Il periodo di interconnessione e prosperità nell'Egeo e nel Mediterraneo orientale, durato dal 1700 al 1200 a.C. circa, potrebbe allora essere considerato come la fase (r) di crescita e sfruttamento, più la fase di conservazione (κ). Il Collasso in sé sarebbe invece la fase omega (Ω) o di rilascio, mentre i successivi secoli dell'Età del Ferro, che sono il tema di questo libro, sono la fase alfa (α) o di riorganizzazione.[9]

Questa concisa descrizione del cambiamento sistemico ci permette anche di confrontare direttamente il Collasso della tarda Età del Bronzo con altri casi in altre epoche e altri luoghi, come la caduta dell'impero romano o il tramonto dei maya. Ma dobbiamo chiederci se anche le singole società all'interno di sistemi più ampi seguirono questo ciclo. In altre parole, le società o le regioni della tarda Età del

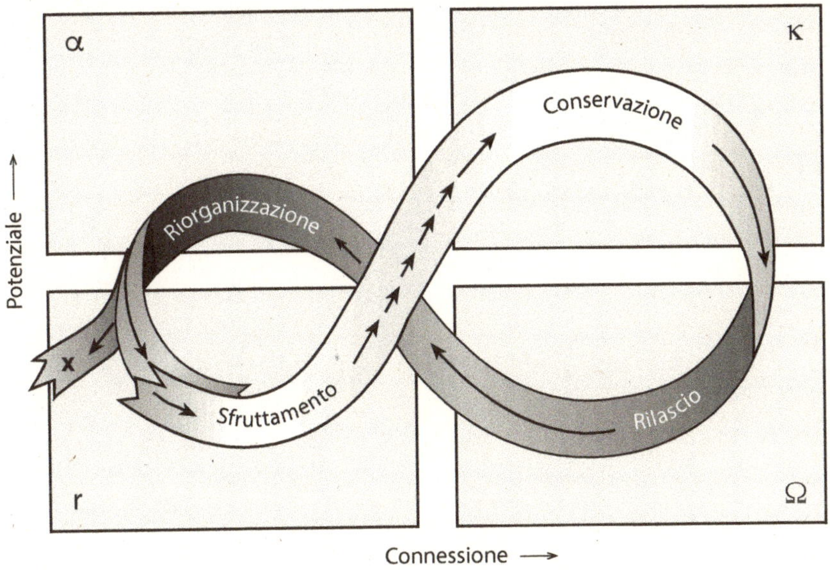

Figura 11. Visualizzazione del ciclo adattivo, da Holling e Gunderson 2002 (fig. 2.1).
Fonte Immagine adattata da *Panarchy. Understanding Transformations in Human and Natural Systems*, a cura di Lance H. Gunderson e C.S. Holling; copyright 2002 Island Press; riprodotta con il permesso di Island Press, Washington DC.

Bronzo che sperimentarono il Collasso seguirono un proprio ciclo adattivo durante e dopo l'Età del Bronzo?[10]

La risposta, a mio avviso, è sì. Anzi, Ian Morris ha sostenuto che «la Grecia tra il 1500 e il 500 a.C. è uno dei più famosi casi di crollo e rigenerazione di una società complessa». Lo studioso Anthony Snodgrass descrive per la Grecia quello che è a tutti gli effetti un ciclo adattivo: «un periodo di palazzi sofisticati (2000-1200 a.C. circa) cedette il passo a un'Epoca Buia depressa (1200-750 a.C. circa), a cui seguirono due nuove e brillanti civiltà, la arcaica (750-480 circa) e la classica (480-323 circa)».[11]

Morris ritiene anche che la Grecia costituì un esempio di «genuina» rigenerazione – ossia un caso di totale trasformazione del sistema.[12] Per quanto mi riguarda, preferisco considerarla più una ricostruzione. A differenza di altri popoli, come i fenici o i ciprioti, che si trasformarono, i greci dovettero ricreare la loro società quasi da zero durante

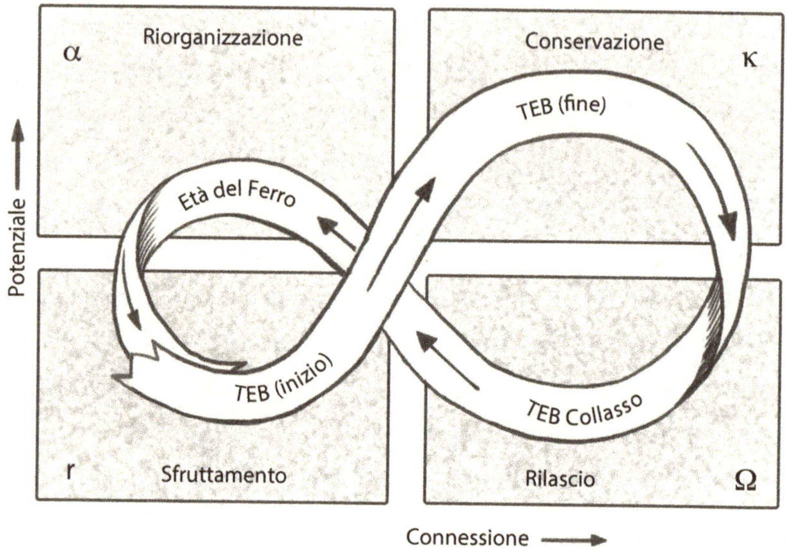

Figura 12. Rielaborazione del ciclo adattivo, con le fasi etichettate in termini di tarda Età del Bronzo (TEB), Collasso della tarda Età del Bronzo ed Età del Ferro.
Fonte Disegno di Glynnis Fawkes; adattato da Redman e Kinzig 2003 (fig. 3).

l'Età del Ferro (ossia l'Epoca Buia di Morris). In ogni caso, sebbene la nostra terminologia sia diversa, io e Morris stiamo descrivendo in larga parte lo stesso processo.

Se le aree e le società stavano tutte vivendo un proprio ciclo adattivo, significa che dobbiamo introdurre l'immagine correlata di «panarchia». Questo concetto riconosce che i singoli componenti di un sistema complesso che sta attraversando un ciclo adattivo sperimentano anch'essi un proprio ciclo adattivo oltre a far parte della progressione complessiva più ampia, e che ognuno di essi vive le fasi di rilascio e di riorganizzazione (fasi omega e alfa) con ritmi e modi diversi. Alcuni sono più lenti, altri più veloci, ma ciascuno influisce sia sugli altri sia sul sistema in generale, soprattutto se ci sono problemi simultanei con i vari componenti.[13]

In altre parole, pensate a un intricato sistema di ingranaggi che lavorano insieme per far funzionare un meccanismo, come un orologio

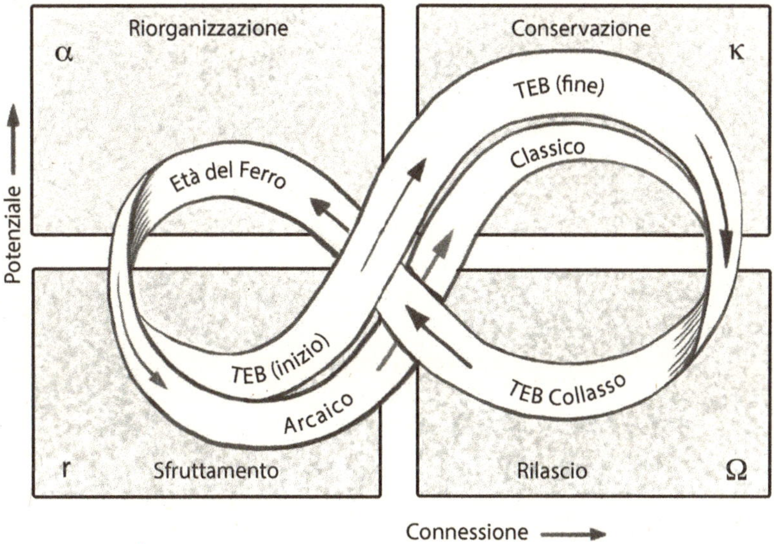

Figura 13. Rielaborazione del ciclo adattivo specificatamente per la Grecia, dalla tarda Età del Bronzo (TEB) all'Età del Ferro, fino al periodo Arcaico e a quello Classico.
Fonte Disegno di Glynnis Fawkes; adattato da Redman e Kinzig 2003 (fig. 3).

da tasca per esempio, dove però ogni rotella gira a una sua velocità: quest'immagine aiuta a farsi un'idea di cosa sia la panarchia. Nel nostro caso, il sistema generale è l'Età del Bronzo in tutta questa regione, mentre le singole ruote dentate dell'ingranaggio sono i micenei, i minoici, gli ittiti, gli egizi e le altre società. A volte, quando qualcosa va storto per una o più rotelle (ossia le società), l'intera macchina può cominciare a strattonare fino a fermarsi, o bloccarsi improvvisamente con uno stridore, e bisogna farla ripartire con i cavi.[14] E questo, a mio avviso, è esattamente quel che è successo alla fine della tarda Età del Bronzo nell'Egeo e nel Mediterraneo orientale.

Suggerirei anche di considerare le varie pubblicazioni riguardanti esempi moderni di resilienza e mitigazione dopo calamità più recenti, come l'uragano Katrina a New Orleans, perché anch'esse presentano concetti importanti che potrebbero essere applicati a quel che accadde dopo il Collasso dell'Età del Bronzo. Particolarmente pertinenti, a mio avviso, sono i vari rapporti stilati dall'Intergovernmental Panel on Climate Change (IPCC, Gruppo intergovernativo sul cambiamento climatico), creato nel 1988 e insignito del premio Nobel nel 2007.[15]

Anche se è raro che i rapporti dell'IPCC contengano esempi del passato o prendano in considerazione le opinioni degli archeologi,[16] offrono comunque un'analisi dettagliata di disastri come siccità, alluvioni e terremoti recenti, allo scopo di determinare se le società colpite li abbiano affrontati con successo o meno, proprio come vorremmo fare per le società travolte dal Collasso. Questi rapporti possono aiutarci a mettere insieme le nostre riflessioni in modo produttivo, anche se dobbiamo fare attenzione a eventuali anacronismi e a improbabili razionalizzazioni quando trasferiamo idee, definizioni e spiegazioni del XXI secolo in un'epoca di circa tremila anni prima, cosa che può o meno rappresentare un valido esercizio.

Il rapporto più utile credo sia un documento di 594 pagine diffuso dall'IPCC nel 2012, intitolato *Managing the Risks of Extreme Events and Disasters to Advance Climate Change Adaptation*. L'acronimo con cui viene indicato il rapporto è *SREX*, che deriva dal titolo abbreviato, *Special Report on Extreme Events*. È il primo rapporto dell'IPCC a considerare esplicitamente nello stesso documento sia il cambiamento climatico che la gestione dei rischi di disastri e a fornire una prima definizione dei concetti di cui abbiamo trattato, incluso un certo numero di termini che ho adoperato in vari punti dei capitoli precedenti, come «resistere», «adattarsi», «trasformarsi». Tali concetti sono stati ulteriormente sviluppati, e le loro definizioni leggermente modificate e aggiornate, in pubblicazioni successive dell'IPCC, compresi i più recenti Quinto e Sesto Rapporto di Valutazione (rispettivamente del 2014 e del 2021-22), e li ho citati in nota dove opportuno. Il rapporto del 2012 è comunque il più utile per i nostri scopi.[17]

Prima di tutto, sebbene gli autori si occupino del mondo moderno e nei loro rapporti non includano esempi del mondo antico, dalle definizioni contenute nel rapporto è chiaro che considererebbero il Collasso della tarda Età del Bronzo un evento dall'«impatto estremo», dal momento che determinò «conseguenze significative e tipicamente molto durature per la società, l'ambiente fisico naturale e gli ecosistemi». Come osservano, tali «impatti estremi» possono derivare da una molteplicità di cause, che comprendono «un singolo evento estremo, eventi estremi o non estremi successivi, inclusi eventi non

Figura 14. Gruppo intergovernativo sul cambiamento climatico delle Nazioni Unite, copertina dello *Special Report on Extreme Events* (SREX).

Fonte Per gentile concessione dell'IPCC.

climatici (come forti incendi seguiti da piogge intense che causano frane ed erosione del suolo), o semplicemente la persistenza di certe condizioni, come quelle che portano alla siccità».[18]

Pertanto, senza dubbio concorderebbero anche che il Collasso potrebbe essere considerato un «disastro» in un senso tecnico moderno, dato che definiscono i disastri eventi con «impatti estremi subiti dalla società, che possono associarsi anche a impatti estremi sull'ambiente fisico e sugli ecosistemi». In particolare sottolineano che «si ha un disastro quando l'impatto è tale da superare la capacità locale di resistere o tale da sconvolgere gravemente le normali attività». Oggi, proprio come nell'antichità, tali disastri «avvengono prima a livello locale e si ripercuotono sugli abitanti del luogo», dopodiché «questi impatti localizzati possono sommarsi e, in un effetto domino, avere ramificazioni nazionali e internazionali».[19]

Nel rapporto del 2012 gli autori considerano anche la «mitigazione dei disastri», che si riferisce ad «azioni che tentano di limitare ulteriori condizioni avverse una volta che il disastro si è verificato». Si tratta di tentativi di evitare un «secondo disastro», come lo chiamano. Questo secondo disastro spesso si materializza subito dopo la calamità iniziale e di solito è dovuto o a una risposta inadeguata al primo disastro o ad altre circostanze impreviste. Gli autori osservano che tra le conseguenze della prima o della seconda catastrofe spesso ci sono la migrazione, la vulnerabilità economica (nel settore pubblico come in quello privato), l'aumento della violenza ed effetti sul lavoro e sulla capacità di sostentamento sia a livello individuale che comunitario.[20] Tutti questi aspetti sono presenti durante e dopo il Collasso dell'Età del Bronzo, perché nel nostro caso il «primo disastro» potrebbe essere uno qualsiasi dei fattori di stress che abbiamo preso in considerazione in *1177 a.C.*, come il cambiamento climatico, la siccità, la carestia, la malattia e i terremoti, e il «secondo (o secondario) disastro» potrebbe essere il conseguente crollo di una o più società o della rete interconnessa, con gli stessi esiti descritti nel documento.

Di particolare importanza nel rapporto del 2012 sono i commenti generali sulla capacità di una società di reagire a un disastro e di riprendersi e cambiare, due abilità che dipendono entrambe dall'entità dell'impatto che la calamità ha avuto sulla società. È in relazione alla ripresa da disastri estremi, e in particolare all'idea che le risorse possano essere riorganizzate in un nuovo sistema dai superstiti così da sfruttare le opportunità create dalla catastrofe stessa, che oggi spesso viene usato il concetto di «teoria della resilienza» (o «pensiero della resilienza»), anche da alcuni archeologi.[21]

È bene sottolineare che il concetto di resilienza ha tutto un ventaglio di significati, a seconda delle discipline. Il National Research Council del 2011 ha definito la resilienza come la capacità di «continuare a operare sotto stress, adattarsi alle avversità e recuperare funzionalità dopo una crisi», mentre un altro gruppo di studiosi di recente l'ha definita «la capacità di una comunità di fronteggiare una minaccia, sopravvivere e ritrovare o, forse più correttamente, scoprire la strada verso una [nuova] normalità». Entrambe le definizioni funzionano bene sia per chi studia l'antichità sia per chi indaga e lavora su disastri più recenti.[22]

Gli autori dell'IPCC sottolineano anche che non tutte le società hanno la capacità di adattarsi o trasformarsi durante o dopo un disastro. Alcune resistono a malapena, se riescono. Per questo motivo, evidenziano la differenza tra *resistere*, che riflette la capacità di far fronte a qualcosa che è appena accaduto (ossia concentrandosi sull'emergenza immediata e sulla mera sopravvivenza), e *adattarsi*, che riflette la capacità di gestire qualcosa che potrebbe capitare in futuro e «in cui apprendimento e reinvenzione sono gli elementi chiave, mentre la sopravvivenza nel breve periodo è meno in questione».[23]

Come sottolineano, una società che si limita a resistere di fronte a un disastro di solito cerca solo di assorbire i colpi e di mantenere lo *status quo*, mentre una società che cerca attivamente di adattarsi metterà in atto dei cambiamenti, adeguerà degli aspetti e si organizzerà così da farsi trovare meglio preparata la prossima volta che capiterà un evento analogo.[24] È qui che la questione si fa particolarmente interessante per noi, perché oggi sappiamo che ci furono molte reazioni diverse da parte delle società colpite dal Collasso dell'Età del Bronzo, incluse quelle che potremmo definire come società che resistettero con successo o che si adattarono con ancora più successo.

Tutto ciò, però, è ancora un passo indietro rispetto alla vera *trasformazione*. Come notano gli autori dell'IPCC, le società più resilienti sono quelle in grado di imparare e di adeguarsi in corsa, riorganizzandosi dopo un'interruzione, continuando a preservare le loro strutture fondamentali e la loro funzionalità anche durante l'evento (o disastro) in questione. Gli aggiustamenti apportati sono detti «cambiamenti trasformazionali» e possono essere incrementali (ossia graduali) o ben più radicali.[25] Ne abbiamo visto un esempio, se non due, nel capitolo 3 – mi riferisco ai fenici e ai ciprioti.

Gli autori dell'IPCC citano anche il concetto di «vulnerabilità», in quanto potenzialmente utile quando si cerca di capire perché alcune società riescano a riprendersi e altre no dopo un disastro o un evento estremo. Per loro, la vulnerabilità è «specifica della situazione» – come accadde, a mio avviso, alla fine della tarda Età del Bronzo – e sottolineano soprattutto l'incapacità di resistere o adattarsi in tali situazioni. Ci torneremo sopra tra un attimo, ma gli autori del rapporto notano anche che potrebbero esserci delle «finestre di vulnerabilità», ossia periodi in cui i rischi esterni (o persino interni) rappresentano una minaccia più grande del solito.[26] Ancora una volta, mi sembra che calzi perfettamente con quanto avvenne intorno al 1200 a.C., quando a mio avviso si scatenò una «tempesta perfetta» di calamità.

Anche il concetto di «fragilità», analizzato sempre nel rapporto del 2012, potrebbe tornare utile; non a caso gli studiosi stanno cominciando a ipotizzare che la fragilità sociale («apparati statali indeboliti o in disfacimento») possa essere correlata alla vulnerabilità, di cui anzi potrebbe essere anticipatrice. A questo riguardo è stato suggerito che le città e le società possano talvolta essere più fragili e vulnerabili di quanto non sembrino, in parte perché il loro apparente successo copre e maschera l'instabilità (che solitamente diventa evidente solo con il senno di poi). Sebbene possa sembrare che vada tutto bene, le fondamenta o magari le appendici sono invece marce e deboli, e quindi basta un debole colpo di vento o un motivo di stress per innescare il processo di crollo. Ho il forte sospetto che le cose andarono esattamente così per i micenei e per gli ittiti.[27]

Per i fenici, invece, potrebbe essere stato il contrario, perché parrebbero «antifragili», come abbiamo visto nel capitolo 3. Di certo, i fenici sembrano aver tratto vantaggio non solo dalla distruzione di Ugarit, ma anche dalla fine dell'influenza egizia e ittita nella loro area e dal caos generale che investì le rotte commerciali dirette a sud e a ovest, ossia verso l'Egitto, Cipro, Creta, la Grecia, la Sicilia, la Sardegna, l'Italia e l'Iberia, subito dopo il 1200 a.C.[28] Si arricchirono grazie al controllo esercitato su queste rotte nei secoli successivi.

Un altro possibile modo di descrivere il ruolo dei fenici dopo il Collasso è di utilizzare *sia* la teoria della resilienza *sia* il ciclo adattivo, dal momento che – come menzionato – la fase «alfa» o di riorganizzazione del ciclo è stata descritta come un periodo «in cui le risorse vengono

Tabella 4. Termini e definizioni correlati alla resilienza.

Termine	*Breve definizione*
Adattarsi / capacità adattiva	La capacità di gestire qualcosa che potrebbe accadere nel futuro; apprendimento e reinvenzione sono i punti chiave, mentre la sopravvivenza nel breve periodo è meno in questione.
Antifragile	La condizione di una società che mostra non solo resilienza e solidità, ma che prospera sotto la giusta quantità di stress, sfruttando la situazione non solo per sopravvivere ma per fiorire.
Resistere / capacità di resistere	La capacità di far fronte a qualcosa che è appena successo (concentrandosi sull'immediato e limitandosi a sopravvivere).
Fragilità / fragilità della società	La condizione di una società caratterizzata da apparati statali indeboliti o in disfacimento.
Resilienza	La capacità di continuare a operare sotto stress, di adattarsi alle avversità e di recuperare funzionalità dopo una crisi.
Adattamento trasformazionale	Include azioni che cambiano le caratteristiche fondamentali di un sistema in risposta agli effetti reali o previsti del cambiamento climatico.
Trasformarsi	La capacità di riorganizzarsi dopo un'interruzione e di preservare le strutture e le funzioni fondamentali di fronte a uno stress sistemico; è caratterizzata dalla capacità di apprendere e adeguarsi.
Vulnerabilità	La probabilità che una società patisca quando colpita da eventi estremi.
Finestre di vulnerabilità	Periodi in cui, per una combinazione di circostanze, i rischi sono maggiori.

Fonti National Research Council 2011; Rapporto RSREX dell'IPCC 2012; Quinto Rapporto di Valutazione dell'IPCC 2014; Taleb 2014.

riorganizzate in un nuovo sistema per sfruttare le opportunità».[29] Quindi considero i fenici sia antifragili che un ottimo esempio dell'innovazione che può caratterizzare la fase alfa di un ciclo adattivo.

Mi sembra che la terminologia della resilienza possa tornare estremamente utile nell'aiutarci a spiegare perché le diverse società siano crollate in momenti leggermente diversi durante il Collasso e perché si siano riprese a velocità differenti (e in modi differenti) nei decenni e nei secoli successivi. Tuttavia, dobbiamo chiederci se sia legittimo cercare di spiegare questi eventi antichi usando termini e idee moderne – resilienza, trasformazione, resistenza e adattamento. Stiamo introducendo nel dibattito concetti anacronistici che non valgono per il mondo di tremila anni fa?

Forse sì, ma malgrado la possibilità di simili errori, credo valga la pena cercare di rispondere a tutte le domande che abbiamo posto nelle pagine precedenti, esaminando il successo o il fallimento delle varie società attraverso la lente della resilienza e della teoria della resilienza. Come ha osservato Erika Weiberg dell'Università di Uppsala, la teoria della resilienza può aiutarci a raggiungere una visione più sfumata di quel periodo, permettendoci di decidere meglio «cosa comportò esattamente [il] collasso e per chi».[30]

Categorie e classifiche

Credo che possiamo applicare alcune delle definizioni e delle analisi del rapporto del 2012 dell'IPCC, *Managing the Risks of Extreme Events and Disasters*, ai dettagli storici e archeologici dei secoli successivi al Collasso che abbiamo preso in esame. Si tratta naturalmente di un punto di vista soggettivo, ma potremmo sostenere, per esempio, che gli assiri, i babilonesi e gli egizi dimostrarono «capacità di sopportare», per usare il lessico dell'IPCC, perché quei popoli riuscirono a *resistere* e ad andare avanti – seppure gli egizi meno bene degli assiri e dei babilonesi. I fenici e i ciprioti, invece, riuscirono a compiere non solo un passo avanti, *adattandosi* alla situazione, ma ben due, *trasformandosi* – sembrano infatti aver avuto la «capacità di cambiare e adeguarsi» (sempre per usare il linguaggio dell'IPCC) e si riorganizzarono in modi nuovi dopo gli sconvolgimenti della tarda Età del Bronzo.

Inoltre, per quanto riguarda sia i ciprioti che i fenici, dovremmo sottolineare che secondo l'IPCC la capacità di adattamento e quindi di trasformazione può anche essere definita come la capacità di essere innovativi e di prevedere situazioni future. Tali innovazioni, spiega, possono essere sia sociali che tecnologiche, e incrementali o radicali, come abbiamo visto.[31] L'adozione e la diffusione del ferro e dell'alfabeto sono solo due delle innovazioni più evidenti di quei secoli.

Possiamo anche riassumere le nostre osservazioni da un punto di vista diverso, suddividendo in categorie e classifiche le società colpite dal Collasso dell'Età del Bronzo, in base ai concetti di resilienza, vulnerabilità e fragilità, e alle definizioni aggiuntive di resistenza, adattamento e trasformazione, e vedere se questo esercizio produce qualcosa di utile.

È bene precisare, però, che non sto privilegiando certi Stati (o regni o imperi) in nome di una sospirata unità di organizzazione sociopoli-

Tabella 5. Ampie categorie di resilienza per le diverse aree / società nei secoli successivi al Collasso.

Categoria	*Motivazione*	*Area / Società*
1	Più che resilienti, forse persino antifragili	Cananei centrali (fenici); Cipro
2	Molto resilienti (in varia misura); capaci di adattarsi e forse persino di trasformarsi	Assiria; Babilonia; neo-ittiti; cananei settentrionali
3	Resilienti, ma a malapena; capaci di resistere ma non necessariamente di adattarsi	Egitto
4	Non resilienti come società ma con una certa continuità con i loro successori, che alla fine rifiorirono	Grecia continentale (micenei); Creta (minoici)
5	Non resilienti; scomparsi o assimilati	Ittiti; cananei meridionali

tica; piuttosto, mi limito a lavorare partendo dall'osservazione che i regni e gli imperi che formavano la rete globalizzata della tarda Età del Bronzo nell'Età del Ferro si trasformarono o vennero sostituiti da regni più piccoli e da città-stato. Il nostro intento è di capire come si passò da una situazione all'altra nei secoli successivi al Collasso, cosa che a mio avviso possiamo fare basandoci sul materiale presentato in questo libro.

Vorrei anche far presente che le mie ipotesi sono ovviamente provvisorie, in parte per via della natura frammentaria e incompleta delle evidenze disponibili e in parte perché alcune ipotesi implicano un giudizio o l'attribuzione di un'etichetta a qualcosa che può essere difficile categorizzare correttamente. È bene anche notare che un certo numero delle società o delle aree in questione non fu costante nei secoli per quanto riguarda il grado di resilienza, il che significa che dobbiamo tenere a mente le sfumature oltre che il quadro generale. Pur sapendo che forse qualcuno metterebbe certe società in un'altra categoria rispetto a quella da me scelta, vi propongo le seguenti, sintetiche osservazioni, elencate in base all'ordine di resilienza.

1. *Più che resilienti, forse persino antifragili*

In questa categoria sono due, a mio parere, gli esempi principali. Uno è rappresentato dalle società cananee del Levante centrale che si evolsero o si trasformarono a tal punto che oggi le chiamiamo «fenicie» per segnalare quel cambiamento; l'altro esempio sono gli abitanti di

Cipro. Entrambi si trasformarono e fiorirono nel bel mezzo del caos, in certi casi assumendo ruoli prima ricoperti da altri e dando prova di innovazioni quali la standardizzazione dell'alfabeto, la produzione della porpora e la lavorazione del ferro, con cui creare armi e utensili. Come ha detto Carol Bell, «i mercanti ciprioti e i loro omologhi fenici erano [...] nella giusta posizione per sfruttare le opportunità create dagli eventi catastrofici della tarda Età del Bronzo».[32]

Anche se, come abbiamo visto, i cananei centrali oggi vengono chiamati con un altro nome - fenici -, le continuità culturali sono evidenti. Non furono solo resilienti e innovativi mentre passavano dalle città-stato cananee della tarda Età del Bronzo alla nuova normalità, ma furono realmente antifragili e fiorirono nel caos che seguì al Collasso. Sfruttando il sacco di Ugarit e di altre città portuali per prendere il controllo delle rotte commerciali nel Mediterraneo, furono in grado di scambiare beni come la porpora con l'argento e altri metalli provenienti dalla Sicilia, dalla Sardegna e dall'Iberia - e diffusero in tal modo la loro versione standardizzata dell'alfabeto.

Anche gli abitanti di Cipro dimostrarono un'ammirevole resilienza, che probabilmente permise loro sia di trasformare il sistema politico sia di spostare singole popolazioni in nuove aree - dove, quando necessario, crearono nuovi insediamenti, soprattutto quando i porti si insabbiavano. Inoltre erano all'avanguardia nella nuova industria del ferro: se la nostra interpretazione odierna è corretta, furono i fabbri ciprioti a guidare il passaggio al ferro quale metallo predominante dell'epoca. Gli artigiani e i fabbri non solo mantennero viva la lavorazione del bronzo ma furono anche innovativi nell'adattare e diffondere la nuova tecnologia metallurgica. Nel contempo, riuscirono a mantenere una presenza nelle rotte del commercio internazionale, che continuarono a esistere, anche se forse inizialmente a un livello minore rispetto alla tarda Età del Bronzo.

2. *Molto resilienti*

I principali esempi di società che si dimostrarono molto resilienti potrebbero essere a mio avviso gli assiri e i babilonesi. Entrambi resistettero e si adattarono secondo necessità, adeguandosi alla nuova situazione (o alle nuove situazioni) in cui si ritrovarono: per esempio, affrontando vecchi nemici (gli elamiti nel caso dei babilonesi) o nuovi avversari (gli aramei e gli urriti nel caso degli assiri) o semplicemente sottraendo agli altri ciò di cui avevano bisogno.[33]

Gli assiri e i babilonesi rientrano in questa categoria, a mio avviso, perché inizialmente riuscirono a superare il Collasso e ad adattarsi durante il passaggio dall'Età del Bronzo all'Età del Ferro, quasi senza alcun cambiamento nelle loro strutture fondamentali - dall'amministrazione pubblica alla religione (comprese le divinità venerate). Entrambe le società, però, vennero colpite in un secondo tempo da siccità, carestia e peste. Anche se continuarono a resistere, gli assiri impiegarono due secoli a riorganizzarsi e imporsi con forza nel IX secolo a.C., mentre i babilonesi riuscirono a farlo solo alla fine del VII secolo a.C.

In questa categoria farei rientrare anche i neo-ittiti, stanziati nella Siria settentrionale e nell'Anatolia sudorientale, oltre ai cananei del nord e ad altri popoli che potrebbero esser vissuti insieme a loro in quelle zone. Erano tutti usciti indenni dallo sconvolgimento iniziale e durante l'Età del Ferro vivevano nei territori di Karkemish, a Tell Tayinat e in altri piccoli regni o città-stato siro-ittite e siro-anatoliche di quella regione. Resistettero nonostante i ripetuti attacchi degli assiri, anche se probabilmente i cananei che si trovavano nelle zone più interne, per esempio a Damasco, finirono per integrarsi nei tanti piccoli regni aramei che sorsero in quella regione nel corso del IX secolo a.C. Includere i neo-ittiti in questa categoria significa però separarli dalla popolazione ittita dell'Anatolia centrale, che non fu altrettanto resiliente; qualcuno potrebbe obiettare che dovremmo tenere insieme i due gruppi, ma considerata la grande disparità di resilienza, mi pare sensato dividerli.

3. Resilienti, ma a malapena

All'interno di questa categoria includerei i gruppi che riuscirono a resistere e continuarono a esistere, ma senza compiere una vera transizione, tanto che le loro società entrarono in una certa misura in declino e persero l'importante ruolo internazionale che prima ricoprivano. Il principale esempio è costituito dagli egizi, perché se è vero che l'Egitto sopravvisse nei secoli che seguirono il Collasso, non fu più lo stesso, né tornò mai alla posizione di preminenza che deteneva nel periodo del Nuovo Regno. Non ci furono cambiamenti sostanziali a livello di governo e di amministrazione, e neppure di religione, ma per la gente comune il tenore di vita molto probabilmente peggiorò. Si registrò anche un aumento dei casi di ammutinamenti, anarchia, rivendicazioni da parte di faraoni rivali, e guerre civili, al punto che in certi periodi il paese era governato da più re simultaneamente, e il suo ruolo nel commercio internazionale si ridusse d'importanza.

Tuttavia, quando abbiamo cominciato a parlare dell'Egitto, abbiamo osservato che gran parte del periodo immediatamente successivo al Collasso – a partire dalla morte di Ramses XI nel 1070 a.C., che segnò la fine della Ventesima Dinastia e del Nuovo Regno – è noto agli egittologi come il Terzo Periodo Intermedio, nel corso del quale più pretendenti rivali ambirono al titolo di faraone. Epoche analoghe, chiamate Primo e Secondo Periodo Intermedio, erano seguite rispettivamente all'Antico Regno e al Medio Regno. Insomma, sotto molti aspetti quel che accadde in Egitto dopo il Collasso non fu davvero una novità, ma un ciclo che si era verificato altre volte – la versione egizia del ciclo adattivo.

4. Non resilienti come società ma con una certa continuità culturale

In questa categoria farei rientrare le realtà che non riuscirono a resistere, adattarsi o trasformarsi, e che tuttavia mantennero una loro continuità culturale. La considero una delle categorie più controverse e quanto mai suscettibile di dibattito.

Il principale esempio, a mio avviso, è costituito dai micenei della Grecia continentale, che sembrano essere stati più vulnerabili e fragili del previsto.[34] Anche se scomparvero come società, c'è sufficiente continuità con i loro successori, nonché una rinascita di questi ultimi nell'VIII secolo a.C., per collocarli in questa categoria e non in quella successiva. Di seguito il mio ragionamento.

Non c'è dubbio che la società micenea giunse a conclusione al più tardi intorno al 1050 a.C. Dato il peggioramento del tenore di vita verificatosi dopo il Collasso, possiamo presumere che i greci non furono particolarmente resilienti, perlomeno all'inizio, e che la vita come la conoscevano durante l'Età del Bronzo era effettivamente finita. Dovremmo però osservare che, nonostante la società dell'Età del Bronzo fosse ormai tramontata, nella Grecia continentale la vita andò avanti per un gran numero di persone, soprattutto delle classi più umili, e sicuramente ci fu continuità tra l'Età del Bronzo e l'Età del Ferro.[35]

È anche vero, però, che i greci rimasti riuscirono a trasformarsi, e ricostruirono la loro cultura e la loro società da zero. Non fu un processo facile né veloce, ma è possibile notare, per esempio, un'evoluzione negli stili dell'arte fittile, nelle usanze funerarie e nei tipi di abitazioni, oltre a una certa continuità – inclusa quella nei titoli di alcuni degli amministratori (come il *basileus*) e nei nomi di molte delle divinità, da Zeus ed Era in giù. Tuttavia, come menzionato all'inizio di questo libro, è improbabile che dopo il 1050 a.C. qualcuno si considerasse ancora miceneo (ammesso che si fossero mai definiti tali, e non semplicemente gli abitanti di un particolare regno, come Micene o Pilo).

Siccome i sopravvissuti finirono per rimettersi sulla strada che li avrebbe portati alla Grecia Arcaica e poi alla Grecia Classica, ipotizzerei che forse già tra la fine del IX e l'inizio dell'VIII secolo a.C. si fossero ripresi abbastanza da meritare la categoria superiore (la 3). Se però consideriamo la media di tutto il periodo, restano in questa (la 4).

In questa categoria, dopo un intenso dibattito interiore, includerei anche i cretesi: se è vero che furono più bravi dei micenei ad adattarsi, persero la loro precedente identità, quella che noi riconosceremmo come «minoica». Come abbiamo visto nel capitolo 5, i minoici e la società minoica com'era conosciuta anche dai loro precedenti partner commerciali d'oltremare – «keftiu» per gli egizi e «caphtoriti» per i cananei e i babilonesi – sostanzialmente cessarono di esistere, forse già a partire dalla conquista micenea dell'isola a metà del XIV secolo a.C. Questo anche se molti degli abitanti sopravvissero al passaggio all'Età del Ferro e tornarono a fiorire come Creta Arcaica.

Sono però il primo a riconoscere che si tratta di una scelta soggettiva, perché gli abitanti di Creta riuscirono certamente a realizzare degli adattamenti culturali. Anche se in quei secoli non replicarono il loro precedente successo nel commercio internazionale, conservarono comunque una certa continuità, che portò allo sviluppo delle città-stato arcaiche, e questa rinascita potrebbe essere sufficiente a spostarli nella categoria superiore (sebbene, anche nel loro caso, la media nel corso dei secoli li trattenga in questa). Per citare Saro Wallace, lo si potrebbe considerare un «collasso positivo», ma, come detto, costò loro l'identità di «minoici», che persero per mano dei micenei o in seguito al Collasso.[36]

5. Non resilienti – essenzialmente scomparsi

In quest'ultima categoria ricadono le società che non furono resilienti e che praticamente scomparvero del tutto, con la possibile eccezione di qualche piccola sacca in zone periferiche. È in questo gruppo che farei rientrare gli ittiti e il loro impero, che in sostanza non superarono il passaggio all'Età del Ferro e cedettero il loro territorio a nuovi regni, tra cui l'urrita nell'Anatolia orientale e il frigio nell'Anatolia centro-occidentale, come abbiamo visto nel capitolo 4. Anche in questo caso, però, bisogna fare attenzione, perché abbiamo già collocato nella categoria 2 i piccoli gruppi che sopravvissero in forma di città-stato neo-ittite nel Levante settentrionale e nella Siro-Anatolia e che portarono avanti le tradizioni ittite nella scrittura, nell'architettura e nei sistemi amministrativi, creando nel contempo sistemi propri e indipendenti. Inoltre, sebbene gli ittiti controllassero gran parte dell'Anatolia, il crollo della loro società non implicò necessariamente la morte di chiunque vivesse nella regione, meno che mai in luoghi dell'entroterra come Çadir.[37]

Pur rendendomi perfettamente conto che la mia scelta sarà oggetto di discussione, in questa categoria farei rientrare anche i cananei che vivevano nel Levante meridionale, perché nel complesso direi che vennero sopraffatti o inglobati dai nuovi regni che sorsero nella regione, come quelli di Israele e di Giuda, oltre alla Filistia, Edom, Ammon e Moab. Ciò esemplifica anche alcuni dei problemi che sorgono quando si cerca di assegnare un'etichetta a situazioni fluide; non a caso, nel suo recente libro sulla Cananea sudorientale nelle Età del Bronzo e del Ferro, Ido Koch dell'Università di Tel Aviv scrive che «la società rigeneratasi nella Cananea sudoccidentale del Ferro I mostra sia continuità che trasformazione». Nel contempo, però, Koch ammette che «la struttura sociale emersa nella Cananea sudoccidentale del post-Collasso, nel Ferro I, era diversa da quella antecedente», che i «[nuovi] centri [...] rimpiazzarono quelli tradizionali» e che «si sviluppò un diverso modello di insediamento».[38]

In poche parole, siccome interpreto la situazione basandomi sulle nostre conoscenze attuali, mentre singoli gruppi etnici cananei (o persino piccole comunità) furono forse resilienti in una certa misura, durante la transizione verso l'Età del Ferro la società e le città-stato cananee cessarono comunque di essere identificabili in modo univoco, anche se indubbiamente influenzarono i nuovi regni che sorsero nel

Levante meridionale. Questo sviluppo potrebbe essere interpretato da un lato come una trasformazione e una dimostrazione di grande resilienza, e dall'altro come un'assimilazione nei nuovi regni e una prova di scarsa resilienza. Tuttavia, proprio come non vediamo più micenei e minoici identificabili come tali nell'Egeo della tarda Età del Ferro, in generale non parliamo più di cananei nel Levante della tarda Età del Ferro, ma di israeliti, giudei, ammoniti, edomiti, moabiti e così via. Ho insomma scelto di interpretare questa situazione come un processo di assimilazione, dove comunque sopravvissero alcune influenze culturali, e ho collocato i cananei meridionali in questa categoria. Altri possono invece considerarla una trasformazione riuscita e porli in una delle categorie precedenti.[39]

Altre categorie?

Ci sono anche altri gruppi che potrebbero rientrare o meno in una di queste cinque categorie, a seconda di come si interpretano i dati a disposizione. Per esempio, se davvero i monoteistici israeliti si trovavano già da tempo nella regione del Levante meridionale ed erano semplicemente scesi dagli altipiani dove vivevano prima («gli israeliti invisibili», per citare Finkelstein), allora potremmo considerarli un'altra cultura dell'Età del Bronzo che si dimostrò resiliente e innovativa mentre si trasformava nella Monarchia Unita e poi nei regni di Israele e di Giuda, il tutto passando a una nuova normalità. Se invece erano emigrati da poco nella regione in un qualche modo – basti pensare all'Esodo – allora andrebbero considerati dei nuovi venuti che sfruttarono il caos seguito al Collasso, e sarebbe tutta un'altra storia.

Analogamente, se Ben-Yosef ha ragione e gli edomiti erano nomadi della regione dello Wadi Faynan che poi erano diventati stanziali e avevano fondato il regno di Edom, come abbiamo visto nel capitolo I, tale trasformazione sarebbe legata all'abbandono dall'area da parte degli egizi e agli altri eventi a esso correlati della tarda Età del Bronzo? O il regno si sviluppò diversamente, come hanno sostenuto altri studiosi, e sarebbe quindi un'entità del tutto nuova, che sorse nel vuoto di potere seguito agli sconvolgimenti della fine del XIII secolo e l'inizio del XII secolo a.C.?

Una situazione analoga riguarda anche altri popoli di quest'area. Per esempio, la giuria non ha ancora deciso se gli ammoniti giunsero nella zona durante il Collasso della tarda Età del Bronzo, forse addirittura dall'Anatolia, se migrarono da altre zone della Cananea, o se invece si trattava di autoctoni che sopravvissero al Collasso proprio dove nell'Età del Ferro sarebbe sorto il regno ammonita: sono queste le diverse ipotesi avanzate.[40] Se è corretta l'ultima, allora gli ammoniti apparterrebbero alla categoria 2; se invece è esatta una delle altre due, allora dovremmo riflettere su dove collocarli, e domandarci anzi se vadano addirittura presi in considerazione.

Lo stesso vale per Moab e i moabiti, che potrebbero aver fondato il loro regno intorno al 1300 a.C., se non prima, ma che potrebbero anche essere arrivati nella regione non tanto prima del 1200 a.C. o addirittura aver creato il loro regno solo poco prima dell'XI secolo. Ancora una volta, sono tutte ipotesi plausibili, e ancora una volta se e come classificarli resta per ora una questione aperta.[41]

Ci tengo a ribadire che la classificazione delle varie società in base ai loro alti e bassi nel corso dei secoli è preliminare, provvisoria e totalmente dipendente dalle nostre conoscenze attuali e dalle mie supposizioni e intuizioni (per quanto non-scientifico tutto ciò possa essere). Il lavoro archeologico potrebbe suggerire in futuro una traiettoria diversa per alcune di queste società, ma attualmente le categorizzazioni qui proposte riflettono il mio orientamento dopo aver esaminato tutte le prove disponibili.

Mi pare anche utile rammentare che la situazione di ciascuna società mutò nel corso del tempo, come ho cercato di mostrare nella tabella 6: lì ho indicato la mia ricostruzione sullo status di ogni società secolo per secolo. Potrebbe risultare particolarmente utile, dal momento che in questo libro abbiamo seguito un criterio geografico e non cronologico.

Inutile a dirsi, altri studiosi avranno idee diverse, e magari avrebbero inserito l'Egitto in una categoria differente – in quella superiore, con gli assiri e i babilonesi, o in quella inferiore, con i micenei e i minoici –, a seconda di come si considerano fattori quali l'instabilità politica. Per farla breve, le mie ipotesi intendono avviare la discussione, non concluderla.

Quel che risulta evidente, se si considera quanto esposto nei primi cinque capitoli e in queste ultime pagine, è che ogni caso è unico. Delle società che erano attive durante la tarda Età del Bronzo nell'E-

Tabella 6. Resilienza, o sua assenza, nelle diverse aree / società per secolo a.C., e fasi del ciclo adattivo.

Area / Società	*XII secolo*	*XI secolo*	*X secolo*	*IX e VIII secolo*
Assiria	Molto resiliente; costanti raid aramei e conflitti occasionali con i babilonesi, ma sostanzialmente inalterata. *Fase del ciclo adattivo*: omega.	Resistente, ma siccità, carestia e pestilenza determinano il declino che durerà per tutto il secolo successivo. *Fase del ciclo adattivo*: omega.	Il declino continua; resiste e forse si adatta, ma si limita a sopravvivere fino all'ultimo terzo del secolo. *Fase del ciclo adattivo*: omega.	Trasformazione in Impero neo-assiro; ha inizio la conquista del Medio Oriente. *Fase del ciclo adattivo*: alfa.
Babilonia	Molto resiliente; costanti raid aramei e conflitti occasionali con gli assiri, ma sostanzialmente inalterata. *Fase del ciclo adattivo*: omega.	Problemi simili a quelli degli assiri; resiste a siccità, carestia e peste. *Fase del ciclo adattivo*: omega.	Simile agli assiri; continua a resistere e si limita a sopravvivere. *Fase del ciclo adattivo*: omega.	Continua a resistere e sopravvivere. *Fase del ciclo adattivo*: omega.
Canaan (settentrionale)	Transizione diversa a seconda dei siti; alcuni (per es. Ugarit) vennero abbandonati, altri furono molto resilienti e dimostrarono continuità. *Fase del ciclo adattivo*: omega.	Resiliente e capace di adattarsi / resistere; probabile una certa assimilazione nella società neo-ittita. *Fase del ciclo adattivo*: omega.	Resiliente e capace di adattarsi / resistere come nel secolo precedente. *Fase del ciclo adattivo*: omega.	Resiliente e capace di adattarsi / resistere come nei due secoli precedenti; probabile assimilazione nella Siria settentrionale. *Fase del ciclo adattivo*: omega.
Canaan (centrale): Tiro, Sidone, Biblo, Arwad ecc.	Antifragile; «trasformazione» della popolazione in fenici, che via via assumono il controllo delle rotte commerciali. *Fase del ciclo adattivo*: inizialmente omega, per passare quasi subito ad alfa.	Antifragile; continuano le imprese marittime. *Fase del ciclo adattivo*: alfa.	Antifragile; continuano le imprese marittime; i governanti di Biblo lasciano iscrizioni. *Fase del ciclo adattivo*: alfa.	Antifragile; continuano le imprese marittime. *Fase del ciclo adattivo*: alfa.

(*continua*)

Tabella 6. (*continua*)

Area / Società	*XII secolo*	*XI secolo*	*X secolo*	*IX e VIII secolo*
Canaan (meridionale)	Inizialmente resiliente e capace di adattarsi; forse si trasformò in una certa misura, ma inizialmente non è antifragile. *Fase del ciclo adattivo*: omega, per passare quasi subito ad alfa.	Forse resiliente, ma probabilmente comincia a essere assimilato dai filistei e altri. *Fase del ciclo adattivo*: alfa.	Potrebbe essere interpretato come un adattamento da parte degli abitanti originali, ma molto probabilmente assimilato nei nuovi regni sorti nell'area, tra cui Israele, Giuda, Edom e Ammon. *Fase del ciclo adattivo*: alfa.	Prosperano vari nuovi regni, tra cui Israele e Giuda. *Fase del ciclo adattivo*: alfa.
Creta (minoici)	Continuità e aggiustamenti culturali; adattamento trasformativo per superare la transizione. *Fase del ciclo adattivo*: inizialmente omega, per passare ad alfa.	La società minoica è scomparsa, ma i cretesi si sono ripresi e adeguati alla nuova realtà. *Fase del ciclo adattivo*: alfa.	La società cretese continua; rinnovati i contatti con il Medio Oriente. *Fase del ciclo adattivo*: alfa.	I cretesi prosperano. *Fase del ciclo adattivo*: alfa.
Cipro	Capace di adattarsi e forse persino di trasformarsi; forse antifragile; innovazione nella lavorazione del ferro. *Fase del ciclo adattivo*: inizialmente omega, ma quasi immediatamente passaggio ad alfa.	Resiliente e florida; sorgono nuove città e le vecchie resistono, seppure con qualche cambiamento; impegnata attivamente nel commercio internazionale, soprattutto con manufatti di ferro. *Fase del ciclo adattivo*: alfa.	La resilienza continua, creando i presupposti per il passaggio al periodo arcaico. *Fase del ciclo adattivo*: alfa.	I ciprioti prosperano. *Fase del ciclo adattivo*: alfa.

Tabella 6. (*continua*)

Area / Società	*XII secolo*	*XI secolo*	*X secolo*	*IX e VIII secolo*
Egitto	Resiste, ma con scarso successo; colpito da siccità, carestia, saccheggi e problemi politici e sociali. *Fase del ciclo adattivo*: omega.	Continuano i problemi di resilienza, soprattutto con la frammentazione politica, ma verso la fine del secolo comincia forse ad adattarsi e a riprendere parte dei commerci. *Fase del ciclo adattivo*: omega.	Maggiore resilienza e miglioramento delle relazioni internazionali; ritorno alla potenza militare e alla diplomazia sotto Sheshonq. *Fase del ciclo adattivo*: inizialmente omega, ma passaggio ad alfa sotto Sheshonq.	Nuovo declino, con problemi politici e faraoni rivali; alla fine il paese è conquistato da re kushiti della Nubia a partire dalla metà dell'VIII secolo. *Fase del ciclo adattivo*: nuovamente omega.
Ittiti	La società ittita cessa di esistere a tutti gli effetti nell'Anatolia centrale. *Fase del ciclo adattivo*: omega.	Gli ittiti non esistono più.	Gli ittiti non esistono più.	Gli ittiti non esistono più.
Neo-ittiti	Continuazione dei regni neo-ittiti nel nord della Siria (Canaan settentrionale) e nell'Anatolia sudorientale. *Fase del ciclo adattivo*: omega.	Continuazione dei regni neo-ittiti nel nord della Siria (Canaan settentrionale) e nell'Anatolia sudorientale. *Fase del ciclo adattivo*: omega.	Periodo di rinascita; i governanti neo-ittiti lasciano iscrizioni. *Fase del ciclo adattivo*: alfa.	Karkemish e altre città neo-ittite prosperano. *Fase del ciclo adattivo*: alfa.
Grecia continentale (micenei / greci)	Si registra un certo grado di continuità, seppure già a un livello sociopolitico inferiore. *Fase del ciclo adattivo*: omega.	La società micenea scompare nel 1070-1050 a.C.; gli abitanti della Grecia continentale sopravvivono, ma su un livello sociopolitico più basso. *Fase del ciclo adattivo*: omega.	La società greca comincia a ricostruirsi da zero, avviando un processo di trasformazione e ripresa. *Fase del ciclo adattivo*: inizialmente omega, per passare poi ad alfa.	Piena ripresa dei greci. *Fase del ciclo adattivo*: alfa.

geo o nel Mediterraneo orientale, alcune furono maggiormente in grado di superare la tempesta. Non è facile determinare come e/o perché furono o non furono vulnerabili e come e/o perché riuscirono o non riuscirono ad adattarsi con successo alla nuova situazione. In certi casi potremmo non essere in grado di rispondere a queste domande per via della natura frammentaria dei dati – spesso dipendiamo enormemente dai reperti trovati nelle tombe e dalle terrecotte, dai cambiamenti percepiti nei modelli di insediamento e così via, come sottolineato molte volte in questo libro. È come se fossimo dei detective forensi intenti a ricostruire antiche scene del crimine, ormai fredde da molto, molto tempo – neppure gli agenti di *CSI* e *NCIS* o investigatori del calibro di Colombo e Kojak sarebbero in grado di risolvere questi casi e ottenere dalla giuria un verdetto unanime; persino Hercule Poirot e Sherlock Holmes sarebbero in difficoltà.

Ancora una volta dobbiamo ricordare che queste società non lasciarono testimonianze dirette che ci permettono di registrare un cambiamento nel loro mondo: per esempio, niente racconti del tipo «al tempo di mio padre (o mio nonno) eravamo in contatto con gli ittiti (o gli egizi, o...), ma qui non si vedono più», e questo è un grosso ostacolo. La ragione può essere, semplicemente, che sono pochissime le attestazioni scritte del periodo immediatamente successivo al Collasso: come abbiamo visto, in Assiria, a partire dal 1208 a.C., si registrò un periodo di circa settantacinque anni particolarmente povero di testimonianze, con pochissimi reperti per i primi venticinque anni e nessuna testimonianza regale per i (quasi) cinquant'anni seguenti (1179-1133 a.C.). Per questo periodo non abbiamo trovato nulla di particolarmente significativo nemmeno per le altre società; neppure gli egizi citano alcunché di rilevante, dopo le storie trionfali in cui Ramses III si vanta di aver sconfitto i Popoli del Mare nel 1177 a.C., a eccezione di qualche problema interno come lo sciopero dei lavoratori e l'assassinio del faraone. Naturalmente, la maggior parte dei luoghi che avrebbero potuto offrire simili testimonianze, comprese Ugarit, Hattuša e Micene, furono devastati, invasi o abbandonati, quindi probabilmente questa mancanza di riferimenti scritti non dovrebbe stupire.

Vulnerabilità, fragilità e teoria della resilienza

Infine penso che, nel riesaminare il materiale presentato nei capitoli precedenti, possiamo anche esplorare ulteriormente e applicare i concetti di vulnerabilità e fragilità tratti dalla teoria della resilienza che ho introdotto qualche pagina fa. Per esempio, col senno di poi sembra piuttosto chiaro che la società micenea era vulnerabile. I regni che conosciamo grazie a Omero e altri autori, oltre che all'archeologia – Atene, Micene, Pilo, Tebe – crollarono tutti, e la vita diventò più locale che globale. A partire dall'VIII secolo a.C., però, i superstiti tornarono ad avere un ruolo importante sulla scena internazionale, che li avrebbe portati alla nuova vita della Grecia Classica.[42]

L'ovvia domanda da porre a questo punto è: perché i micenei furono così vulnerabili o così fragili? E lo furono più di altre società? Inoltre, tutti, nelle rispettive società, patirono nella stessa misura? Il Collasso colpì chi apparteneva alle classi inferiori – penso ai contadini della Messenia rurale – tanto quanto le élite della Micene palaziale? Quei contadini si limitarono a scrollare le spalle e portarono avanti un'agricoltura di sussistenza mentre la famiglia reale e gli amministratori morirono o fuggirono di fronte ai problemi della filiera produttiva dell'Età del Bronzo?[43] Sono tutte questioni dibattute dagli studiosi, e ancora non si intravede una soluzione chiara.

Tuttavia, come osservato nel capitolo 5, alcuni studiosi hanno ipotizzato che l'economia palaziale dei micenei fosse ormai inadeguata per le classi sociali inferiori e che i vari progetti grandiosi (architettonici o geografici, come la bonifica del bacino di Copais) possano aver mandato in bancarotta il sistema e imposto enormi sacrifici a quanti non appartenevano all'élite. Erika Weiberg e Martin Finné, per esempio, hanno suggerito che per le classi inferiori della Grecia continentale il Collasso potrebbe aver rappresentato «la finestra di opportunità necessaria a "fuggire" da una struttura sociopolitica insostenibile».[44]

Joseph Maran, che ha diretto gli scavi a Tirinto per decenni, concorda con questa ipotesi e aggiunge che potrebbero esserci stati anche altri problemi sistemici, come conflitti tra le élite nelle varie città, che minarono i micenei nel loro complesso, e «contraddizioni interne che andavano accumulandosi da tempo nelle società palaziali». A suo avviso, potrebbero anche esserci state rivolte interne «sostenute e organizzate da membri di secondo o terzo livello delle élite che avevano perso i loro privilegi, e che potrebbero esser ricorsi a segmenti della struttura militare dei palazzi per aizzarle contro i governanti».[45]

Insomma, è possibile che la civiltà micenea rischiasse comunque di crollare, e i problemi che sorsero con la «tempesta perfetta» del Collasso, e in certa misura forse anche prima, potrebbero aver portato i micenei oltre il punto di non ritorno.[46] Ciò significherebbe che né il loro crollo né la loro incapacità di riprendersi furono un esito casuale, bensì, col senno di poi, eventi documentabili e probabilmente prevedibili.

Gli stessi interrogativi valgono per gli ittiti, in Anatolia, che nella tarda Età del Bronzo contendevano agli egizi il controllo della regione del Mediterraneo orientale. Anche la loro società sostanzialmente scomparve, con l'eccezione delle città-stato e dei piccoli regni che sopravvissero nell'Anatolia sud-orientale e nella Siria settentrionale. Gli abitanti delle campagne continuarono a vivere come sempre o la loro esistenza fu sconvolta come quella di chi viveva nella capitale, Hattuša? Anche in questo caso, il dibattito è tuttora in corso, e la recente tesi di dottorato di Sarah Adcock dell'Università di Chicago indaga proprio questi aspetti: «Nel caso degli ittiti, per esempio», scrive Adcock, «cosa significò per gli abitanti della rurale Çadir [una città dell'entroterra] la disgregazione dell'impero? La loro vita fu sconvolta e, se così fu, come reagirono?». Come hanno evidenziato Miguel Centeno e i suoi colleghi del progetto Global Systemic Risk dell'Institute for International and Regional Studies di Princeton, «il crollo di qualcuno può rappresentare un'opportunità per qualcun altro».[47]

Si potrebbe sicuramente sostenere che gli ittiti erano comunque sull'orlo del baratro: la famiglia reale era dilaniata da lotte intestine e dispute per il trono e, dopo aver nuovamente abbandonato l'ex capitale (era già successo, per un breve periodo, nel XIII secolo a.C.), ora viveva a Tarhuntassa invece che a Hattuša. Anche questa situazione avrebbe contribuito alla fragilità, alla vulnerabilità e alla mancanza di resilienza degli ittiti, e alla loro incapacità di riprendersi dopo il Collasso.[48]

Al contrario, gli assiri della Mesopotamia settentrionale non sembrano essere stati neppure lontanamente vulnerabili o fragili come i micenei e gli ittiti, e riuscirono a sopravvivere al Collasso più o meno intatti. Come mai? Cos'avevano di diverso? Secondo Nicholas Postgate, studioso dell'Università di Cambridge, l'intero periodo compreso tra il 1200 e il 900 a.C. è, per gli assiri, una mera «recessione».[49] Forse è una visione un po' troppo positiva, come ha detto qualcuno, ma è vero che negli anni immediatamente successivi al Collasso dimostrarono grande resilienza. Riuscirono a sopravvivere malgrado il clima si ripercuotesse negativamente sulla regione, nell'XI secolo e oltre, con lunghi periodi poco piovosi e persino un cambio del corso dell'Eufrate, fattori che favorirono siccità, cattivi raccolti, scarsità di cereali e carestia. Ci furono anche diverse epidemie di peste, che afflissero non solo gli assiri a nord ma anche i babilonesi nella Mesopotamia meridionale.[50] Eppure perseverarono.

Nonostante le difficoltà, sembra che gli assiri non persero mai del tutto i tratti distintivi della loro società, né dovettero ricostruirla da zero o trasformarla più di tanto. Anche se il periodo successivo al Collasso non dovette essere facile per loro, cosa che forse si riflette nell'assenza di iscrizioni reali per gran parte del XII secolo a.C., nel IX secolo a.C. si dimostrarono pronti a ristabilire la loro egemonia nel Vicino Oriente per altri trecento anni, fino al 612 a.C.

Il loro mondo era cambiato, naturalmente. La maggior parte degli altri grandi re e delle relazioni internazionali dell'Età del Bronzo era ormai scomparsa. Le iscrizioni reali, quando ci sono, riguardano quasi unicamente le campagne militari, non il commercio internazionale. Eppure, molte delle caratteristiche spesso citate come tipiche di un'Epoca Buia – tra cui la perdita di un'amministrazione e di un'economia centralizzate, oltre alla scomparsa delle élite tradizionali e della scrittura – sono assenti nell'Assiria dell'Età del Ferro (così come a Babilonia).

Il loro sistema di scrittura cuneiforme rimase in uso, per esempio. Le iscrizioni sui monumenti continuavano a essere incise nella pietra e poste nei palazzi delle varie città, come succedeva nell'Età del Bronzo; lettere e documenti venivano ancora scritti su tavolette di argilla; l'élite più importante, ossia il re e la sua famiglia, insieme ai loro servitori, continuarono a vivere come facevano prima del 1177 a.C., senza grandi interruzioni; lo stesso vale per i funzionari e gli amministratori governativi, le diverse classi sociali e l'economia centralizzata.[51] Nonostante importanti fluttuazioni nel clima e negli attacchi esterni, gli assiri riuscirono a superare quei secoli sostanzialmente inalterati in termini di strutture e norme sociali.

Ancora una volta, come mai? Perché loro più di altri? Forse per via della posizione alla confluenza del Tigri e dell'Eufrate, che all'inizio li mise al riparo dalla siccità e dalla carestia che contribuirono alla caduta dei loro partner commerciali così come dei loro nemici? O forse erano sufficientemente lontani dal Mediterraneo da scampare agli attacchi dei Popoli del Mare che imperversavano nei regni costieri? O semplicemente poterono vantare il giusto (o i giusti) leader nel momento del bisogno? O sufficienti ridondanze nell'amministrazione e nelle politiche statali? O un esercito capace di respingere gli invasori e/o conquistare altri popoli per procurarsi le risorse di cui avevano bisogno dopo il crollo del commercio internazionale? O tutte queste cose insieme? O magari furono solo fortunati?

In realtà, il fatto di riuscire ad andare avanti e di dimostrarsi resilienti sembra c'entri poco con la fortuna e forse anche con l'essere meglio preparati di alcuni degli altri popoli.[52] Piuttosto, la resilienza degli assiri potrebbe dipendere da quattro fattori che riuscirono a preservare per qualsivoglia ragione: il loro governo centralizzato, ancora guidato dal re; la loro economia di base; il loro sistema di scrittura; il loro esercito.

La diversità di reazione e resilienza mi pare dipenda anche da quali elementi crollarono. Si potrebbe sostenere, per esempio, che la società micenea e quella ittita ebbero la peggio perché persero entrambe la loro amministrazione e la loro economia centralizzate – questo vale sicuramente per gli ittiti, che persero il loro impero, e probabilmente anche per i micenei, dove i piccoli regni, come Micene, Tebe e Pilo, avevano ognuno la propria amministrazione ed economia centralizzate. Ma si potrebbe anche sostenere che i centri micenei non erano abbastanza autosufficienti e dipendevano troppo dalle importazioni di materie prime come rame, stagno e oro; e si potrebbe dire lo stesso anche per altre popolazioni, tra cui gli ittiti.

Al contrario, gli assiri, i babilonesi e gli egizi al momento del Collasso mantennero le loro dinastie reali e le loro economie; sperimentarono soltanto degli scombussolamenti che vennero superati grazie alla resilienza. Non furono costretti a ricostruire, come invece toccò fare ai greci. Nel caso degli assiri, riuscirono anche a ottenere, per mezzo di conquiste e tributi, le materie prime di cui avevano bisogno.

Gli autori del rapporto 2012 dell'IPCC sottolineano anche che «gli eventi estremi avranno maggiore impatto sui settori più strettamente legati al clima, come l'acqua, l'agricoltura e la sicurezza alimentare [...]. Per esempio [...] è pressoché certo che i cambiamenti climatici avranno il potenziale di influire seriamente sui sistemi di gestione idrica».[53] In questo senso, vale la pena notare che, delle quattro società che ebbero maggior impatto tra le «grandi potenze» della tarda Età del Bronzo – vale a dire l'egizia, l'assira, la babilonese e l'ittita,

Tabella 7. Le civiltà / società nei secoli post-Collasso.

	Trasformati in	*Assimilati nei o sostituiti dai*
Assiri	Neo-assiri	–
Babilonesi	Neo-babilonesi	–
Cananei centrali	Fenici	–
Cananei meridionali	–	Israele, Giuda, Edom, Moab, Ammon, Filistia
Ciprioti	Ciprioti arcaici	–
Egizi	Egizi	–
Ittiti (e cananei settentrionali)	Neo-ittiti (nel Canaan settentrionale e nell'Anatolia sudorientale)	Urartu (nell'Anatolia orientale); frigi (nell'Anatolia centrale / occidentale)
Micenei e minoici	Greci e cretesi arcaici	–

in base anche allo status che detenevano secondo le «lettere di Amarna» del XIV secolo a.C. – tre potevano contare su grandi sistemi fluviali: l'Egitto aveva il Nilo, mentre assiri e babilonesi avevano il Tigri e l'Eufrate. Gli ittiti, invece, erano privi di un sistema fluviale altrettanto affidabile nelle vicinanze – c'era solo il fiume Kızılırmak (Ali) – e infatti furono gli unici, dei quattro, a crollare del tutto.

Inoltre suggerirei, come altri prima di me, che l'ascesa delle micro-società dell'Età del Ferro, dai regni aramei a quello di Israele e di Giuda, forse dipese solo dal fatto che finalmente questi regni uscirono dall'ombra di imperi un tempo potenti come l'ittita, l'egizio, l'assiro e il babilonese – è esattamente quel che secondo Renfrew capita dopo il crollo di un sistema – e dal fatto che piccole attività mercantili private presero il posto di quelle statali del Bronzo. Ma potrebbe anche trattarsi di un ritorno alla situazione così com'era nel secondo millennio a.C. sia a Canaan che in Grecia, durante il Bronzo Medio.[54] Anche queste ipotesi meritano ulteriore riflessione e dibattito.

Potrebbe anche essere interessante considerare gli esiti alternativi che avrebbero potuto verificarsi se per alcune società le cose fossero andate diversamente, e domandarsi se qualcuna avrebbe potuto evitare il suo destino. Qui l'uso del condizionale è d'obbligo, ma di certo se la famiglia reale ittita non avesse avuto problemi interni e se non avesse spostato la capitale, forse non avrebbe subito un declino così rapido e totale. Analogamente, se i micenei fossero stati più autosufficienti e non così dipendenti da altri per le materie prime, e se fossero stati meno ossessionati da progetti architettonici e ingegneristici grandiosi che si ripercuotevano sulle classi basse, forse sarebbero sopravvissuti meglio.

Inoltre, cosa sarebbe successo se una o più di queste società non fossero crollate? L'intero sistema avrebbe retto se fossero caduti solo gli ittiti? O solo i micenei? Come sarebbe andata se Ugarit non fosse stata distrutta o se gli egizi non si fossero ritirati dalla parte meridionale della terra di Canaan?

Sono tutti scenari difficili da immaginare o da delineare, persino con il senno di poi, per via della molteplicità di fattori coinvolti, sia conosciuti che sconosciuti. Siamo ostacolati dal fatto che ancora non sappiamo esattamente cosa fece crollare quelle società, e neppure se fu una combinazione di fattori, come ho suggerito prima. Per esempio, i micenei furono invasi dai Popoli del Mare o sopraffatti dalle rivolte interne nei vari palazzi? O fu la carestia a decidere il loro destino? O furono tutt'e tre le cose – o qualcosa di totalmente diverso?

A seconda dei fattori (o del fattore), degli agenti (o dell'agente) di stress, o della loro combinazione, sono ipotizzabili varie soluzioni che forse avrebbero potuto adottare nel tentativo di evitare la fine delle loro società – ma qui entriamo nel regno della pura speculazione. È anche il nucleo del pensiero probabilistico e la materia dell'ucronia.[55] Sia come sia, possiamo immaginare tutti gli scenari che ci vengono in mente, ma, per citare il poeta persiano Omar Khayyām, «il dito in movimento scrive, e dopo aver scritto avanza; e tutta la tua misericordia o la tua arguzia non lo indurranno a cancellare mezza riga, né le tue lacrime laveranno via una sola parola».

Collasso e *trasformazione*

Una trentina di anni fa, lo stimato sociologo Shmuel Eisenstadt disse senza tanti giri di parole che «gli Stati e le civiltà antiche non crollarono affatto, se per *crollo* si intende la fine totale di quei sistemi politici e dei relativi modelli di civiltà».[56] Vorrei controbattere a quest'affermazione, perché in realtà è esattamente quel che accadde sia ai micenei che agli ittiti. Anche se rimasero delle vestigia, come nel caso dei neo-ittiti, e anche se ci fu una certa continuità con il periodo successivo – in Grecia, per esempio, i nomi delle divinità rimasero gli stessi – il Collasso dell'Età del Bronzo vide indubbiamente la fine dei sistemi politici e dei relativi modelli di civiltà sia degli ittiti che dei micenei.

Eisenstadt però poi proseguiva: «Il collasso, lungi dall'essere un'anomalia, [...] presenta in forma drammatica non la fine delle istituzioni sociali, ma quasi sempre l'inizio di nuove».[57] Sono più propenso a concordare con questa tesi, anche se la riformulerei nel seguente modo: «Il collasso può implicare sia la fine di istituzioni sociali esistenti che l'inizio di nuove».

Se a questo punto è chiaro che il Collasso dell'Età del Bronzo fu complicato, è altrettanto evidente che la rinascita lo fu ancora di più; le affermazioni totalizzanti semplicemente non funzionano. E sostenere, come ha fatto qualcuno, che non ci fu alcun crollo ma solo una trasformazione o una transizione, non solo è riduttivo ma persino dannoso, in una certa misura, perché con questi due termini, così misurati e anodini, si corre il rischio di nascondere o minimizzare l'elemento umano, soprattutto per quanto riguarda la sofferenza e l'infelicità che potrebbero aver afflitto molti in quel periodo.[58]

Nei capitoli precedenti abbiamo esaminato otto esempi, ognuno con un suo percorso verso la ripresa e il successo (o meno). Senza dubbio lo stile di vita che caratterizzò il XV, il XIV e il XIII secolo a.C. giunse alla fine poco dopo il 1200 a.C. Nel complesso, è un fatto incontrovertibile. Ma ogni area fu colpita in modo differente, ciascuna crollò in un momento leggermente diverso, seppure nello stesso periodo generale; e ognuna seguì una sua strada per la ripresa.[59] Come abbiamo visto, ci fu resilienza da parte di alcuni popoli – per esempio gli assiri –, mentre altri si trasformarono – come i ciprioti – o crollarono del tutto – per esempio gli ittiti. Vorrei quindi suggerire, come altri prima di me, che la transizione dall'Età del Bronzo all'Età del Ferro nell'Egeo e nel Mediterraneo orientale fu un momento di crollo *ma anche* un momento di adattamento e/o trasformazione, a seconda dei luoghi presi in esame. Furono un'alfa e un'omega (o meglio, un'omega seguita da un'alfa), per usare i termini del ciclo adattivo.

Come possiamo riassumere tutto ciò in una frase? È chiaro che tutti, nella regione, stavano cercando di risollevarsi dal medesimo Collasso, ma poi ogni società imboccò una strada diversa per riprendersi o meno. Forse può essere d'aiuto immaginare il confine tra l'Età del Bronzo e l'Età del Ferro come un muro o una barriera porosi, che, invece di bloccare tutto, permisero il passaggio di certi fili di continuità. Oppure potremmo pensare a una corsa podistica competitiva, come quelle delle Olimpiadi, antiche o moderne: tutti i partecipanti partirono nello stesso momento e dalla stessa linea di partenza, ma giunsero all'arrivo barcollanti, superando il traguardo ognuno in un momento diverso, e alcuni non lo superarono affatto.

Micenei o fenici?

Per concludere, dovremmo farci un'ultima serie di domande: la storia di eventi che accaddero tremila anni fa ci può essere in qualche modo di lezione, oggi? C'è qualcosa che dovremmo imparare dall'appassionante vicenda di risveglio e rinascita della rete mediterranea appena quattro secoli dopo il Collasso dell'Età del Bronzo? E c'è una risposta facile riguardo a cosa dovremmo fare se la nostra stessa società / civiltà crollasse?

Circa una decina di anni fa, il rapporto dell'IPCC del 2012 che ho citato così spesso in queste ultime pagine concludeva: «La possibilità di impatti globali concatenati di eventi estremi continua ad aumentare via via che l'economia mondiale diventa sempre più interconnessa».[60] Mi pare appropriato riportarlo qui, nei paragrafi finali di questo libro, perché va ricordato che la fragilità e la vulnerabilità della nostra società sono state improvvisamente messe a nudo prima dallo scoppio della pandemia di COVID-19 nel 2020 e poi di nuovo dai conseguenti problemi nella filiera produttiva nella seconda parte del 2021. Non esagero quando dico che mi è sembrato a volte che fossimo sull'orlo di un crollo sociale: «prossimamente nei cinema della vostra città», come annunciano i trailer. Quando succederà? Quale sarà il punto di non ritorno? Non posso dirlo con certezza, naturalmente, ma ho il forte sospetto che capiterà più prima che poi – che sia una questione di quando e non di se – e che dovremo far ricorso alle lezioni impartite da coloro che sopravvissero al crollo sociale di più di tremila anni fa, compresa la capacità di trasformarsi invece di limitarsi a resistere o adattarsi, e di adottare le innovazioni e le nuove invenzioni a seconda delle necessità.

Ci sono certamente degli insegnamenti da imparare, ma non esiste una risposta facile per cosa fare, perché in definitiva dipende dai fattori o dagli agenti di stress che potrebbero essere coinvolti. In ogni caso, la logica dice che bisognerebbe avere più di un piano d'emer-

Tabella 8. Insegnamenti per le società tratti dal Collasso della tarda Età del Bronzo e dalle sue conseguenze.

1. Predisporre più piani di emergenza contro gli imprevisti e sistemi ridondanti su cui ripiegare se i primi dovessero fallire.
2. Essere abbastanza resilienti da reggere qualsiasi colpo possa arrivare e abbastanza forti da opporsi a qualsiasi invasione o attacco nemico.
3. Essere il più autosufficienti possibile, ma chiedere aiuto agli alleati se necessario.
4. Essere innovativi e inventivi, pronti ad adattarsi o trasformarsi, invece di limitarsi a resistere.
5. Prepararsi a condizioni climatiche estreme: se si verificano, si sarà pronti, se non si verificano, non avrà alcuna importanza.
6. Accertarsi di avere risorse idriche sicure.
7. Far sì che la classe lavoratrice sia sempre appagata e felice.

genza, così che se il primo sistema amministrativo, commerciale, bancario o di produzione agricola non funziona, si possa passare a un secondo, e a un terzo, senza eccessivo ritardo. In sostanza, dobbiamo avere sistemi sufficientemente ridondanti a cui ricorrere se i primi falliscono. Dobbiamo anche essere resilienti abbastanza da reggere qualsiasi colpo possa arrivare; autosufficienti abbastanza da restare in piedi anche se / quando i nostri partner commerciali crollano; innovativi abbastanza da adattarci e trasformarci secondo necessità; e forti abbastanza da resistere a qualsiasi invasione o attacco nemico anche se stiamo già vacillando. Ma sono tutte raccomandazioni di buon senso che altri probabilmente suggerirebbero anche senza aver studiato quel che accadde dopo il Collasso della tarda Età del Bronzo.

Il succo è che un simile collasso è chiaramente superabile, a patto di essere sufficientemente resilienti da resistere, adattarsi o trasformarsi. Il collasso delle società non sempre trascina con sé tutto e tutti, e spesso le culture continuano a esistere, anche se a un livello più semplice o in una nuova iterazione.[61] E perfino per coloro che sono colpiti più duramente, spesso, passato il momento peggiore, ha inizio un periodo di rigenerazione che porta alla ripresa della vita, alla prosperità e alla felicità (come potrebbero testimoniare gli antichi egizi).

Se la nostra civiltà globalizzata dovesse giungere alla fine, quindi, come reagiremo dipenderà dall'entità del collasso (totale o meno) e da quanto ci arriveremo preparati. Speriamo che non si giunga a tanto, e ricordiamo invece le parole di John Wooden, il grande allenatore della squadra di basket degli UCLA Bruins (e forse di Benjamin Franklin prima di lui): «Se non vi preparate, preparatevi a fallire».[62]

Per coloro che oggi guardano disperati nell'abisso del riscaldamento globale, della violenza senza fine, della scarsità delle risorse, della siccità e dell'inquinamento, potrebbe esserci un qualche sollievo nel sapere che se sviluppiamo le giuste strategie di resilienza, possiamo contenere il danno e accelerare la ripresa dopo un collasso. E come minimo possiamo augurarci che resterà qualcuno a raccogliere i cocci e andare avanti.

Un professore di marketing e gestione aziendale della Louisiana State University, Leon Megginson, nel 1963 parafrasò l'*Origine delle specie* di Charles Darwin in questo modo: «Non è la più intellettuale delle specie a sopravvivere, né la più forte; invece, la specie che sopravvive è quella maggiormente in grado di adattarsi e adeguarsi all'ambiente mutevole in cui si trova».[63] Questo vale sicuramente, come abbiamo visto, per i secoli dell'Età del Ferro nella regione dell'Egeo e del Mediterraneo orientale, e sarebbe bene tenerlo a mente anche per il futuro.

Dunque, siamo micenei o siamo fenici? Oggi siamo più vulnerabili e fragili di quanto siamo disposti ad ammettere? Se vediamo che i problemi continuano a opprimerci, ci trasformeremo? Saremo innovativi e inventivi? Prospereremo in mezzo al caos? O ci dimostreremo capaci solo di adattarci o di resistere, cercando meramente di adeguarci alla situazione? O, peggio ancora, sceglieremo di non fare niente e rischieremo un fallimentare effetto domino e un crollo sistemico, ripetendo quel che accadde più di tremila anni fa?[64]

Per forza di cose saranno gli accademici del prossimo secolo o di quello dopo ancora a redigere un'analisi e un rapporto dettagliato su come avremo reagito… e su come avremo avuto successo, oppure no.

Epilogo
Fine di un'Epoca Buia

Ora possiamo chiudere il cerchio e riproporre la domanda dell'inizio di questo libro: i secoli che seguirono il Collasso dell'Età del Bronzo furono davvero un'Epoca Buia? Sebbene per «Epoca Buia» gli studiosi intendano in realtà un periodo contraddistinto dall'assenza di scrittura e da una semplificazione della società in generale, spesso chi non fa parte dell'accademia attribuisce all'espressione un senso di degrado e crollo totali, con cani selvatici che ululano e barbari in agguato nell'oscurità, pronti a balzare sugli spaventati superstiti accampati nelle rovine di città un tempo fiorenti.[1]

Come abbiamo visto, però, nessuno dei due scenari è del tutto corretto nel caso dei secoli che seguirono il Collasso. Se nel suo complesso quell'epoca soddisfa molti dei criteri distintivi di un'Epoca Buia esposti nel prologo di questo libro, tra cui la perdita della scrittura, la fine delle grandi opere architettoniche e il crollo delle economie e delle amministrazioni centralizzate, tali eventi si verificarono non in tutte le regioni, ma solo in alcune delle società che abbiamo preso in esame. E persino nelle aree più colpite osserviamo comunque prove di inventività e innovazione.

Non a caso sono pochi, se non nessuno, i miei colleghi che continuano a riferirsi a quel periodo come a un'Epoca Buia; oggi di solito archeologi, storici dell'antichità, biblisti e altri accademici parlano semplicemente di Età del Ferro. Il pubblico però sembra non avere ancora recepito il messaggio, basti pensare alla definizione di «Epoca Buia» del dizionario *Merriam-Webster* (o di «Epoca Buia greca» della *World History Encyclopedia*) che ho citato all'inizio del libro. È necessario che questo cambi, com'è facile intuire.

Ian Morris ha osservato che l'idea di Epoca Buia nella storia dell'antica Grecia è nata solo negli anni novanta dell'Ottocento, quando storici e archeologi si resero conto che almeno quattro secoli separavano Omero (che visse alla fine dell'VIII secolo a.C.) dalla guerra di Troia (che molto probabilmente risale all'inizio del XII secolo a.C.).[2] Per fare un esempio classico, nel 1962 sir Denys Page, eminente storico britannico, descrisse l'epoca omerica in questo modo: «A un certo punto, poco dopo il 1200 a.C., la civiltà micenea venne spazzata via dalla faccia della Terra. [...] Per i successivi tre-quattrocento anni la Grecia rimase isolata, impoverita, provinciale. L'arte della scrittura andò perduta, il contatto con il mondo esterno si ridusse a poco o nulla, le arti e i mestieri della Grecia micenea caddero in disuso o furono enormemente sviliti. Il contrasto è quanto mai estremo».[3]

Chester Starr, che è stato uno stimato professore di storia antica all'Università del Michigan, un anno prima aveva detto sostanzialmente la stessa cosa, ma in modo un po' più lirico, nel suo stile inimitabile: «Quando le ultime braci si spensero tremolanti nei palazzi micenei ormai distrutti, sulla Grecia calò il buio. Gli uomini continuarono a vivere, procreare e morire nella maggior parte dell'Egeo, ma la noiosa routine della loro vita quotidiana e della loro sepoltura finale non lasciò che scarsi resti fisici. Fu solo nell'VIII secolo a.C. che la tenebra cominciò lentamente a diradarsi».[4]

Come osserva Morris, quest'idea di Epoca Buia greca durò quasi un secolo, fino agli anni ottanta del Novecento, seppure tra grandi discussioni e dibattiti. A quel punto, era ormai diventata un dogma per molti esperti, soprattutto dopo le autorevoli pubblicazioni negli anni settanta di tre importanti archeologi britannici: Anthony Snodgrass di Cambridge (*The Dark Ages of Greece*, 1971), Vincent Desborough di Oxford (*The Greek Dark Ages*, 1972) e Nicholas Coldstream (*Geometric Greece*, 1977).[5]

Negli ultimi decenni però gli scavi archeologici in Grecia hanno portato alla luce molto materiale dell'Età del Ferro che mina questo modello, come abbiamo visto nel capitolo 5. Persino Chester Starr ha finito per riconoscere, all'inizio degli anni novanta, che nessun aspetto «della storia antica è cambiato e si è ampliato nelle ultime generazioni così tanto a livello fattuale quanto la nostra immagine della Grecia antica».[6]

In parte anche per questo motivo, un certo numero di studiosi «gradualisti», come li chiama Ian Morris, oggi sostiene che dopo il Collasso della tarda Età del Bronzo non ci fu uno stacco netto, come credevamo; che i cambiamenti probabilmente furono più misurati; e che, nel complesso, l'Epoca Buia non fu cupa come la si era dipinta e quindi non dovrebbe neppure essere etichettata come tale. Sarah Morris dell'UCLA ha anzi affermato con una certa enfasi che «l'archeologia recente ha sfatato l'idea di "Epoca Buia" greca». E aggiunge che «è stata illuminata con troppa luce dalle recenti scoperte per conservare il suo nome o continuare a esistere».[7]

Penso che le nostre analisi dei capitoli precedenti abbiamo mostrato che questo vale non solo per l'Egeo ma anche per il Mediterraneo orientale. Joshua Jeffers, nella sua tesi di dottorato nell'Università della Pennsylvania, ha fatto presente che per gli storici del Vicino Oriente antico l'espressione «Epoca Buia» spesso indica semplicemente «un periodo in cui c'è una relativa mancanza di documentazione che aiuti a illuminare e ricostruire la storia di quel periodo». Come sottolinea, dunque, «l'impiego di quell'espressione per il Vicino Oriente non è un giudizio di valore, ma si limita a descrivere la difficoltà del compito che ha davanti lo storico di oggi».[8]

Per quanto riguarda il Levante, Benjamin Porter dell'Università di Berkeley dice: «Il Ferro I non fu un'Epoca Buia priva di sviluppo storico come avevano ipotizzato studiosi precedenti. I gruppi si adattarono alle nuove circostanze politiche ed economiche». E Susan Sherratt già vent'anni fa diceva: «Oggi probabilmente pochi sono disposti a sottoscrivere una visione così drammatica, millenaria, dell'avvento di un'Epoca Buia. [...] Ogni ambito di studi archeologici sempre più specializzati ha oggi una sua versione di cosa accadde in quel periodo, alcune decisamente meno "buie" di altre».[9]

Quindi, nonostante la posizione di storici e archeologi delle generazioni precedenti, concorderei con quanti oggi sostengono che i secoli iniziali del primo millennio a.C. nell'Egeo e nel Mediterraneo orientale non furono bui come si credeva. Già nel 1991, per esempio, James Whitley aveva affermato in modo netto che «l'Epoca Buia della Grecia è un'idea tutta nostra».[10]

Inoltre, se pensiamo che la fase alfa (α) del ciclo adattivo è considerata la «fase di riorganizzazione», nonché un periodo «durante il quale sono possibili innovazioni e nuove opportunità», allora è importante notare, come ha evidenziato John Papadopoulos dell'UCLA, che all'epoca ci fu «un notevole numero di "prime volte"» in Grecia – troppe, di fatto, per definirla Epoca Buia. A queste «prime volte», secondo Papadopoulos, appartengono non solo le idee e le innovazioni nate in quei secoli, ma anche quelle che sarebbero state fruite in seguito, il cui sviluppo però dovette iniziare allora – come l'alfabetizzazione di massa («per la prima volta nella storia del mondo, scrivere [...] diventò uno strumento a cui chiunque poteva accedere»), raggiunta grazie all'introduzione dell'alfabeto fenicio; l'invenzione della moneta, che nacque in Lidia nel VII secolo a.C.; la creazione delle città-stato greche, ossi le *poleis* (al singolare, *polis*); e, naturalmente, l'uso di utensili e armi in ferro.[11] Papadopoulos specifica anche che «il fatto che un'era designata come "Epoca Buia" sia introdotta da un'innovazione tecnologica evidentemente notevole come l'uso diffuso del ferro nella Grecia continentale è di per sé importante». Non ultimo, aggiunge che «i greci, dal canto loro, non sapevano di nessuna Epoca Buia», e quindi, «perché non fidarsi del loro giudizio?».[12]

In effetti, perché non fidarsi del loro giudizio? Penso sia ora che tutti, non solo gli accademici ma anche il pubblico in generale, si riferiscano al periodo compreso tra il XII e l'VIII secolo a.C. nell'Egeo e nel Mediterraneo come all'Età del Ferro e non come all'Epoca Buia, proprio come l'altra «Epoca Buia» citata dal dizionario Merriam Webster – ossia i secoli che seguirono la caduta dell'impero romano – è oggi solitamente chiamata dagli studiosi «Tarda Antichità» o «Alto Medioevo». Il periodo successivo al Collasso della tarda Età del Bronzo non fu del tutto privo di innovazione e invenzioni, come abbiamo visto e come hanno evidenziato Papadopoulos e altri accademici. Sebbene vi sia una chiara cesura con il periodo precedente, si tratta anche di un'epoca di transizione e di aggiustamento, che implica sia trasformazione che rigenerazione. A Canaan, nella Siro-Anatolia, a Cipro e altrove, per esempio, ci furono nuovi regni, come quelli di Israele e di Giuda, Edom, Moab e Urartu; si affermarono nuove élite, nuove economie centralizzate e nuove amministrazioni; e, in certi casi, un nuovo sistema di scrittura cominciò a essere usato nella lunga risalita verso un sistema mondiale internazionalizzato. Nel complesso, insomma, fu più un tempo di rinascita e rinnovamento che di oscurità e disperazione.

Chiamare questo periodo semplicemente Età del Ferro, come fanno gli archeologi e altri accademici, è quindi più sensato. È un'etichetta che non ha alcuna sfumatura denigratoria né alcuna evidente associazione sociopolitica o economica: è una semplice constatazione del fatto che in quel periodo molte armi e molti utensili erano fatti di ferro invece che di bronzo.[13] In quanto fase alfa del ciclo adattivo, e non di Epoca Buia, tale periodo segnò l'inizio di qualcosa di nuovo in questa regione, un patrimonio di idee e di culture che finirono per determinare il mondo a cui oggi apparteniamo.

Nota dell'autore e ringraziamenti

Per varie ragioni sono pochi gli studiosi che in passato hanno analizzato nel dettaglio la transizione dall'Età del Bronzo all'Età del Ferro nell'intera area che si estende dall'Egeo al Mediterraneo orientale e alla Mesopotamia. Questo in parte è dovuto al fatto che, come diversi miei colleghi hanno sottolineato – soprattutto John Papadopoulos dell'UCLA e Maria Iacovou dell'Università di Cipro – esiste una separazione vera e propria tra gli archeologi e gli storici che studiano l'Età del Bronzo (il periodo antecedente al Collasso) e quelli che studiano l'Età del Ferro (il periodo successivo al Collasso) nell'Egeo e nel Mediterraneo orientale – Papadopoulos parla di «una "cortina di ferro" tra la preistoria egea e l'archeologia classica». C'è una separazione ancora più evidente tra gli studiosi che si dedicano all'Egeo antico e quelli specializzati nel Vicino Oriente antico; solo una manciata di studiosi fa entrambe le cose. Ecco perché spero che questo libro possa essere d'aiuto, in qualche misura, a collegare i due mondi, creando in tal modo una specie di continuità di studio, così da poter non solo «vedere la storia come un *continuum* [cronologico]», come ha auspicato Papadopoulos, ma anche come un *continuum* geografico.[1]

Tuttavia sono pienamente consapevole delle difficoltà insite nello scrivere un libro che tocca così tanti temi e che nel contempo non va oltre il numero di pagine previste (o quasi). Qualcuno potrebbe lamentarsi che ci sono fin troppi dettagli e troppi *caveat*, per non parlare dei numerosi nomi sconosciuti ai più. A ogni modo questo libro intende fornire una panoramica e un riepilogo delle nostre conoscenze allo stato attuale, e presenta fatti e ipotesi riguardanti ciò che sappiamo dei quattrocento anni successivi al Collasso della tarda Età del Bronzo. Si tratta essenzialmente di un libro di storia con una spolverata di archeologia, condito da un'analisi e una riflessione sull'importanza che questo argomento riveste oggi per noi; i nomi delle persone e dei luoghi possono risultare a molti lettori nuovi e insoliti, ma ci permettono di visualizzare il mondo dell'Età del Ferro e di portare in vita alcuni degli abitanti di quelle regioni. Ho cercato di presentare la miriade di dettagli in una narrazione accattivante, ma solo il tempo dirà se ci sono riuscito.

D'altro canto, siccome gli archeologi professionisti, gli storici, gli storici dell'arte, i biblisti e altri specialisti di ciascun ambito, per non parlare dei *reviewer* accademici, quasi sicuramente lamenteranno – in pubblico o in privato – che non ho fornito abbastanza dettagli né esaminato le varie sfumature del loro periodo o regione preferiti, permettetemi di dire innanzitutto che ognuno dei capitoli avrebbe potuto essere un libro (o due) a sé, e che c'è ben di più di cui avrei voluto trattare. Invece, dovendomi limitare per motivi di spazio, non ho potuto includere tutto quel che avrei voluto. Come ho detto altrove – l'argomento era un altro, ma la riflessione resta valida – «una disamina realmente esaustiva di tutti i temi presenti in questo libro richiederebbe molti anni, decine di volumi, e numerosi studiosi che lavorino insieme – e probabilmente finirebbe per essere qualcosa che solo una manciata di persone leggerebbe», il che significa che il senso di scriverlo come un solo volume e una sola voce andrebbe perso.[2]

Naturalmente, sarò felice di accogliere commenti critici, suggerimenti e riscontri da parte dei lettori, che magari verranno incorporati in un'edizione rivista o dibattuti in altri contesti e altri luoghi. Mi torna però in mente la metafora proposta all'inizio del capitolo 6: se consideriamo l'Età del Ferro come un quadro impressionista ma insistiamo a guardarlo da pochi centimetri di distanza, potremmo perderci la foresta nel suo insieme e vedere solo i singoli alberi. Le osservazioni più personali e dettagliate contenute in questo libro saranno oggetto di discussione e di dibattito, come ovviamente è giusto che sia, ma spero che il quadro generale qui descritto – se visto da una distanza tale che le singole pennellate si mescolino a formare una scena riconoscibile – reggerà a un esame puntuale e ci fornirà una visione più ampia di cosa accadde in generale nei secoli che seguirono il Collasso, quando la rete globalizzata del Mediterraneo si disfece e le diverse società furono costrette ad affrontare le conseguenze, con vari gradi di successo.

Infine, sono acutamente consapevole che la fine dell'VIII secolo è ricca di altri eventi storici rilevanti, tra cui enormi sconvolgimenti come la distruzione del regno settentrionale di Israele nel 720 a.C., e ho solo accennato a Omero, Esiodo e all'avvento della letteratura in Grecia. Si potrebbe, e forse si dovrebbe (direbbe qualcuno), proseguire fino al VI, V o IV secolo a.C. e oltre, se non ci fossero limiti di spazio. Ma visto che così è, tali temi dovranno essere lasciati per un altro libro.

Quanto ai ringraziamenti, sono tanti e diversi: è inevitabile se si scrive una sintesi come questa. Prima di tutto devo riconoscere il mio debito nei confronti di tutti gli archeologi, gli storici e gli scienziati che sono venuti prima di me – non mi riferisco solo a chi si è occupato degli scavi, a chi ha tradotto, analizzato e pubblicato decenni fa, ma anche a chi lo ha fatto più di recente, compresi gli ultimi anni. Senza tutti i loro sforzi e le loro pubblicazioni semplicemente non sarei stato in grado di scrivere questo libro. Sono troppi per poterli citare uno per uno, ma dalle note e dalla bibliografia i lettori si faranno un'idea di coloro su cui ho fatto maggiormente affidamento. Senza il loro lavoro, più e meno recente, non saremmo dove siamo oggi. Lo studio del nostro passato – plasmato dall'archeologia e dall'epigrafia in particolare – è semplicemente un progetto collettivo, in cui i progressi della nostra conoscenza derivano dal lavoro individuale di una moltitudine di studiosi nel corso di tanti anni: parafrasando il detto, ci vuole davvero un villaggio per studiare il passato.

Detto questo, vorrei ringraziare ancora una volta il mio intrepido editor, Rob Tempio, questa volta per avermi convinto a scrivere il seguito di *1177 a.C. Il collasso della civiltà* e per il suo sostegno, soprattutto sul finale. Mi piacerebbe ringraziare in modo particolare la mia famiglia, come sempre, per avermi sopportato durante le fasi di ricerca e di scrittura, soprattutto mia moglie Diane Harris Cline, la cui borsa di studio Fulbright all'Università di Creta nella primavera del 2019 ha portato al nostro soggiorno a Réthymno, dove ho cominciato a scrivere parti significative della prima bozza, e che mi ha rifornito di cibo per la mente e di preziosi suggerimenti. Una miriade di grazie va anche ai membri di facoltà dell'Università di Creta, Katerina Panagopoulou e Kostas Vlassopoulos per la loro incredibile ospitalità, ed Elias Kolovos per averci affittato il suo delizioso appartamento durante i nostri tre mesi a Réthymno.

Grazie anche ai comprensivi amministratori della George Washington University e soprattutto al vicepreside Youngwu Rong per avermi concesso una Dean's Research Chair Fellowship, che mi ha permesso di riorganizzare i miei corsi così da prendermi il semestre primaverile del 2019 per lavorare su vari progetti editoriali, tra cui l'inizio di questo libro. Il preside Paul Wahlbeck e i vicepresidi John Philbeck, Kim Gross ed Evie Downie mi hanno autorizzato a saltare anche il semestre autunnale del 2021, quando ho beneficiato di un Getty Scholar Grant, per gentile concessione della Getty Foundation, e così mi sono unito alla meravigliosa legione di studiosi del «Phoenicians, Philistines, and Canaanites: The Levant and the Classical World» Scholars Program.

Ho poi potuto scrivere molte delle parti finali del testo nella incomparabile Villa Getty, in California, in compagnia di colleghi molto talentuosi che mi hanno fornito un gradito riscontro sulle prime bozze e su una conferenza basata sul libro che ho tenuto quando il testo era ancora alle fasi iniziali. Sono molto riconoscente a Tim Potts, Jeffrey Spier, Claire Lyons, Ken Lapatin, Alexa Sekyra, Rose Campbell, Kylie Morgan e ad altri ancora di Villa Getty e del Getty Research Institute, oltre che ai miei compagni «fenici» (Melissa Cradic, Brien Garnand e Jessica Nitschke) e a coloro che nell'autunno del 2021 chiamavano «casa» il Pink Palace di Brentwood. Sono particolarmente grato a Robert J. Lempert della Rand Corporation e a Nancy Perloff del Getty Research Institute per i nostri incontri e per le nostre discussioni su temi rilevanti durante il mio soggiorno a Villa Getty, che mi hanno portato al rapporto del 2012 dell'IPCC che ha un ruolo così importante nella parte finale di questo libro.

Sono anche in debito con Miguel Centeno e con gli altri organizzatori e partecipanti del seminario Historical Systemic Collaps tenuto all'Università di Princeton il 26-27 aprile 2019, e del seminario settimanale sulla resilienza storico-sociale organizzato da John Haldon, sempre di Princeton, nell'autunno del 2020 e condotto via Zoom durante la pandemia. Le presentazioni, le letture e le conversazioni sul Collasso, la resilienza e la trasformazione con i vari partecipanti, durante e dopo il seminario, soprattutto con John Haldon, Luke Kemp e Jim Newhard, hanno dato vita a molte riflessioni che sono confluite in questo libro.

Oltre che alle conferenze di Princeton e ai seminari nell'aprile del 2019 e nell'autunno del 2020, e a Villa Getty nel novembre del 2021, parte di questo materiale è stato presentato anche in altri luoghi, virtualmente o di persona, come per esempio alla New York University nell'ottobre del 2020, agli incontri annuali dell'American Society of Overseas Research nel novembre del 2020, allo Spring Bible and Archaeology Fest della Biblical Archaeology Society nell'aprile del 2022, agli incontri annuali della Mediterranean Archaeology Australasian Research Community nell'aprile del 2023 e all'Università di Yale nell'aprile del 2023. Sono grato a tutti i partecipanti e ai membri del pubblico per il loro riscontro durante e dopo quegli eventi.

Vorrei anche ringraziare, seppure tardivamente, i miei professori di dottorato che tanto tempo fa mi introdussero ai fatti fondamentali, oltre che alle sfumature e ai dettagli, riguardanti l'Età del Ferro nell'Egeo e nel Mediterraneo orientale, inclusi Keith DeVries, John Graham, James Sauer, Irene Winter e soprattutto James D. Muhly. Non potevo sapere che più trent'anni dopo avrei cercato di scrivere un libro proprio su quegli argomenti; spero che si avvicini a rendere giustizia al loro appassionato e sapiente insegnamento.

Inoltre, e scusandomi molto con chiunque abbia trascurato di nominare, vorrei ringraziare i tanti amici e colleghi che mi hanno segnalato pubblicazioni o argomenti rilevanti: W. Sheppard Baird, J.A. Brinkman, Trevor Bryce, Guy Bunnens, Hanan Charaf, Violetta Cordani, Aidan Dodson, Anne Duray, Meir Edrey, Carl S. Ehrlich, Eckart Frahm, Norma Franklin, Gil Gambash, Brien Garnand, Ayelet Gilboa, John Haldon, Rachel Hallote, Louise Hitchcock, Christopher W. Jones, Katie Kearns, Luke Kemp, Gunnar Lehmann, Megan Lewis, Susan Lupack, James Osborne, Beatrice Pestarino, Benjamin Porter, Federico Rocchi, Karen Rubinson, Golan Shalvi, Trevor Van Damme, Marcus Wallas, Mark Weeden e Assaf Yasur-Landau.

Per aver risposto alle mie domande su vari argomenti e aver suggerito possibili soluzioni, sono anche grato a Carol Bell, Shirly Ben-Dor Evian, Erez Ben-Yosef, Nathaniel Erb-Satullo, Eckart Frahm, Tamar Hodos, Nota Kourou, Robert Lempert, Tom Levy, Barry Molloy, James D. Muhly, Vana Orfanou, Christopher Rollston, Jane Waldbaum, Jonathan Wood, Naama Yahalom-Mack e Paul Zimansky.

Soprattutto, sono estremamente grato ai colleghi che hanno letto il manoscritto, tutto o in parte, durante le varie fasi di ricerca e stesura, e che hanno suggerito modifiche, correzioni e cancellature, tra cui Hanan Charaf, Bill Dardis, Aidan Dodson, Eckart Frahm, Norma Franklin, Brien Garnand, John Haldon, Rachel Hallote, Randy Helm,

Katie Kearns, Luke Kemp, Robert Lempert, Aren Maeir, Jim Newhard, Jessica Nitschke, James Osborne, John Papadopoulos, Chris Rollston, Assaf Yasur-Landau, e soprattutto Mitchell Allen del Scholarly Roadside Service (che mi ha aiutato a contenere la mia propensione alla verbosità e ha condannato il mio amore per le virgole).

Sono anche in debito con gli anonimi *peer-reviewer* che hanno letto e commentato l'intero manoscritto, determinando alcuni importanti modifiche che hanno migliorato il prodotto finale, spero. Sono particolarmente grato agli studenti della George Washington University che nella primavera del 2023 hanno partecipato al mio seminario «Collapse and Resilience in the Ancient World» e che per tutto il semestre hanno discusso valorosamente della semantica di «collasso sociale» e di altre espressioni, indagato sulla validità di usare tali concetti quando si studia la fine delle società harappa, maya e romana, tra le altre, e fornito molti riscontri utili sulla penultima versione del manoscritto. E, *last* ma affatto *least*, sono in debito con Michele Angel per aver creato le meravigliose mappe e con Glynnis Fawkes per aver disegnato molte delle figure di questo libro.

Come sempre, ho tentato al meglio delle mie possibilità di dare la giusta attribuzione alle idee e alle pubblicazioni di altri studiosi. Se in qualche caso avessi omesso di dare il giusto credito, non è certamente voluto, e farò tutto quanto in mio potere per rimediare nelle future ristampe ed edizioni. La responsabilità di qualunque errore sia rimasto nel manoscritto, o l'errata interpretazione del lavoro di altri, è solo mia.

Elenco dei personaggi

L'elenco include i principali sovrani citati nel testo e il periodo in cui regnarono.

Abdi-Aštart (Abdastratus): re di Tiro; fine X secolo a.C.
Abibaal: re di Biblo; metà-fine X secolo a.C.
Adad-apla-iddina: re babilonese; 1067-1046 a.C.
Adad-nirari II: re neo-assiro; 911-891 a.C.
Adad-nirari III: re neo-assiro; 810-783 a.C.
Acab: re d'Israele; 871-852 a.C. circa
Acazia: re di Giuda; 842-841 a.C. circa
Ahiram: re di Biblo; inizio X secolo a.C.
Amenemope: faraone, Ventunesima Dinastia; 991-982 a.C.
Arame: re di Urartu; 859-844 a.C. circa
Argishti I: re di Urartu; 786-764 a.C. circa
Aššur-bel-kala: re medio-assiro; 1074-1057 a.C.
Aššur-dan I: re medio-assiro; 1179-1133 a.C.
Aššur-dan II: re neo-assiro; 934-912 a.C.
Aššurnasirpal I: re neo-assiro; 1049-1031 a.C.
Aššurnasirpal II: re neo-assiro; 883-859 a.C.
Aššur-reša-iši I: re medio-assiro; 1133-1116 a.C.
Aštar(t)-imn: re di Tiro; inizio IX secolo a.C.
Astiru(wa) I: signore del paese di Karkemish; 810 a.C. circa
Astuwalamanza(s) (Astuwatamanza): signore del paese di Karkemish; X secolo a.C.
Baal-ma'zer (Baal-azor) I: re di Tiro; fine X secolo a.C.
Baal-ma'zer (Baal-azor) II: re di Tiro; metà IX secolo a.C.
Baba-aha-iddina: re babilonese; 812 a.C. circa
Davide: re della Monarchia Unita; 1000-970 a.C. circa
Elibaal: re di Biblo; metà-fine X secolo a.C.
Enlil-nadin-ahi: re babilonese; 1157-1155 a.C. circa

Ethbaal: re di Biblo; inizio X secolo a.C.
Ethbaal: re di Tiro; inizio-metà IX secolo a.C.
Hadad: principe ereditario e poi re di Edom; inizio X secolo a.C.
Hadad-ezer: re di Aram-Damasco; 858 a.C. circa
Halparuntiya: re di Patin(a); inizio IX secolo a.C.
Hatiba: principessa di una città imprecisata di Cipro che interagì con Wenamun; 1075 a.C. circa
Hayya: re di Sam'al (Zincirli); 870/60-840 a.C. circa
Hazael: re di Aram-Damasco; 842-796 a.C. circa
Herihor: alto sacerdote di Amon e poi faraone, 1080-1074 a.C.
Hiram I: re di Tiro; 970-936 a.C. circa
Ini-Tešub: grande re di Karkemish; fine XII secolo a.C.
Inushpua: re di Urartu; regnò con Menua; 810-786 a.C. circa
Isarwila-muwa: signore del paese di Karkemish; seconda metà del IX secolo a.C.
Iš-Aštart: re di Tiro; inizio IX secolo a.C.
Ishpuini: re di Urartu; 828-810 a.C. circa
Ieoram: re di Giuda; 849-842 a.C. circa
Ieu: re di Israele; 841-814 a.C. circa
Ioas (Joash / Jehoash): re di Israele; 804-789 a.C. circa
Ioram: re di Israele; 850-840 a.C. circa
Kamani: signore del paese di Karkemish; 790 a.C. circa
Kaššu-nadin-ahhe: re babilonese; 1007-1005 a.C. circa
Katuwa(s): signore del paese di Karkemish; fine X secolo a.C.
Kulamuwa: re di Sam'al (Zincirli); 840-810 a.C. circa
Kupapiya: moglie di Taita II, re della «terra di Palistin»; inizio X secolo a.C.
Kuwalana-muwa: signore del paese di Karkemish; seconda metà del IX secolo a.C.
Kuzi-Tešub: grande re di Karkemish; 1200-1180 a.C. circa
Lubarna I (?): re di Patin(a); inizio IX secolo a.C.
Lubarna II: re di Patin(a); fine IX secolo a.C.
Manana: re della «terra di Palistin»; metà X secolo a.C.
Marduk-balatsu-iqbi: re babilonese; 819-813 a.C.
Marduk-nadin-ahhe: re babilonese; 1099-1082 a.C. circa
Marduk-sapik-zeri: re babilonese; 1082-1069 a.C.
Marduk-zakir-sumi: re babilonese; 855-819 a.C. circa
Mattan I: re di Tiro; fine IX secolo a.C.
Menua: re di Urartu; regnò con Inushpua; 810-786 a.C. circa
Mesha: re di Moab; metà IX secolo a.C.
Methusastratos (usurpatore): re di Tiro; fine X secolo a.C.
Mutnedjmet: moglie del faraone Psusennes I, Ventunesima Dinastia; 1039-991 a.C.
Nabu-apla-iddina: re babilonese; 887-855 a.C. circa

Nabu-mukin-apli: re babilonese; 978-943 a.C. circa
Nabucodonosor I: re babilonese; 1125-1104 a.C.
Omri: re di Israele; 884-873 a.C. circa
Osorkon I: faraone, Ventiduesima Dinastia; 924-889 a.C. circa
Osorkon II: faraone, Ventiduesima Dinastia; 872-831 a.C.
Panamuwa I: re di Sam'al (Zincirli); 790-745 a.C. circa
Panedjem I: faraone; 1074-1036 a.C.
Pilles: re di Tiro; inizio IX secolo a.C.
Psusennes I: faraone, Ventunesima Dinastia; 1039-991 a.C.
Psusennes II: faraone, Ventunesima Dinastia; 958-945 a.C.
Pumiyaton (Pummayon / Pigmalione): re di Tiro; fine IX-inizio VIII secolo a.C.
Qalparunda II: re di Patin(a); metà IX secolo a.C.
Qurila: re di Sam'al (Zincirli); 810-790 a.C. circa
Ramses III: faraone, Diciannovesima Dinastia; 1186-1155 a.C.
Ramses IV-X: faraoni, Ventesima Dinastia; 1155-1098 a.C.
Ramses XI: faraone, Ventesima Dinastia; 1098-1070 a.C., in sovrapposizione con Smendes e Herihor
Salomone: re della Monarchia Unita; 970-930 a.C. circa
Sangara: signore del paese di Karkemish; 875-848 a.C. circa
Sapaziti: grande signore di Karkemish; fine XI secolo a.C.
Sarduri I: re di Urartu; 834-828 a.C. circa
Sha'il: re di Sam'al (Zincirli); 850-840 a.C. circa
Salmanassar II: re neo-assiro; 1030-1019 a.C.
Salmanassar III: re neo-assiro; 858-824 a.C.
Shamaš-mudammiq: re babilonese; 900 a.C. circa
Shamši-Adad V: re neo-assiro; 823-811 a.C.
Sheshonq I: faraone, fondatore della Ventiduesima Dinastia; 945-924 a.C. circa
Sheshonq IIa: faraone, Ventiduesima Dinastia; 890 a.C. circa
Sheshonq III: faraone, Ventiduesima Dinastia; 831-791 a.C.
Shipitbaal: re di Biblo; fine X secolo a.C.
Siamon: faraone, Ventunesima Dinastia; 979-958 a.C.
Smendes: governatore della regione del delta del Nilo, poi faraone e fondatore della Ventunesima Dinastia, 1077/69-1043 a.C.
Suhi I: signore del paese di Karkemish; 1000 a.C. circa
Suhi II: signore del paese di Karkemish; X secolo a.C.
Suhi III: signore del paese di Karkemish; 900 a.C. circa
Šuppiluliuma I: re della «terra di Palistin»; fine X secolo a.C.
Šuppiluliuma II / Sapalulme: re di Patin(a); metà IX secolo a.C.
Taita I: re della «terra di Palistin»; XI secolo a.C.
Taita II: re della «terra di Palistin»; inizio X secolo a.C.

Takelot I: faraone, Ventiduesima Dinastia; 889-872 a.C.
Takelot II: faraone, Ventitreesima Dinastia; 834-810 a.C.
Tanetamon: figlia di Ramses XI; moglie di Smendes; 1050 a.C. circa
Tiglatpileser I: re medio-assiro; 1115-1076 a.C.
Tjekkerbaal / Zakarbaal: re di Biblo; 1075 a.C. circa
Tukulti-Ninurta I: re medio-assiro; 1244-1208 a.C.
Tukulti-Ninurta II: re neo-assiro; 890-884 a.C.
Tuthaliya II: grande re di Karkemish; fine XI secolo a.C. (?)
Ura-Tarhunta: grande re di Karkemish; fine XI secolo a.C.
Yariri: reggente (regna come signore del paese) di Karkemish; 800 a.C. circa
Yehimilk: re di Biblo; metà X secolo a.C.

Note

Introduzione. «È la fine del mondo come lo conosciamo» (… e non mi sento tanto bene)

1 *It's the End of the World as We Know It (And I Feel Fine)* è il titolo di una famosa canzone dei R.E.M., di cui l'autore modifica in «negativo» la parte finale [*N.d.T.*].

2 Lo studio era stato pubblicato dall'Institute for Public Policy Research; *Climate and Economic Risks, «Threaten 2008-Style Systemic Collapse»*, in «The Guardian», 12 febbraio 2019: https://www.theguardian.com/environment/2019/feb/12/climate-and-economic-risks-threaten-2008-style-systemic-collapse; R. Harrabin, *Environment in Multiple Crises. Report*, in BBC News, 12 febbraio 2019: https://www.bbc.com/news/science-environment-47203344; L. Laybourn, L. Rankin e D. Baxter, *This Is a Crisis: Facing Up to the Age of Environmental Breakdown*, Institute for Public Policy Research, 2 dicembre 2019: https://www.ippr.org/research/publications/age-of-environmental-breakdown. Si tratta di uno studio totalmente diverso da quello uscito un anno più tardi, all'inizio del 2020, che ho citato all'inizio dell'edizione rivista di *1177 a.C.* (Cline 2021, p. xv [ed. it. 2023, p. 7]).

3 Cline 2014 [ed. it. 2014]; Cline 2021 [ed. it. 2023].

4 Citazione tratta dall'edizione rivista e aggiornata (Cline 2021, pp. 165-66 [ed. it. 2023, p. 192]). A mio parere, il Collasso della tarda Età del Bronzo andrebbe considerato un caso esemplare all'interno del campo oggi chiamato «History of Climate and Society» (HCS), che prevede lo studio delle «interazioni clima-società» ed evidenzia «i meccanismi con cui il cambiamento climatico ha influenzato la storia umana» (Degroot *et al.* 2021, p. 539).

5 Cfr. Haldon *et al.* 2020a, pp. 5, 12; anche Haldon *et al.* 2021, pp. 261-62; e, in precedenza, Haldon *et al.* 2020b. Cfr. anche Kuecker e Hall 2011, p. 26; Johnson 2017, p. 1.

6 Per libri recenti sul crollo e dopo il crollo cfr., per es., Tainter 1988; Diamond 2005; Middleton 2017c; e i volumi curati da Yoffee e Cowgill 1988; Schwartz e

Nichols 2006; McAnany e Yoffee 2010; Faulseit 2016; Middleton 2020a. Cfr. anche, per es., articoli specifici come Kuecker e Hall 2011; Storey e Storey 2016.

7 Citazioni da Cumming e Peterson 2017, p. 696; Haldon *et al.* 2020b. Cfr. anche il recente Haldon *et al.* 2021, p. 262.

8 C. Bermel, *Dixie Fire Becomes Largest Single Wildfire in California History*, in «Politico», 6 agosto 2021: https://www.politico.com/states/california/story/2021/08/06/dixie-fire-becomes-largest-single-wildfire-in-california-history-1389651; *Greece Wildfires. Evia Island Residents Forced to Evacuate*, in «BBC News», 9 agosto 2021: https://www.bbc.com/news/world-europe-58141336; M.S. Schwartz, *Wildfires Rage through Greece as Thousands Are Evacuated*, in «NPR», 8 agosto 2021: https://www.npr.org/2021/08/08/1025947847/wildfires-rage-through-greece-as-thousands-are-evacuated; Associated Press, *Grim View of Global Future Offered in U.S. Intelligence Report*, in «NBC News», 8 aprile 2021: https://www.nbcnews.com/politics/politics-news/grim-view-global-future-offered-u-s-intelligence-report -n1263549; B. Plumer e H. Fountain, *A Hotter Future Is Certain, Climate Panel Warns. But How Hot Is Up to Us*, in «New York Times», 9 agosto 2021: https://www.nytimes.com/2021/08/09/climate/climate-change-report-ipcc-un.html; J. Spring, *Once-in-50-Year Heat Waves Now Happening Every Decade. U.N. Climate Report*, in «Reuters», 9 agosto 2021: https://www.reuters.com/business/environment/once-in-50-year-heat-waves-now-happening-every-decade-un-climate-report-2021-08-09.

9 Cfr., per es., Ehrenreich 2020.

10 Cowgill 1988, p. 246. Cowgill dice anche che dobbiamo distinguere tra il «declino o deterioramento di qualcosa e la sua fine» (p. 255), in quanto «la fine totale o anche la rapida e drastica trasformazione di una civiltà è sempre stato un evento raro, perlomeno finora. È più comune una frammentazione politica» (p. 256). Cfr. ora Haldon *et al.* 2020a per una recente disamina estremamente importante e sfaccettata di cosa implichi il «collasso»; anche Johnson 2017, p. 7; Middleton 2017b, Middleton 2020b; Kemp 2019; Nicoll e Zerboni 2019; Haldon *et al.* 2021, p. 238.

11 Cfr. Frahm 2023, pp. 24-25, per commenti analoghi riguardanti, in particolare, i reperti assiri.

La sopravvivenza delle civiltà

1 Trad. it. di S. Basso, Einaudi, Torino 2012, p. 105.

Prologo. Benvenuti nell'Età del Ferro

1 Cfr. Tucidide (1.12.1-3; anche 1.2.2); anche Erodoto (8.73; anche 1.56.2-3) e Pausania (4.3.3; anche 2.12.3).

2 Cfr. i dibattiti e le discussioni in inglese, che spesso citano studi precedenti tedeschi e francesi, contenute in Casson 1921; Heurtley 1926-27; Hammond

1931-32; Daniel, Broneer e Wade-Gery 1948; Starr 1961, pp. 72-74; Cook 1962; Desborough 1964, pp. 246-48; Snodgrass 1971, pp. 300-12; anche disamine più recenti che riconsiderano le situazioni precedenti, per es., Muhly 1992, p. 12; J.M. Hall 1997, pp. 3-4, 12, 41, 56-65; J.M. Hall 2002, pp. 32-35, 73-82; J.M. Hall 2003; J.M. Hall 2006, pp. 240-42; J.M. Hall 2007, pp. 43-51.

3 Cfr. *Mycenaean Civilization*, in *Columbia Electronic Encyclopedia*, VI ed., marzo 2021.

4 Carpenter 1966, p. 40; Snodgrass 1971, p. 312; Hooker 1979, p. 359; Tainter 1988, pp. 63-64 (che cita Carpenter); J.M. Hall 2002, p. 79 (che cita Hooker); Papadopoulos 2014, p. 185; Nagy 2019b (che cita Palaima 2002). Cfr. anche, per es., Schnapp-Gourbeillon 1979, pp. 1-11, Schnapp-Gourbeillon 2002, pp. 131-82; S.P. Morris 1989, pp. 48-49; Coulson 1990, pp. 14-17; Muhly 1992, p. 11; R. Osborne 1996, pp. 33-37; Lemos 2002, pp. 191-93; Papadopoulos e Smithson 2017, pp. 24, 980; Wallace 2018, pp. 311-15; Kotsonas e Mokrišová 2020, pp. 221-22; Knodell 2021, pp. 187-88. Per i dori a Creta, cfr. oggi, per es., Hatzaki e Kotsonas 2020, pp. 1036-37, che cita Wallace 2010, pp. 365-73 e altri.

5 Cfr., per es., J.M. Hall 1997, pp. 111-31; J.M. Hall 2002, pp. 78-82; Tainter 1988, pp. 63-64; I. Morris 2000, pp. 198-18; Voutsaki 2000, pp. 232-33; Montiglio 2006, p. 161; Wallace 2010, pp. 371-73; Bryce 2020, p. 114; Ruppenstein 2020b; Knodell 2021, p. 132; Osborne e Hall 2022, p. 9; Maran 2023, p. 240.

6 Nagy 2019b, che cita Palaima 2002; anche Nagy 2019a; Ruppenstein 2020b.

7 Cfr. più di recente Murray 2017, pp. 7, 211, 231-32, 234-39; anche Murray 2020, p. 202; in precedenza, Snodgrass 1971, pp. 364-67; Desborough 1972, p. 18; I. Morris 1987, p. 146; I. Morris 2006, p. 80; Chew 2007, p. 95. Cfr. anche le analisi in Tainter 1988, pp. 10-11; Tainter 1999, p. 1010; Dickinson 2006a, pp. 93-98; Dickinson 2006b, pp. 117-18; Eder 2006, p. 550; J.M. Hall 2007, pp. 59-61; Deger-Jalkotzy 2008, pp. 393-94; Wallace 2010, p. 88; Eder e Lemos 2020, p. 140; Nakassis 2020, p. 277; Knodell 2021, pp. 119-29, 144, 133, 240. Cfr. anche alcune altre analisi, secondo aree specifiche, sia in Middleton 2020a che in Lemos e Kotsonas 2020.

8 Cfr. di nuovo, per es., J.M. Hall 1997, pp. 111-31; J.M. Hall 2002, pp. 78-82; Tainter 1988, pp. 63-64; I. Morris 2000, pp. 198-218; Voutsaki 2000, pp. 232-33; Montiglio 2006, p. 161; Wallace 2010, pp. 371-73; Bryce 2020, p. 114; Ruppenstein 2020b; Knodell 2021, p. 132.

9 S.P. Morris 1989, pp. 48-49. D'altra parte, nel loro manuale *A Brief History of Ancient Greece*, Pomeroy *et al.* (2020, pp. 39-40) offrono una sintesi accurata del problema e del pensiero attuale sull'invasione dorica, o sulla sua assenza, e concludono dicendo che «nessuna traccia materiale di quegli invasori è stata rinvenuta nei materiali archeologici». Ma cfr. anche Elayi 2018, p. 90, la quale fa riferimento alle «invasioni doriche nella Grecia micenea, che avrebbero cacciato le antiche popolazioni dell'Egeo».

10 Cfr., per es., J.M. Hall 1997, pp. 153-67. Cfr. oggi Bryce 2020, pp. 113-14, che cita Finkelberg 2011, pp. 217-18, sugli «spostamenti di una popolazione mista» alla fine dell'Età del Bronzo nella Grecia continentale; anche Ruppenstein 2020b; J.F. Osborne e Hall 2022, pp. 10-11; Van Damme 2023, p. 179.

11 Le migrazioni possono anche essere «una serie di eventi al rallentatore che coinvolgono singoli individui o nuclei famigliari, e non solo ondate di popoli o "culture" che riguardano interi paesaggi in singoli eventi» (cfr. Georgiadis 2009, p. 97, che cita Anthony 1997, p. 23). Sull'esempio delle società pueblo, cfr. il recente Scheffer *et al.* 2021, con dettagli e ulteriori citazioni. Sulle migrazioni alla fine della tarda Età del Bronzo, cfr. Knapp 2021; anche Middleton 2018a; Middleton 2018b.

12 Coulson 1990, pp. 7, 9-10; Coldstream 1998; anche Coldstream 1992-93, p. 8, citato da Muhly 2003, p. 23; cfr. anche J.C. Scott 2017, pp. 216-17 [ed. it. 2018, pp. 178-79].

13 Voce online del *Merriam-Webster*: https://www.merriam-webster.com/dictionary/dark%20age; cfr. anche la *World History Encyclopedia*: https://www.worldhistory.org/Greek_Dark_Age.

14 Ne ho parlato diffusamente in *1177 a.C.*; cfr. Cline 2021, p. 167 [ed. it. 2023, pp. 192-93], che cita spec. Renfrew 1978; Renfrew 1979, pp. 482-87; cfr. anche Faulseit 2016, p. 5. Muhly (2011, p. 48) scrive: «La perdita dell'arte della scrittura è la caratteristica distintiva di un'Epoca Buia, di cui però resta un sintomo, non la causa». Cfr. anche Snodgrass 1971, p. 2, e Sherratt 2020, pp. 196-97 sulle caratteristiche di un'Epoca Buia. Cfr. anche Chew 2001, pp. 9-10, 60-62; Chew 2005, pp. 52-58, 67-70; Chew 2007, pp. XVI, 6-10, 13-14, 16-17 (nn. 9-10), 79-83, 94-99; Chew 2008, pp. 92-93, 120-21, 130-31 per le sue definizioni e caratteristiche, e per quella che considera l'Epoca Buia della Grecia post-Collasso; sono pertinenti al riguardo i commenti in T.D. Hall 2014, pp. 82-84, sulla prima edizione di *1177 a.C.*

15 Tainter 1988, pp. 4, 19-20, 193, 197; Tainter 1999, pp. 989-91, 1030; cfr. anche Middleton 2017a; Middleton 2017c, p. 46.

16 Esiodo, *Le opere e i giorni*, in *Tutte le opere e i frammenti con la prima traduzione degli scolii*, Bompiani, Milano 2009, p. 189.

17 J.C. Scott 2017, p. 213, cfr. anche 214-18 [ed. it. 2018, pp. 176, 177-80]. Cfr. anche Murray 2018c, pp. 19, 22; prima la disamina in Dickinson 2006a, pp. 3-9 e oggi l'utile riepilogo in M. Lloyd 2017.

1. *L'anno delle iene, quando gli uomini morivano di fame*

1 Su quanto segue, cfr. Cline 2021, pp. 131-32 [ed. it. 2023, pp. 154-55], e ulteriori riferimenti, spec. Redford 2002; anche De Buck 1937; Clayton 1994, pp. 164-65; Peden 1994, pp. 195-210; Kitchen 2012, pp. 7-11; Snape 2012, pp. 412-13; Dodson 2019, p. 2.

2 La storia dell'acquisizione del papiro segue Redford 2002, p. 5.

3 Cfr. Hawass *et al.* 2012, e gli articoli sul «Los Angeles Times», «USA Today» e altrove, disponibili, per es., su http://articles.latimes.com/2012/dec/18/science/la-sci-sn-egypt-mummy-pharoah-ramses-murder-throat-slit-20121218 e http://www.usatoday.com/story/tech/sciencefair/2012/12/17/ramses-ramesses-murdered-bmj/1775159.

4 Cfr. la nota precedente.

5 Cfr. Cline 2021, pp. 158, 160-61 [ed. it. 2023, pp. 183, 186-86], con citazioni bibliografiche; anche Kaniewski, Guiot e Van Campo 2015. Cfr. anche Butzer 2012, pp. 3634-35; Mushett Cole 2017, p. 5; Creasman 2020, pp. 17-19, 29. Sulla crisi alimentare, il mancato pagamento dei salari e lo sciopero generale, cfr. Butzer 2012, pp. 3634-35; Eyre 2012, pp. 119-21, 124, 139; Goelet 2016, p. 456; Mushett Cole 2016, pp. 47; Mushett Cole 2017, pp. 5-7; Dodson 2019, p. 2.

6 Cfr. Butzer 2012, pp. 3634-35; Mushett Cole 2016, pp. 47-48; Dodson 2019, p. 2. Su Ramses IV in generale cfr. Clayton 1994, pp. 166-67; Eyre 2012, pp. 121-23; Snape 2012, p. 413; Mushett Cole 2016, pp. 48-49.

7 Cfr. Cline 2021, pp. 150-51 [ed. it. 2023, pp. 175-76], con i riferimenti bibliografici.

8 Su Ramses V in generale cfr. Grimal 1988, pp. 287-88; Clayton 1994, p. 167; Snape 2012, pp. 413, 423; Mushett Cole 2016, p. 50; anche, in precedenza, Cline 2021, pp. 150-51 [ed. it. 2023, pp. 175-76]. Sulle miniere del Sinai e il controllo egizio cfr. Grimal 1988, p. 288; Clayton 1994, p. 168; Snape 2012, pp. 414-15; Weinstein 2012, p. 173; Mushett Cole 2016, pp. 49-52. Sul ritiro degli egizi cfr. ancora altri testi, per es., Bunimovitz e Lederman 2014, pp. 252-53.

9 Cfr. oggi ulteriori disamine, con riferimenti bibliografici precedenti, in Cline 2020, pp. 185-86, 200 e fig. 31 [ed. it. 2022, pp. 185-86, 200 e fig. 31]; anche Snape 2012, p. 415; Mushett Cole 2016, p. 51.

10 Cfr. Grimal 1988, pp. 288-89; Clayton 1994, pp. 168-69; Chew 2007, p. 90; Snape 2012, p. 414; Mushett Cole 2016, pp. 52-53.

11 Cfr. Grimal 1988, pp. 289-90; Clayton 1994, pp. 169-70; Eyre 2012, pp. 134, 137, 139; Snape 2012, p. 415; Mushett Cole 2016, pp. 53-55; Dodson 2019, pp. 4-7. Sulla possibile perdita della Nubia in questo periodo cfr. Mushett Cole 2016, p. 63; cfr. oggi anche Muhs 2022, p. 204.

12 Grimal 1988, pp. 289-90; Peden 1994, pp. 225-58; Reeves e Wilkinson 1996, p. 191; Eyre 2012, p. 134; Snape 2012, p. 415; Goelet 2016, pp. 458-60; Mushett Cole 2016, pp. 54-55; Dodson 2019, pp. 4-6.

13 Peden 1994, pp. 259-66; Reeves e Wilkinson 1996, p. 192; Goelet 2016, pp. 460-61.

14 Clayton 1994, p. 168.

15 Grimal 1988, p. 291; Clayton 1994, p. 170; Mushett Cole 2016, p. 56.

16 Eyre 2012, p. 139. Mushett Cole (2017, pp. 7-8) presenta una versione di quanto detto dalla donna leggermente diversa: l'«anno delle iene, quando c'era una carestia». Cfr. anche Grimal 1988, p. 291; Snape 2012, p. 426; Koch 2021, pp. 71-72.

17 Kitchen 1973, p. 248; Grimal 1988, p. 292; Clayton 1994, p. 171, 175; Snape 2012, p. 427; Mushett Cole 2016, p. 63; Dodson 2019, pp. 16, 18-19, 21-24.

18 Kitchen 1973, p. 250; Grimal 1988, pp. 291-92, 314; Clayton 1994, p. 171; Snape 2012, p. 427; Mushett Cole 2016, pp. 64-65; Dodson 2019, pp. 17-18, 24-29; Koch 2021, p. 72.

19 Cfr. oggi Reeves 1990, pp. 186, 191-92, con ulteriori riferimenti; Reeves e Wilkinson 1996, pp. 188-207; Aston 2020, pp. 31-68; anche Grimal 1988, p. 290; Snape 2012, p. 428; Dodson 2019, p. 42.

20 Kitchen 1973, pp. 249-50, 254, 256-59; Grimal 1988, p. 292, 311; Clayton 1994, pp. 178-79; Hallo e Simpson 1998, pp. 283-84; Mushett Cole 2016, pp. 64-66.

21 Kitchen 1973, pp. 248-50, 257-59, 262; Grimal 1988, p. 292; Clayton 1994, pp. 172, 176; Snape 2012, p. 428; Mushett Cole 2016, pp. 64-66; Dodson 2019, pp. 24-32, 39.

22 Grimal 1988, p. 290; Clayton 1994, pp. 177-78; Reeves e Wilkinson 1996, pp. 68-69, 101-03, 198-99; Snape 1996, p. 190; Reeves 2000, pp. 101-04. Altre spoglie reali a quanto pare furono oggetto dell'attenzione di Panedjem, nel senso che vennero messe al sicuro anche se non necessariamente spostate, come quelle di Thutmose II, Amenofi I e Ramses III; cfr. Dodson 2019, p. 42.

23 Cfr., per es., Kitchen 1973, pp. 261, 271, 274-75; Grimal 1988, pp. 314-15, 317-19; Clayton 1994, pp. 179-81; Hallo e Simpson 1998, p. 284; Mushett Cole 2016, pp. 66-67; Mushett Cole 2017, p. 8; oggi Muhs 2022, pp. 195, 204.

24 Per quel che segue sono in debito con la pubblicazione di Montet 1951, cfr. spec. pp. 19-21; Dodson 2019, pp. 42, 66-67, 95-96, 101-02, figg. 24, 47 e 79; e la recente disamina in Brier 2023, pp. 282-83. Cfr. anche Kitchen 1973, p. 271; Grimal 1988, pp. 317-18; Clayton 1994, pp. 180-81; anche il racconto della scoperta di McDowall 2014 e il documentario della PBS *Secrets of the Dead: The Silver Pharaoh* (trasmesso il 2 novembre 2010).

25 Montet 1951, pp. 19-21; Brier 2023, pp. 282-83. Cfr. anche Dodson 2019, pp. 42, 95-96, 101-02, fig. 79.

26 Montet 1951, p. 21; tradotto dal francese da E.H. Cline.

27 Montet 1951, pp. 21-22; tradotto dal francese da E.H. Cline.

28 Montet 1951, pp. 21-22; tradotto dal francese da E.H. Cline. Sulla traslazione e l'identificazione di Merenptah, cfr. Montet 1951, pp. 111-12.

29 Montet 1951, p. 22, anche tavola 95; tradotto dal francese da E.H. Cline. Per l'iscrizione sul sarcofago nero, cfr. Montet 1951, pp. 126-30; per l'iscrizione sul

sarcofago d'argento, cfr. Montet 1951, pp. 130-32. Cfr. anche la disamina in Dodson 2019, pp. 66-67, fig. 47.

30 Montet 1951, p. 22; Dodson 2019, pp. 66-67, fig. 24.

31 Montet 1951, p. 22. Cfr ancora Brier 2023 e Dodson 2019. Per le fotografie e i disegni dei tre sarcofagi a matrioska e la maschera d'oro, cfr. Montet 1951, in particolare le tavole alle pp. 75-82, 95-105.

32 Ben-Dor Evian *et al.* 2021, p. 3; cfr. anche David 2021b per la ripubblicazione di questa storia nei media popolari.

33 Ben-Dor Evian *et al.* 2021; cfr. anche, in precedenza, Kassianidou 2014, pp. 263-67; Yahalom-Mack *et al.* 2014, p. 174; Ben-Dor Evian 2017, p. 36. L'area delle miniere di Timna è salita agli onori della cronaca all'inizio del 2021 non per il rame o il turchese, ma per l'analisi di un pezzo di tessuto risalente alla fine dell'XI secolo o all'inizio del X secolo a.C., tinto con il color porpora reale perfezionato dai fenici; cfr. Sukenik *et al.* 2021 e articoli sui media come Borschel-Dan 2021, David 2021a e Tercatin 2021.

34 Cfr., per es., con ulteriori riferimenti, Dothan 1982, pp. 3-4; Cline e O'Connor 2003, pp. 114-15; Killebrew 2005, pp. 204-05; Yasur-Landau 2010, pp. 2-3; oggi anche, per es., Schipper 2019, pp. 15-18, 22 [ed. it. 2023, pp. 22-25, 29]; Yasur-Landau 2019, p. 416; Koch 2021, pp. 76-80; Master 2021; Maeir 2022d. La letteratura sui filistei e il loro iniziale insediamento nella regione è sterminata; oltre ai testi appena citati, cfr. anche, per es., Howard 1994; Finkelstein 1995; Ehrlich 1996; Barako 2013; Ben-Shlomo 2014; Faust 2019; Maeir 2019, Maeir 2020; Koch 2020.

35 Macalister 1914; cfr. anche citazioni, per es., in Dothan 1982, p. 24; Yasur-Landau 2010, p. 2. Sugli scavi recenti, cfr. i contributi in Maeir 2012; Maeir e Uziel 2020.

36 Ehrlich 1996, p. 56.

37 Cfr., con riferimenti precedenti, Cline 2000, pp. 44-59 [ed. it. 2016, pp. 54-69]; Cline 2004, p. 19 [ed. it. 2022, p. 38]; Cline 2007, p. 119; Cline 2009 [ed. it. 2021]; anche Broodbank 2013, p. 452 [ed. it. 2015, p. 452]; più di recente Maeir 2022a; è anche rilevante Ben-Yosef e Thomas 2023.

38 Cfr. in particolare le pubblicazioni recenti di Avraham Faust della Bar Ilan University; per es. Faust 2007; Faust 2012; Faust 2016; Faust 2019.

39 Anche qui la letteratura è vasta. Cfr., tra i tanti esempi, Finkelstein 1988; anche Cline 2004, p. 17 [ed. it. 2022, pp. 36-37]; Cline 2007, pp. 114-18; Cline 2009, p. 77 [ed. it. 2021], tutti con ulteriori riferimenti; Killebrew 2005, pp. 152-54, 181-85.

40 Cline 2007, pp. 118-19; Cline 2021, p. 91 [ed. it. 2023, p. 112]. La letteratura sul forte incremento di insediamenti israeliti nel Ferro I e sulle loro caratteristiche è anch'essa sterminata; cfr. più di recente, per es., Killebrew 2005, pp. 155-59, 173-81; Finkelstein 2013, pp. 22, 27-28, 32-33 [ed. it. 2014, pp. 36-37, 41-42, 47-48]; ora anche Ilan 2019; Schipper 2019, pp. 15-18 [ed. it. 2023,

pp. 22-25]; e Ben-Yosef e Thomas 2023, secondo cui (se interpreto correttamente la loro ipotesi) potrebbe ancora esserci stato un segmento nomade della società che continuò a esistere fino alla Monarchia Unita del X secolo a.C.

41 Cline 2007, p. 119.

42 Langgut *et al.* 2014, pp. 294-98 e tabella 3; anche Langgut *et al.* 2015, pp. 217, 229-31; Finkelstein 2016, p. 116; Finkelstein e Langgut 2018. Si noti di nuovo, come detto sopra, che Kanieweski e colleghi hanno modificato le loro conclusioni originali riguardanti il cambiamento climatico nel Mediterraneo orientale così da includere anche questo minimo aumento temporaneo dell'umidità e il miglioramento delle condizioni climatiche; cfr. di nuovo Kaniewski *et al.* 2019a, spec. pp. 6-9 e figg. 4-6; Kaniewski *et al.* 2019b; Kaniewski *et al.* 2020; anche Finné *et al.* 2019, p. 859 (anche p. 855 e fig. 2) e la disamina precedente in Cline 2021, pp. 157-58 [ed. it. 2023, pp. 184-85].

43 Langgut *et al.* 2014, p. 298. Sul Moab cfr. Mattingly 1994; Finkelstein e Lipschits 2011; Finkelstein 2014; Steiner 2014. Su Ammon cfr. Younker 1994; Younker 2014. Su Edom cfr. riferimenti più avanti. Su tutti loro, ossia i «vicini dell'antico Israele», cfr. oggi l'utilissimo libro di Doak 2020.

44 Cfr. il recente Palmisano *et al.* 2019; Palmisano *et al.* 2021b, pp. 7, 22-23; anche, che introducono in queste disamine la Monarchia Unita, Ben-Yosef e Thomas 2023; Thomas e Ben-Yosef 2023. Cfr. anche le brevi disamine qui sotto, con altri riferimenti bibliografici.

45 Cfr. l'intera discussione, con riferimenti bibliografici, in Cline 2000, pp. 65-74 [ed. it. 2016, pp. 75-83], Cline 2004, p. 20 [ed. it. 2022, p. 41]; anche Dothan 1982, p. 16; Finkelstein 2013, pp. 35-36 [ed. it. 2014, pp. 50-51].

46 Cfr. il recente Rollston 2019, p. 379. Per la pubblicazione iniziale dei frammenti cfr. Biran e Naveh 1993; Naveh 1995.

47 Traduzione basata su Schniedewind 1996, pp. 77-78.

48 L'iscrizione è stata oggetto di grande dibattito nel corso degli anni; per la mia prima disamina di questa scoperta, con riferimenti bibliografici, cfr. Cline 2000, pp. 83-87 [ed. it. 2016, pp. 93-97]; Cline 2009, pp. 59-63 [ed. it. 2021].

49 Sulla lettura proposta cfr., per es., Lemaire 1994. Per interpretazioni differenti cfr., per es., Finkelstein, Na'aman e Römer 2019; Na'aman 2019a. Cfr. anche la precedente disamina in Cline 2009, pp. 16-18 [ed. it. 2021, pp. 19-21], con riferimenti bibliografici; anche Horn 1986. Per ulteriori pubblicazioni riguardanti la storia della scoperta della stele di Mesha e la sua interpretazione cfr. oggi anche Richelle 2018, pp. 28-30; Porter 2016, pp. 324-25 e fig. 17.1; Schipper 2019, p. 38 [ed. it. 2023, pp. 44-45]. Su Mesha e i moabiti cfr., per es., Na'aman 1997.

50 Kitchen 1973, pp. 273-75, 280; Grimal 1988, pp. 318-19; cfr. di nuovo Crowell 2021, pp. 25, 196-201, 364-66, 382; anche Na'aman 2021, pp. 24-26.

51 Kitchen 1973, pp. 271-72; Grimal 1988, pp. 317-18; Clayton 1994, p. 181; Mushett Cole 2016, p. 68. Cfr., più di recente, la disamina in Crowell 2021,

pp. 25, 196-201, 364-66, 382; anche Finkelstein 2020, p. 24, che dubita della concomitanza degli eventi reali.

52 La letteratura è già molto ricca; cfr. spec. Levy *et al.* 2008; Ben-Yosef *et al.* 2010; Ben-Yosef *et al.* 2019; Liss *et al.* 2020, con riferimenti a pubblicazioni precedenti, incluso Hoglund 1994, oltre i tanti contributi nei due volumi curati da Levy, Najjr e Ben-Yosef 2014. Riguardo alla sfida per l'attività di estrazione a Cipro cfr., per es., Crielaard 1998, pp. 194-95; Muhly e Kassianidou 2012, pp. 125, 134, con riferimenti bibliografici; Finkelstein 2013, p. 127 [ed. it. 2014, p. 143]; Kassianidou 2014, pp. 263-64; Yahalom-Mack *et al.* 2014, p. 174; Erb-Satullo 2019, p. 589; Knapp e Meyer 2020, pp. 232-43. Sullo Wadi Faynan, cfr. la disamina più sotto e, per es., Ben-Yosef *et al.* 2010; Ben-Yosef *et al.* 2019, con riferimenti bibliografici; anche Schipper 2019, p. 28 [ed. it. 2023, p. 36].

53 Cfr., per es., Ben-Yosef 2019b; Ben-Yosef 2019c; Ben-Yosef 2020; Ben-Yosef 2021a; Ben-Yosef 2021b; Ben-Yosef *et al.* 2019; Ben-Yosef e Thomas 2023, con tutti i riferimenti bibliografici. Cfr. anche disamine successive, per es., Crowell 2021, pp. 36-37, 41-42; Maeir 2021; e la contestazione di Finkelstein 2020; oggi anche Na'aman 2021; Bienkowski 2022. Cfr. oggi la panoramica in Crowell 2021, pp. 8-16, con riferimenti alle importanti pubblicazioni di Glueck.

54 La letteratura su questo tema è già immensa. Cfr., per fare giusto qualche esempio, Garfinkel e Ganor 2008; Garfinkel e Ganor 2010; Finkelstein e Fantalkin 2012; Finkelstein 2013, pp. 54-59 [ed. it. 2014, pp. 66-72]; Garfinkel 2017, 2021; Na'aman 2017; Schipper 2019, p. 23 [ed. it. 2023, p. 30]; e oggi Ussishkin 2022.

55 Sull'iscrizione di più righe cfr., per es., Misgav, Garfinkel e Ganor 2009; Galil 2010; Rollston 2011; oggi anche Donnelly-Lewis 2022. Sull'iscrizione più recente cfr., per es., Garfinkel *et al.* 2015.

56 Cfr., in precedenza, Cline 2009, pp. 25-27 [ed. it. 2021, pp. 31-33], fig. 4, con riferimenti bibliografici; Rollston 2019, pp. 376-77.

57 Kitchen 1973, pp. 280-82; Grimal 1988, p. 319; Mushett Cole 2016, pp. 69-70; Schipper 2019, pp. 27-28 [ed. it. 2023, pp. 35-36].

58 Mushett Cole 2016, pp. 69-70, che cita Dever 1993, p. 37.

59 Kitchen 1973, p. 282; Grimal 1988, pp. 318-19; Clayton 1994, p. 181; ma anche, di nuovo, le disamine in Crowell 2021 citate sopra.

60 Cfr. oggi Reeves 1990, pp. 186, 191-92, con ulteriori riferimenti bibliografici; Reeves e Wilkinson 1996, pp. 188-207; Aston 2020, pp. 31-68, con ulteriori riferimenti. Cfr. anche la sintesi in Grimal 1988, p. 318; Clayton 1994, p. 181; Snape 1996, p. 188; Mushett Cole 2016, pp. 68, 70.

61 A.B. Edwards 1882a, pp. 185-97; A.B. Edwards 1882b, pp. 113, 116; Wilson 1887, pp. 1-10; Gardner 1923, pp. 30-52; Kitchen 1973, pp. 277-78; Grimal 1988, pp. 290-91; Reeves 1990, pp. 186, 191-92; Clayton 1994, pp. 177-78; Reeves e Wilkinson 1996, pp. 194-97, 204, 207; Snape 1996, pp. 188-90; Fagan 2004, pp. 194-98 [ed. it. 2006, pp. 261-65]; Bickerstaffe 2010, pp. 13-36; Gra-

efe e Belova 2010; Hawass 2010, p. 1; J. Thompson 2015, pp. 8-10; Dodson 2019, pp. 76-77; Aston 2020, pp. 31-68.

62 Cfr. oggi la disamina in Cline 2020, pp. 1-2, 85-91 [ed. it. 2022, pp. XXIII-XXIV, 85-89], con riferimenti; in precedenza, Yadin 1976; ora anche Cantrell 2006; Cantrell e Finkelstein 2006; Franklin 2017.

63 Cfr. disamina in Cline 2009, pp. 43-46, 64-66 [ed. it. 2021, pp. 51-54, 78-80], Cline 2020, pp. 234-35 [ed. it. 2022, pp. 234-35], con riferimenti; e in precedenza Yadin 1970.

64 Cfr., per es., Finkelstein 1996; Finkelstein 1999; Finkelstein 2013; cfr. di nuovo la breve disamina in Cline 2009, pp. 43-46, 64-66 [ed. it. 2021, pp. 51-54, 78-80], con riferimenti. Cfr. oggi, per es., Ortiz e Wolff 2021, che non concordano con Finkelstein e sostengono invece che i resti dello strato VIII a Gezer «debbano risalire [...] più o meno al regno di Salomone» (p. 238); cfr. anche le recenti disamine di Richelle 2018, pp. 82-83, 85-89; Garfinkel 2021; Garfinkel e Pietsch 2021.

65 Cfr. oggi 2 2016, pp. 296-97; Bourogiannis 2018a, pp. 73-74; Elayi 2018, pp. 117-22; Bunnens 2019b, p. 65; Doak 2019, pp. 660-61; Edrey 2019, p. 40; Na'aman 2019b; Hodos 2020, pp. 40-41; López-Ruiz 2021, pp. 288-89; in precedenza, Markoe 2000, pp. 33-35; Aubet 2001, pp. 44-45; Abulafia 2011, pp. 66-67 [ed. it. 2016, pp. 80-81]. Cfr. anche disamine in Yadin 1970, Yadin 1976; Finkelstein 1996, Finkelstein 1999, Finkelstein 2013; Cantrell 2006; Cantrell e Finkelstein 2006; Cline 2009, pp. 43-46, 64-66 [ed. it. 2021, pp. 51-54, 78-80], Cline 2020, pp. 1-2, 85-91, 234-35 [ed. it. 2022, pp. XXIII-XXIV, 85-89, 234-35], entrambe con riferimenti; e oggi Franklin 2017; Richelle 2018, pp. 82-83, 85-89; Garfinkel 2021; Garfinkel e Pietsch 2021; Ortiz e Wolff 2021.

66 Tutte le traduzioni della Bibbia sono tratte dalla versione Nuova Riveduta.

67 Per Ain Dara cfr., per es., Sader 2014, pp. 615-16, con riferimenti; ora anche J.F. Osborne 2021, pp. 115-17, 200. Il tempio del sito è stato gravemente danneggiato nel gennaio del 2018, secondo i media da un aereo turco; cfr., per es., C. Voon, *Iron Age Temple in Syria Devastated by Turkish Air Raids*, in «Hyperallergic», 29 gennaio 2018: https://hyperallergic.com/423867/ain-dara-temple-destroyed; E. Engelhaupt, *Iconic Ancient Temple Is Latest Victim in Civil War*, in «National Geographic», 30 gennaio 2018: https://www.nationalgeographic.com/history/article/syria-temple-ain-dara-destroyed-archaeology; S. Cascone, *Turkish Forces Nearly Destroy the Ancient Syrian Temple of Ain Dara*, in «Artnet News», 30 gennaio 2018: https://news.artnet.com/art-world-archives/destruction-ain-dara-1210982.

68 Cfr., per es., Markoe 2000, pp. 33-34; Aubet 2001, pp. 204-05; Lipiński 2006, pp. 181-82; di recente Elayi 2018, pp. 121-23; Bunnens 2019b, pp. 60-61, con riferimenti meno recenti; anche Edrey 2019, p. 40; Roller 2019, pp. 645-46; Sader 2019b, pp. 127-28; Hodos 2020, pp. 57-58, 104, 143-44.

69 Cfr. Kingsley 2021 e vari articoli sui media, tra cui Jarus 2021.

70 Kitchen 1973, p. 283; Grimal 1988, p. 319; Clayton 1994, pp. 181, 184-85; Chapman 2009; Chapman 2015; Sagrillo 2015; Mushett Cole 2016, pp. 70, 72-74; Dodson 2019, pp. 77-81, 87-89, 95, 101-02, fig. 79; Höflmayer e Gundacker 2021.

71 Kitchen 1973, pp. 286-87; Grimal 1988, pp. 319-22; Clayton 1994, pp. 183-84; Kuhrt 1995, pp. 626-28; Snape 2012, pp. 431; Mushett Cole 2016, pp. 75-76; Dodson 2019, pp. 92-93.

72 Cfr. anche 2 Cronache 12:2-9; la disamina include, per es., Kitchen 1973, pp. 295-96; Clayton 1994, pp. 184-85; Cline 2004, pp. 38-41 [ed. it. 2022, pp. 60-62]; Mushett Cole 2016, pp. 76-77, tra i tanti.

73 Cfr., per es., Kitchen 1973, pp. 296-300; Clayton 1994, pp. 184-85; Ehrlich 1996, pp. 63-65; Finkelstein 2002; Finkelstein 2013, pp. 41-44, 76-77 [ed. it. 2014, pp. 57-60, 89-90]; Mushett Cole 2016, pp. 76-77; Dodson 2019, pp. 93, 95, figg. 66, 68, 70; Schipper 2019, pp. 30-31, 36-37 [ed. it. 2023, pp. 37-38, 43]. Cfr. oggi anche i numerosi testi di conferenze in James e Van der Veen 2015.

74 Cfr. oggi tutta la storia della scoperta in Cline 2020 [ed. it. 2022] e dell'iscrizione stessa in Cline 2000, pp. 75-82 [ed. it. 2016, pp. 85-92], con rispettivi riferimenti bibliografici.

75 Cfr. Cline 2011 e oggi le pagine pertinenti in Cline 2020 [ed. it. 2022].

76 Cfr., per es., Kitchen 1973, pp. 294-95; Grimal 1988, pp. 322-23.

77 Na'aman 2021, pp. 24-26.

78 Cfr. ora Dodson 2023, pp. 297-307.

79 I risultati degli scavi sono stati recentemente pubblicati in una raccolta di cinque volumi (Mazar e Panitz-Cohen 2020), ma articoli accessibili e più brevi sono usciti sulla rivista «Near Eastern Archaeology» nel 2022; verranno citati sotto. Sulla citazione di Sheshonq I cfr. Mazar 2022b, pp. 122-23.

80 Mazar 2022b, pp. 110-11, 114-15, 122.

81 Tutte le informazioni seguenti sono basate sull'articolo, estremamente utile, di Mazar, Panitz-Cohen e Bloch 2022, pp. 126-28, con riferimenti alle disamine più estese pubblicate altrove dagli stessi autori.

82 Cfr. Mazar, Panitz-Cohen e Bloch 2022, pp. 128-29.

83 Cfr. *ibid.*, pp. 126-27.

84 Mazar 2022b, p. 116; Mazar, Panitz-Cohen e Bloch 2022, p. 127.

85 Sullo scarabeo cfr. il breve articolo su «Antiquity» di Levy, Münger e Najjar 2014; sulla campagna in quest'area cfr. anche, per es., Finkelstein 2016, p. 118; Finkelstein 2020, p. 20; Crowell 2021, p. 364; Na'aman 2021, pp. 21-24. Su argomenti correlati cfr. oggi anche Ben-Dor Evian 2017, p. 36; Ben-Dor Evian *et al.* 2021, p. 11; Maeir 2022a.

86 Kitchen 1973, p. 292; Grimal 1988, pp. 322-23; Mushett Cole 2016, pp. 75-77; Dodson 2019, p. 95; in senso opposto, Clayton 1994, p. 186.

87 Cfr., per es., Kitchen 1973, pp. 308-09; Mushett Cole 2016, p. 78 (che cita Louvre AO.9502); Dodson 2019, p. 99.

88 Kitchen 1973, pp. 309-10, 324-25; Grimal 1988, pp. 324-26; Clayton 1994, pp. 186-87; Kuhrt 1995, p. 628; Ben-Dor Evian 2011, p. 98; Ben-Dor Evian 2017, p. 36; Mushett Cole 2016, pp. 79, 81, 83; Dodson 2019, pp. 104, 109, 192; Muhs 2022, pp. 196-97, 199. Da notare che l'assenza di un'iscrizione sulla statua potrebbe essere puramente casuale; come negli altri casi, abbiamo solo un frammento della statua, ed è quindi possibile che eventuali iscrizioni fenicie non siano sopravvissute. Muhs (2022, pp. 200-01) descrive vasi di pietra egizi con iscrizioni riguardanti Osorkon II, Takelot II e Sheshonq III che sono stati trovati in cimiteri fenici nella Spagna meridionale e che secondo l'autore sarebbero stati «presumibilmente portati dall'Egitto da mercanti e coloni fenici».

89 Cf. Kitchen 1973, pp. 331, 335; Grimal 1988, pp. 328-30; Clayton 1994, pp. 188-89; Kuhrt 1995, pp. 625, 628; Mushett Cole 2016, pp. 85-87, 89; Dodson 2019, pp. 114-15, 119-21, 124-25, 127, 192.

2. *Conquistatore di tutte le terre, vendicatore dell'Assiria*

1 Grayson 1987, pp. 309-11 (A.0.86.1); Neumann e Parpola 1987, p. 178, app. A, nota 1 (citano Borger 1964, p. 103, nota 6); Kuhrt 1995, p. 358. Da notare che Grayson traduce con «il grande esercito degli ahlamu» invece di «le vaste orde» come Borger; in ogni caso, l'idea generale è la stessa; ho anche seguito Eckart Frahm (tramite una comunicazione personale) nel tradurre la prima parola con «uccisore» invece di «assassino» come Grayson.

2 Oates 1979, p. 106; Postgate 1992, p. 249; Kirleis e Herles 2007, pp. 7-10; Younger 2016, p. 100; Younger 2017, p. 198; J.F. Osborne 2021, pp. 36-40.

3 Cfr. di nuovo i riferimenti bibliografici dati sopra. Sul cambiamento dell'Eufrate cfr., per es., Reculeau 2011, p. 2, con riferimenti bibliografici precedenti; Bryce 2016a, p. 66.

4 Neumann e Parpola 1987, p. 161; Postgate 1992, pp. 247, 249; Kirleis e Herles 2007, pp. 7-9; Bryce 2012, pp. 163-64; Bryce 2014, pp. 105-06; oggi Younger 2016, *passim*; Bunnens 2019a, pp. 351, 362.

5 Grayson 1987, pp. 309-22 (A.0.86.1-14); Jeffers 2013, pp. 10-11; Radner 2018, p. 2.

6 Cfr. Grayson [1975] 2000, p. 164 (nota 21 II, righe 6-7 e 8-13, rispettivamente, per la prima e la seconda battaglia); cfr. anche Brinkman 1968, p. 110; Frame 1995, p. 11; Glassner 2004, pp. 186-88, con citazioni precedenti; Jeffers 2013, p. 213; Younger 2017, pp. 199-200, 212 e nota 90.

7 Brinkman 1968, pp. 3-4, 17; Kuhrt 1995, p. 477; Grayson [1975] 2000; Schneider 2014, p. 99, che cita Glassner 2004; Frahm 2017, p. 163.

8 Schneider 2014, p. 99; cfr. anche Kuhrt 1995, pp. 473-77; Grayson 2005; Frahm 2017, p. 163; Frahm 2019.

9 Schneider 2014, pp. 98-99; cfr. anche Kuhrt 1995, pp. 473-77.

10 Jeffers 2013, pp. 75-76, con riferimenti bibliografici e precedente documentazione.

11 Cfr., per es., le disamine in Cline 2017, pp. 52-65 (cap. 4) [ed. it. 2021, pp. 74-87], con tutti i riferimenti; oggi anche Frahm 2023, pp. 4-14.

12 Cfr. oggi Frahm 2023, pp. 24-25 per commenti analoghi; anche Reculeau 2011 per un esempio della resa dei cereali registrata nei testi assiri, seppure del XIII secolo a.C.

13 Traduzioni di Foster [1993] 2005, p. 382. Cfr. Brinkman 1968, pp. 88-89, 104-06; Frame 1995, p. 11; Potts 1999, pp. 252-53; Foster [1993] 2005, p. 376; Jeffers 2013, pp. 24-25; Liverani 2011, p. 648; Bryce 2016a, pp. 65-66; cfr. anche Cline 2014 [ed. it. 2014]; Cline 2021 [ed. it. 2023]. Le date riguardanti Nabucodonosor I possono variare di un anno o due, a seconda dello studioso (per es., 1126-1105 a.C.).

14 Brinkman 1968, pp. 106-08, 112-13; Oates 1979, p. 105; Frame 1995, pp. 11, 33-35; Kuhrt 1995, pp. 375-76; Potts 1999, p. 253; Foster [1993] 2005, p. 383. Secondo Frame, il *kudurru* fu trovato «nella sala 50 del tempio del dio Shamash a Sippar da Abd-al-Ahad Thoma nel 1882 ed è oggi conservato al British Museum (BM 90858; 82-5-22,1800)».

15 Traduzione di Foster [1993] 2005, p. 383. Cfr. anche, in precedenza, Brinkman 1968, pp. 106-08; Oates 1979, p. 105; Frame 1995, pp. 33-35; Kuhrt 1995, pp. 375-76.

16 Potts 1999, pp. 233, 236-38, 240-41, 247, 252-63; Foster [1993] 2005, pp. 376-80, 385-87; cfr. anche oggi Álvarez-Mon 2013, pp. 457, 471; Waters 2013, pp. 478-79; anche, in precedenza, Kuhrt 1995, pp. 372-73.

17 Brinkman 1984, pp. 172-75.

18 Cfr. Grayson 1987, pp. 305-08, per le nuove iscrizioni che potrebbero risalire al tempo di Aššur-dan I, nessuna delle quali può essere considerata una testimonianza di gesta o avvenimenti accaduti durante il suo regno. Cfr. anche Jeffers 2013, pp. 3, 10-11; anche Postgate 1992, p. 248 per le date degli anni di regno.

19 Frahm (comunicazione personale, 24 febbraio 2023). Tuttavia, nota anche che «è chiaro dai testi amministrativi che il sistema provinciale dell'Assiria era ancora largamente intatto sotto Tiglat-pileser I, [e questo è] un argomento contro la tesi secondo cui l'Assiria avrebbe vissuto un forte declino nei decenni precedenti». Per quanto riguarda la scrittura su materiali come piombo o legno, Bryce (2012, pp. 57, 60) e Fuchs (2017, p. 254) suggeriscono entrambi che sia una possibilità anche per i neo-ittiti, dal momento che esistono alcuni esempi di luvio scritto su striscioline di piombo in contesti leggermente successivi in siti come Zincirli e Kululu (cfr. oggi anche J.F. Osborne 2021, pp. 20-21, 45, 51); è una possibilità che riguarda anche le prime inscrizioni greche.

20 Finné *et al.* 2019, p. 859 (cfr. anche p. 855 e fig. 2); Kaniewski *et al.* 2019a, spec. 6-9 e figg. 4-6; Kaniewski *et al.* 2019b; Kaniewski *et al.* 2020.

21 Brinkman 1968, p. 92; Neumann e Parpola 1987, p. 178, app. A, n. 2; Grayson 1991, p. 43 (A.0.87.4) e cfr. anche p. 37 (A.0.87.3), su cui il numero non è chiaro; Kuhrt 1995, pp. 358-61; Grayson 2005; Fales 2011, p. 11; Bryce 2012, pp. 197-201; Jeffers 2013, pp. 10-11; Liverani 2011, pp. 651-55; Younger 2016, pp. 36, 85, 168-69, 171; Younger 2017, pp. 200-01, 206-07; Radner 2018, p. 9; Düring 2020, p. 136; J.F. Osborne 2021, pp. 39-40. Da notare la nuova datazione del cosiddetto «obelisco spezzato» che lo fa risalire al suo regno e non a quello di suo figlio Aššur-bel-kala (Mahieu 2018, pp. 79-86; Shibata 2022; Frahm 2023, p. 444, nota 3), e cfr. anche Grayson 1991, pp. 87, 99-105 (A.0.89.7); Neumann e Parpola 1987, p. 176, tabella 2, e p. 179, app. A, nota 8; Frame 1995, p. 50; Kirleis e Herles 2007, pp. 9-10; Fales 2011, pp. 18, 31; Liverani 2011, p. 624; Radner 2015, p. 69; Younger 2016, pp. 37, 85, 181; Frahm 2023, pp. 86-87.

22 Grayson 1991, pp. 41 (A.0.87.4) e 52 (A.0.87.10).

23 *Ibid.*, p. 14 (A.0.87.1).

24 *Ibid.*, pp. 14-25 (A.0.87.1), con citazione tratta da p. 14.

25 *Ibid.*, pp. 30-31 (A.0.87.1).

26 *Ibid.*, p. 23 (A.0.87.1); cfr. anche una versione abbreviata in una seconda iscrizione: Grayson 1991, p. 34 (A.0.87.2). Cfr. oggi anche Younger 2016, p. 167; Younger 2017, pp. 202-03.

27 Grayson 1991, p. 13 (A.0.87.1). Sugli aramei come arcinemici cfr., per es., Grayson 1991, p. 5; Jeffers 2013, pp. 10-12; Younger 2017, p. 208; Düring 2020, p. 136.

28 Grayson 1991, pp. 37 (A.0.87.3), 42 (A.0.87.4), 53 (A.0.87.10), 98 (A.0.89.6), 103-05 (A.0.89.7) e 108 (A.0.89.10); Frame 1995, p. 50; Kuhrt 1995, p. 361; Sherratt 2003, p. 52; Bryce 2014, pp. 114, 116; Rollston 2016, p. 295; Fales 2017, p. 218; Younger 2017, p. 205; Elayi 2018, pp. 107-08; Monroe 2018, pp. 237, 255-56; Sader 2019b, pp. 34-35; Hodos 2020, p. 143; Regev 2021, p. 68; anche in particolare Frahm 2009, pp. 11, 28-32; Frahm 2011, pp. 61-62; Frahm 2023, pp. 86-87, 444, nota 3; e, di nuovo, Mahieu 2018 e Shibata 2022 per la nuova datazione dell'obelisco spezzato e questioni correlate. Sull'identificazione del faraone come Ramses XI, che si basa sulle date di quel re cfr., per es., Kitchen 1973, p. 252; Frahm 2009, p. 31; Koch 2021, p. 72; Shibata 2022, p. 121. Sull'identificazione dell'«essere del fiume» come foca monaca cfr. oggi Nahm 2022, pp. 236-37; sono in debito con Christopher W. Jones per averla portata alla mia attenzione.

29 Grayson 1991, pp. 37 (A.0.87.3), 44 (A.0.87.4) e 57 (A.0.87.11); cfr., per es., K. Yamada 2005, per una breve considerazione di quel che potrebbe essere un *nahiru*; cfr. anche oggi Bryce 2012, pp. 200-01; Bryce 2014, p. 116; Broodbank 2013, p. 459 [ed. it. 2015, p. 459] (che suggerisce un «capodoglio»); Younger 2016, p. 172; Younger 2017, p. 205; Elayi 2018, pp. 104-06 (secondo cui si trattava di un ippopotamo); Monroe 2018, p. 217; anche oggi DeGrado 2019, p. 109 e nota 14, il quale concorda e fornisce argomenti a favore dell'ippopotamo. Da notare che Fales (2017, pp. 218-20, con riferimenti bibliografici), co-

pre tutte le possibilità: «L'identificazione del *nahiru* è ancora oggi oggetto di controversia, con un'ampia varietà di soluzioni suggerite (ippopotamo, delfino, squalo, foca, tricheco, foca monaca, capodoglio, orca, megattera, odontoceto, cetaceo)».

30 L. Loveluck e M. Salim, *From Cradle to Grave: Where Civilization Emerged between the Tigris and Euphrates Climate Change Is Poisoning the Land and Emptying the Villages*, in «Washington Post», 21 ottobre 2021.

31 Younger 2016, pp. 158, 165; Younger 2017, p. 196; Frahm 2017, pp. 165-67.

32 Fales 2011, p. 14, che cita Liverani 1988a, p. 657; cfr. oggi anche Liverani 2011, pp. 657-58.

33 Brinkman 1968, pp. 124-30; Oates 1979, p. 106; Grayson [1975] 2000, pp. 164-65 (nota 21 II, righe 14-24); Grayson 1991, pp. 43-44 (A.0.87.4) e 53 (A.0.87.10); Frame 1995, p. 38; Jeffers 2013, pp. 10-11, 214-24, 233-44, 252-54; Younger 2016, p. 173; Younger 2017, pp. 210, 212-17, 221-22.

34 Cfr. Grayson 1991, pp. 43-44; Grayson 2005; Millard 1994; Kuhrt 1995, p. 477; Younger 2016, pp. 173-74; Younger 2017, pp. 210, 221-22; Frahm 2017, pp. 162-63. Younger dà queste date assolute, citando Jeffers 2013, pp. 120-28, 185-210, che si dilunga in una disamina dettagliata del motivo per cui queste date eponime andrebbero considerate corrette.

35 Grayson 1991, pp. 44-45 (A.0.87.4), 54-55 (A.0.87.10) e cfr. anche iscrizioni frammentarie (per es., A.0.87.5, 8 e 11); Jeffers 2013, p. 45; Elayi 2018, pp. 106-07.

36 Brinkman 1968, pp. 387-88; Grayson [1975] 2000, p. 189; Grayson 1991, p. 5; Neumann e Parpola 1987, p. 176, tabella 2, e p. 178, app. A, nota 4; Glassner 2004, pp. 188-91; Radner 2015, p. 68; Younger 2016, p. 174; Younger 2017, pp. 218-20; Frahm 2023, p. 87.

37 Brinkman 1968, pp. 387-88; Grayson [1975] 2000, p. 189; Neumann e Parpola 1987, pp. 176 (tabella 2), 178-79 (app. A, nota 5); Kuhrt 1995, p. 361; Jeffers 2013, p. 254; Younger 2016, pp. 174-76; Younger 2017, pp. 200, 220; Frahm 2023, p. 87. Il raccolto insufficiente e la carestia precedente furono forse causati dal cambiamento climatico, secondo alcuni studiosi (cfr. in partic. Kirleis e Herles 2007, pp. 12-13, citati da Younger), il che sembra essere molto probabilmente corretto, alla luce dei dati emersi nel frattempo altrove (cfr., per es., la sintesi in Cline 2014 [ed. it. 2014]; Cline 2021 [ed. it. 2023]).

38 Grayson 1991, pp. 86, 92 (A.0.89.2), 96 (A.0.89.4), 108 (A.0.89.10); Frame 1995, p. 50; Kuhrt 1995, p. 361; Elayi 2018, pp. 107-08; Monroe 2018, p. 256. Cfr. ancora Mahieu 2018 e Shibata 2022 per le discussioni sulla nuova datazione dell'obelisco spezzato e altre iscrizioni, oggi assegnate al regno di Tiglatpileser I.

39 Brinkman 1968, pp. 189, 387-89; Neumann e Parpola 1987, pp. 176 (tabella 2), 179-80 (app. A, note 9-12), con riferimenti bibliografici precedenti; Kuhrt 1995, p. 362.

40 Brinkman 1968, pp. 189, 388; Neumann e Parpola 1987, pp. 176 (tabella 2), 180 (app. A, nota 12).

41 Oates 1979, p. 108; Neumann e Parpola 1987, p. 176 (tabella 2), 180-81 (app. A, note 13-15).

42 Neumann e Parpola 1987, p. 176 (tabella 2), 181 (app. A, nota 15); Grayson 1991, pp. 131, 134-35 (A.0.98.1); Postgate 1992, pp. 248-50 e tabella 1; Kuhrt 1995, pp. 479-81; Kirleis e Herles 2007, p. 13; Liverani 2011, p. 667; Radner 2015, p. 69; Younger 2016, pp. 221-24; Frahm 2017, pp. 167-68; Frahm 2023, pp. 88-92; Radner 2018, p. 11; Düring 2020, p. 144.

43 Grayson 1991, pp. 142, 145; Kuhrt 1995, p. 482; Liverani 2011, pp. 667-68; Frahm 2017, p. 168; Frahm 2023, p. 93; Elayi 2018, pp. 108-09. Da notare che il nome del re talvolta è scritto «Adad-nerari II»; per es., da Younger 2016, pp. 221, 234-35.

44 Brinkman 1968, pp. 169-70, 180-82; Grayson [1975] 2000, p. 166 (nota 21 III, righe 1-11); Grayson 1991, pp. 148-55 (A.0.99.2), 156 (A.0.99.4); Bryce 2016a, p. 67; Radner 2018, p. 11.

45 Sinha *et al.* 2019, pp. 1-4 e fig. 3. Sono grato a Eckart Frahm per aver portato questo studio alla mia attenzione.

46 Rassam 1897, pp. 200-01; cfr. Curtis e Tallis 2008, pp. 2, 7, 9-10. Su Rassam, Layard e Ninive cfr. Cline 2017, pp. 58-63 [ed. it. 2021, pp. 79-82]. Sull'identificazione di Balawat con Imgur-Enlil cfr. Tucker 1994.

47 Rassam 1897, pp. 207-08, 210-12; citato anche da S. Lloyd 1980, p. 151; Curtis e Tallis 2008, pp. 10-12. Cfr. King 1915, pp. 10-13, per ulteriori citazioni e altre affermazioni interessanti. Cfr. anche Curtis e Tallis 2008, pp. 84-87 per le copie della corrispondenza di Rassam con il British Museum nel 1878. Cfr. anche la disamina in Harmansah 2007, pp. 193-95, con riferimenti bibliografici.

48 King 1915, pp. 5, 9-12. Cfr. anche Curtis e Tallis 2008, pp. 2-3, 9-10, 12-13, 17-18.

49 Curtis e Tallis 2008, pp. 10-12.

50 Curtis e Tallis 2008, pp. 2-3, 8, 15, 23, 85. Cfr. Grayson 1991, pp. 321-23, 345-51 (A.0.101.51 e A.0.101.80-97).

51 Rassam 1897, pp. 214-15; S. Lloyd 1980, p. 152; Curtis e Tallis 2008, pp. 85-86.

52 Cfr. Curtis e Tallis 2008, pp. 26, 32, 35, 37, 45, figg. 11-12, 17-18, 21-22, 37-38, che aggiornano Grayson 1991.

53 Curtis e Tallis 2008, pp. 2-3, 17-18, 47. Su Mamu, in origine una divinità sumera, cfr., *en passant*, Tucker 1994, p. 107.

54 Curtis e Tallis 2008, pp. 19, 48-49.

55 Curtis e Tallis 2008, p. 19.

56 Curtis e Tallis 2008, pp. 3, 19-20.

57 Liverani 1988b, pp. 85-86, 91; Postgate 1992, pp. 255-56; Schneider 2014, pp. 99-100; Düring 2020, pp. 144-45, 152; Frahm 2023, pp. 90-93.

58 Sulle varie campagne, cfr. Liverani 2011, p. 668; Frahm 2023, pp. 93-94; anche Oates 1979, p. 108; Neumann e Parpola 1987, p. 176, tabella 2; Grayson 1991, pp. 163-64, 169-70; Postgate 1992, p. 248 e tabella 1; Kuhrt 1995, pp. 482-83; Bryce 2012, pp. 210-17; Schneider 2014, p. 100; Frahm 2017, pp. 168-69. Su Ziyaret Tepe cfr. MacGinnis e Matney 2009; Matney *et al.* 2017.

59 Grayson 1991, pp. 189-90; Kuhrt 1995, pp. 483-84; Liverani 2011, p. 668; Schneider 2014, p. 100; Frahm 2017, p. 169; Frahm 2023, pp. 83-84, 95-96.

60 Per la traduzione cfr. Grayson 1991, pp. 256-62 (A.0.101.19); Younger 2016, p. 183.

61 Cfr. Taylor 1865, pp. 21-56; la citazione è alle pp. 22-23.

62 Grayson 1991, p. 210 (A.0.101.1) e anche ripetuto quasi parola per parola sulla stele di Kurkh (A.0.101.19); cfr. Grayson 1991, p. 260. Potrebbero essere citati anche molti altri esempi: cfr., per es., Grayson 1991, pp. 237-54 (A.0.101.17) per un'altra iscrizione con descrizioni dettagliate di cosa veniva fatto subito dopo una battaglia; anche Frahm 2017, p. 169.

63 Neumann e Parpola 1987, p. 181, app. A, nota 16; Grayson 1991, pp. 213-16 (A.0.101.1), 243 (A.0.101.17); Kuhrt 1995, p. 484; Grayson 2005; Kirleis e Herles 2007, p. 13, nota 27; Schneider 2014, p. 100; Radner 2015, p. 69; Bryce 2016a, p. 68.

64 Grayson 1991, p. 189; Bryce 2012, p. 215; Liverani 2011, p. 673; Radner 2014b, p. 107; Radner 2015, pp. 27-28, 32; Radner 2016, p. 44; Radner 2017, p. 213; Radner 2018, pp. 11-12; Cline 2017, p. 58 [ed. it. 2021, p. 79]; Frahm 2017, pp. 169-70; Frahm 2023, pp. 95-97.

65 Grayson 1991, p. 192; Fagan 2007, p. 115; Radner 2015, pp. 29-30, 35; Cline 2017, pp. 57-58 [ed. it. 2021, pp. 79-80], con ulteriori riferimenti; Larson 2017, pp. 586-88; Frahm 2023, pp. 97-99; cfr. anche Layard 1849.

66 Grayson 1991, pp. 268-26 (A.0.101.23), spec. 276; cfr. anche, per es., 227-28 (A.0.101.2); Kuhrt 1995, pp. 485-86.

67 Radner 2015, pp. 35-37; Radner 2016, p. 45; cfr. anche Kuhrt 1995, pp. 486-87.

68 Grayson 1991, pp. 3, 288-93 (A.0.101.30), spec. 292-93; Kuhrt 1995, pp. 486-87; Aubet 2008, pp. 183-84; Bryce 2012, p. 217; Podany 2014, pp. 100-01; Radner 2015, pp. 35-37; Radner 2016, p. 44; Fales 2017, p. 224; Frahm 2017, p. 170; Frahm 2023, pp. 95-96; Monroe 2018, pp. 258-59; Bunnens 2019b, pp. 59, 63-64.

69 Bryce 2012, pp. 217-18.

70 Grayson 1991, pp. 218-19 (A.0.101.1), 226 (A.0.101.2); cfr. anche Kuhrt 1995, p. 485; Aubet 2001, p. 55; Aubet 2008, pp. 183-84; Schneider 2014, p. 100; Rollston 2016, p. 298; Fales 2017, pp. 221-24; Elayi 2018, pp. 129-31; Monroe

2018, pp. 256, 258-59; Bunnens 2019b, pp. 62, 66; DeGrado 2019, p. 109 e nota 14; Sader 2019b, p. 56; Hodos 2020, p. 143; Frahm 2023, pp. 104-05.

71 Curtis e Tallis 2008, pp. 52, 57-58, 65, figg. 63-66, 79-80.

72 Grayson 1996, p. 98 (A.0.102.25); Radner 2014b, p. 106; Frahm 2017, pp. 170-71. Cfr. anche King 1915, pp. 17-20 e Grayson 1996, pp. 27-32 (A.0.102.5) per la lunga iscrizione che accompagna i rilievi sulle porte di Balawat.

73 Cfr. di nuovo, per es., Kuhrt 1995, pp. 488-89. Sul bilancio, con le cifre numeriche date, cfr. Grayson 1996, p. 55 (A.0.102.10).

74 Brinkman 1968, pp. 191-200; 204-05; Grayson [1975] 2000, p. 167 (nota 21 III, righe 22-34); Grayson 2005; Oates 1979, pp. 109-10; Bryce 2012, pp. 218-44; cfr. anche Kuhrt 1995, pp. 487-89, 577; Frahm 2017, p. 171; Frahm 2023, pp. 110-11.

75 Rassam 1897, p. 214; Kuhrt 1995, p. 487; Grayson 2005. Riguardo la Fascia III, al British Museum, cfr. King 1915, p. 23, tavole 13-18; Grayson 1996, p. 141 (A.0.102.66). Per la scena di Tiro e la menzione di Tiro e Sidone cfr. anche Aubet 2001, pp. 51, 55; Aubet 2008, pp. 183-84; Abulafia 2011, p. 69 [ed. it. 2016, p. 82]; Fales 2017, p. 226; Elayi 2018, pp. 134-35; Bunnens 2019b, pp. 59, 62, 66; Garnand 2020, p. 146. Da notare che alcuni (per es., Aubet 2001, p. 51; Abulafia 2011, p. 69 [ed. it. 2016, p. 82]) affermano specificamente che è raffigurato re Ethobaal (o Ithobaal) di Tiro, ma è solo un'illusione: il re non è citato nell'iscrizione e non è chiaro chi siano esattamente quelle figure.

76 Sul frammento alla Walters Art Gallery cfr. Grayson 1996, p. 147 (A.0.102.84). Sull'Iscrizione del Monolite cfr. Grayson 1996, p. 17 (A.0.102.2). Cfr. anche i riferimenti bibliografici citati nella nota precedente, per es., Rassam 1897, p. 214; Aubet 2001, p. 55; Aubet 2008, pp. 183-84; Fales 2017, p. 226; Bunnens 2019b, pp. 59, 62, 66; Garnand 2020, p. 146.

77 Cfr., per es., Fales 2011, p. 12 e Bryce 2012, pp. 163-65 su alcuni di questi insediamenti. Anche Grayson 2005; Radner 2014a, p. 84. Cfr., per es., Grayson 1996, pp. 11-24 (A.0.102.2) per citazioni di varie città-stato aramee contro cui combatté. Cfr. oggi anche Younger 2016; Düring 2020, p. 148.

78 Radner 2014a, pp. 71, 74; cfr. anche p. 6 dello stesso volume.

79 Cfr. Kuhrt 1995, pp. 487-88; Grayson 1996, pp. 11-24 (A.0.102.2), spec. 23-24; Grayson 2005; J.M. Miller e Hayes 2006, pp. 247, 292, 294 (testo n. 3); Bryce 2012, pp. 175-77, 226-30; Schneider 2014, pp. 100-01; Frahm 2017, p. 171; Frahm 2023, pp. 109-10; Elayi 2018, pp. 134-35; Schipper 2019, pp. 40-41 [ed. it. 2023, pp. 46-47].

80 Cfr. Grayson 1996, pp. 11-24 (A.0.102.2), spec. 23-24; Grayson 2005; citato da Bryce 2012, pp. 226-30; Bryce 2014, pp. 124-25; anche Frahm 2023, p. 110. Cfr. anche Fales 2017, pp. 226-28; Monroe 2018, p. 259; Bunnens 2019b, p. 66; Sader 2019b, p. 82; Garnand 2020, p. 146. Sui doni dal faraone Osorkon II a Biblo e Samaria, e sulla partecipazione egizia alla battaglia di Qarqar cfr., per

es., Kitchen 1973, pp. 324-25, con riferimenti bibliografici; anche Muhs 2022, pp. 196-97, 199.

81 Cfr., per es., Grayson 1996, pp. 32-41 (A.0.102.6), spec. 36 e 42-48 (A.0.102.8), spec. 45; anche una grande tavoletta di pietra nel muro ad Aššur, documentata da Grayson 1996, pp. 50-56 (A.0.102.10), spec. 52; e altri esempi elencati da Grayson (*passim*). Tuttavia, su un obelisco nero rinvenuto a Nimrud / Kalhu e che vedremo più avanti, si dice che il numero dei morti era «20 500» e altrove la cifra raggiunge i «29 000»; cfr., per es., Grayson 1996, pp. 65 (A.0.102.14) e 75 (A.0.102.16). Cfr. anche tutta la disamina in S. Yamada 2000; Grayson 2005.

82 King 1915, pp. 29-30, 48-53; Grayson 1996, pp. 144-45 (A.0.102.76).

83 Grayson 1996, pp. 48, 54, 60 (confrontare A.0.102.8 e A.0.102.12 con A.0.102.10); Lipiński 2006, p. 180.

84 Su tutto ciò cfr. Kitchen 1973, p. 327; Grayson 1996, p. 151 (A.0.102.89); Aubet 2001, p. 55; J.M. Miller e Hayes 2006, p. 307 (testo n. 5); Fales 2017, p. 228; Dodson 2019, p. 109, 192; Sader 2019b, p. 129.

85 Bryce 2012, pp. 39, 153-54, 239-41; Bryce 2016b, pp. 67-69, 74; J.F. Osborne 2021, pp. 65-66.

86 Queste varie campagne sono elencate in molte delle iscrizioni di Salmanassar III; una è raffigurata sulla Fascia XIII delle porte di Balawat, con scene realistiche della conquista delle città. Cfr., per es., Grayson 1996, pp. 5-6 e *passim*, spec. 48-49 (A.0.102.9), 50-56 (A.0.102.10), spec. 54, oltre a 58-61 (A.0.102.12), spec. 60, e 62-71 (A.0.102.14 = l'obelisco nero), spec. 67. Cfr. anche King 1915, p. 34, tavole 72-77; Na'aman 1995; Grayson 2005; J.M. Miller e Hayes 2006, p. 292; Bryce 2012, pp. 175-77, 237-38; Bryce 2014, pp. 126-27, 236-37; Schneider 2014, p. 101; Frahm 2023, p. 110.

87 Cfr. la mia precedente discussione sul tema e i paralleli biblici in Cline 2000, pp. 82-88 [ed. it. 2016, pp. 92-98]. Cfr. anche Biran e Naveh 1993; Biran e Naveh 1995; Schniedewind 1996; Na'aman 2000; Na'aman 2006; Sergi 2017; Richelle 2018, pp. 31-32; Schipper 2019, p. 42 [ed. it. 2023, p. 48]; Younger 2020. Si noti che Arie (2008, pp. 54-58) suggerisce che Hazael abbia fatto incidere l'iscrizione quando (ri)costruì la città, invece di limitarsi a conquistarla; questa tesi è stata contestata da Thareani (2016b, 2019a, 2019b). Su Hazael e gli aramei nel Levante meridionale in generale cfr. oggi Finkelstein 1999; Finkelstein 2013, pp. 119-26 [ed. it. 2014, pp. 135-42]; Kleiman 2016; Sergi 2017; Sergi e Kleiman 2018; Younger 2020.

88 Cfr., per es., le disamine in Schniedewind 1996; Na'aman 2006, con riferimenti bibliografici; Finkelstein 2013, p. 85 [ed. it. 2014, p. 99]. Cfr. anche 1 Re 19:17, per il quale ringrazio Chris Rollston.

89 Sull'imprigionamento di Hazael, l'uccisione dei suoi uomini, e la cattura di carri e cavalieri cfr. Grayson 1996, pp. 58-61 (A.0.102.12), spec. 60; cfr. anche, sull'uccisione e la cattura, ma non l'imprigionamento, 62-71 (A.0.102.14 = l'obelisco nero), spec. 67; anche Frahm 2017, p. 171.

90 Sulla trincea per l'assedio e sulla distruzione di Hazael a Gath cfr. oggi Maeir e Gur-Arieh 2011, con molti riferimenti bibliografici precedenti; Kleiman 2016, pp. 63, 67-69; Maeir 2017a; Maeir 2017b; Maeir 2022d, pp. 230-31; Ben-Yosef e Sergi 2018; Gur-Arieh e Maeir 2020; Chadwick 2022. Sulla distruzione a Gath in generale come narrata nella Bibbia cfr., per es., Ehrlich 1996, pp. 72-74; Levin 2017.

91 Mazar 2022a, p. 86; Mazar 2022b, pp. 110-11, 122-23; Mazar e Mullins 2022, p. 146; Panitz-Cohen e Mazar 2022, pp. 144-45.

92 Su Hazael e la fine della produzione di rame nello Wadi Faynan e nello Wadi Araba cfr., per es., Fantalkin e Finkelstein 2006, pp. 30-32; Finkelstein 2013, p. 126 [ed. it. 2014, p. 142]; Finkelstein 2020, pp. 21-22; Ben-Yosef e Sergi 2018; Crowell 2021, p. 42; Maeir 2021. Tali attività, e la cessazione della via del rame da Faynan, possono essersi ripercosse anche su siti lontani come Tel Dor, sulla costa; cfr. Arkin Shalev *et al.* 2021, p. 146. Sulla possibilità di un'improvvisa mancanza di combustibile per le fornaci cfr. oggi Cavanagh, Ben-Yosef e Langgut 2022.

93 Sulle traduzioni cfr. Bron e Lemaire 1989; Eph'al e Naveh 1989; Na'aman 1995, tutti con riferimenti bibliografi precedenti. Sul tema nel suo complesso, cfr. il recente Bourogiannis 2018a, pp. 57-58; Bourogiannis 2020, pp. 171-72; Bourogiannis 2021, p. 103, con riferimenti bibliografici; López-Ruiz 2021, pp. 185-86; J.F. Osborne e Hall 2022, pp. 6-7. Cfr. anche, in precedenza, S.P. Morris 1992a, p. 147; Kourou 2004, pp. 17-18; Kourou 2008b, p. 367.

94 Cfr. di nuovo Kourou 2004, pp. 17-18; Kourou 2008b, p. 367 e gli altri riferimenti bibliografici citati sopra.

95 Sull'interpretazione cfr. di nuovo Bron e Lemaire 1989; Eph'al e Naveh 1989; Na'aman 1995.

96 Schneider 2014, p. 101. Sull'obelisco nero cfr. Grayson 1996, pp. 62-71 (A.0.102.14); per la raffigurazione e l'iscrizione riguardanti Ieu cfr. Grayson 1996, p. 149 (A.0.102.88); Postgate 1992, pp. 253, fig. 3, e 255; in origine Layard 1849, p. pl. 53. Cfr. anche Kuhrt 1995, p. 488; Grayson 2005; J.M. Miller e Hayes 2006, pp. 236, 247, 307 (testo n. 5); Fagan 2007, pp. 122-23; Younger 2016, pp. 613-18; Cline 2017, pp. 57-58 [ed. it. 2021, pp. 79-80], con ulteriori riferimenti bibliografici; Frahm 2017, p. 171; Frahm 2023, p. 110; Schipper 2019, pp. 41-42 [ed. it. 2023, pp. 47-48].

97 Cfr. Grayson 1996, pp. 209-12 (A.0.104.7), spec. 211; J.M. Miller e Hayes 2006, pp. 238, 247; Bryce 2012, pp. 50-52, 245; Schneider 2014, p. 101; Fales 2017, pp. 228-29; Frahm 2017, pp. 174-75; Elayi 2018, pp. 136-37; Bunnens 2019b, p. 67; Sader 2019b, p. 66. Sulle date di Joash / Jehoash, re di Israele (da non confondersi con il re di Giuda, di poco anteriore, che portava lo stesso nome), cfr. J.M. Miller e Hayes 2006, p. 222.

98 Ehrlich 1996, pp. 81-85, 168-71; Grayson 1996, pp. 212-13 (A.0.104.8), spec. 213; Bryce 2012, pp. 50-51; Ben-Shlomo 2014, p. 717; Schneider 2014,

p. 101; Fales 2017, pp. 228-30; Bunnens 2019b, p. 67; Na'aman 2021, pp. 19-20.

99 Sinha *et al.* 2019.

3. *Il Mediterraneo diventò un lago fenicio*

1 Sono in debito con Brien Garnand e Chris Rollston per questi spunti (comunicazione personale, 10 e 12 luglio 2022); cfr. oggi anche López-Ruiz 2022, p. 37.

2 Erodoto, *Le storie*, 2.49, 5.57-58, Mondadori, Milano 1988, pp. 188, 483-84. Cfr. anche Giuseppe Flavio, *Contro Apione* 1.6; Tacito, *Gli annali*, XI.14. Cfr., per es., Bourogiannis 2018b, p. 236; Elayi 2018, p. 96; più di recente Rollston 2019, pp. 384-85; Bendall e West 2020, pp. 67-68. Cfr. anche Quinn 2018a, p. XV; López-Ruiz 2021, pp. 234-36.

3 Diodoro Siculo, *Biblioteca storica. Libri I-VIII*, 3.67.1, a cura di G. Cordiano e M. Zorat, Rusconi, Milano 1998, pp. 404-05. Cfr. di nuovo Bourogiannis 2018b, p. 236; Rollston 2019, pp. 384-85; Sader 2019b, pp. 151-55, 268-69.

4 Diodoro Siculo, *Biblioteca storica. Libri I-VIII* cit. 5.74.1, p. 629. Cfr. di nuovo Bourogiannis 2018b, p. 236; Rollston 2019, pp. 384-85.

5 Sono in debito con Chris Rollston per le sue riflessioni su questi aspetti (comunicazione personale, 12 luglio 2022); Rollston fa notare che l'ebraico e l'aramaico (e le lingue correlate) avevano un primo sistema per segnare le vocali lunghe, ma non quelle corte. Sulla standardizzazione dell'alfabeto da parte dei fenici prima della sua diffusione nel Mediterraneo e la sua relativa facilità di utilizzo cfr. oggi Rollston 2016, pp. 276, 278; Rollston 2019, pp. 374-78, 384-85; Rollston 2020, p. 76; anche Liverani 2011, pp. 552-55; Bourogiannis 2018b, pp. 236, 238, 241; Bourogiannis 2021, p. 100; Elayi 2018, p. 96; Sader 2019b, pp. 151-55, 315; Steele 2020, pp. 260, 263-65; López-Ruiz 2021, pp. 228-29. L'alfabeto fenicio venne decifrato già nel 1758; cfr. Quinn 2018a, p. 17.

6 N. Biffi, *Il Medio Oriente di Strabone. Libro XVI della Geografia* (XVI.2.23), Edipuglia, Bari 2002, p. 73. Per panoramiche e/o discussioni esaustive sui fenici degli ultimi decenni cfr. Aubet 1993 (II ed. 2001); Markoe 2000; Niemeyer 2006; e più di recente, Elayi 2018; Monroe 2018; Quinn 2018a; Quinn 2018b; Quinn 2019; Edrey 2019; Killebrew 2019; Sader 2019a; Sader 2019b, pp. 1, 251, 296-97, 315-16; López-Ruiz 2021; Regev 2021; cfr. anche, in precedenza, Katzenstein 1973. Cfr. anche le menzioni più brevi in Aubet 2008, p. 182; Broodbank 2013, p. 449 [ed. it. 2015, p. 449]; Liverani 2011, pp. 593-55, 597; Bell 2016, pp. 91-92, 101; Rollston 2016, p. 267; Bourogiannis 2018a, pp. 43-44; Knodell 2021, pp. 181-83; in precedenza, Kuhrt 1995, pp. 402-03.

7 Sui fenici e la porpora in generale, così come il suo precedente utilizzo nell'Egeo e nel Vicino Oriente, cfr., per es., Sader 2019b, pp. 296-300, 315-16, con riferimenti bibliografici meno recenti, compreso Reese 1987; Reese 2010; cfr. anche Stieglitz 1994. Cfr. oggi anche Veropoulidou, Andreou e Kotsakis 2008; Vero-

poulidou 2014; Apostolakou *et al.* 2016; López-Ruiz 2021, pp. 291-92; Gambash, Pestarino e Friesem 2022.

8 Monroe 2018, p. 234; Quinn 2018b; anche Quinn 2018a, pp. XV, XVIII, XXII-XXIV, 25-26, e *passim*; Quinn 2019, p. 672; Edrey 2019, pp. 4, 205; Sader 2019b, pp. 1-3; Hodos 2020, pp. 60-61; Regev 2021, pp. 5-6, 8-9, 14; Gilboa 2022, pp. 32-33; J.F. Osborne e Hall 2022, p. 15; López-Ruiz 2022, p. 28; in precedenza, per es., Sherratt 1994, p. 82; Aubet 2001, pp. 6-13. Per esempi di Omero e i fenici cfr., per es., Sherratt 1994, p. 82, nota 34, 2010; Quinn 2018a, pp. 48-49; Bendall e West 2020, p. 68; Sherratt 2020, p. 198; Regev 2021, p. 13; in precedenza, Kuhrt 1995, p. 403; Winter 1995. Cfr. anche, per es., Bourogiannis 2018a, pp. 46-47 (con riferimenti precedenti), che cita vari passaggi dall'*Iliade* e dall'*Odissea*, inclusi *Il.* 6.289-92, 23.741-45; *Od.* 4.83-84, 4.615-19, 13.272-86, 14.285-301, 15.415-25, 15.446, 15.450-56, e 15.461-83.

9 Markoe 2000, pp. 14-15; Aubet 2001, pp. 16, 25; Aubet 2008, p. 182; Bell 2006, p. 113; Bell 2016, p. 92 (che cita Lehmann 2008); Sherratt 2010, pp. 122-26; Sherratt 2019, p. 129; Abulafia 2011, p. 64 [ed. it. 2016, p. 77]; Broodbank 2013, p. 449 [ed. it. 2015, p. 449]; Liverani 2011, p. 593; Quinn *et al.* 2014; Rollston 2016, p. 267; Fales 2017, p. 208; Bourogiannis 2018a, pp. 44-47; Monroe 2018, p. 263; Quinn 2018a, p. 16; Quinn 2018b; Edrey 2019, pp. 5, 14-15, 20, 205-06, 222; Bunnens 2019b, pp. 58, 60; Ilieva 2019, pp. 66-67; Killebrew 2019; Lehmann 2019, p. 466; Lehmann 2021, pp. 272-73; Sader 2019a, p. 125; Sader 2019b, pp. XII-XIV, 1-3, 6, 8-11, 313-14; Garnand 2020, pp. 140, 144; Manolova 2020, pp. 1198-200; López-Ruiz 2021, pp. 9-11, 15-17; López-Ruiz 2022, p. 31; Regev 2021, pp. 5-7; Gilboa 2022, pp. 31-32; S.P. Morris 2022, p. 100. Cfr. anche Charaf 2020-21 sugli scavi a Tell Arqa in Libano e le brevi discussioni riguardanti l'intero Levante nell'Età del Ferro in Welton e Charaf 2019-20; Welton e Charaf 2020-21.

10 Cfr., per es., Bell 2006, pp. 92, 99, 113; Abulafia 2011, pp. 65-66 [ed. it. 2016, pp. 78-80]; Liverani 2011, pp. 593-94; Edrey 2019, pp. 218-20, 223; Ilieva 2019, p. 66; Sader 2019b, p. 4; López-Ruiz 2021, pp. 17, 80, 283-84; Gilboa 2022, p. 36; cfr. anche in precedenza, per es., Aubet 2001, p. 25.

11 Bell 2006, p. 113. Cfr. anche, per es., Sherratt e Sherratt 1993, pp. 364-65; Bikai 1994, p. 34; Bell 2006, p. 94; Fletcher 2012, pp. 212-13, con riferimenti bibliografici precedenti; Bourogiannis 2013, pp. 141-42; Bourogiannis 2018a, p. 47; Bunnens 2019b, pp. 60, 70; Edrey 2019, p. 207; Manolova 2020, p. 1200.

12 Monroe 2018, p. 260.

13 Cfr. Taleb 2007; Taleb 2014, pp. 3, 5, 17, 31-32 [ed. it. 2013, pp. 21, 23, 35, 45-46]. Sembra particolarmente adatto qui il termine «antifragile», dal momento che Taleb – che è nato in Libano – fa riferimento al «commerciante fenicio che c'è in me (o, più precisamente, cananeo)»; cfr. Taleb 2014, p. 17 [ed. it. 2013, p. 35]. Cfr. la discussione su Taleb e i «cigni neri» in Cline 2021 [ed. it. 2023].

14 Sulla cannella cfr. Namdar *et al.* 2013; Finkelstein, Weiner e Boaretto 2015, p. 200; Gilboa e Namdar 2015; Finkelstein 2016, pp. 119-20 e fig. 3; Regev

2021, pp. 49, 133. Tali contatti potrebbero aver coinvolto anche i filistei, come lascia intendere l'importazione delle banane di cui si sono trovate tracce a Tell Erani; cfr. A. Scott *et al.* 2020. Sui ritrovamenti a Safi cfr. oggi Maeir 2022b; Maeir 2022c. Per una panoramica molto importante di questo commercio cfr. Maeir 2023.

15 Cfr., per es., il catalogo in Sherratt 1994, pp. 86-88, che aggiorna i cataloghi originali in Waldbaum 1978; Waldbaum 1982; Desborough 1972, p. 119. Cfr. oggi anche Muhly e Kassianidou 2012, pp. 125-26, 134-35; Kassianidou 2014, pp. 264-65; Georgiou e Iacovou 2020, p. 1145; anche, in precedenza, Crielaard 1998, p. 191.

16 Cfr. Karageorghis 1994, pp. 4-5; Sherratt 1994, pp. 60-61, 65-66, 83-85; Sherratt 2003, pp. 43-44, 47-48; Sherratt 2015, p. 77; anche Snodgrass 1983, pp. 285-94; Snodgrass 1994, pp. 167-68; R. Osborne 1996, pp. 25-27; Crielaard 1998, p. 191; Iacovou 2008, pp. 641-42; Iacovou 2012, pp. 211-12; Iacovou 2014c, pp. 799, 801; Kassianidou 2012, pp. 237-39; Kassianidou 2014, pp. 264-67; Muhly e Kassianidou 2012, pp. 124, 134-35, con riferimenti bibliografici; Broodbank 2013, p. 451 [ed. it. 2015, p. 451]; Georgiou e Iacovou 2020, pp. 1144-45; anche Papadopoulos e Smithson 2017, pp. 976-78. Cfr., però, Schachner 2020b, p. 1121, per una breve disamina su un'ipotesi alternativa secondo cui la tecnologia potrebbe essere stata sviluppata nella regione vicina al lago Van nell'XI e X secolo a.C. Alcuni studiosi hanno suggerito che anche i fenici avrebbero agevolato la diffusione della tecnologia del ferro, forse come ulteriori agenti che avrebbero portato tali oggetti nell'Egeo; cfr. Bell 2016, p. 101; Fales 2017, pp. 249-50, 260; Erb-Satullo 2019, p. 567, con riferimenti precedenti; anche brevemente Johnston e Kaufman 2019, p. 408.

17 Cfr. Strabone, *Geografia* XII.3.19; Senofonte, *Anabasi* V.V.1; Apollonio Rodio, *Argonauticche* II, 1002-08. Cfr. anche disamine in, per es., Waldbaum 1978; Bryer 1982; Muhly *et al.* 1985, p. 74; Kostoglou 2010; Bebermeier *et al.* 2016; Erb-Satullo, Gilmour e Khakhutaishvili 2020.

18 Cfr. le discussioni, con relativi riferimenti bibliografici, per es. in Snodgrass 1967, p. 36; Muhly *et al.* 1985, pp. 70-71; Sherratt 1994, pp. 64-65; Cordani 2016; Hodos 2020, p. 37. Sulla daga con la lama di ferro nella tomba di Tutankhamon cfr. oggi Comelli *et al.* 2016; Matsui *et al.* 2022.

19 Cfr., per es., Snodgrass 1971, pp. 237-39; I. Morris 1989, p. 503; Bell 2006, p. 110; Chew 2007, pp. 103-04; Kassianidou 2014, p. 262; oggi Papadopoulos e Smithson 2017, p. 976, che ripropongono le argomentazioni in breve. Nuovi studi oggi mostrano che circa un terzo dello stagno trovato sul relitto di Uluburun, affondato nel 1300 a.C. circa, proveniva dall'Uzbekistan e dal Tagikistan, e il resto dall'Anatolia; cfr. Powell *et al.* 2021; Powell *et al.* 2022.

20 Cfr. Oates 1979, p. 104, che cita un testo inedito di Snodgrass; anche Snodgrass 1971, pp. 237-39; Snodgrass 1980, pp. 348-49, 368-69; Snodgrass 1994, pp. 167-68; Muhly 1980, pp. 47, 53; Waldbaum 1980, pp. 82-83, 90-91; Wertime 1980, p. 1; Karageorghis 1994, p. 4; Chew 2007, pp. 103-04. Cfr. anche le

recensioni di Waldbaum 1999; Kostoglou 2010; Enverova 2012, pp. 25-27; Erb-Satullo 2019, spec. pp. 580-81.

21 Kassianidou 2014, pp. 265-67. Cfr. anche Muhly e Kassianidou 2012, p. 134; Erb-Satullo 2019, pp. 558, 566-68, 572-74, 580-83, 593; anche Papadopoulos e Smithson 2017, pp. 976-78. Cfr. in precedenza, per es., I. Morris 1989; Muhly 1992, pp. 17-18; Sherratt 2000, pp. 82-83; Dickinson 2006a, pp. 144-45; Eliyahu-Behar *et al.* 2012, pp. 55; Eliyahu-Behar *et al.* 2013, p. 4319; Enverova 2012, p. 25; Kassianidou 2013, pp. 69, 71; Yahalom-Mack e Eliyahu-Behar 2015; Murray 2017, pp. 174-75, 261-63; Eliyahu-Behar e Yahalom-Mack 2018, p. 447; Knodell 2021, pp. 171-72.

22 Erb-Satullo 2019, pp. 557-58, 574, 582-83, con riferimenti; in precedenza, per es., Snodgrass 1980, pp. 336-37; I. Morris 1989, pp. 502-06; Karageorghis 1994, p. 5; Sherratt 1994, p. 59; Sherratt 2000, pp. 82-83; Chew 2007, p. 101; Muhly e Kassianidou 2012, pp. 124, 135; cfr. oggi anche Johnston e Kaufman 2019, p. 408, sui fenici, Cipro e la diffusione della tecnologia del ferro.

23 Muhly e Kassianidou 2012, pp. 124, 135, con riferimenti bibliografici precedenti; cfr. anche Kassianidou 2012, pp. 231, 239-40; Kassianidou 2013, p. 52; Knodell 2021, pp. 171-72; in precedenza, per es., Snodgrass 1971, pp. 214-15; Snodgrass 1994, p. 168; Karageorghis 1994, pp. 4-5; Sherratt 1994, pp. 62, 66; Sherratt 2015, p. 77; Enverova 2012, pp. 73-74; Broodbank 2013, p. 451 [ed. it. 2015, p. 451].

24 Snodgrass 1971, pp. 217-19, 229; Snodgrass 1994, pp. 167-68; Karageorghis 1994, pp. 4-5; Sherratt 1994, pp. 60-62, 68-75, e app. 1; Sherratt 2016, pp. 295-97; Dickinson 2006a, pp. 146-47; Iacovou 2008, pp. 641-42; Iacovou 2012, pp. 211-12; Iacovou 2014b, p. 670; Iacovou 2014c, pp. 799, 801-02; Enverova 2012, pp. 75-78, 81, 89-90; Kassianidou 2012, pp. 237-39; Muhly e Kassianidou 2012, pp. 125-26, 134-35, con riferimenti bibliografici precedenti; Broodbank 2013, pp. 450-51 [ed. it. 2015, pp. 450-51]; Kearns 2015, pp. 37-38; Wallace 2018, p. 393; Georgiou e Iacovou 2020, p. 1145; Knodell 2021, pp. 172-73. Sulle possibili vie del commercio tra Cipro e la Sardegna cfr., per es., Blake 2014, p. 104; Saltini Semerari 2017, pp. 553-54; Sabatini e Lo Schiavo 2020.

25 Sui problemi che afflissero la cultura terramaricola cfr. Cline 2021, p. 153 [ed. it. 2023, p. 177], che cita Kristiansen 2018, pp. 100-03. Cfr. oggi anche Cardarelli 2009; Palmisano, Bevan e Shennan 2017; Dalla Longa 2019; Cupitò, Dalla Longa e Balista 2020; Palmisano *et al.* 2021a; Parkinson *et al.* 2021; Molloy 2022, pp. 36-37, 45, 47 (versione online). Sulla Sardegna e la fine della costruzione delle strutture nuragiche (che secondo alcuni continuò fino al 900 a.C. circa) cfr., per es., Tronchetti 2014; Gonzalez 2018, pp. 54-55; Bernardini 2020.

26 Bell 2006, p. 113; cfr. anche Bell 2009, p. 38; Bourogiannis 2018a, pp. 50-51.

27 Cfr., per es., Muhly 1992, pp. 11-12, 14, 19; Sherratt 1992, pp. 327-28; H.W. Catling 1994, pp. 133-36; Deger-Jalkotzy 1994, pp. 16, 20; Iacovou 2002, pp. 84-85; Iacovou 2006a, pp. 325-27; Iacovou 2006b, pp. 34-35; Iacovou 2007,

pp. 465-66; Iacovou 2014c, p. 661; Janes 2010, pp. 127-28; Georgiou 2011, pp. 109-10, 118-22, 125; Georgiou 2015, pp. 133-35, 138; Georgiou 2017, pp. 207, 210-11, 217, 219; Cline 2021, pp. 127-30 [ed. it. 2023, pp. 150-53], con importanti riferimenti bibliografici; Knapp e Meyer 2020, pp. 237-38.

28 Cfr. Iacovou 2006a, pp. 326-27; Iacovou 2007, pp. 461-62; anche Georgiou 2011, p. 125; cfr. invece Rupp (1987, 1988, 1989), che tendeva a vedere la situazione in modo un po' diverso (perlomeno negli anni ottanta del Novecento). Per contributi recenti al dibattito sulla continuità cfr., per es., Knapp e Meyer 2020; Kearns 2022, pp. 113-19, 130-50. Sono debitore a quest'ultima per le sue riflessioni al riguardo (comunicazione personale, 2 marzo 2023).

29 Cfr., per es., Muhly 1992, p. 14, con riferimenti bibliografici; Coldstream 1994, pp. 144-46; e le discussioni successive in Iacovou 2005a, pp. 128-29, Iacovou 2012, pp. 207-12, 217; Iacovou 2013, pp. 17; Iacovou 2014a, pp. 103-4, 107; Iacovou 2014c, p. 798; Karageorghis 1994, pp. 1-2, 6; anche Voskos e Knapp 2008, pp. 659-65, 673, 676-79; Janes 2010, pp. 128-32; Janes 2014, p. 571; Georgiou 2011, pp. 123-24; Counts e Iacovou 2013, pp. 10-11; Knapp 2014, pp. 39-43; Sherratt 2015, pp. 72-75.

30 Sono grato a Brien Garnand per avermelo ricordato (comunicazione personale, 10 luglio 2022).

31 Cfr. Kaniewski *et al.* 2013; Cline 2021, p. 159 [ed. it. 2023, p. 184]; in precedenza Sherratt 2003, pp. 51-52. Su Enkomi e Salamina cfr., per es., Iacovou 2005b, pp. 25-27; Kourou 2019.

32 Sull'abbandono di Kalavasos-Agios Dimitrios, Maroni-Vournes e altri luoghi cfr. Iacovou 2007, pp. 465-66; Iacovou 2008, p. 631; Iacovou 2012, p. 216; Iacovou 2013, pp. 25-26; Iacovou 2014b, pp. 662-63. Cfr. anche Georgiou 2011, pp. 116-17; Georgiou 2015, p. 131; Georgiou 2017, p. 210; Kassianidou 2014, p. 264; Georgiou e Iacovou 2020, pp. 1142-43; Knapp e Meyer 2020, p. 238.

33 Riguardo Idalio cfr., per es., Georgiou 2011, pp. 117-18; Georgiou 2015, pp. 132-33; Georgiou 2017, pp. 209-10; Iacovou 2005b, p. 31. Riguardo Amatunte, Cizio, Pafos e altre città cfr., per es., Iacovou 1994, pp. 155-56, Iacovou 2005b, pp. 28-29, 31-34; Iacovou 2008, p. 638; Iacovou 2013, p. 26; Satraki 2012, pp. 267-73; Janes 2013, pp. 154, 158; Georgiou 2017, p. 210. Sull'abbandono di Hala Sultan Tekke e Enkomi e sulla sopravvivenza di Cizio e Pafos cfr. Iacovou 1994, pp. 153-54; Iacovou 2005a, p. 130; Iacovou 2006a, pp. 325-26; Iacovou 2006b, pp. 35-36; Iacovou 2007, pp. 466-67; Iacovou 2008, pp. 635, 637; Iacovou 2012, pp. 217-18; Iacovou 2013, pp. 25-26, 28; Iacovou 2014b, pp. 664-65, 667; anche Sherratt 1992, pp. 328-29; Smith 2008, pp. 274-75; Georgiou 2011, pp. 116-17; Georgiou 2015, pp. 131-34; Georgiou 2017, pp. 209, 222; Satraki 2012, pp. 264, 270; Janes 2013, p. 155; Janes 2014, pp. 572, 574, 579; Kassianidou 2014, p. 265; Georgiou e Iacovou 2020, pp. 1142-43; Hodos 2020, p. 41; Knapp e Meyer 2020, p. 238. Cfr. oggi anche Petit 2019.

34 Karageorghis 1983, pp. 59-76, cfr. anche app. 4. Per discussioni successive cfr., per es., Sherratt 1992, p. 329; Deger-Jalkotzy 1994, p. 11; Iacovou 2006b, p. 38; Iacovou 2008, p. 633; Voskos e Knapp 2008, pp. 674-75; Satraki 2012, p. 268; Janes 2013, pp. 146-47; Knapp 2014, p. 41; Kearns 2015, p. 29, fig. 1.4; Georgiou e Iacovou 2020, p. 1147; Steele 2020, pp. 256-57 e fig. 2.6.2; López-Ruiz 2021, pp. 252-53, 270-71.

35 Su questi miti di fondazione cfr. spec. Iacovou 2006a; p. 328, Iacovou 2006b, pp. 44-46; Iacovou 2007, p. 467; anche Kearns 2015, p. 29, con riferimenti bibliografici.

36 H.W. Catling 1993, pp. 91-92; Crielaard 1998, pp. 187-91, 198-99; Kourou 2008a, p. 364; Iacovou 2012, p. 214; Muhly e Kassianidou 2012, pp. 124-25; Georgiou e Iacovou 2020, pp. 1145-46.

37 Popham, Touloupa e Sackett 1982; H.W. Catling 1993; H.W. Catling 1995; H.W. Catling 1996; I. Morris 1996, p. 3; Crielaard 1998, pp. 187-90, 198; Kourou 2008a, pp. 363-65; Kourou 2016, pp. 54-55; Iacovou 2012, p. 214; Muhly e Kassianidou 2012, pp. 124-25; Georgiou e Iacovou 2020, pp. 1145-46; S.P. Morris 2022, p. 104. Da notare che Kourou (2008a, pp. 363-64) dice: «la tomba di Amari suggerisce che nell'XI secolo a.C. a quanto pare esisteva un qualche tipo di contatto diretto tra Creta e Cipro».

38 Kourou 2008a, p. 364.

39 Muhly e Kassianidou 2012, pp. 125-26, 134-35; cfr. anche Iacovou 2014c, pp. 799, 801. Cfr. Sherratt 1994, pp. 73-75, così come le altre voci del catalogo presente alle pp. 88-92, che aggiorna i cataloghi originali in Waldbaum 1978 e Waldbaum 1982.

40 Crielaard 1998, pp. 187, 192-93, 196; Iacovou 2008, pp. 641-42; Kourou 2008a, pp. 363-64; Kourou 2012, p. 38; Kourou 2016, pp. 53-55; Kourou 2019, pp. 77-78; Satraki 2012, pp. 265-66; Arruda 2015, pp. 273-74; Pappa 2020; S.P. Morris 2022, p. 104.

41 Crielaard 1998, pp. 193-94, 197-98.

42 Kearns (comunicazione personale, 2 marzo 2023); cfr. oggi Kearns 2022, pp. 130-54, per una panoramica attuale.

43 Kourou 2019, p. 78. Da notare che nel 2016 Kourou aveva invece scritto: «Dall'XI secolo in avanti, comincia gradualmente a svilupparsi una nuova configurazione di viaggi e di reti commerciali, in cui alla fine vennero coinvolti i fenici. Il fenomeno è rintracciabile soprattutto a Creta, dove sono stati rinvenuti molti oggetti ciprioti e fenici in contesti della prima Età del Ferro (EIA), mentre l'arte cretese spesso tradisce l'influenza cipriota o levantina» (Kourou 2016, p. 51).

44 La data è stata oggetto di molta discussione; cfr., per es., Wente 2003, p. 116 e Jeffers 2013, pp. 22-23. Cfr. ulteriori dettagli qui sotto.

45 La traduzione segue Wente 2003, pp. 116-24; di recente sono state pubblicate molte altre traduzioni, come Pritchard [1958] 2011, pp. 14-21, e Lichtheim

2019, pp. 561-68. Cfr. anche disamine dettagliate con ulteriori riferimenti bibliografici in Kitchen 1973, pp. 251-52; Dothan 1982, pp. 4-5; Clayton 1994, pp. 170-71; Hallo e Simpson 1998, pp. 284-85; Aubet 2001, pp. 356-62; Sherratt 2003, p. 52; Eyre 2012, p. 133; Broodbank 2013, pp. 445-48 [ed. it. 2015, pp. 445-48]; Jeffers 2013, pp. 22-23; Ben-Dor Evian 2017, pp. 34-35; Elayi 2018, pp. 100-04; Dodson 2019, pp. 16-19; Yasur-Landau 2019, pp. 417-20; López-Ruiz 2021, pp. 284-85.

46 Cfr., per es., Gilboa 2005; Gilboa 2006-07; Gilboa 2015; Gilboa, Sharon e Boaretto 2008; Sharon e Gilboa 2013; Stern 2013; Yasur-Landau 2019; Arie 2020, p. 6. Sulla nuova scoperta di rovine nel porto dell'Età del Ferro a Dor cfr. oggi Arkin Shalev, Gilboa e Yasur-Landau 2019; Arkin Shalev *et al.* 2021.

47 Da notare che ci sono alcune differenze tra le varie traduzioni; per es., Pritchard traduce il nome del principe di Biblo come Zakar-Baal, invece di Tjekkerbaal (anche se potrebbe trattarsi solo di una differenza di pronuncia), e c'è differenza tra «buon lino» e «rotoli di papiro». Cfr. anche Kuhrt 1995, p. 408, sugli oggetti (ri)mandati a Wenamun, e Yasur-Landau 2019 sul trattamento riservato a Wenamun a Biblo.

48 Cfr., per es., Wente 2003, p. 116; Ben-Dor Evian 2011, p. 97; Jeffers 2013, pp. 22-23. Cfr. anche oggi spec. Yasur-Landau 2019. Sulle discussioni in merito al tipo di testo, se sia un rapporto ufficiale di un viaggio reale o un'opera di fantasia, cfr., per es., Markoe 2000, pp. 27-28; Aubet 2001, pp. 30-31, 114-17; Wente 2003, p. 116; Edrey 2019, p. 36; Sader 2019b, pp. 35, 81, 272; sulla data dell'XI secolo a.C. cfr. anche Fales 2017, pp. 218-19; Sass 2002 suggerisce che potrebbe risalire al X secolo a.C.

49 Cfr., per es., Pritchard 1978; Bikai 1978; Markoe 2000, p. 24; Aubet 2001, pp. 66-69; Bell 2006, p. 113. Cfr. oggi l'utilissima e concisa panoramica di Aubet 2014; anche Sader 2014; Sader 2019a, pp. 127-28; Sader 2019b, pp. 17-20, 38-41; Killebrew 2019; Charaf 2020-21.

50 Altri siti nelle vicinanze che presentano vestigia fenicie negli strati dell'Età del Ferro includono Tell Abu Hawam, Akko, Achziv, Atlit e Tel Keisan; cfr., per es., Fales 2017, p. 204; Killebrew 2019; Sader 2019a, pp. 127-28; Sader 2019b, pp. 31, 41-42; Hodos 2020, pp. 153-54; in precedenza Aubet 2001, pp. 66-69. Su Dor cfr., per es., Gilboa 2005; Bell 2006, p. 99; Gilboa, Sharon e Boaretto 2008; Gilboa e Sharon 2008; Sharon e Gilboa 2013; Bell 2016, pp. 95-96; Gilboa, Waiman-Barak e Jones 2015; Fales 2017, p. 203; Sader 2019b, pp. 20-21, 42-44; Arie 2020, pp. 1, 3; Hodos 2020, pp. 97, 150-51; Gilboa 2022, p. 40. Sull'uso del nome «Fenicia meridionale» cfr. Lehmann 2019; Lehmann 2021; Arie 2020, pp. 7-9. Per quanto riguarda Dor e in particolare i reperti d'argento cfr., per es., Aubet 2008, p. 183 e cfr. di nuovo le fonti citate per i reperti d'argento, spec. C. Thompson e Skaggs 2013; Eshel *et al.* 2018, p. 4; Ben-Yosef 2019a; Eshel *et al.* 2019; Sader 2019b, pp. 256, 315; Hodos 2020, pp. 144, 150-51; Wood, Bell e Montero-Ruiz 2020, p. 4, con riferimenti bibliografici;

López-Ruiz 2021, p. 99; Gilboa 2022, p. 43. Sulla scoperta iniziale cfr. Stern 1998, 2001.

51 Eshel *et al.* 2021; cfr. anche Ben-Yosef 2019a.

52 Allen 1977, pp. 157-62. Da notare che ciò rovescia il modello iniziale dell'espansione fenicia, come quello proposto da Frankenstein nel 1979; cfr. la disamina in Monroe 2018 (pp. 232-33, 247, 257-60), che chiama «Paradigma della Pressione Assira» (APP) la visione precedente (ossia che i fenici fossero sostanzialmente a disposizione dei neo-assiri, per cui reperivano materiali grezzi, metalli compresi, e che quindi si spostarono nel Mediterraneo per via di tali richieste); cfr. anche (brevemente) J.F. Osborne 2021, pp. 73-74; Regev 2021, p. 2. Si confrontino anche Faust 2011 e Thareani 2016a e le discussioni in Aubet 2001, pp. 88-91 con citazioni di studiosi precedenti, 281-83; Aubet 2008, p. 183; Aubet 2016; I. Morris 2006, p. 83; Fletcher 2012, p. 211 (con riferimenti bibliografici), 216-18; Broodbank 2013, pp. 482-84, 488-89, 491 [ed. it. 2015, pp. 482-84, 488-89, 491]; Fales 2017, p. 271; Edrey 2019, pp. 206-08; Hodos 2020, pp. 77-78, 143-44. Cfr. anche le discussioni, per es., in C. Thompson e Skaggs 2013; Arruda 2015, p. 275; Bell 2016, pp. 98-100; Eshel *et al.* 2018; Gonzalez 2018, pp. 39, 175-76; Monroe 2018, pp. 240-41; Wood 2018; Aubet Semmler 2019, pp. 75-78; Eshel *et al.* 2019; Sader 2019b, pp. 256, 275; Wood, Montero-Ruiz e Martinón-Torres 2019; Sherratt 2020, pp. 200-01; Wood, Bell e Montero-Ruiz 2020; Knodell 2021, p. 183; López-Ruiz 2021, pp. 27-28, 97-98, 100; Regev 2021, pp. 120-21; Gilboa 2022, p. 35, nota 9, 43.

53 Shalvi 2018, 2020; Stub 2020; Regev 2021, pp. 80-81. Da notare che anche altri siti della regione hanno frammenti di ceramica macchiati e/o conchiglie di murice rotte in contesti che vanno dal XIII al VII secolo a.C., compresi Akko, Dor, Abu, Hawam e Tel Kabri, come citato con i primi riferimenti bibliografici da Shalvi; cfr. oggi anche Gilboa 2022, pp. 37, 44; Shalvi e Gilboa 2023.

54 Cfr. Bell 2006, pp. 104, 113; Bell 2009, pp. 36-37; Bell 2016, pp. 97, 100-02, con riferimenti bibliografici; anche Gilboa 2005, pp. 62-63; Sherratt 2010, p. 130; Sherratt 2019, pp. 132, 134-35; Kourou 2012, p. 37; Bourogiannis 2018a, pp. 49-51, 53, 61, 73; Sader 2019b, pp. 267-68.

55 Pubblicato dalla dottoressa Patricia Bikai; cfr. Bikai 1978.

56 Kourou 2012, p. 39, che cita in particolare Aubet 1993, p. 167, e Aubet 2008, p. 250; cfr. anche Kourou 2016, pp. 57-58; Kourou 2019, pp. 79-80.

57 Cfr. Kourou 2008a, p. 366; Gilboa, Waiman-Barak e Sharon 2015; Bell 2016, p. 97; Bourogiannis 2018a, pp. 73-74; Monroe 2018, pp. 245-46; Sader 2019b, p. 269; Hodos 2020, p. 107; S.P. Morris 2022, p. 106; per la pubblicazione iniziale cfr. Bikai 2000; cfr. anche in precedenza, per es., Aubet 2001, p. 54.

58 Cfr., per es., Kourou 2012, p. 40. Sugli oggetti fenici e del Vicino Oriente a Creta e nella Grecia continentale in questi contesti cfr., per es., Sherratt e Sherratt 1993, p. 365; Hoffman 1997; Kourou 2000, pp. 1067-70; Stampolidis e Kotsonas 2006, pp. 341-43, 346, 351, 355; Fletcher 2012, pp. 214-15; Broo-

dbank 2013, p. 451 [ed. it. 2015, p. 451]; Bourogiannis 2018a, pp. 54-66; Sogas 2019, pp. 408-14.

59 Cfr., per es., il riepilogo in Sader 2019b, p. 270, con riferimenti a precedenti pubblicazioni. Cfr. Waldbaum 1994; Crielaard 1998, p. 198; Fantalkin 2001; Coldstream e Mazar 2003; Satraki 2012, p. 266; Iacovou 2014c, p. 802; Fantalkin, Finkelstein e Piasetzky 2015; Fantalkin *et al.* 2020; Gilboa, Waiman-Barak e Jones 2015; Mazar e Kourou 2019; Hodos 2020, pp. 5, 98; anche i commenti di Kourou 2008a, pp. 364-66; Kourou 2016, pp. 57-58; Kourou 2019, pp. 79-80.

60 Fales 2017, pp. 190-91; Bunnens 2019b, p. 58; Rollston 2019, pp. 375-77; Sader 2019b, pp. 81-82, 86, tabella 3.2. È bene notare, tuttavia, che Benjamin Sass ha suggerito che alcuni re andrebbero ridatati e fatti risalire al IX secolo (Sass 2005; Sass 2021), ma a sua volta il suo suggerimento è stato contestato da Rollston (2008, pp. 57-61; 2010, pp. 24-27). Per ora mi sono attenuto alla datazione tradizionale (X secolo).

61 Cfr. Rollston 2016, p. 268. Sulle lettere da Biblo conservate ad Amarna cfr. Moran 1992; anche di recente, per es., su Biblo nella tarda Età del Bronzo, Kilani 2020.

62 La traduzione segue Rollston 2016, p. 286; Rollston 2019, p. 376; Rollston 2020, p. 76; cfr. anche Rollston 2008, p. 58; Rollston 2010, pp. 20-21, fig. 2.2. Riferimenti a pubblicazioni precedenti riguardanti la scoperta e le seguenti discussioni sono reperibili nelle pubblicazioni di Rollston, ma cfr. anche Kuhrt 1995, p. 404, con riferimenti bibliografici; Elayi 2018, pp. 110-12; Doumet-Serhal 2019, p. 718.

63 Cfr. Rollston 2008, pp. 59-60, con riferimenti bibliografici.

64 La traduzione segue Rollston 2016, p. 289; cfr. anche Rollston 2008, p. 59; Rollston 2010, p. 23, fig. 2.4, tutti con riferimenti precedenti; Elayi 2018, p. 115. Cfr. però di nuovo Sass (2005, 2021), che li farebbe risalire tutti al IX secolo, ipotesi contestata da Rollston (2008, pp. 57-61; 2010, pp. 24-27).

65 La traduzione segue Rollston 2016, p. 288; cfr. anche Rollston 2008, pp. 58-59; Rollston 2010, pp. 21-22, tutti con riferimenti bibliografici; in precedenza, per es., Kitchen 1973, pp. 308-09. Cfr. anche Elayi 2018, pp. 114-15; Bunnens 2019b, p. 69; Muhs 2022, pp. 196-97.

66 La traduzione segue Rollston 2016, p. 287; Rollston 2019, p. 376; Rollston 2020, p. 77; cfr. anche Rollston 2008, p. 59; Rollston 2010, pp. 21-22, fig. 2.3, tutti con riferimenti bibliografici; anche Elayi 2018, pp. 112-13; Richey 2019, p. 223, fig. 16.1.

67 La traduzione segue Rollston 2016, p. 288; cfr. anche Rollston 2008, p. 58; Rollston 2010, p. 21, tutti con riferimenti bibliografici; in precedenza, per es., Kitchen 1973, p. 292. Cfr. anche Elayi 2018, pp. 113-14; Bunnens 2019b, p. 69; Dodson 2019, p. 95; Muhs 2022, pp. 196-97.

68 Cfr., per es., Lipiński 2006, pp. 174, 176, 180; Aubet 2008, pp. 182-83; Bourogiannis 2018a, pp. 49-50; Elayi 2018, pp. 122, 296 (tabella 2); Bunnens 2019b, pp. 58-59; Na'aman 2019b, pp. 76, 82.

69 Lipiński 2006, pp. 174, 176-77; Aubet 2008, p. 183; Bourogiannis 2018a, pp. 49-50; Elayi 2018, pp. 131-33; Edrey 2019, pp. 41-43; Lehmann 2019, p. 470; Na'aman 2019b, p. 82; López-Ruiz 2021, p. 288.

70 Come sottolineato da Rollston 2016, p. 298; cfr. oggi anche Elayi 2018, p. 132; Bunnens 2019b, p. 65; Doak 2019, pp. 663-64; Sader 2019b, pp. 128-29, 263; López-Ruiz 2021, p. 306; in precedenza Markoe 2000, pp. 37-39; Aubet 2001, pp. 46-47.

71 Ne ho parlato brevemente in precedenza; cfr. Cline 2007; Cline 2009 [ed. it. 2021]; Cline 2020 [ed. it. 2022], con riferimenti bibliografici; cfr. anche, per es., Schipper 2019, pp. 38-40 [ed. it. 2023, pp. 44-46]. Per le pubblicazioni originali dei due team, cfr. Reisner, Fisher e Lyon 1924; Crowfoot e Crowfoot 1938; Crowfoot, Kenyon e Sukenik 1942; Crowfoot, Crowfoot e Kenyon 1957. Cfr. anche Tappy 1992; Tappy 2001, oltre alle tante ulteriori pubblicazioni più piccole o citazioni da parte di altri studiosi (per es. Killebrew 2014, p. 738, sugli avori).

72 Aubet 1993, p. 42; Aubet 2001, pp. 51-52; Aubet 2008, p. 183; Bikai 1994; Iacovou 2005a, pp. 131-32, con riferimenti bibliografici; Iacovou 2006b, p. 41; Bell 2006, p. 113; Bell 2009, p. 37; Janes 2010, p. 129; Satraki 2012, p. 269; Fourrier 2013, pp. 113-14; Bourogiannis 2018a, pp. 50-51, 74-75; Bunnens 2019b, p. 63; Sader 2019b, pp. 266-67; Sherratt 2019, pp. 134-35.

73 Aubet 2008, p. 179; Aubet 2016; Fletcher 2012, p. 214; Arruda 2015, p. 273; Bell 2016, pp. 98-100; Eshel *et al.* 2019, pp. 1, 5, 8-11; Sherratt 2019, pp. 134-35; Garnand 2020, p. 147; Muhs 2022, p. 203. Sull'iscrizione della Stele di Nora, che ha una lunga storia di studi, cfr., per es., Aubet 2001, pp. 206-09, fig. 45; Monroe 2018, p. 246; Rollston 2019, pp. 376-77, con riferimenti bibliografici precedenti; anche Hodos 2020, pp. 185-86.

74 Cfr., per es., Lipiński 2006, pp. 174, 180, 183; Na'aman 2019b, pp. 82-83; Sader 2019b, pp. 128-29, 138, tabella 3.4; in precedenza, per es., Aubet 2001, p. 51. Cfr. anche Grayson 1996, pp. 48, 54, 60 (si confrontino A.0.102.8 e A.0.102.12 con A.0.102.10).

75 Aubet 2001, pp. 163, 214-18; Aubet 2008, pp. 179, 185; Aubet 2016, p. 258; Docter *et al.* 2005; Lipiński 2006, pp. 183-84; Abulafia 2011, p. 74 [ed. it. 2016, p. 88]; Broodbank 2013, p. 490 [ed. it. 2015, p. 490]; Bourogiannis 2018a, pp. 52, 74-75; Elayi 2018, pp. 138-41; Quinn 2018a, p. xv; Quinn 2019, p. 679; Bunnens 2019b, pp. 59, 61; Roller 2019, p. 648; cfr. oggi Aubet Semmler 2019, p. 78; Garnand 2020, p. 147.

76 Su quanto segue cfr. Ballard *et al.* 2002.

77 Kourou 2016, pp. 59, 60-61.

78 Kourou 2016, pp. 60-61.

79 Crielaard 1998, p. 187; Kourou 2008a, pp. 366-68; Kourou 2019, pp. 81, 89-90; Satraki 2012, p. 266; Janes 2013, p. 152.

80 Kearns 2015, pp. 17-18, 138-39; Kearns 2019, pp. 272-73, 276-78, 280; Kearns 2022, pp. 130-54; cfr. anche studi precedenti di Kaniewski e del suo team, compreso quello a Hala Sultan Tekke (Kaniewski *et al.* 2013), che indicavano la fine della mega siccità in questa regione all'incirca nello stesso periodo.

81 Kassianidou 2014, p. 267; Knapp e Meyer 2020, pp. 239-41, 243. Cfr. anche, per es., in precedenza Iacovou 2002, p. 85; Satraki 2012, pp. 263-64, 266-67; Finkelstein 2013, p. 127 [ed. it. 2014, p. 143]; Janes 2013, p. 147; Hodos 2020, p. 61.

4. *Il re della terra di Karkemish*

1 Marchetti 2012, pp. 132-34; Marchetti 2014, p. 36; Aro 2013, p. 234, nota 5; Dinçol *et al.* 2014b, pp. 143-44; Younger 2016, pp. 118-19; J.F. Osborne 2021, pp. 153-54.

2 Cfr. di nuovo Marchetti 2012, pp. 132-34; Marchetti 2014, p. 36; Dinçol *et al.* 2014b, pp. 143-44; Younger 2016, pp. 118-19.

3 Dinçol *et al.* 2012, p. 145; Marchetti 2012, pp. 144-46; Weeden 2013, p. 10; Dinçol *et al.* 2014a, p. 128; Hawkins e Peker 2014, p. 107; Hawkins e Weeden 2016, pp. 11-12; Younger 2016, p. 119. Cfr. anche Simon 2012, per un'opinione divergente sull'identificazione di Sura, con molti riferimenti bibliografici precedenti.

4 La traduzione segue Peker 2016, p. 16; cfr. in precedenza Dinçol *et al.* 2012, p. 145; Dinçol *et al.* 2014b, p. 148. Cfr. anche Marchetti 2012, pp. 144-46; Weeden 2013, pp. 8-10; Dinçol *et al.* 2014b, p. 147; Dinçol *et al.* 2014a, pp. 128-30; Younger 2016, p. 119.

5 Hawkins 2000, pp. 80-82 (Karkamiš A4*b*); Marchetti 2012, pp. 144-46; Dinçol *et al.* 2012, p. 145; Dinçol *et al.* 2014b, pp. 143-44, 151; Dinçol *et al.* 2014a, p. 128; Hawkins e Weeden 2016, p. 11; Younger 2016, p. 119.

6 Cfr., per es., Hawkins 2000, pp. 76-77; Gilibert 2011, p. 12; Bryce 2012, pp. 89-91, 202; Aro 2013; Marchetti e Peker 2018, p. 98; Bryce 2020, p. 108; J.F. Osborne 2021, p. 100; e tutti gli ulteriori riferimenti bibliografici citati nella prossima nota.

7 Hawkins 1995, 2000, pp. 76-77; Gilibert 2011, p. 12; Marchetti 2012, pp. 144-46 e tabella 2; Dinçol *et al.* 2014a, p. 130; Dinçol *et al.* 2014b, p. 150; Hawkins e Peker 2014, pp. 107-08; M. Brown e Smith 2016, pp. 23-25; Marchetti e Peker 2018, p. 98; J.F. Osborne 2021, p. 195; cfr. anche le tabelle in altri articoli rilevanti, citati in precedenza.

8 Grayson 1991, pp. 37 (A.0.87.3), 42 (A.0.87.4) e 53 (A.0.87.10); Hawkins 2000, pp. 73-74; Frahm 2009, pp. 28-32; Bryce 2012, p. 200; Younger 2016, pp. 118, 172; Younger 2017, pp. 205-06.

9 Cfr., per es., Hawkins 2000, pp. 73-74; Gilibert 2011, p. 12; Bryce 2012, pp. 4, 84, 87, 99, 200-01; Weeden 2013, p. 8; M. Brown e Smith 2016, p. 23; Hawkins e Weeden 2016, p. 11; Younger 2016, pp. 117-18, 121 (fig. 3.3), 172; Younger 2017, p. 206.

10 Per citazioni cfr. J.F. Osborne 2021, p. 55; d'Alfonso *et al.* 2022, p. 38. Cfr. anche Schachner 2020a; Schachner 2020b, pp. 1109-12; anche Summers 2000, pp. 55, 58; Seeher 2010; Genz 2013; Kuzucuoğlu 2015, pp. 32-38; Bryce 2016b; Bryce 2019; Middleton 2017c, pp. 165, 172, 175-76; De Martino 2018; Alaura 2020. Sull'impatto demografico del cambiamento climatico in Anatolia cfr. anche Palmisano *et al.* 2021b, p. 22.

11 Sull'allevamento del bestiame e il suo cambiamento cfr. Adcock 2020, p. 251, anche 266; oggi anche Haldon *et al.* 2022, pp. 400-01, che cita il lavoro di Adcock.

12 Dibble e Fallu 2020, pp. 1, 8-9.

13 Rose e Darbyshire 2011; Rose 2012; Kealhofer, Grave e Voigt 2019; in precedenza, per es., Muscarella 1995, p. 94; Voigt e Henrickson 2000, pp. 42-43. Sui nuovi dati cfr. Manning *et al.* 2023, ma anche Drews 1992, p. 17, con un resoconto iniziale simile.

14 Cfr., per es., Liverani 2011, pp. 652, 749-50. Molto è stato scritto sui frigi, ma su Gordio in questo periodo cfr. più di recente Rose e Darbyshire 2011; Rose 2012; in precedenza, anche sulla possibilità di una migrazione frigia in quest'area, cfr., per es., Muscarella 1995, pp. 91-92; Voigt e Henrickson 2000, pp. 42-46. Cfr. anche Erodoto VII.73 e Strabone VII.3.2, citati da Muscarella per la loro idea che i frigi fossero migrati in Anatolia dalla Tracia o dalla Macedonia più o meno all'epoca della guerra di Troia.

15 L'iscrizione è oggi nota col nome più formale di «Türkmen-Karahöyük 1»; l'indagine archeologica era sotto la direzione di James Osborne e Michele Massa. Per i dettagli dell'indagine e la traduzione dell'iscrizione cfr. J.F. Osborne *et al.* 2020 e Goedegebuure *et al.* 2020.

16 Aslan 2009; Aslan 2020, pp. 245-47; Basedow 2009; Aslan e Hnila 2015, pp. 186-94.

17 Bunnens 2000, p. 16; Hawkins 2000, p. 73; Harrison 2009a, pp. 171, 174, 181; Harrison 2009b, p. 187; Harrison 2013, p. 61; Bryce 2012, pp. 60, 79-80; Bryce 2014, pp. 100-01, 103-04; Bryce 2020, pp. 106-07; Weeden 2013, p. 6; Emanuel 2015, p. 12; Hawkins e Weeden 2016, p. 9; Welton *et al.* 2019, p. 325. Sugli ittiti e la Bibbia cfr., per es., Bryce 2012; Bryce 2014, pp. 101-03.

18 Woolley 1920, p. 76. Cfr., per es., Hawkins 2000, p. 73; anche Bunnens 2000, p. 17; Bryce 2012, pp. 55, 83.

19 Cfr. oggi il recente e utilissimo libro di J.F. Osborne (2021). Osborne preferisce chiamare questo gruppo di piccoli regni «Syro-Anatolian Culture Complex (SACC)»; cfr. J.F. Osborne 2021, pp. 1-9, 110-12, 209-19. Cfr. anche, per es., Gilibert 2011, pp. 14-16, 55, 79-80, con riferimenti a Zincirli; Bryce 2012,

pp. 22-31, 56-57, 169-70; Bryce 2020, p. 108; Weeden 2013, pp. 1-2; Liverani 2011, p. 631; Younger 2016, pp. 28-30, 114-15.

20 Hogarth 1911, p. 8.

21 Cfr., per es., Hawkins 1988; Hawkins 2000, p. 73; Harrison 2009a, pp. 171-73; Gilibert 2011, pp. 10-12; Bryce 2012, pp. 19, 55, 84-85, 195-97; Bryce 2014, pp. 101-02; Bryce 2020, p. 107; Marchetti 2012, pp. 144, 146 (tabella 2); Aro 2013, p. 246; Weeden 2013, pp. 6, 9 (tabella 1); Dinçol *et al.* 2014a, pp. 127-28 (tabella 1), 130 (tabella 2); Hawkins e Peker 2014, p. 110 (tabella 1); J.F. Osborne 2014, pp. 197-98; J.F. Osborne 2015, pp. 10-11; J.F. Osborne 2021, pp. 41-42; Hawkins e Weeden 2016, p. 9; Peker 2016, p. 49 (tabella 2); Younger 2016, pp. 28-30, 116-19, 121 (fig. 3.3); Marchetti e Peker 2018, p. 98; Welton *et al.* 2019, pp. 292-94; Millek 2020. Cfr. anche Gilibert 2011, pp. 7-8, con riferimenti bibliografici precedenti, per la descrizione della città-stato anatolica come di «una capitale che governa una cintura di città fortificate e un entroterra rurale di villaggi».

22 Cfr., per es., Harrison 2009a, p. 175; Bryce 2012; Bryce 2014, pp. 86-87, 101-03; Bryce 2016b; Bryce 2020, pp. 106-09; M. Brown e Smith 2016, p. 29; Younger 2016, pp. 28-30, 144; Ilan 2019; Manolova 2020, p. 1195; oggi anche J.F. Osborne 2021.

23 Sader 2014, p. 618; Jung 2023, con riferimenti bibliografici, incluse osservazioni su Millek 2020-21; Millek 2021; cfr. oggi anche Millek 2023.

24 Weeden 2013, p. 20.

25 L'equazione non è perfetta né universalmente accettata; sulle varie discussioni cfr., tra gli altri, Harrison 2009a; Harrison 2009b; Harrison 2010; Harrison 2013; Harrison 2014; Hawkins 2009; Hawkins 2011; Bryce 2012, pp. 128-29, 206-07; Bryce 2014, p. 111; Bryce 2020, pp. 110-12; Weeden 2013, pp. 11-18; Dinçol *et al.* 2015; Emanuel 2015; M. Brown e Smith 2016, pp. 32-33; Hawkins e Weeden 2016, pp. 9, 11; Younger 2016, pp. 123-34, 144; Welton *et al.* 2019; Manning *et al.* 2020; J.F. Osborne 2021, pp. 46-47, 63-64, 159-60; Maeir 2022d, pp. 228-29.

26 Welton *et al.* 2019, p. 325. Cfr. anche in precedenza Harrison 2009a, pp. 171, 174, 181; Harrison 2009b; Harrison 2010; Harrison 2013; Harrison 2014; anche, su Tayinat e l'Egeo, Janeway 2006-07; Janeway 2017.

27 Welton *et al.* 2019, pp. 325-26; cfr. anche Harrison 2009a, p. 171; Harrison 2009b, p. 187; Harrison 2013, p. 61; Sader 2014, pp. 613-14; J.F. Osborne 2021, pp. 62-63.

28 Su questo, inclusa l'iscrizione di Taita, e sui vari governanti cfr. Harrison 2009a, pp. 171, 173-74; Harrison 2009b, pp. 175, 179; Harrison 2013, pp. 62-64, 77; Harrison 2014, pp. 396, 402-04, 409; Harrison 2016, p. 254; Harrison 2021, pp. 327, 341-44; Hawkins 2009; Hawkins 2011; Kohlmeyer 2009; Kohlmeyer 2011; Bryce 2012, pp. 128-31, 206-07, 223-24; Bryce 2014, pp. 111, 121; Bryce 2016b, pp. 68-69, 77-78; Bryce 2020, pp. 110-13; Aro 2013, pp. 246-47;

J.F. Osborne 2013, pp. 776-77; J.F. Osborne 2014, pp. 199-201, 204-05, 211, nota 2; Weeden 2013, pp. 12-18, figg. 2-3, e tabella 2; Dinçol *et al.* 2015, tabella 1 e *passim*; Emanuel 2015; Hawkins e Weeden 2016, p. 11; Younger 2016, pp. 123-27, 133; J.F. Osborne *et al.* 2019; Welton *et al.* 2019, p. 294; Manning *et al.* 2020, pp. 4, 24; J.F. Osborne 2021, pp. 63-64, 117-21. Cfr. Grayson 1996, p. 9 (A.0.102.1) sulla citazione di Salmanassar III; oggi anche Bryce 2020, p. 113, e il Tayinat Archaeological Project sulla scoperta, nel 2012, di una statua con un'iscrizione di Šuppiluliuma II: https://tayinat.artsci.utoronto.ca/the-toronto-expedition/king-shupiluliumas-ii.

29 Woolley 1920, p. 86; oggi anche Gilibert 2011, pp. 25-30; J.F. Osborne 2021, pp. 98-99.

30 Marchetti 2012, pp. 134-36; cfr. anche Gilibert 2011, pp. 31-38; Middleton 2020e, pp. 18-22; oggi J.F. Osborne 2021, pp. 99-100.

31 Sull'iscrizione dell'870 a.C. cfr. Hawkins 2000, p. 75; Yamada 2000, pp. 72-75; Bryce 2012, p. 213; Bryce 2014, pp. 117-18; Marchetti 2012, p. 146; M. Brown e Smith 2016, p. 25; Hawkins e Weeden 2016, p. 13; J.F. Osborne 2021, pp. 148-49. Sulle specifiche fasce di Balawat cfr. Grayson 1991, pp. 345 (A.0.101.80) e 349 (A.0.101.90), anche 347 (A.0.101.85); Curtis e Tallis 2008, pp. 32, 35, 54, figg. 11-12, 17-18, 57-58.

32 Come hanno sostenuto altri in precedenza; cfr., per es., Gilibert 2011, pp. 12-14, con riferimenti bibliografici.

33 Grayson 1991, p. 217 (A.0.101.1); cfr. anche Bryce 2012, p. 213; J.F. Osborne 2021, pp. 148-49.

34 Grayson 1991, pp. 225 (A.0.101.2) e 275 (A.0.101.23); Radner 2011, pp. 738-39; Schachner 2020b, p. 1121.

35 Cfr. Kroll *et al.* 2012, pp. 6, 9.

36 Van Loon 1966, pp. 1-2; Zimansky 1985, pp. 1, 4; Zimansky 2011, p. 548-49; Kuhrt 1995, p. 548; Radner 2011, pp. 734-35; Kroll *et al.* 2012, p. 1; Liverani 2011, pp. 742-44; Fuchs 2017, p. 250. Sui calderoni e gli scudi di bronzo cfr., per es., Van Loon 1966, pp. 11-12, 84-87, 103-18; Kuhrt 1995, p. 560; ma cfr. oggi Curtis 2012; Kroll *et al.* 2012, p. 25.

37 Cfr., per es., Van Loon 1966, p. 7; Zimansky 1985, pp. 49-50, con ulteriori riferimenti bibliografici; Kuhrt 1995, p. 550; Kroll *et al.* 2012, p. 10; Liverani 2011, pp. 742-44; Fuchs 2017, pp. 250, 260; e cfr. Grayson 1991 e Grayson 1996 per menzioni della campagna a Nairi di Tiglatpileser I, Aššur-bel-kala, Adad-nirari II, Tukulti-Ninurtu II, Aššurnasirpal II e anche Salmanassar III.

38 Zimansky 1985, p. 49; Radner 2011, pp. 738-39; Bryce 2012, p. 242; Curtis 2012, p. 429; Kroll *et al.* 2012, p. 10; Liverani 2011, pp. 734-35; Frahm 2017, p. 171; Frahm 2023, p. 109; Fuchs 2017, p. 250.

39 King 1915, pp. 21-22; Grayson 1996, pp. 27-29 (A.0.102.25), 140 (A.0.102.63-64).

40 Cfr. Taylor 1865; King 1915, p. 21; Grayson 1996, pp. 14-15 (A.0.102.2); anche i più recenti MacGinnis e Matney 2009.

41 King 1915, pp. 21-22, tavole 1-6.

42 Le traduzioni seguono Grayson 1996, pp. 16-17, 20-21 (A.0.102.2).

43 Per la traduzione dell'anno 7 sull'obelisco nero cfr. Grayson 1996, pp. 65-66 (A.0.102.14). Per la traduzione dell'anno 15 sull'Iscrizione del Monolite cfr. Grayson 1996, p. 39 (A.0.102.6); cfr. anche MacGinnis e Matney 2009 per una variante della traduzione, ossia una versione più breve sul Monolite Nero resa in Grayson 1996, p. 67 (A.0.102.14).

44 Cfr. Taylor 1865, pp. 41-43; devo questo riferimento a Harmansah 2007, pp. 184-85. Cfr. oggi MacGinnis e Matney 2009, p. 33, con illustrazioni, inclusa quella del rilievo nel Tunnel del Tigri e sulla Fascia x di Balawat; cfr. in precedenza Kreppner 2002, pp. 372, 374-75, figg. 9-13; Schachner 2009.

45 Per l'illustrazione sulla Fascia x di Balawat cfr. King 1915, pp. 13-14, 30-31, tavola 59. Per quelle sulle Fasce I e II cfr. King 1915, p. 22, tavole 7-12; Grayson 1996, p. 141 (A.0.102.65).

46 King 1915, pp. 27-28, tavole 37-42; Grayson 1996, p. 143 (A.0.102.71). Sull'Iscrizione del Monolite cfr. Grayson 1996, p. 20 (A.0.102.2).

47 Van Loon 1966, p. 7; Zimansky 1985, pp. 49-51; Kuhrt 1995, p. 552 (tabella 29), 554; Radner 2011, p. 734; Kroll *et al.* 2012, p. 10; Fuchs 2017, p. 251.

48 Traduzione di CTU I A 01-01, che segue l'Electronic Corpus of Urartian Texts (eCUT) Project: http://oracc.museum.upenn.edu/ecut/pager; anche Van Loon 1966, pp. 7-8; Zimansky 1985, pp. 50-51; Zimansky 2011, p. 554; Kuhrt 1995, p. 550; Radner 2011, pp. 736, 742, e la didascalia della fig. 33.1; Bryce 2012, p. 242; Frahm 2017, pp. 170-71. Cfr. anche Van Loon 1966, pp. 10-11 e Zimansky 1985, p. 59 sulle iscrizioni lasciate dai successori di Sarduri. Si noti che Sarduri viene detto «re di Nairi» invece di «re di Urartu», che forse mostra di nuovo la natura interrelata delle due entità. Cfr., per es., van Loon 1966, p. 7, il quale suggerisce che Sarduri I fu colui che «estese il suo potere sulla maggior parte dei paesi nairi e fondò il regno di Urartu» (questo nonostante il fatto che Arame sia già definito «l'urarteo» prima del regno di Sarduri)

49 Zimansky 1985, p. 50; Kuhrt 1995, p. 552 (tabella 29), 554; Grayson 1996, p. 14 (A.0.102.2); Radner 2011, pp. 738-39, 745; Kroll *et al.* 2012, pp. 10-14. Cfr. anche Grayson 1996, pp. 65-66, 68 (A.0.102.14) per varie citazioni delle campagne militari contro Arame e di una contro Sarduri, tutte riportate sull'obelisco nero di Salmanassar III (riguardo al quale cfr. qui sotto). Cfr. spec. l'iscrizione CTU I A 04-01, che elenca i tre sovrani e le relazioni tra loro, sull'Electronic Corpus of Urartian Texts (eCUT) Project: http://oracc.museum.upenn.edu/ecut/pager; la maggior parte di loro ha anche una serie di iscrizioni individuali che possono essere reperite nello stesso *corpus* online. Per l'elenco dei sovrani e il loro ordine ipotizzato, che resta dibattuto dopo il regno di Sarduri II, cfr. http://oracc.museum.upenn.edu/ecut/urartianrulersandtheirinscriptions/index.html.

50 Van Loon 1966, p. 7; Kuhrt 1995, p. 554; Curtis 2012, p. 429; Kroll *et al.* 2012, pp. 6, 22.

51 Radner 2011, pp. 742-43; Kroll *et al.* 2012, p. 24; Frahm 2017, pp. 170-71; cfr. anche Zimansky 1985, p. 69 sui testi urartei che citano vigne, oltre a frutteti e campi di cereali.

52 Cfr. Grayson 1996, pp. 9-10 (A.0.102.1) e 16, 23 (A.0.102.2); Bryce 2012, pp. 219, 221; Bryce 2014, p. 119; Bryce 2020, p. 113; J.F. Osborne 2013, pp. 776-77; Weeden 2013, pp. 12, 15-16, fig. 4; Harrison 2014, pp. 408-09, fig. 5; anche Tayinat Archaeological Project: https://tayinat.artsci.utoronto.ca/the-toronto-expedition/king-shupiluliumas-ii.

53 King 1915, p. 26, tavole 31-36; Grayson 1996, p. 142 (A.0.102.70).

54 Gilibert 2011, pp. 15-16, con traduzione nella tabella 8; cfr. Grayson 1996, pp. 10 (A.0.102.1), 16 (A.0.102.2). Cfr. anche Brown 2008a, pp. 341-44.

55 La traduzione inglese segue O'Connor 1977, pp. 19, 21-22, dopo Donner e Röllig 2002, p. 13, come citato inizialmente da Gilibert 2011, pp. 15-16. Cfr. anche Brown 2008a, pp. 341-44; Gilibert 2011, pp. 15-16, 79-84; J.F. Osborne 2021, pp. 44, 74-82, 110-12, 142-43, 146, 148, 160-62, 183-84.

56 Cfr. Grayson 1996, pp. 9 (A.0.102.1), 23 (A.0.102.2), 38 (A.0.102.6 II 69). Cfr. anche Hawkins 2000, p. 75; Hawkins 2009, p. 167; Bryce 2012, pp. 130-31, 223; Bryce 2014, pp. 122, 125; M. Brown e Smith 2016, p. 25; Hawkins e Weeden 2016, p. 13; Peker 2016, p. 49 (tabella 2).

57 Peker 2016, pp. 47-49; Marchetti e Peker 2018, pp. 81-90.

58 Cfr. Peker 2016, pp. 47-49; Marchetti e Peker 2018, pp. 81-90.

59 La traduzione (che unisce i dati di più iscrizioni) segue Peker 2016, pp. 47-49 e tabella 2; Marchetti e Peker 2018, pp. 95-97. Cfr. anche Marchetti 2012, pp. 146-47; Hawkins e Peker 2014, p. 108.

60 Hawkins 2000, pp. 36, 72, 75-79, 123-24, 128-29, 131; Gilibert 2011, pp. 12-14, 41-50; Bryce 2012, pp. 84, 98, 280-81; Hawkins e Peker 2014, pp. 108-09; M. Brown e Smith 2016, pp. 25-26; Hawkins e Weeden 2016, p. 13; J.F. Osborne 2021, pp. 78, 83, 100-02, fig. 3.7.

61 Gilibert 2011, p. 6, che cita Bunnens 2000, pp. 12-19; cfr. anche d'Alfonso 2020.

5. *All'ombra dei palazzi in rovina*

1 Schliemann 1880, pp. 132-37 (n. 213).

2 Cfr. disamine, per es., in Crielaard 2006, pp. 278-80; Eder 2006, pp. 550-52; M. Lloyd 2013, pp. 112-13; Lemos 2014, pp. 169-70; Knodell 2021, pp. 129-31; tutti citano il lavoro di Michael Wedde (per es. 1999, 2000, 2006).

3 Deger-Jalkotzy 2008, p. 392. Cfr. anche, per es., I. Morris 1989, pp. 505-06; I. Morris 1999, pp. 60-61, 65-66; Lemos 2002, p. 1. Nella terminologia archeologica, sono i periodi Tardo elladico IIIC e Submiceneo, dal 1190 al 1070 a.C.

circa. Oggi cfr. anche Ruppenstein 2020a; Van Damme 2023, pp. 172-73 e tabella 4; e i saggi nel volume curato da Jung e Kardamaki (2023).

4 La letteratura su Omero è vasta, persino su un tema ristretto come gli elementi dell'Età del Bronzo e dell'Età del Ferro presenti nell'*Iliade* e nell'*Odissea*; cfr., per es., alcune delle pubblicazioni elencate nella sezione «Per approfondire» di Cline 2013 [ed. it. 2018].

5 Cfr., per es., proprio negli ultimi anni, i libri estremamente importanti di Murray (2017) e Knodell (2021); il volume curato da Middleton (2020a); e l'opera in due volumi curata da Lemos e Kotsonas (2020); prima di questi testi, ci sono i molti libri e articoli di I. Morris, Whitley e Papadopoulos, tra gli altri, usciti negli anni novanta del Novecento e nei primi anni Duemila, oltre a Dickinson 2006a e al volume curato da Deger-Jalkotzy e Lemos (2006), per nominare solo alcune delle pubblicazioni più importanti uscite in inglese; molte altre sono uscite in tedesco, francese, italiano e altre lingue.

6 Per una pubblicazione dei corredi funerari di Perati in inglese cfr. Iakovides 1980; oggi cfr. anche discussioni su Perati e sul vicino sito di Porto Rafti in Murray 2017, pp. 86-89, 258-59; Murray 2018a; Murray e Lis 2023; e brevemente in Ruppenstein 2020a, pp. 570-71.

7 Mühlenbruch 2020, con riferimenti bibliografici precedenti. Cfr. Maran 2006; Maran 2016; Maran 2023, pp. 235-39; Papadimitriou 2006; Deger-Jalkotzy 2008, p. 397; Mühlenbruch 2009; Mühlenbruch 2020; Cohen, Maran e Vetters 2010; Wallace 2010, p. 92; M. Lloyd 2013, pp. 110-11; Lemos 2014, pp. 162-64, 178-80; Middleton 2017c, pp. 148-50; Middleton 2020c, p. 12; Middleton 2020e, pp. 11-14; Murray 2017, pp. 89-90, 258; Murray 2018b, pp. 226-27; Eder e Lemos 2020, p. 140; Manolova 2020, p. 1202; Maran e Papadimitriou 2020; Maran e Wright 2020; Steele 2020, pp. 254-55; Van Damme 2023, pp. 112-13; cfr. anche Dickinson 2006a, pp. 60-61.

8 Cfr. LaFayette Hogue 2016 su queste nuove prove del riutilizzo post-distruzione di alcune parti del palazzo di Nestore a Pilo; anche Davis e Stocker 2020, p. 677. Oggi cfr. anche la disamina di Maran 2023, p. 235.

9 Cfr. I. Morris 1999, pp. 60-61; I. Morris 2000, p. 78, I. Morris 2006, p. 78, Murray 2017, pp. 129-30, 210-11, 246, 275-81; anche Deger-Jalkotzy 2008, pp. 399-401, 406-07; Lemos 2014, pp. 183-84.

10 Dickinson 2006b, pp. 102, 116-17, 121; Nakassis 2020, p. 276. Cfr. anche discussioni in Deger-Jalkotzy 2008, pp. 402-05; Wallace 2010, pp. 88, 92-93, 102; Eder e Lemos 2020, pp. 134-36, 149-50; cfr. anche Enverova 2012 per un'interessante considerazione, ossia di applicare il concetto di «eterarchia degli eventi» a questo periodo della Grecia continentale; oggi anche Knodell 2021, pp. 152-53.

11 Sull'uso dei termini *basileus* e *wanax* in quest'epoca cfr., per es., Antonaccio 2002, pp. 13-14; Antonaccio 2006; Crielaard 2006; Crielaard 2011; Mazarakis Ainian 2006; Palaima 2006; Eder 2006, pp. 570, 572; Deger-Jalkotzy 2008, p. 403; Eder e Lemos 2020, pp. 135-36; Maran e Papadimitriou 2020, p. 702;

Knodell 2021, pp. 169-70; anche Boyes e Steele 2020, p. 12; Steele 2020, pp. 253-54 sulla perdita della scrittura.

12 Cfr., per es., Weiberg e Finné 2018, p. 595; anche Kramer-Hajos 2016, pp. 166-79; Kramer-Hajos 2020, pp. 77, 79, 82; Finné *et al.* 2017, pp. 10-11; Livieratou 2020, pp. 103-04; e Maran 2023, tra gli altri.

13 Knodell 2021, pp. 5, 114-15; oggi cfr. anche Molloy 2022, p. 31 (versione online).

14 L'archeologa prosegue però dicendo che il XII e l'XI secolo a.C. andrebbero considerate le ultime fasi della civiltà micenea invece che il primo periodo di un'Epoca Buia; cfr. Deger-Jalkotzy 2008, p. 392. Cfr. anche le affermazioni molto simili di Eder (2006, p. 550); anche Maggidis 2020, pp. 116-17; Dibble e Finné 2021, p. 59; e oggi anche Maran 2023, p. 231.

15 Cfr., in particolare, Wallace 2006 (spec. pp. 620, 641, 644); Wallace 2010 (spec. pp. 51-104); Wallace 2017 (spec. pp. 68, 71, 78); Wallace 2018 (spec. p. 325); Wallace 2020 (spec. p. 248); oggi cfr. anche i commenti in Pollard 2021. Le importazioni sull'isola comunque calarono nettamente; cfr. Hoffman 1997 e il catalogo redatto da Jones 2000; cfr. anche i commenti di Murray 2017, pp. 6, 75-76, 85-86, 91, 100-01, 117; Wallace 2018, p. 395.

16 Sui risultati delle sue ricerche archeologiche, cfr. soprattutto Nowicki 2000, oggi citato da numerosi studiosi, compresi, per es., Deger-Jalkotzy 2008, pp. 397-98; Lemos 2014, pp. 174-77; Kourou 2016, p. 352; Haggis 2020, p. 1073; oltre a Wallace 2006, pp. 623-24, 628; Wallace 2010, pp. 58-59; Murray 2017, p. 6; e altri. Oggi cfr. anche Pollard 2022. Sulla pirateria cfr., per es., Samaras 2015; Hitchcock e Maeir 2019.

17 Cfr. di nuovo Wallace 2006; Wallace 2010; Wallace 2017; Wallace 2020; anche Coldstream 2006, pp. 581-82; D'Agata 2006, p. 400; Prent 2014, pp. 651, 654; Hatzaki e Kotsonas 2020, p. 1036; Pollard 2021; Watrous 2021, pp. 197-98.

18 Tsipopoulou 2005; cfr. anche gli altri testi nel volume di quella conferenza. Ringrazio Louise Hitchcock per avermi ricordato questo aspetto; cfr. anche la breve menzione in Cline 2021, p. 48 [ed. it. 2023, p. 68] e Cline 1994, pp. XVI-I-XVIII, 9-11, 35, 106.

19 Cfr. Rollston 2008, pp. 86-88, con riferimenti bibliografici; anche Kourou 2008a, pp. 365-66, fig. 5; Kourou 2016, pp. 57-58; Iacovou 2014c, p. 802; Bourogiannis 2018b, p. 250; Bourogiannis 2021, p. 102; Waal 2018, p. 110; Richey 2019, p. 229; Sogas 2019, p. 412; Hodos 2020, pp. 100, 185-86, fig. 6.3; Steele 2020, p. 263; S.P. Morris 2022, pp. 100-01; Papadopoulos 2022, pp. 143-44, fig. 7.1; in precedenza S.P. Morris 1992a, p. 159; Hoffman 1997, pp. 12-13, con riferimenti; Crielaard 1998, p. 198; Aubet 2001, p. 54. Sulla traduzione proposta, «ciotola di x, figlio di y», cfr. Bourogiannis 2020, pp. 154-55; Bourogiannis 2021, p. 102, e relativi riferimenti bibliografici.

20 Cfr. spec. Waal 2018 (spec. pp. 86, 96, 103-08, 111-12); Waal 2020, con riferimenti a pubblicazioni precedenti; cfr. anche le discussioni, favorevoli e contra-

rie, in Rollston 2019, pp. 385-86, con riferimenti; Bourogiannis 2018a, pp. 75-76, Bourogiannis 2018b, pp. 241-44, 250, Bourogiannis 2020; Bourogiannis 2021; oggi cfr. anche Kotsonas 2022, anche se si occupa di un periodo leggermente più tardo. Cfr. in precedenza Bell 2006, p. 90, con riferimenti; oggi anche Hodos 2020, pp. 194-95. Si noti che Mazar (1994, p. 54) evidenzia che, dal lato mediterraneo-orientale, Joseph Naveh già nel 1972 scriveva che «l'alfabeto cananeo / fenicio venne trasmesso ai greci nell'XI o all'inizio del X secolo a.C.» – cfr., per es., Naveh 1989 per un esempio delle sue argomentazioni.

21 Rollston 2010, p. 20, fig. 2.1; Rollston 2019, pp. 376-77.

22 Waal 2018, p. 110; Waal 2020; Bourogiannis 2018b, p. 235.

23 Cfr., per es., Hodos 2020, p. 197; Kotsonas 2022, pp. 168, 177-78.

24 Cfr. Wachter 2021, pp. 23, 25; anche Knodell 2021, pp. 215-20, 254-55; López-Ruiz 2021, p. 232; S.P. Morris 2022, pp. 100-01. In precedenza Gnanadesikan (2009, pp. 208-14) ipotizzò uno scenario simile e si immaginò l'incontro tra un greco e un fenicio quale possibile esempio della prima volta in cui un greco venne a conoscenza dell'alfabeto.

25 I. Morris 2005, p. 8; I. Morris 2000, pp. 195-07, che cita Snodgrass 1993, p. 37.

26 I. Morris 1989, pp. 505-06; I. Morris 1996, pp. 1-3, 4-5; I. Morris 1999, pp. 60-62; I. Morris 2000, p. 78, che cita in vari punti Snodgrass 1971, pp. 228-68; Snodgrass 1980; Snodgrass 1983; Snodgrass 1988; Desborough 1972; Coldstream 1977.

27 I. Morris 1989, pp. 506, 515; I. Morris 1996, pp. 4-5; I. Morris 2006, p. 76; cfr. in precedenza, per es., Snodgrass 1971. È bene precisare che l'ipotesi di Morris secondo cui ci fu un calo degli scambi con il Mediterraneo orientale è oggi in discussione; cfr. Murray 2017.

28 I. Morris 1989, p. 513; I. Morris 2005, pp. 2, 8-9; I. Morris 2006, p. 74.

29 Coldstream 2006, pp. 584-86.

30 Citazione da Kotsonas 2019, p. 10. Sulla dimensione e la stratificazione a sandwich dei resti dell'Età del Ferro a Cnosso cfr., per es., Coldstream 2006, pp. 584-86; Kotsonas 2019, pp. 2, 6; Hatzaki e Kotsonas 2020, pp. 1034, 1036-38. Sui risultati dell'indagine cfr. oggi Kotsonas *et al.* 2018 e Kotsonas 2019, con riferimenti precedenti; anche Atherton 2016; Blakemore 2016; *Early Iron Age Knossos Was Much Larger Than Originally Thought*, in «Sci News», 11 gennaio 2016: https://www.sci.news/archaeology/early-iron-age-knossos-larger-than-originally-thought-03552.html. Sull'argomento cfr. oggi anche Kotsonas 2021; e Pollard 2021 sui cimiteri della prima Età del Ferro a Cnosso.

31 H.W. Catling 1993; H.W. Catling 1995, pp. 124-25; H.W. Catling 1996; cfr. anche Crielaard 1998, pp. 187-88; Muhly e Kassianidou 2012, p. 124; S.P. Morris 2022, pp. 104-05.

32 H.W. Catling 1996, pp. 646-47; cfr. anche H.W. Catling 1995, pp. 124, 126-27; Kourou 2008a, p. 363. Cfr. oggi anche l'ulteriore descrizione e discussione in Kotsonas 2018, pp. 15-16; Hatzaki e Kotsonas 2020, pp. 1038-41.

33 H.W. Catling 1996, pp. 646-47. In precedenza, in H.W. Catling 1995, p. 127, il passaggio dell'*Iliade* è citato per intero, e contiene la «biografia» dell'elmo di zanne di cinghiale che tanto aveva viaggiato e che Odisseo ricevette in dono (*Il.* 10.261-71, che cita la traduzione Penguin di E.V. Rieu). L'elmo di zanne di cinghiale del Cimitero Nord di Cnosso avrà avuto una storia simile, dato che non erano più fabbricati quando questo guerriero sub-minoico venne sepolto.

34 H.W. Catling 1996, pp. 648-49.

35 H.W. Catling 1995, p. 128. Le traduzioni italiane dell'*Odissea* sono tratte dall'edizione BUR, Milano 2010, pp. 279, 323.

36 H.W. Catling 1995, p. 128; cfr. oggi anche commenti di Kourou 2008a, pp. 363-64.

37 Citazioni tratte da Muhly 2003, pp. 24-25 (anche Muhly 2011, pp. 49-50) e Iacovou 2007, p. 467 (che cita anche Iacovou 1999, p. 18); cfr. anche Iacovou 2012, p. 214; in precedenza Crielaard 1998, pp. 187-88.

38 Kotsonas 2018, pp. 1, 9-10, 21-22; cfr. oggi anche Hatzaki e Kotsonas 2020, pp. 1038-41.

39 Kotsonas 2018, pp. 14-15, 25-26.

40 I. Morris 2006, p. 76. Il sito aveva avuto un lungo periodo di fioritura dalla prima Età del Bronzo fino alla prima Età del Ferro, e venne infine abbandonato intorno al 700 a.C.

41 R.W.V. Catling e Lemos 1990. Su Lefkandi in generale cfr., per es., Popham e Sackett 1980, pp. 1-3; Lemos 2006, pp. 519-21; Lemos 2014, pp. 171-73; Lemos 2020, pp. 791-93.

42 Sulla possibile offerta sacrificale delle donne cfr. le osservazioni di Antonaccio 2002, pp. 20-21, che cita pubblicazioni precedenti di altri esperti. Tuttavia, come afferma la studiosa, «nessuna delle due sepolture è stata pubblicata in modo completo, e ulteriori discussioni sugli individui [...] devono attendere la pubblicazione finale». Sono passati più di vent'anni dalle osservazioni di Antonaccio, e quaranta dall'inizio degli scavi a Lefkandi, ma si spera che la pubblicazione completa di questa tomba sia ormai prossima (I.S. Lemos, comunicazione personale, 4 settembre 2021). Lo studio, o ri-studio, delle ossa della donna, se sono ancora disponibili, potrebbe risolvere la questione, nel caso si trovassero su di esse segni di tagli. Su tutto ciò, in generale o in particolare, cfr. spec. Popham, Touloupa e Sackett 1982; H.W. Catling 1993; H.W. Catling 1995, p. 126; anche I. Morris 1996, p. 3 (cita R.W.V. Catling e Lemos 1990; Popham, Calligas e Sackett 1993); I. Morris 1999, p. 62; I. Morris 2000, pp. 218-22; Antonaccio 1993, pp. 51-52, Antonaccio 2002; R. Osborne 1996, pp. 41-43; Crielaard 2016, pp. 56-59; Hodos 2020, pp. 99-100, 104-05; Papadopoulos 2022, p. 145, fig. 7.2.

43 Cfr., per es., Popham, Touloupa e Sackett 1982; Calligas e Popham 1993, pp. 1-4; H.W. Catling 1993; H.W. Catling 1995, p. 126; H.W. Catling 1996, pp. 647-48; Crielaard e Driessen 1994; I. Morris 1996, pp. 3-4; I. Morris 1999,

p. 62; I. Morris 2000, pp. 218-19; I. Morris 2006, p. 76, tutti con riferimenti precedenti. Cfr. oggi anche le disamine in Lemos 2002, pp. 162-68; Lemos 2006, pp. 521-22; Lemos 2020, pp. 792-93; Muhly 2003, p. 25; J.M. Hall 2007, pp. 62-64; Kourou 2008a, pp. 364-65; Kourou 2012, pp. 39-40; Sherratt 2010, pp. 132-35, 137-38; Crielaard 2016, pp. 56-59; Murray 2017, pp. 95-100; Bourogiannis 2018a, pp. 54-55, 73-74; Hodos 2020, pp. 163-64; Knodell 2021, pp. 162-67; López-Ruiz 2021, pp. 48-50.

44 Lemos 2020, p. 804.

45 Cfr., per es., I. Morris 1999, p. 62; Kourou 2008b, pp. 307-08; Kourou 2012, pp. 39-40; Sherratt 2010, p. 130; Bourogiannis 2018a, pp. 54, 73-74; Stampolidis 2019, p. 501; Papadopoulos 2022, p. 149.

46 I. Morris 1989, p. 508; I. Morris 1996, pp. 4-5; I. Morris 1999, p. 62; I. Morris 2000, p. 78.

47 Kiderlen *et al.* 2016.

48 Snodgrass 1971, p. 402.

49 Smithson 1968; Smithson 1969; Liston e Papadopoulos 2004. Per la citazione cfr. Smithson 1968, p. 78, riportata per intero da Liston e Papadopoulos 2004, p. 12.

50 Smithson 1968, pp. 78-83, e il catalogo a pp. 83-116, tavole 18-33; Liston e Papadopoulos 2004, pp. 9, 11-15; Papadopoulos e Smithson 2017, pp. 124-76.

51 Smithson 1968, p. 83, citata di nuovo per intero da Liston e Papadopoulos 2004, p. 14 e da Papadopoulos e Smithson 2017, pp. 982-83; cfr. anche Papadopoulos e Smithson 2017, p. 131.

52 Liston e Papadopoulos 2004, pp. 15-23; cfr. anche oggi Papadopoulos e Smithson 2017, p. 3; Olsen 2020, pp. 306-07, fig. 2.8.2.

53 Blegen 1952, pp. 279-94, con catalogo alle pp. 289-93; cfr. oggi Papadopoulos e Smithson 2017, pp. 2, 9, 104-05.

54 Blegen 1952, pp. 279-82, 289.

55 Cfr. di nuovo Blegen 1952, pp. 279-82, 289; cfr. oggi Papadopoulos e Smithson 2017, pp. 104-18, con catalogo alle pp. 108-18. Sul rito di «uccidere» le armi nell'Egeo della prima Età del Ferro cfr., per es., M. Lloyd 2015; M. Lloyd 2018.

56 Coldstream 2006, pp. 588-89; D'Agata 2006, p. 403; Wallace 2006, p. 621.

57 Hatzaki e Kotsonas 2020, pp. 1034-42, con riferimenti precedenti; cfr. anche la pubblicazione originale (Boardman 1967) e le discussioni e divergenze successive, compresi, tra i tanti, Hoffman 1997, pp. 17, 196-245; Kotsonas 2006; Stampolidis e Kotsonas 2006, pp. 349-51; Prent 2014, p. 660; Murray 2017, p. 188; Sogas 2019, pp. 412-14; S.P. Morris 2022, p. 102.

58 I. Morris 1996, pp. 1, 6. Cfr. anche I. Morris 1989, p. 514; cfr. anche disamine precedenti in I. Morris 1987.

59 Kourou 2012, p. 41, con riferimenti precedenti; Bell 2016, p. 97; Bourogiannis 2018a, p. 65; Stampolidis 2019, pp. 495-96; Stampolidis *et al.* 2019. Su Al Mina

cfr. Kourou 2012, pp. 41-42; in precedenza, per es., spec. Boardman 1980, 38-40 [ed. it. 1986, pp. 39-40]; Boardman 1990.

60 Whitley 1991, p. 9.

61 Da notare che questa data non è incisa nella pietra come molti potrebbero pensare, ma deriva dai calcoli gentilmente offerti da Aristotele, tra gli altri; cfr. S.P. Morris 1989, p. 48; Swaddling 1999, pp. 7, 10; Crowther 2007, pp. 5-6; Nelson 2007, pp. 48-54; Papadopoulos e Smithson 2017, p. 975, nota 14.

6. *Dal Collasso alla resilienza*

1 Cfr. Cline 2021 [ed. it. 2023]; cfr. oggi anche Molloy 2022, che ha indagato se la crisi si fosse estesa anche più a nord, in Europa.

2 Bavel *et al.* 2020, pp. 141-42, attingendo al lavoro di Tainter e altri, afferma: «Sebbene sia difficile trovare una definizione largamente condivisa di collasso sociale, molti studiosi concordano che esso rappresenta una rapida e radicale trasformazione delle strutture sociali, politiche ed economiche di una società complessa, per molte generazioni». Cfr. oggi Jackson *et al.* 2022; anche Centeno *et al.* 2022, p. 63, che afferma: «Se c'è un tema centrale nella letteratura sul collasso, è che esiste un notevole disaccordo sul significato del termine "collasso"».

3 McAnany e Yoffee 2010, p. 5.

4 Sono in debito con uno degli anonimi revisori del penultimo manoscritto per aver suggerito le sintesi concise di questi paragrafi riepilogativi, anche se ho rielaborato i testi.

5 Sulle migrazioni alla fine della tarda Età del Bronzo cfr. di nuovo Knapp 2021, oltre a Middleton 2018a; Middleton 2018b. Sulle possibile migrazioni dei luvi cfr., per es., J.F. Osborne 2021. Cfr. anche Drews 1992 su Erodoto e gli etruschi.

6 Langgut *et al.* 2014, p. 296.

7 Per le prime disamine del tema cfr., per es., Holling 1986; Holling *et al.* 2002; Holling e Gunderson 2002; Berkes, Colding e Folke 2003, pp. 16-18; Redman e Kinzig 2003; Folke 2006; Walker e Salt 2006, pp. 75-95; oggi anche Faulseit 2016, pp. 12-16, tra gli altri. Cfr. Weiberg 2012 per una recente applicazione di questo concetto al crollo dell'Egeo della tarda Età del Bronzo; anche Ellenblum 2012, pp. 15-21; Lantzas 2016; S. O'Brien 2017; Saltini Semerari 2017, pp. 546-48, 565-66, 569.

8 Le definizioni seguono Walker *et al.* 2004, p. 2. Cfr. anche la disamina in Bradtmöller, Grimm e Riel-Salvatore 2017, pp. 10-11.

9 Cfr. Kemp e Cline 2022; Newhard e Cline 2022.

10 Cfr. oggi le importanti disamine in Haldon *et al.* 2020a, pp. 16-21, 31-33 e Haldon *et al.* 2021, pp. 237-38, specialmente se ipotizziamo che si sia trattato del collasso di un intero sistema, domandandoci nel contempo come ogni singolo pezzo sarà stato colpito e avrà reagito. Centeno *et al.* (2022, p. 63) affermano

specificamente che «a crollare non è necessariamente un'intera società o civiltà, ma una struttura organizzativa più ampia».

11 I. Morris 2006, pp. 72, 81-82, 84; cfr. anche Broodbank 2013, pp. 506-07 [ed. it. 2015, pp. 506-07].

12 I. Morris 2006, p. 72; cfr. anche Yoffee 2006 sul concetto di «rigenerazione» sociale in questo contesto.

13 Per discussioni sulla panarchia, la cui idea si deve a Holling (2001), cfr. anche Gunderson e Holling 2002; Holling *et al.* 2002; Holling e Gunderson 2002; Holling, Gunderson e Ludwig 2002; Berkes, Colding e Folke 2003, pp. 18-19; Karkkainen 2005; Folke 2006; Kuecker e Hall 2011, p. 20; Budja 2015, pp. 176-77; Bradtmöller, Grimm e Riel-Salvatore 2017, p. 4; Saltini Semerari 2017, pp. 546-48; Haldon *et al.* 2021; anche Kemp e Cline 2022; Newhard e Cline 2022. Anche il concetto di «equilibrio punteggiato», tratto dalla biologia evolutiva e applicato quando vediamo improvvisi cambiamenti in un sistema stabile, come il Collasso alla fine della tarda Età del Bronzo, è importante qui, ma per ragioni di spazio mi limiterò a rimandare il lettore a Haldon *et al.* 2020, p. 32; cfr. anche Cline, di prossima pubblicazione, che è stato scritto indipendentemente ma tratta lo stesso tema e giunge a conclusioni simili.

14 Da notare anche la similarità con la teoria della complessità esaminata in *1177 a.C.*, in cui ho usato l'analogia di un'asta di ferro che può distruggere il motore di un'auto costosa; cfr. Cline 2021, p. 176 [ed. it. 2023, pp. 203-04].

15 Cfr., per es., Berkes, Colding e Folke 2003; Walker e Salt 2006; e i vari capitoli in D.S. Miller e Rivera 2011 e Kapucu, Hawkins e Rivera 2013. Sull'IPCC cfr. https://www.ipcc.ch/about/history.

16 Cfr. Kohler e Rockman 2020 su archeologia e IPCC.

17 Cfr. Field *et al.* 2012. Sono quanto mai debitore a Robert J. Lempert per le informazioni e per le sue idee illuminanti sui vari rapporti dell'IPCC.

18 Lavell *et al.* 2012, p. 41.

19 Cutter *et al.* 2012, p. 296 (cfr. anche 293), con riferimenti; Handmer *et al.* 2012, p. 237, con riferimenti; Lavell *et al.* 2012, p. 42.

20 Cardona *et al.* 2012, pp. 81, 86-87; Cutter *et al.* 2012, p. 300; Lavell *et al.* 2012, p. 36; K. O'Brien *et al.* 2012, p. 457, tutti con riferimenti bibliografici.

21 La letteratura è sterminata: cfr. in precedenza Holling 1973 e i saggi curati da Gunderson e Holling 2002; Berkes, Colding e Folke 2003, pp. 14-15; Gunderson 2003; Redman e Kinzig 2003; Walker *et al.* 2004; Redman 2005, pp. 72-74; Folke 2006; Walker e Salt 2006, pp. 1, 113, 119; Folke *et al.* 2010; McAnany e Yoffee 2010, p. 10; F.L. Edwards 2013, pp. 24-25; Faulseit 2016, p. 12; Barnes *et al.* 2017; Bradtmöller, Grimm e Riel-Salvatore 2017, pp. 12-13; Middleton 2017b, pp. 14-17; Middleton 2017c, pp. 42-46; S. O'Brien 2017; Saltini Semerari 2017, p. 546; e oggi anche Bavel *et al.* 2020, pp. 35-37; Centeno *et al.* 2022, p. 70; Kemp e Cline 2022; Molloy 2022, p. 9 (versione online). Cfr. anche

Haldon *et al.* 2020a, pp. 13-15, per una disamina del collasso nel contesto della teoria della resilienza.

22 La definizione del National Research Council (2011) è reperibile su doi.org/10.17226/13028, pp. 4, 13-14; cfr. anche F.L. Edwards 2013, p. 29. Una definizione simile è utilizzata nella pubblicazione SREX dell'IPCC (2012); cfr. Cardona *et al.* 2012, p. 75, con riferimenti bibliografici; anche le ulteriori disamine della resilienza in Handmer *et al.* 2012, p. 238; Lavell *et al.* 2012, p. 34; K. O'Brien *et al.* 2012, p. 453, con riferimenti bibliografici. L'altra definizione citata deriva da Cox e Perry 2011, pp. 395-96; cfr. anche più di recente gli importanti commenti in Degroot *et al.* 2021, pp. 542-43.

23 Cardona *et al.* 2012, pp. 72-73, con riferimenti, inclusa la citazione da Lavell 1999. Cfr. anche in origine Holling 2001, p. 394; oggi anche Engle 2011.

24 Cardona *et al.* 2012, p. 73, con riferimenti bibliografici; Lavell *et al.* 2012, p. 51 e tabella 1-1, con riferimenti. Cfr. anche K. O'Brien *et al.* 2012, p. 459; Nicoll e Zerboni 2019; Bavel *et al.* 2020, pp. 142-43.

25 Lavell *et al.* 2012, pp. 53-54, con riferimenti bibliografici; K. O'Brien *et al.* 2012, pp. 443, 468, con riferimenti. Cfr. anche Walker *et al.* 2004, pp. 1-7 per la loro definizione di resilienza, adattabilità e trasformabilità; anche, per es., McAnany e Yoffee 2010, pp. 10-11; Barnes *et al.* 2017; più di recente Bavel *et al.* 2020, pp. 37-38; Jackson *et al.* 2022, p. 97. Potremmo anche prendere in considerazione il concetto di «adattamento trasformazionale» che si riferisce alle «azioni che cambiano gli attributi fondamentali di un sistema», in particolare «in risposta agli impatti reali o previsti del cambiamento climatico»; cfr. Denton *et al.* 2014, p. 1121.

26 In particolare, secondo gli studiosi, i gruppi vulnerabili sono più a rischio in caso di disastro per via dei vari fattori di stress che insieme minacciano «i mezzi di sostentamento, la produzione, le infrastrutture e i servizi». La questione, naturalmente, è cosa renda una società più vulnerabile di un'altra, ma una recente definizione fa riferimento alla probabilità che una società patisca quando viene colpita da eventi estremi. Cfr. spec. Cardona *et al.* 2012, pp. 69-72, 88, con tutti i riferimenti alle precedenti definizioni e terminologie; Lavell *et al.* 2012, p. 34. La definizione esatta è «la propensione [...] a subire effetti negativi quando colpita da eventi pericolosi». Cfr. oggi anche Degroot *et al.* 2021, p. 540, su vulnerabilità e resilienza. Cfr. anche Bavel *et al.* 2020, pp. 33-35, sulla vulnerabilità; il loro libro, in effetti, si intitola *Disasters and History. The Vulnerability and Resilience of Past Societies.*

27 Su fragilità e società cfr. Dillehay e Wernke 2019, pp. 9-10 e gli altri saggi nel volume del 2019 curato da Yoffee; Middleton 2020d; Maran 2023, pp. 233-34, 241; in precedenza anche il capitolo attinente nel libro del 2017 di J.C. Scott, *Against the Grain.*

28 Per quanto riguarda i fenici che subentrano agli ugariti cfr., per es., Markoe 2000, p. 26; Bell 2006, pp. 101-02; Bell 2009, p. 30; Bell 2016, p. 102; cfr. anche, più in generale, Aubet 2001, pp. 113-14.

29 Redman e Kinzig 2003, p. 2 e fig. 3.

30 Weiberg 2012, p. 159.

31 Cfr. di nuovo Lavell *et al.* 2012, pp. 53-54; K. O'Brien *et al.* 2012, pp. 443, 468, con riferimenti.

32 Bell 2009, p. 38.

33 Cfr. oggi anche la disamina in Kemp e Cline 2022.

34 Cfr. oggi Jung e Kardamaki 2023, pp. 21-22; Maran 2023, pp. 233-34, 241.

35 Cfr., per es., Weiberg *et al.* 2010; Adcock 2020.

36 Cfr., per es., le argomentazioni di Wallace (2006, 2010, 2017, 2018, 2020) riguardanti la Creta dell'Età del Ferro, citate prima. Cfr. oggi anche Pollard 2021; Pollard 2022.

37 Cfr., per es., d'Alfonso 2020 riguardo all'Anatolia e al periodo successivo agli ittiti: l'autore discute brevemente di resilienza, riorganizzazione e trasformazione; anche Adcock 2020, pp. XVI, 1-4, 51-52.

38 Koch 2021, pp. 92, 105.

39 A dirla tutta, sono stato molto indeciso se collocare questi cananei meridionali nella categoria 2, 4 o 5. Per il momento ho optato per la 5, ma resto aperto alla possibilità di cambiare idea.

40 Cfr. Younker 1994 per un riassunto sintetico delle varie ipotesi.

41 Cfr. Mattingly 1994, con riferimenti precedenti; anche Finkelstein e Lipschits 2011; Finkelstein 2014.

42 Papadopoulos e Smithson 2017, p. 984, cfr. anche 973-74. Cfr. oggi anche Knodell 2021, pp. 251-52, 257; Maran 2023, pp. 233-34; in precedenza Weiberg 2012.

43 Cfr. oggi Newhard e Cline 2022. Maran (2023, pp. 233-34) suggerisce anche altri possibili fattori.

44 Cfr. Weiberg e Finné 2018, p. 595; anche Finné *et al.* 2017, pp. 10-11; oggi Maran 2023, pp. 237-39.

45 Maran 2023, pp. 235-42.

46 Su «punti di non ritorno» sociali e perdita di resilienza cfr. Scheffer *et al.* 2009; Scheffer *et al.* 2021; Centeno *et al.* 2022, pp. 66-67.

47 Adcock 2020, p. 54, anche 59-65; Centeno *et al.* 2022, p. 64. Cfr. anche Middleton 2017c, p. 18 e Kemp 2019; quest'ultimo pone, *en passant*, domande analoghe per le classi sociali inferiori di altre società dell'epoca e conclude: «Il Collasso è quindi un'arma a doppio taglio. A volte può essere una manna per le persone e un'occasione per far ripartire istituzioni in decadenza; ma può anche determinare perdite a livello demografico, culturale e di strutture politiche create con fatica».

48 Cfr. di nuovo Schachner 2020a; Schachner 2020b, pp. 1109-12; anche Seeher 2010; Genz 2013; Bryce 2016b; Bryce 2019; Middleton 2017c, pp. 165, 172, 175-76; De Martino 2018; Maran 2023, pp. 236-37.

49 Postgate 1992, pp. 247, 249; cfr. anche Fales 2011, pp. 13-14, 30-31, che cita Postgate, con cui concorda; anche Younger 2017, p. 196; Düring 2020, p. 136.

50 Neumann e Parpola 1987, pp. 171-76, tabella 2; Postgate 1992, p. 249; Düring 2020, p. 134.

51 Cfr., per es., l'analisi della società assira e di altri dettagli correlati in Kuhrt 1995, pp. 362-64, 478; Podany 2014, pp. 100-08.

52 Cfr. Taleb 2004.

53 Handmer *et al.* 2012, p. 235. Cfr. anche, per es., Stuckenberg e Contento 2018.

54 Cfr., per es., Knodell 2021, pp. 5, 114-15, come citato sopra, e numerosi altri studiosi che hanno toccato questi argomenti, spec. Susan Sherratt e Carol Bell.

55 Cfr. Nassim Nicholas Taleb, nel suo libro *Giocati dal caso* (Taleb [2004] 2008, p. 41).

56 Eisenstadt 1988, p. 242; citato anche in Schwartz 2006, p. 6 e citato, con ulteriori disamine, da McAnany e Yoffee 2010, pp. 5-6. Cfr. anche oggi Centeno *et al.* 2022, pp. 64-65.

57 Eisenstadt 1988, p. 243. Si noti, comunque, che concordo con Bavel *et al.* 2020, pp. 142-43, nel quale si dice specificamente che «dovremmo chiarire che il collasso sociale fu l'eccezione più che la regola nel corso della storia – e persino alcuni dei crolli "classici" possono essere letti più come transizioni e adattamenti che come la distruzione di tutte le strutture sociali, economiche e politiche».

58 Per situazioni analoghe cfr. Storey e Storey 2016, pp. 99, 111-12, 119; le loro discussioni sulla fine dell'impero romano e dei maya del periodo classico valgono anche per la nostra analisi, compreso «che c'è quasi sempre rigenerazione o resilienza, ma non necessariamente nello stesso posto di prima né nella stessa manifestazione culturale».

59 Per citare Benjamin Porter dell'Università di Berkeley: «Le evidenze [...] indicano che i gruppi si ripresero a velocità differenti e seguirono traiettorie di sviluppo diverse»; e osserva anche che «ogni società [...] seguì una traiettoria distinta strutturata da fattori storici, geografici e ambientali» (Porter 2016, pp. 385, 390). Porter si sta riferendo in particolare al periodo del Ferro II nel Levante, ma potrebbe tranquillamente star parlando di qualunque altro periodo, perché le sue osservazioni valgono per l'Egeo e il Mediterraneo orientale in generale nei secoli che seguirono il Collasso.

60 K. O'Brien *et al.* 2012, p. 441, con riferimenti.

61 Schwartz 2006, pp. 5-6 (citando Yoffee e Cowgill 1988) afferma che «il crollo di solito comporta alcuni o tutti questi elementi: la frammentazione degli Stati in entità più piccole; l'abbandono parziale o completo dei centri urbani, insieme alla perdita o all'esaurimento delle funzioni di centralizzazione; la disintegra-

zione dei sistemi economici regionali; e il fallimento delle civiltà o delle ideologie. [...] È raro che il collasso comporti la totale scomparsa di un gruppo di persone».

62 Cfr. https://www.thewoodeneffect.com/you-must-prepare-to-succeed. L'origine della frase è spesso attribuita a Benjamin Franklin, ma potrebbe non essere corretto. Sono in debito con Mitchell Allen per idee e discussioni su questi paragrafi riepilogativi (comunicazione personale, 20 giugno 2022).

63 Megginson 1963, p. 4. Ringrazio Robert Cargill per aver portato questa citazione alla mia attenzione.

64 Su fallimenti a catena e fallimenti sincroni cfr., per es., Centeno *et al.* 2022, pp. 68-69.

Epilogo. Fine di un'Epoca Buia

1 Ancora una volta, come osserva Muhly (2011, p. 48), «la perdita dell'arte della scrittura è il tratto distintivo di un'Epoca Buia, di cui resta comunque un sintomo, non la causa». Cfr. anche Snodgrass 1971, p. 2 e oggi Sherratt 2020, pp. 196-97 sulle caratteristiche di un'Epoca Buia. Cfr. in precedenza anche Tainter 1988, pp. 4, 19-20, 193, 197; Tainter 1999, pp. 989-91, 1030; anche Chew 2001, pp. 9-10, 60-62; Chew 2005, pp. 52-58, 67-70; Chew 2007, pp. XVI, 6-10, 13-14, 16-17, note 9-10, 79-83, 94-99; Chew 2008, pp. 92-93, 120-21, 130-31, per le sue definizioni e caratteristiche, e per quella che considera l'Epoca Buia delle Grecia post-Collasso; sono anche pertinenti i commenti di T.D. Hall (2014, pp. 82-84) sulla prima edizione di *1177 a.C.* Per ulteriori discussioni sull'argomento cfr. oggi anche Middleton 2017a; Middleton 2017c, p. 46; J.C. Scott 2017, pp. 213-18 [ed. it. 2018, pp. 176-80].

2 I. Morris 1997, pp. 97, 106, 129; anche I. Morris 2000, pp. 78-106 (cap. 3). Cfr. oggi anche l'esauriente trattazione in Kotsonas 2016, pp. 239-70, che cita specificamente il libro di Gilbert Murray, *The Rise of the Greek Epic*, pubblicato nel 1907 (Kotsonas 2016, p. 242).

3 Page 1962, p. 22, citato tra i tanti esempi in Muhly 2011, p. 49. Cfr. anche, per es., Coulson 1990, pp. 7, 9-10; Coldstream 1992-93, p. 8; Coldstream 1998; Muhly 2003, p. 23.

4 Starr 1961, p. 77.

5 Cfr., per es., I. Morris 2000, pp. 92-102, che parla di Snodgrass 1971; Desborough 1972 (anche, in precedenza, 1964); Coldstream 1977; cfr. anche le disamine dello stesso in Whitley 1991 e Dickinson 2006a, pp. 3-5. Cfr. oggi anche Kotsonas 2020, pp. 82-83, che attribuisce sia a Starr che a Moses Finley il merito di «aver riesumato l'idea di Epoca Buia greca e di averla trasmessa a studiosi come Snodgrass e Desborough, che hanno scritto le omonime sintesi nei primi anni settanta». Personalmente, non sono altrettanto convinto che l'abbiano «riesumata», quanto che abbiano semplicemente continuato a usarla.

6 Sulla citazione cfr. Starr 1992, pp. 2-3; anche Coulson 1990, p. 7; Muhly 2003, pp. 26-27; Muhly 2011, p. 50 (che riporta proprio questa citazione); Sherratt 2020, pp. 196-97.

7 Citazioni tratte da S.P. Morris 1989, p. 48; S.P. Morris 1992a, p. 140 (e cfr. anche 148). Cfr. anche I. Morris 1997, pp. 98, 111, 115, 117, 122-23, 125-28, 130; I. Morris 2006, p. 81; l'autore cita, in particolare, S.P. Morris 1992a, p. 140; S.P. Morris 1992b; Papadopoulos 1993. Ancora negli anni novanta c'è stata una strenua resistenza da parte di quanti continuavano a considerare questi secoli in Grecia un periodo buio e «un'epoca di povertà, scarse comunicazioni e isolamento dal mondo esterno» (citato da Muhly 2003, p. 23, che presenta alcuni esempi); cfr. anche, per es., Robin Osborne della Cambridge University, che nel 1996 ha scritto: «L'impressione generale che ne traiamo è di orizzonti rimpiccioliti: nessun grande edificio, nessuna tomba multipla, nessuna comunicazione impersonale, limitato contatto con un mondo più ampio. [...] Da qui, il buio» (R. Osborne 1996, p. 32). Comunque, cfr. oggi anche la disamina pertinente in Kotsonas 2016, p. 262; Kotsonas 2020, p. 85; Bourogiannis 2018a, p. 43 (che cita Muhly 2011, p. 48); Murray 2018c, pp. 19, 21-22, 28, 44, 46; Waal 2018, p. 109; Waal 2020. Più di recente Van Damme (2023, p. 112) ha affermato: «In origine descritto come una "Epoca Buia", questo periodo [in Grecia] è oggi considerato un momento dinamico di innovazione e di scambio caratterizzato da un aumento della mobilità sociale e geografica».

8 Jeffers 2013, p. 3. Analogamente Brian Brown, nella sua tesi di dottorato del 2008 sull'urbanesimo nella Siria settentrionale dal 1200 all'800 a.C., osserva che «L'espressione "Epoca Buia", con le sue connotazioni di declino e regressione lineari, è [...] una denominazione alquanto impropria» e afferma che la ricerca recente indica che «quest'espressione non è del tutto accurata» (Brown 2008b, pp. 2, 8-9).

9 Porter 2016, p. 386; Sherratt 2003, p. 37, cfr. anche 38-40. Cfr. anche in precedenza Niemeyer 2006, p. 144: «nell'archeologia del Vicino Oriente questa "Epoca Buia" oggi sembra essere sottoposta a revisione».

10 Cfr. Whitley 1991, p. 5; anche Coulson 1990, pp. 7-10. Cfr. anche la disamina successiva di Dickinson 2006a, p. 1, che è d'accordo con l'affermazione di Whitley.

11 In generale, cfr. Papadopoulos 1993 (e obiezioni in I. Morris 1993 e Whitley 1993), Papadopoulos 1996a; Papadopoulos 1996b; Papadopoulos 2014; Papadopoulos e Smithson 2017, pp. 974-76. Per le specifiche citazioni cfr. Papadopoulos 1993, p. 195; Papadopoulos e Smithson 2017, p. 975. Sulla nascita della *polis* e sull'importanza del ferro, nel contesto delle «Epoche Buie» in Grecia, cfr. Chew 2007, pp. 105-06, 186-87; Chew 2008, pp. 24, 92-93, 120-21, 130-31. Cfr. anche Muhly, che più di un decennio fa scriveva: «Il buio implica condizioni economiche e sociali tormentate dovute al disfacimento di una struttura politica esistente. È sicuramente ciò che accadde in Grecia alla fine del XII secolo a.C. Ma l'isolamento culturale creato da una simile oscurità non fu necessariamente

un disastro totale, perché l'isolamento culturale porta con sé opportunità di risparmio, consolidamento e rinascita» (Muhly 2011, p. 48, che cita anche Starr 1961). Cfr. oggi anche J.C. Scott 2017, pp. 213-17 [ed. it. 2018, pp. 176-79]. Sulla fase alfa cfr. di nuovo Walker *et al.* 2004, p. 2.

12 Per le citazioni cfr. Papadopoulos 1993, p. 197; Papadopoulos 2014, p. 181; Papadopoulos e Smithson 2017, p. 974 (dove si cita Harland 1941, p. 429), 976. Cfr. anche R. Osborne (1996, p. 37), che dice che «siamo costretti a concludere che i greci del periodo arcaico non sapevano di nessuna Epoca Buia».

13 Cfr. anche in precedenza Cline 2014, pp. XV, 9, 171-73 [ed. it. pp. 11, 18, 177-79] e, per es., Bunnens 2000, p. 13; Kourou 2008a, p. 361; Bryce 2020, p. 106; Hodos 2022, p. 215.

Nota dell'autore e ringraziamenti

1 Papadopoulos 2014, p. 181; i suoi commenti sono stati poi ripresi e citati da vari studiosi, incluso, per es., Murray 2017, p. 10, nota 35. Cfr. anche, per es., Papadopoulos 1993, pp. 194-95; Papadopoulos 2014, p. 181; Iacovou 2005a, p. 130; Iacovou 2007, pp. 461-62; Papadopoulos e Smithson 2017, pp. 18-19, 975-76; anche Kearns 2015, p. 34; Murray 2017, p. 10, nota 35; Saltini Semerari 2017, p. 551; Wallace 2018, p. 309; e di recente la prefazione a Lemos e Kotsonas 2020, p. XXIII; Knodell 2021, pp. 1-2, 7-8, 10-11, 13-14, 119; López-Ruiz 2021, pp. 4-5. Al contrario delle pubblicazioni rilevanti dedicate all'una o all'altra società dell'Età del Bronzo o dell'Età del Ferro, che sono letteralmente migliaia, quelle che tentano un approccio sintetico sono davvero poche. Uno dei testi più brevi e più accessibili sulla transizione dall'Età del Bronzo a quella del Ferro e sulle nuove / rinate civiltà che emergono dopo il Collasso è un saggio altamente raccomandato di Elizabeth Carter e Sarah Morris, contenuto nel volume che accompagnava una meravigliosa esposizione intitolata *From Assyria to Iberia* organizzata al Metropolitan Museum of Art nel 2014; cfr. Carter e Morris 2014.

2 Cline 2007, pp. XIV-XV. Sempre in quel libro scrivevo che «per ogni libro, articolo e argomento che cito, ce ne sono decine che o non ho potuto menzionare per ragioni di spazio, oppure ho scelto di non includere per un motivo o per un altro. Mi scuso in anticipo se il libro o l'articolo preferito di qualcuno è stato lasciato fuori». Lo stesso vale sicuramente anche qui. Sono ben consapevole che altri libri e articoli importanti usciranno mentre quest'opera sarà in stampa o poco dopo la sua pubblicazione, ma il loro contenuto per forza di cose sarà preso in considerazione per una futura edizione rivista.

Bibliografia

Abulafia, D. (2011), *The Great Sea. A Human History of the Mediterranean*, Oxford University Press, Oxford. Ed. it. *Il grande mare. Storia del Mediterraneo*, trad. it. di L. Vanni, Mondadori, Milano 2016.

Adcock, S.A. (2020), *After the End. Animal Economics, Collapse, and Continuity in Hittite and Post-Hittite Anatolia*, tesi di Ph.D., University of Chicago.

Alaura, S. (2020), *The Much-Fabled End of the Hittite Empire. Tracing the History of a Crucial Topic*, in *Anatolia between the 13th and the 12th Century* BCE, a cura di S. de Martino e E. Devecchi, LoGisma editore, Torino, pp. 9-30.

Allen, M.J. (1977), *Contested Peripheries. Philistia in the Neo-Assyrian World-System,* tesi di Ph.D., University of California, Los Angeles.

Álvarez-Mon, J. (2013), *Elam in the Iron Age*, in *The Oxford Handbook of Ancient Iran*, a cura di D.T. Potts, Oxford University Press, New York, pp. 457-77.

Anthony, D. (1997), *Prehistoric Migration as Social Process*, in *Migrations and Invasions in Archaeological Explanation*, a cura di J. Chapman e H. Hamerow, BAR International Series 664, Archaeopress, Oxford, pp. 21-32.

Antonaccio, C. (1993), *The Archaeology of Ancestors*, in *Cultural Poetics in Archaic Greece. Cult, Performance, Politics*, a cura di C. Dougherty e L. Kurke, Cambridge University Press, Cambridge, pp. 46-70.

– (2002), *Warriors, Traders, and Ancestors. The «Heroes» of Lefkandi*, in *Images of Ancestors*, a cura di J.M. Høtje, Aarhus Studies in Mediterranean Archaeology 5, Aarhus University Press, Aarhus, pp. 13-42.

– (2006), *Religion, Basileis and Heroes*, in *Ancient Greece. From the Mycenaean Palaces to the Age of Homer*, a cura di S. Deger-Jalkotzy e I.S. Lemos, Edinburgh University Press, Edinburgh, pp. 381-95.

Apostolakou, S. *et al.* (2016), *Chryssi and Pefka. The Production and Use of Purple Dye on Crete in the Middle and Late Bronze Age*, in *Purpureae Vestes v. Textiles, Basketry and Dyes in the Ancient Mediterranean World*, a cura di J. Ortiz *et al.*, Universitat de València, Valencia, pp. 199-208.

Arie, E. (2008), *Reconsidering the Iron Age II Strata at Tel Dan. Archaeological and Historical Implications*, in «Tel Aviv», 35, pp. 6-64.

– (2020), *Phoenicia and the Northern Kingdom of Israel. The Archaeological Evidence*, in *A Life Dedicated to Anatolian Prehistory. Festschrift for Jak Yakar*, a cura di B. Gür e S. Dalkiliç, Bilgin Kültür Sanat, Ankara, pp. 1-19.

Arkin Shalev, E., Gilboa, A. e Yasur-Landau, A. (2019), *The Iron Age Maritime Interface at the South Bay of Tel Dor. Results from the 2016 and 2017 Excavation Seasons*, in «International Journal of Nautical Archaeology», 48, 2, pp. 439-52.

– *et al.* (2021), *Rethinking the Iron Age Carmel Coast. A Coastal and Maritime Perspective*, in «Israel Exploration Journal», 71, 2, pp. 129-61.

Aro, S. (2013), *Carchemish before and after 1200 BC*, in *Luwian Identities. Culture, Language and Religion between Anatolia and the Aegean*, a cura di A. Mouton, I. Rutherford e I. Yakubovich, Brill, Leiden, pp. 233-76.

Arruda, A.M. (2015), *Intercultural Contacts in the Far West at the Beginning of the 1st Millennium BC. Through the Looking-Glass*, in *The Mediterranean Mirror. Cultural Contacts in the Mediterranean Sea between 1200 and 750 BC. International Post-doc and Young Researcher Conference; Heidelberg, 6th-8th October 2012*, a cura di A. Babbi *et al.*, Verlag des Römisch-Germanischen Zentralmuseums, Mainz, pp. 269-83.

Aslan, C.C. (2009), *End or Beginning? The Late Bronze Age to Iron Age Transformation at Troia*, in *Forces of Transformation. The End of the Bronze Age in the Mediterranean*, a cura di C. Bachhuber e G. Roberts, Oxbow Books, Oxford, pp. 144-51.

– (2020), *Troy and the Northeastern Aegean*, in *A Companion to the Archaeology of Early Greece and the Mediterranean*, a cura di I.S. Lemos e A. Kotsonas, Wiley Blackwell, London, 2, pp. 939-59.

– e Hnila, P. (2015), *Migration and Integration at Troy from the End of the Late Bronze Age to the Iron Age*, in *Nostoi. Indigenous Culture, Migration*, a cura di N.C. Stampolidis, C. Maner e K. Kopanias, Koç University Press, Istanbul, pp. 185-209.

Aston, D.A. (2020), *The Royal Cache. The History of TT 320*, in *Bab el-Gasus in Context. Rediscovering the Tomb of the Priests of Amun*, a cura di R. Sousa, A. Amenta e K.M. Cooney, in «L'Erma» di Bretschneider, Roma, pp. 31-68.

Atherton, M. (2016), *Ancient Greek City Knossos Was Bigger and Richer Than Previously Thought, Bronze Age Relics Reveal*, in «International

Business Times», 7 gennaio: https://www.ibtimes.co.uk/late-bronze-a-ge-relics-discovered-knossos-suggesting-city-thrived-under-socio-economic-crash-1536534

Aubet, M.E. (1993), *The Phoenicians and the West. Politics, Colonies and Trade*, Cambridge University Press, Cambridge.

– (2001), *The Phoenicians and the West. Politics, Colonies and Trade*, II ed., Cambridge University Press, Cambridge.

– (2008), *Political and Economic Implications of the New Phoenician Chronologies*, in *Beyond the Homeland. Markers in Phoenician Chronology*, a cura di C. Sargona, Ancient Near Eastern Studies Suppl. 28, Peeters Press, Leuven, pp. 179-91.

– (2014), *Phoenicia during the Iron Age II Period*, in *The Oxford Handbook of the Archaeology of the Levant, c. 8000-332 BCE*, a cura di M.L. Steiner e A.E. Killebrew, Oxford University Press, Oxford, pp. 706-16.

– (2016), *Phoenicians Abroad. From Merchant Venturers to Colonists*, in *Eurasia at the Dawn of History. Urbanization and Social Change*, a cura di M. Fernández-Götz e D. Krausse, Cambridge University Press, Cambridge, pp. 254-64.

Aubet Semmler, M.E. (2019), *Tyre and Its Colonial Expansion*, in *The Oxford Handbook of the Phoenician and Punic Mediterranean*, a cura di C. López-Ruiz e B.R. Doak, Oxford University Press, Oxford, pp. 75-87.

Ballard, R.D. *et al.* (2002), *Iron Age Shipwrecks in Deep Water off Ashkelon, Israel*, in «American Journal of Archaeology», 106, 2, pp. 151-68.

Barako, T. (2013), *Philistines and Egyptians in Southern Coastal Canaan during the Early Iron Age*, in *The Philistines and Other «Sea Peoples» in Text and Archaeology*, a cura di A.E. Killebrew e G. Lehmann, Society of Biblical Literature, Atlanta, pp. 37-51.

Barnes, M.L. *et al.* (2017), *The Social Structural Foundations of Adaptation and Transformation in Social-Ecological Systems*, in «Ecology and Society», 22, 4, p. 16: https://doi.org/10.5751/ES-09769-220416.

Basedow, M. (2009), *The Iron Age Transition at Troy*, in *Forces of Transformation. The End of the Bronze Age in the Mediterranean*, a cura di C. Bachhuber e G. Roberts, Oxbow Books, Oxford, pp. 131-42.

Bavel, B. van *et al.* (2020), *Disasters and History. The Vulnerability and Resilience of Past Societies*, Oxford University Press, Oxford.

Bebermeier, W. *et al.* (2016), *The Coming of Iron in a Comparative Perspective*, in *Space and Knowledge. Topoi Research Group Articles*, a cura di G. Graßhoff e M. Meyer, numero speciale, in «eTopoi (Journal for Ancient Studies)», 6, pp. 152-89.

Bell, C. (2006), *The Evolution of Long Distance Trading Relationships across the* LBA */ Iron Age Transition on the Northern Levantine Coast. Crisis, Continuity and Change*, BAR International Series 1574, Archaeopress, Oxford.

– (2009), *Continuity and Change. The Divergent Destinies of* LBA *Ports in Syria and Lebanon across the* LBA */ Iron Age Transition*, in *Forces of Transformation. The End of the Bronze Age in the Mediterranean*, a cura di C. Bachhuber e G. Roberts, Oxbow Books, Oxford, pp. 30-38.

– (2016), *Phoenician Trade. The First 300 Years*, in *Dynamics of Production in the Ancient Near East. 1300-500* BC, a cura di J.C. Moreno García, Oxbow Books, Oxford, pp. 91-105.

Bendall, L. e West, M. (2020), *Evidence from Written Sources*, in *A Companion to the Archaeology of Early Greece and the Mediterranean*, a cura di I.S. Lemos e A. Kotsonas, Wiley Blackwell, London, 1, pp. 55-74.

Ben-Dor Evian, S. (2011), *Egypt and the Levant in the Iron Age* I-IIA. *The Ceramic Evidence*, in «Tel Aviv», 38, pp. 94-119.

– (2017), *Egypt and Israel. The Never-Ending Story*, in «NEA», 80, 1, pp. 30-39.

– *et al.* (2021), *Pharaoh's Copper. The Provenance of Copper in Bronze Artifacts from Post-imperial Egypt at the End of the Second Millennium* BCE, in «Journal of Archaeological Science: Reports», 38, 103025, pp. 1-13.

Ben-Shlomo, D. (2014), *Philistia during the Iron Age* II *Period*, in *The Oxford Handbook of the Archaeology of the Levant, c. 8000-332* BCE, a cura di M.L. Steiner e A.E. Killebrew, Oxford University Press, Oxford, pp. 717-29.

Ben-Yosef, E. (2019a), *Archaeological Science Brightens Mediterranean Dark Age*, in «Proceedings of the National Academy of Science», 116, 13, pp. 5843-45.

– (2019b), *The Architectural Bias in Current Biblical Archaeology*, in «Vetus Testamentum», 69, pp. 361-87.

– (2019c), *The Invisible Biblical Kingdom*, in «Ha'aretz Weekend», 18 ottobre, pp. 6-7.

– (2020), *And Yet, a Nomadic Error. A Reply to Israel Finkelstein*, in «Antiguo Oriente», 18, pp. 33-60.

– (2021a), *Rethinking Nomads. Edom in the Archaeological Record*, in *The Koren Tanakh of the Land of Israel – Samuel*, a cura di D. Arnovitz, Koren Publishers, Jerusalem, pp. 282-83.

– (2021b), *Rethinking the Social Complexity of Early Iron Age Nomads*, in «Jerusalem Journal of Archaeology», 1, pp. 155-79.

– *et al.* (2010), *The Beginning of Iron Age Copper Production in the Southern Levant. New Evidence from Khirbat al-Jariya, Faynan, Jordan*, in «Antiquity», 84, pp. 724-46.

– e Sergi, O. (2018), *The Destruction of Gath by Hazael and the Arabah Copper Industry. A Reassessment*, in *Tell It in Gath. Studies in the History and Archaeology of Israel; Essays in Honor of Aren M. Maeir on the Occasion of His Sixtieth Birthday*, a cura di I. Shai *et al.*, Zaphon, Münster, pp. 461-80.

– *et al.* (2019), *Ancient Technology and Punctuated Change. Detecting the Emergence of the Edomite Kingdom in the Southern Levant*, in «PLOS One», 14, 9, e0221967.

– e Thomas, Z. (2023), *Complexity without Monumentality in Biblical Times*, in «Journal of Archaeological Research», 28 marzo: https://doi.org/10.1007/s10814-023-09184-0.

Berkes, F., Colding, J. e Folke, C. (2003), *Introduction*, in *Navigating Social-Ecological Systems. Building Resilience for Complexity and Change*, a cura di F. Berkes, J. Colding e C. Folke, Cambridge University Press, Cambridge, pp. 1-29.

Bernardini, P. (2020), *Sardinia*, in *A Companion to the Archaeology of Early Greece and the Mediterranean*, a cura di I.S. Lemos e A. Kotsonas, Wiley Blackwell, London, 2, pp. 1311-23.

Bickerstaffe, D. (2010), *The History of the Discovery of the Cache*, in *The Royal Cache TT 320. A Re-examination*, a cura di E. Graefe e G. Belova, Supreme Council of Antiquities Press, Il Cairo, pp. 13-35.

Bienkowski, P. (2022), *The Formation of Edom. An Archaeological Critique of the «Early Edom» Hypothesis*, in «Bulletin of ASOR», 388, pp. 113-32.

Bikai, P.M. (1978), *The Pottery of Tyre*, Aris & Phillips, Warminster.

– (1994), *The Phoenicians and Cyprus*, in *Cyprus in the 11th Century BC. Proceedings of the International Symposium, Nicosia, 30-31 October 1993*, a cura di V. Karageorghis, A.G. Leventis Foundation, Nicosia, pp. 31-37.

– (2000), *Phoenician Ceramics from the Greek Sanctuary*, in *Kommos. An Excavation on the South Coast of Crete*, vol. 4, *The Greek Sanctuary*, a cura di J.M. Shaw e M. Shaw, Princeton University Press, Princeton (New Jersey), pp. 302-12.

Biran, A. e Naveh, J. (1993), *An Aramaic Fragment from Tel Dan*, in «Israel Exploration Journal», 43, pp. 81-98.

– (1995), *The Tel Dan Inscription. A New Fragment*, in «Israel Exploration Journal», 45, pp. 1-18.

Blake, E. (2014), *Late Bronze Age Sardinia. Acephalous Cohesion*, in *The Cambridge Prehistory of the Bronze and Iron Age Mediterranean*, a cura di

A.B. Knapp e P. van Dommelen, Cambridge University Press, Cambridge, pp. 96-108.

Blakemore, E. (2016), *This Ancient City Was Three Times Bigger Than Archaeologists Suspected*, in «Smithsonian Magazine», 11 gennaio: https://www.smithsonianmag.com/smart-news/ancient-city-was-three-times-bigger-archaeologists-suspected-180957759/

Blegen, C.W. (1952), *Two Athenian Grave Groups of about 900 BC*, in «Hesperia», 21, pp. 279-94.

Bleibtreu, E. (1990), *Five Ways to Conquer a City*, in «Biblical Archaeology Review», 16, 3, pp. 37-44.

– (1991), *Grisly Assyrian Record of Torture and Death*, in «Biblical Archaeology Review», 17, 1, pp. 52-61, 75.

Boardman, J. (1967), *The Khaniale Tekke Tombs, II*, in «Annual of the British School at Athens», 62, pp. 57-75.

– (1980), *The Greeks Overseas*, II ed., Thames and Hudson, London. Ed. it. *I greci sui mari. Traffici e colonie*, trad. it. di F. Gilotta, Giunti, Firenze, 1986.

– (1990), *Al Mina and History*, in «Oxford Journal of Archaeology», 2, pp. 169-87.

Borger, R. (1964), *Einleitung in die assyrischen Königsinschriften*, Brill, Leiden.

Borschel-Dan, A. (2021), *Ancient Cloth with Bible's Purple Dye Found in Israel, Dated to King David's Era*, in «The Times of Israel», 28 gennaio: https://www.timesofisrael.com/ancient-cloths-with-royal-purple-dye-found-in-israel-dated-to-king-davids-time/

Bourogiannis, G. (2013), *Who Hides behind the Pots? A Reassessment of the Phoenician Presence in Early Iron Age Cos and Rhodes*, in «Ancient Near Eastern Studies», 50, pp. 139-89.

– (2018a), *The Phoenician Presence in the Aegean during the Early Iron Age. Trade, Settlement and Cultural Interaction*, in «Rivista di Studi Fenici», 46, pp. 43-88.

– (2018b), *The Transmission of the Alphabet to the Aegean*, in *Change, Continuity, and Connectivity. North-Eastern Mediterranean at the Turn of the Bronze Age and in the Early Iron Age*, a cura di Ł. Niesiołowski-Spanò e M. Węcowski, Harrassowitz Verlag, Wiesbaden, pp. 235-57.

– (2020), *Between Scripts and Languages. Inscribed Intricacies from Geometric and Archaic Greek Contexts*, in *Understanding Relations between Scripts II*, a cura di P.J. Boyes e P.M. Steele, Oxbow Books, Oxford, pp. 151-80.

– (2021), *Phoenician Writing in Greece. Content, Chronology, Distribution and the Contribution of Cyprus*, in LRBT. *De l'archéologie à l'épigraphie.*

Études en hommage à Maria Giulia Amadasi Guzzo, a cura di N. Chiarenza, B. D'Andrea e A. Orsingher, Brepols, Turnhout (Belgium), pp. 99-127.

Boyes, P.J. e Steele, P.M. (2020), *Introduction. Issues in Studying Early Alphabets*, in *Understanding Relations between Scripts* II, a cura di P.J. Boyes e P.M. Steele, Oxbow Books, Oxford, pp. 1-14.

Bradtmöller, M., Grimm, S. e Riel-Salvatore, J. (2017), *Resilience Theory in Archaeological Practice. An Annotated Review*, in «Quaternary International», 446, pp. 3-16.

Brier, B. (2023), *Tutankhamun and the Tomb That Changed the World*, Oxford University Press, Oxford.

Brinkman, J.A. (1968), *A Political History of Post-Kassite Babylonia, 1158-722 BC*, Pontificium Institutum Biblicum, Rome.

– (1984), *Settlement Surveys and Documentary Evidence. Regional Variation and Secular Trends in Mesopotamian Demography*, in «Journal of Near Eastern Studies», 43, pp. 169-80.

Bron, F. e Lemaire, A. (1989), *Les inscriptions araméennes de Hazael*, in «RA», 83, pp. 34-44.

Broodbank, C. (2013), *The Making of the Middle Sea. A History of the Mediterranean from the Beginning to the Emergence of the Classical World*, Oxford University Press, Oxford. Ed. it. *Il Mediterraneo. Dalla preistoria alla nascita del mondo classico*, trad. it. di D. Cianfrgilia e C. Veltri, Einaudi, Torino 2015.

Brown, B.A. (2008a), *The Kilamuwa Relief. Ethnicity, Class and Power in Iron Age North Syria*, in *Proceedings of the 5th International Congress on the Archaeology of the Ancient Near East, Madrid, April 3-8 2006*, a cura di J.M. Córdoba *et al.*, UA ediciones, Madrid, pp. 339-55.

– (2008b), *Monumentalizing Identities. North Syrian Urbanism, 1200-800 BCE*, tesi di Ph.D., University of California, Berkeley.

Brown, M. e Smith, S.L. (2016), *The Land of Carchemish and Its Neighbours during the Neo-Hittite Period (c. 1190-717 BC)*, in *Carchemish in Context. The Land of Carchemish Project, 2006-2010*, a cura di T.J. Wilkinson, E. Peltenburg e E.B. Wilkinson, Oxbow Books, Oxford, pp. 22-37.

Bryce, T.R. (2012), *The World of the Neo-Hittite Kingdoms. A Political and Military History*, Oxford University Press, Oxford.

– (2014), *Ancient Syria. A Three Thousand Year History*, Oxford University Press, Oxford.

– (2016a), *Babylonia. A Very Short Introduction*, Oxford University Press, Oxford.

– (2016b), *The Land of Hiyawa (Que) Revisited*, in «Anatolian Studies», 66, pp. 67-79.

– (2019), *The Abandonment of Hattuša. Some Speculations*, in «*And I Knew Twelve Languages*». *A Tribute to Massimo Poetto on the Occasion of His 70th Birthday*, a cura di N.B. Guzzo e P. Taracha, Agade Bis, Warsaw, pp. 51-60.

– (2020), *Change and Continuity from Bronze Age to Iron. A Review*, in *A Life Dedicated to Anatolian Prehistory. Festschrift for Jak Yakar*, a cura di B. Gür e S. Dalkiliç, Gilgin Kültür Sanat Sti, Ankara, pp. 105-20.

Bryer, A.A.M. (1982), *The Question of Byzantine Mines in the Pontos. Chalybian Iron, Chaldian Silver, Koloneian Alum and the Mummy of Cheriana*, in «Anatolian Studies», 32, pp. 133-50.

Budja, M. (2015), *Archaeology and Rapid Climate Changes. From the Collapse Concept to a Panarchy Interpretative Model*, in «Documenta Praehistorica», 42, pp. 171-84.

Bunimovitz, S. e Lederman, Z. (2014), *Migration, Hybridization, and Resistance. Identity Dynamics in Early Iron Age Southern Levant*, in *The Cambridge Prehistory of the Bronze and Iron Age Mediterranean*, a cura di A.B. Knapp e P. van Dommelen, Cambridge University Press, Cambridge, pp. 252-65.

Bunnens, G. (2000), *Syria in the Iron Age. Problems of Definition*, in *Essays on Syria in the Iron Age*, a cura di G. Bunnens, Ancient Near Eastern Studies Suppl. 7, Peeters Press, Louvain, pp. 3-19.

– (2019a), *History, Anthropology, and the Aramaeans. Apropos of a New History of the Aramaeans*, in «Ancient Near Eastern Studies», 56, pp. 347-66.

– (2019b), *Phoenicia in the Later Iron Age; Tenth Century* BCE *to the Assyrian and Babylonian Periods*, in *The Oxford Handbook of the Phoenician and Punic Mediterranean*, a cura di C. López-Ruiz e B.R. Doak, Oxford University Press, Oxford, pp. 57-73.

Butzer, K.W. (2012), *Collapse, Environment, and Society*, in «Proceedings of the National Academy of Sciences», 109, 10, pp. 3632-39.

Calligas, P.G. e Popham, M.R. (1993), *The Site and the Course of Its Partial Destruction and Excavation*, in *Lefkandi* II, pt. 2, *The Protogeometric Building at Toumba. The Excavation, Architecture and Finds*, a cura di M.R. Popham, P.G. Calligas e L.H. Sackett, 1-4, in «BSA» Suppl. 23, British School at Athens, London.

Cantrell, D.O. (2006), *Stable Issues*, in *Megiddo* IV. *The 1998-2002 Seasons*, a cura di I. Finkelstein, D. Ussishkin e B. Halpern, Tel Aviv University, Tel Aviv, 2, pp. 630-42.

– e Finkelstein, I. (2006), *A Kingdom for a Horse. The Megiddo Stables and Eighth Century Israel*, in *Megiddo IV. The 1998-2002 Seasons*, a cura di I. Finkelstein, D. Ussishkin e B. Halpern, Tel Aviv University, Tel Aviv, 2, pp. 643-65.

Cardarelli, A. (2009), *The Collapse of the Terramare Culture and Growth of New Economic and Social Systems during the Late Bronze Age in Italy*, in «Scienze dell'Antichità: Storia Archeologia Antropologia», 15, pp. 449-520.

Cardona, O.D. *et al.* (2012), *Determinants of Risk. Exposure and Vulnerability*, in *Managing the Risks of Extreme Events and Disasters to Advance Climate Change Adaptation*, a cura di C.B. Field *et al.*, *A Special Report of Working Groups I and II of the Intergovernmental Panel on Climate Change (IPCC)*, Cambridge University Press, Cambridge, pp. 65-108.

Carpenter, R. (1966), *Discontinuity in Mycenaean Civilization*, Cambridge University Press, Cambridge.

Carter, E. e Morris, S. (2014), *Crisis in the Eastern Mediterranean and Beyond. Survival, Revival, and the Emergence of the Iron Age*, in *Assyria to Iberia at the Dawn of the Classical Age*, a cura di J. Aruz, S.B. Graff e Y. Rakic, Metropolitan Museum of Art, New York, pp. 14-23.

Casson, S. (1921), *The Dorian Invasion Reviewed in the Light of Some New Evidence*, in «Antiquaries Journal», 1, 3, pp. 199-221.

Catling, H.W. (1993), *The Bronze Amphora and Burial Urn*, in *Lefkandi II*, pt. 2, *The Protogeometric Building at Toumba. The Excavation, Architecture and Finds*, a cura di M.R. Popham, P.G. Calligas e L.H. Sackett, in «BSA» Suppl. 23, British School at Athens, London, pp. 81-96.

– (1994), *Cyprus in the 11th Century BC. An End or a Beginning?*, in *Cyprus in the 11th Century BC. Proceedings of the International Symposium, Nicosia, 30-31 October 1993*, a cura di V. Karageorghis, A.G. Leventis Foundation, Nicosia, pp. 133-41.

– (1995), *Heroes Returned? Subminoan Burials from Crete*, in *The Age of Homer. A Tribute to Emily Townsend Vermeule*, a cura di J.B. Carter e S.P. Morris, University of Texas Press, Austin, pp. 123-36.

– (1996), *The Subminoan Phase in the North Cemetery*, in *Knossos North Cemetery. Early Greek Tombs*, a cura di J.N. Coldstream e H.W. Catling, in «BSA» Suppl. 28, British School at Athens, London, pp. 639-49.

Catling, R.W.V. e Lemos, I. (1990), *Lefkandi II*, pt. 1, *The Protogeometric Building at Toumba. The Pottery*, in «BSA» Suppl. 22, British School at Athens, London.

Cavanagh, M., Ben-Yosef, E. e Langgut, D. (2022), *Fuel Exploitation and Environmental Degradation at the Iron Age Copper Industry of the Timna Valley, Southern Israel*, in «Nature: Scientific Reports», 12, 15434: https://doi.org/10.1038/s41598-022-18940-z.

Centeno, M. *et al.* (2022), *Globalization as Adaptive Complexity. Learning from Failure*, in *Perspectives on Public Policy in Societal-Environmental Crises. What the Future Needs from History*, a cura di A. Izdebski, J. Haldon e P. Filipkowski, Springer, Cham (Svizzera), pp. 59-74.

Chadwick, J.R. (2022), *When Gath of the Philistines Became Gath of Judah*, in «Journal of Eastern Mediterranean Archaeology and Heritage Studies», 10, 3-4, pp. 317-42.

Chapman, R.L., III (2009), *Putting Sheshonq I in His Place*, in «Palestine Exploration Quarterly», 141, 1, pp. 4-17.

– (2015), *Samaria and Megiddo. Shishak and Solomon*, in *Solomon and Shishak. Current Perspectives from Archaeology, Epigraphy, History and Chronology. Proceedings of the Third BICANE Colloquium Held at Sidney Sussex College, Cambridge, 26-27 March 2011*, a cura di P. James e P.G. Van der Veen, BAR International Series 2732, Archaeopress, Oxford, pp. 137-47.

Charaf, H. (2020-21), *The Architectural and Material Characteristics of the Late 13th-Early 12th Century BC Level at Tell Arqa, Lebanon*, in «Archaeology & History in the Lebanon», 52-53, pp. 46-72.

Chew, S.C. (2001), *World Ecological Degradation. Accumulation, Urbanization, and Deforestation 3000 BC-AD 2000*, Altamira Press, Walnut Creek (California).

– (2005), *From Harappa to Mesopotamia and Egypt to Mycenae. Dark Ages, Political-Economic Declines, and Environmental / Climatic Changes 2200 BC-700 BC*, in *The Historical Evolution of World-Systems*, a cura di C. Chase-Dunn e E.N. Anderson, Palgrave Macmillan, London, pp. 52-74.

– (2007), *The Recurring Dark Ages. Ecological Stress, Climate Changes, and System Transformation*, Altamira Press, Walnut Creek (California).

– (2008), *Ecological Futures. What History Can Teach Us*, Altamira Press, Walnut Creek (California).

Clayton, P.A. (1994), *Chronicle of the Pharaohs. The Reign-by-Reign Record of the Rulers and Dynasties of Ancient Egypt*, Thames and Hudson, London.

Cline, E.H. (1994), *Sailing the Wine-Dark Sea. International Trade and the Late Bronze Age Aegean*, Tempus Reparatum, Oxford.

– (2000), *The Battles of Armageddon. Megiddo and the Jezreel Valley from the Bronze Age to the Nuclear Age*, University of Michigan Press, Ann Arbor. Ed. it. *Armageddon. La valle di tutte le battaglie*, trad. it. di S. Suigo, Bollati Boringhieri, Torino 2016.

– (2004), *Jerusalem Besieged. From Ancient Canaan to Modern Israel*, University of Michigan Press, Ann Arbor. Ed. it. *Gerusalemme assediata. Dall'antica Canaan allo Stato di Israele*, trad. it. di S. Suigo, Bollati Boringhieri, Torino [2017] 2022.

– (2007), *From Eden to Exile. Unraveling Mysteries of the Bible,* National Geographic Books, Washington DC.

– (2009), *Biblical Archaeology. A Very Short Introduction*, Oxford University Press, Oxford. Ed. it. *Archeologia biblica. Una breve introduzione*, trad. it. di L. Ferrari, Queriniana, Brescia 2021.

– (2011), *Whole Lotta Shakin' Going On. The Possible Destruction by Earthquake of Megiddo Stratum VIA*, in *The Fire Signals of Lachish. Studies in the Archaeology and History of Israel in the Late Bronze Age, Iron Age, and Persian Period in Honor of David Ussishkin*, a cura di I. Finkelstein e N. Na'aman, Tel Aviv University, Tel Aviv, pp. 55-70.

– (2013), *The Trojan War. A Very Short Introduction*, Oxford University Press, Oxford. Ed. it. *La guerra di Troia*, trad. it. di L. Floridi, Hoepli, Milano 2018.

– (2014), *1177 BC. The Year Civilization Collapsed*, Princeton University Press, Princeton (New Jersey). Ed. it. *1177 a.C. Il collasso della civiltà*, trad. it. di C. Spinoglio, Bollati Boringhieri, Torino 2014.

– (2017), *Three Stones Make a Wall. The Story of Archaeology*, Princeton University Press, Princeton (New Jersey). Ed. it. *Tre pietre fanno un muro. La storia dell'archeologia*, trad. it. di S. Suigo, Bollati Boringhieri, Torino [2018] 2021.

– (2020), *Digging Up Armageddon. The Search for the Lost City of Solomon*, Princeton University Press, Princeton (New Jersey). Ed. it. *La città perduta di re Salomone. Alla ricerca di Armageddon*, trad. it. di M. Notaristefano, Hoepli, Milano 2022.

– (2021), *1177 BC. The Year Civilization Collapsed*, ed. rivista e aggiornata, Princeton University Press, Princeton (New Jersey). Ed. it. *1177 a.C. Il collasso della civiltà*, trad. it. di C. Spinoglio, nuova ed. rivista e accresciuta, Bollati Boringhieri, Torino 2023.

– (2024), *The Collapse of Cultures at the End of the Late Bronze Age in the Aegean and Eastern Mediterranean. New Developments, Punctuated Equilibrium, and Further Questions*, in *Mediterranean Resilience. Collapse and Adaptation in Antique Maritime Societies*, a cura di A. Yasur-Landau, G. Gambash e T.E. Levy, Equinox Publishing, London.

– e O'Connor, D. (2003), *The Mystery of the Sea Peoples*, in *Mysterious Lands*, a cura di D. O'Connor e S. Quirke, UCL Press, London, pp. 107-38.

Cohen, C., Maran, J. e Vetters, M. (2010), *An Ivory Rod with a Cuneiform Inscription, Most Probably Ugaritic, from a Final Palatial Workshop in the Lower Citadel of Tiryns*, in «Archäologischer Anzeiger», 2010, 2, pp. 1-22.

Coldstream, J.N. (1977), *Geometric Greece*, E. Benn, London.

– (1992-93), *Early Greek Visitors to Egypt and the Levant*, in «Journal of the Ancient Chronology Foundation», 6, pp. 6-18.

– (1994), *What Sort of Aegean Migration?*, in *Cyprus in the 11th Century* BC. *Proceedings of the International Symposium, Nicosia, 30-31 October 1993*, a cura di V. Karageorghis, A.G. Leventis Foundation, Nicosia, pp. 143-47.

– (1998), *Light from Cyprus on the Greek «Dark Age»? Nineteenth J.L. Myres Memorial Lecture*, Leopard's Head, Oxford.

– (2006), *Knossos in Early Greek Times*, in *Ancient Greece. From the Mycenaean Palaces to the Age of Homer*, a cura di S. Deger-Jalkotzy e I.S. Lemos, Edinburgh University Press, Edinburgh, pp. 581-96.

– e Mazar, A. (2003), *Greek Pottery from Tel Rehov and Iron Age Chronology*, in «Israel Exploration Journal», 53, pp. 29-48.

Comelli, D. *et al.* (2016), *The Meteoritic Origin of Tutankhamun's Iron Dagger Blade*, in «Meteoritics & Planetary Science», 51, 7, pp. 1301-09: https://doi.org/10.1111/maps.12664.

Cook, R.M. (1962), *The Dorian Invasion*, in «Proceedings of the Cambridge Philological Society», 8, 188, pp. 16-22.

Cordani, V. (2016), *The Development of the Hittite Iron Industry. A Reappraisal of the Written Sources*, in «Die Welt des Orients», 46, pp. 162-76.

Coulson, W.D.E. (1990), *The Greek Dark Ages. A Review of the Evidence and Suggestions for Future Research*, American School of Classical Studies at Athens, Atene.

Counts, D.B. e Iacovou, M. (2013), *New Approaches to the Elusive Iron Age Polities of Ancient Cyprus. An Introduction*, in «Bulletin of the American Schools of Oriental Research», 370, pp. 1-13.

Cowgill, G.L. (1988), *Onward and Upward with Collapse*, in *The Collapse of Ancient States and Civilization*, a cura di N. Yoffee e G.L. Cowgill, University of Arizona Press, Tucson, pp. 244-76.

Cox, R.S. e Perry, K.-M.E. (2011), *Like a Fish out of Water. Reconsidering Disaster Recovery and the Role of Place and Social Capital in Community Disaster Resilience*, in «American Journal of Community Psychology», 48, pp. 395-411.

Creasman, P.P. (2020), *A Compendium of Recent Evidence from Egypt and Sudan for Climate Change during the Pharaonic Period*, in *The Gift of the Nile? Ancient Egypt and the Environment*, a cura di T. Schneider e C.L. Johnston, Egyptian Expedition, Tucson (Arizona), pp. 15-48.

Crielaard, J.P. (1998), *Surfing on the Mediterranean Web. Cypriot Long-Distance Communications during the Eleventh and Tenth Centuries* BC, in *Eastern Mediterranean. Cyprus-Dodecanese-Crete; 16th-6th Cent.* BC, a cura di V. Karageorghis e N. Stampolidis, University of Crete and the A.G. Leventis Foundation, Atene, pp. 187-206.

– (2006), *Basileis at Sea. Elites and External Contacts in the Euboaean Gulf Region from the End of the Bronze Age to the Beginning of the Iron Age*, in

Ancient Greece. From the Mycenaean Palaces to the Age of Homer, a cura di S. Deger-Jalkotzy e I.S. Lemos, Edinburgh University Press, Edinburgh, pp. 271-97.

– (2011), *The «Wanax to Basileis Model» Reconsidered. Authority and Ideology after the Collapse of the Mycenaean Palaces*, in *The «Dark Ages» Revisited. Acts of an International Symposium in Memory of William D.E. Coulson, University of Thessaly, Volos, 14-17 June 2007*, a cura di A. Mazarakis Ainian, University of Thessaly Press, Volos, 1, pp. 83-111.

– (2016), *Living Heroes. Metal Urn Cremations in Early Iron Age Greece, Cyprus and Italy*, in *Omero. Quaestiones disputata*, a cura di F. Gallo, Ambrosiana Graecolatina 5, Biblioteca Ambrosiana-Bulzoni editore, Milano, pp. 43-78.

– e Driessen, J. (1994), *The Hero's Home. Some Reflections on the Building at Toumba, Lefkandi*, in «Topoi», 4, 1, pp. 251-70.

Crowell, B. (2021), *Edom at the Edge of Empire. A Social and Political History*, SBL Press, Atlanta.

Crowfoot, J.W. e Crowfoot, G.M. (1938), *Samaria-Sebaste 2. Early Ivories*, Palestine Exploration Fund, London.

–, Kenyon, K.M. e Sukenik, E.L. (1942), *Samaria-Sebaste 1. The Buildings*, Palestine Exploration Fund, London.

–, Crowfoot, G.M. e Kenyon, K.M. (1957), *Samaria-Sebaste 3. The Objects*, Palestine Exploration Fund, London.

Crowther, N.B. (2007), *The Ancient Olympic Games through the Centuries*, in *Onward to the Olympics. Historical Perspectives on the Olympic Games*, a cura di G.P. Schaus e S.R. Wenn, Wilfrid Laurier University Press, Waterloo (Ontario), pp. 3-13.

Cumming, G.S. e Peterson, G.D. (2017), *Unifying Research on Social-Ecological Resilience and Collapse*, in «Trends in Ecology & Evolution», 32, 9, pp. 695-713: http://dx.doi.org/10.1016/j.tree.2017.06.014.

Cupitò, M., Dalla Longa, E. e Balista, C. (2020), *From «Valli Grandi Veronesi System» to «Frattesina System». Observations on the Evolution of the Exchange System Models between Veneto Po Valley Area and the Mediterranean World during the Late Bronze Age*, in *Italia tra Mediterraneo ed Europa. Mobilità, interazioni e scambi*, numero speciale, in «Rivista di Scienze Preistoriche», 70 S1, pp. 293-310.

Curtis, J. (2012), *Assyrian and Urartian Metalwork. Independence or Interdependence?*, in *Biainili-Urartu. The Proceedings of the Symposium Held in Munich, 12-14 October 2007*, a cura di S. Kroll *et al.*, Peeters, Louvain, pp. 427-43.

Curtis, J.E. e Tallis, N., a cura di (2008), *The Balawat Gates of Ashurnasirpal II*, British Museum Press, London.

Cutter, S. *et al.* (2012), *Managing the Risks from Climate Extremes at the Local Level*, in *Managing the Risks of Extreme Events and Disasters to Advance Climate Change Adaptation*, a cura di C.B. Field *et al.*, Special Report of Working Groups I and II of the Intergovernmental Panel on Climate Change (IPCC), Cambridge University Press, Cambridge, pp. 291-338.

D'Agata, A.L. (2006), *Cult Activity on Crete in the Early Dark Age. Changes, Continuities and the Development of a «Greek» Cult System*, in *Ancient Greece. From the Mycenaean Palaces to the Age of Homer*, a cura di S. Deger-Jalkotzy e I.S. Lemos, Edinburgh University Press, Edinburgh, pp. 397-414.

d'Alfonso, L. (2020), *An Age of Experimentation. New Thoughts on the Multiple Outcomes Following the Fall of the Hittite Empire after the Results of the Excavations at Nigde-Kinik Höyük (South Cappadocia)*, in *Anatolia between the 13th and the 12th Century* BCE, a cura di S. de Martino e E. Devecchi, LoGisma editore, Torino, pp. 95-116.

– *et al.* (2022), *Regional Exchange and Exclusive Elite Rituals in Iron Age Central Anatolia. Dating, Function and Circulation of Alişar-IV ware*, in «Anatolian Studies», 72, pp. 37-77.

Dalla Longa, E. (2019), *Settlement Dynamics and Territorial Organization in the Middle and Low Veneto Plain South of the Ancient Adige River in the Bronze Age*, in «Preistoria Alpina», 49bis, pp. 95-121.

Daniel, J.F., Broneer, O. e Wade-Gery, H.T. (1948), *The Dorian Invasion*, in «American Journal of Archaeology», 52, 1, pp. 107-18.

David, A. (2021a), *Archaeologists Find Remains of «Royal» Garments from King David's Time – in a Mine*, in «Ha'aretz», 29 gennaio: https://www.haaretz.com/archaeology/.premium -archaeologists-find-textile-shreds-with-purple-from-king-david-s-time-1.9490326.

– (2021b), *Israeli Archaeologists Figure Out Where Ancient Egypt Got Its Metal after Civilization Collapsed*, in «Ha'aretz», 16 giugno: https://www.haaretz.com/archaeology/.premium-where-ancient-egypt-got-its-metal-after-civilization-collapsed-in-3200-bce-1.9903941.

Davis, J.L. e Stocker, S.R. (2020), *Messenia*, in *A Companion to the Archaeology of Early Greece and the Mediterranean*, a cura di I.S. Lemos e A. Kotsonas, Wiley Blackwell, London, 2, pp. 671-92.

De Buck, A. (1937), *The Judicial Papyrus of Turin*, in «Journal of Egyptian Archaeology», 23, 2, pp. 152-64.

Deger-Jalkotzy, S. (1994), *The Post-palatial Period of Greece. An Aegean Prelude to the 11th Century* BC *in Cyprus*, in *Cyprus in the 11th Century* BC*. Proceedings of the International Symposium, Nicosia, 30-31 October 1993*, a cura di V. Karageorghis, A.G. Leventis Foundation, Nicosia, pp. 11-30.

– (2008), *Decline, Destruction, Aftermath*, in *The Cambridge Companion to the Aegean Bronze Age*, a cura di C.W. Shelmerdine, Cambridge University Press, Cambridge, pp. 387-415.

– e Lemos, I.S., a cura di (2006), *Ancient Greece from the Mycenaean Palaces to the Age of Homer*, Edinburgh University Press, Edinburgh.

DeGrado, J. (2019), *King of the Four Quarters. Diversity as a Rhetorical Strategy of the Neo-Assyrian Empire*, in «Iraq», 81, pp. 107-25.

Degroot, D. *et al.* (2021), *Towards a Rigorous Understanding of Societal Responses to Climate Change*, in «Nature», 591, pp. 539-50: https://doi.org/10.1038/s41586-021-03190-2.

De Martino, S. (2018), *The Fall of the Hittite Kingdom*, in «Mesopotamia», 63, pp. 23-48.

Denton, F. *et al.* (2014), *Climate-Resilient Pathways. Adaptation, Mitigation, and Sustainable Development*, in *Climate Change 2014. Impacts, Adaptation, and Vulnerability. Part A: Global and Sectoral Aspects; Contribution of Working Group II to the Fifth Assessment Report of the Intergovernmental Panel on Climate Change*, Cambridge University Press, Cambridge, pp. 1101-31.

Desborough, V.R.d'A. (1964), *The Last Mycenaeans and Their Successors. An Archaeological Survey c. 1200-c. 1000* BC, Clarendon Press, Oxford.

– (1972), *The Greek Dark Ages*, Ernest Benn, London.

Dever, W. (1993), *Further Evidence on the Date of the Outer Wall at Gezer*, in «Bulletin of the American Schools of Oriental Research», 289, pp. 33-54.

Diamond, J. (2005), *Collapse. How Societies Choose to Fail or Succeed*, Viking, New York.

Dibble, F. e Fallu, D. (2020), *New Data from Old Bones. A Taphonomic Reassessment of Early Iron Age Beef Ranching at Nichoria, Greece*, in «Journal of Archaeological Science: Reports», 30, 102234.

e Finné, M. (2021), *Socioenvironmental Change as a Process. Changing Foodways as Adaptation to Climate Change in South Greece from the Late Bronze Age to the Early Iron Age*, in «Quaternary International», 597, pp. 50-62.

Dickinson, O.T.P.K. (2006a), *The Aegean from Bronze Age to Iron Age. Continuity and Change between the Twelfth and Eighth Centuries* BC, Routledge, London.

– (2006b), *The Mycenaean Heritage of Early Iron Age Greece*, in *Ancient Greece from the Mycenaean Palaces to the Age of Homer*, a cura di S. Deger-Jalkotzy e I.S. Lemos, Edinburgh University Press, Edinburgh, pp. 115-22.

Dillehay, T.D. e Wernke, S.A. (2019), *Fragility of Vulnerable Social Institutions in Andean States*, in *The Evolution of Fragility. Setting the Terms*, a cura di N. Yoffee, Mc-Donald Institute for Archaeological Research, Cambridge, pp. 9-23.

Dinçol, A. *et al.* (2012), *A New Inscribed Stela from Karkemish. At the Origins of the Suhi-Katuwa Dynasty*, in «Near Eastern Archaeology», 75, p. 145.

– *et al.* (2014a), *A New Stela from Karkemish. At the Origins of the Suhi-Katuwa Dynasty*, in *Karkemish. An Ancient Capital on the Euphrates*, a cura di N. Marchetti, AnteQuem, Bologna, pp. 127-31.

– *et al.* (2014b), *A Stele by Suhi I from Karkemish*, in «Orientalia», 83, 2, pp. 143-53.

– *et al.* (2015), *Two New Inscribed Storm-God Stelae from Arsuz (Iskenderun). ARSUZ 1 and 2*, in «Anatolian Studies», 65, pp. 59-77.

Doak, B.R. (2019), *Phoenicians in the Hebrew Bible*, in *The Oxford Handbook of the Phoenician and Punic Mediterranean*, a cura di C. López-Ruiz e B.R. Doak, Oxford University Press, Oxford, pp. 657-70.

– (2020), *Ancient Israel's Neighbors*, Oxford University Press, Oxford.

Docter, R.F. *et al.* (2005), *Radiocarbon Dates of Animal Bones in the Earliest Levels of Carthage*, in *Oriente e Occidente*, a cura di G. Bartoloni e F. Delpino, Istituti editoriali poligrafici internazionali, Roma, pp. 557-77.

Dodson, A. (2019), *Afterglow of Empire. Egypt from the Fall of the New Kingdom to the Saite Renaissance*, ed. rivista e aggiornata, AUC Press, Il Cairo.

– (2023), *The Palestinian Campaign(s) of Shoshenq I*, in *Weseretkau «Mighty of Kas». Papers Submitted in Memory of Cathleen A. Keller*, a cura di D. Kiser-Go e C. Redmount, Lockwood Press, Columbus (Georgia), pp. 297-307.

Donnelly-Lewis, B. (2022), *The Khirbet Qeiyafa Ostracon. A New Collation Based on the Multispectral Images, with Translation and Commentary*, in «Bulletin of ASOR», 388, pp. 181-210.

Donner, H. e Röllig, W. (2002), *Kanaanäische und aramäische Inschriftenm*, v ed. rivista e accresciuta, Harrassowitz, Wiesbaden.

Dothan, T. (1982), *The Philistines and Their Material Culture*, Israel Exploration Society, Jerusalem.

Doumet-Serhal, C. (2019), *Phoenician Identity in Modern Lebanon*, in *The Oxford Handbook of the Phoenician and Punic Mediterranean*, a cura di C. López-Ruiz e B.R. Doak, Oxford University Press, Oxford, pp. 713-28.

Drews, R. (1992), *Herodotus 1.94, the Drought ca. 1200 BC, and the Origin of the Etruscans*, in «Historia: Zeitschrift für Alte Geschichte», 41, 1, pp. 14-39.

Düring, B.S. (2020), *The Imperialisation of Assyria. An Archaeological Approach*, Cambridge University Press, Cambridge.

Eder, B. (2006), *The World of Telemachus. Western Greece 1200-700 BC*, in *Ancient Greece. From the Mycenaean Palaces to the Age of Homer*, a cura di

S. Deger-Jalkotzy e I.S. Lemos, Edinburgh University Press, Edinburgh, pp. 549-80.

– e Lemos, I.S. (2020), *From the Collapse of the Mycenaean Palaces to the Emergence of Early Iron Age Communities*, in *A Companion to the Archaeology of Early Greece and the Mediterranean*, a cura di I.S. Lemos e A. Kotsonas, Wiley Blackwell, London, 1, pp. 132-60.

Edrey, M. (2019), *Phoenician Identity in Context. Material Cultural Koiné in the Iron Age Levant*, Alter Orient und Altes Testament 469, Ugarit-Verlag, Münster.

Edwards, A.B. (1882a), *Lying in State in Cairo*, in «Harper's New Monthly Magazine», 386, pp. 185-204.

– (1882b), *Recent Discovery of Royal Mummies and Other Egyptian Antiquities*, in «Supplement to the Illustrated London News», 4 febbraio, pp. 113-18.

Edwards, F.L. (2013), *All Hazards, Whole Community. Creating Resiliency*, in *Disaster Resiliency. Interdisciplinary Perspectives*, a cura di N. Kapucu, C.V. Hawkins e F.I. Rivera, Routledge, New York, pp. 21-47.

Ehrenreich, B. (2020), *How Do You Know When Society Is about to Fall Apart?*, in «New York Times Magazine», 4 novembre: https://www.nytimes.com/2020/11/04/magazine/societal-collapse.html.

Ehrlich, C.S. (1996), *The Philistines in Transition. A History from ca. 1000-730 BCE*, E.J. Brill, Leiden.

Eisenstadt, S.N. (1988), *Beyond Collapse*, in *The Collapse of Ancient States and Civilization*, a cura di N. Yoffee e G.L. Cowgill, University of Arizona Press, Tucson, pp. 236-43.

Elayi, J. (2018), *The History of Phoenicia*, trad. dal fr. di A. Plummer, Lockwood Press, Atlanta.

Eliyahu-Behar, A. e Yahalom-Mack, N. (2018), *Reevaluating Early Iron-Working Skills in the Southern Levant through Microstructure Analysis*, in «Journal of Archaeological Science: Reports», 18, pp. 447-62.

– *et al.* (2012), *Iron and Bronze Production in Iron Age IIA Philistia. New Evidence from Tell es-Safi / Gath, Israel*, in «Journal of Archaeological Science», 39, pp. 255-67.

– *et al.* (2013), *Iron Smelting and Smithing in Major Urban Centers in Israel during the Iron Age*, in «Journal of Archaeological Science», 40, pp. 4319-30.

Ellenblum, R. (2012), *The Collapse of the Eastern Mediterranean. Climate Change and the Decline of the East, 950-1072*, Cambridge University Press, Cambridge.

Emanuel, J.P. (2015), *King Taita and His «Palistin». Philistine State or Neo-Hittite Kingdom?*, in «Antiguo Oriente», 13, pp. 11-39.

Engle, N.L. (2011), *Adaptive Capacity and Its Assessment*, in «Global Environmental Change», 21, pp. 647-56.

Enverova, D.A. (2012), *The Transition from Bronze Age to Iron Age in the Aegean. An Heterarchical Approach*, tesi di master, Bilkent University: http://www.thesis.bilkent.edu.tr/0006047.pdf.

Eph'al, I. e Naveh, J. (1989), *Hazael's Booty Inscriptions*, in «Israel Exploration Journal», 39, 3-4, pp. 192-200.

Erodoto, *Herodotus*, trad. ingl. di A.D. Godley, 1920, Harvard University Press, Cambridge (Massachusetts). Ed. it. *Le storie*, trad. it. F. Barberis, Garzanti, Milano 2006.

Erb-Satullo, N.L. (2019), *The Innovation and Adoption of Iron in the Ancient Near East*, in «Journal of Archaeological Research», 27, pp. 557-607: https://doi.org/10.1007/s10814-019-09129-6.

– Gilmour, B.J.J. e Khakhutaishvili, N. (2020), *The Metal behind the Myths. Iron Metallurgy in the South-Eastern Black Sea Region*, in «Antiquity», 94, 374, pp. 401-19.

Eshel, T. *et al.* (2018), *Four Iron Age Silver Hoards from Southern Phoenicia. From Bundles to Hacksilber*, in «Bulletin of the American Schools of Oriental Research», 379, pp. 197-228.

– *et al.* (2019), *Lead Isotopes in Silver Reveal Earliest Phoenician Quest for Metals in the West Mediterranean*, in «PNAS», 116, 13, 25 febbraio, pp. 6007-12: www.pnas.org/cgi/doi/10.1073/pnas.1817951116.

– *et al.* (2021), *Debasement of Silver throughout the Late Bronze-Iron Age Transition in the Southern Levant. Analytical and Cultural Implications*, in «Journal of Archaeological Science», 125, 105268.

Eyre, C.J. (2012), *Society, Economy, and Administrative Process in Late Ramesside Egypt*, in *Ramesses III. The Life and Times of Egypt's Last Hero*, a cura di E.H. Cline e D.B. O'Connor, University of Michigan Press, Ann Arbor, pp. 101-50.

Fagan, B.M. (2004), *The Rape of the Nile. Tomb Robbers, Tourists, and Archaeologists in Egypt*, ed. rivista e aggiornata, West View Press, Boulder (Colorado). Ed. it. *Sulle sponde del Nilo. L'avventura dell'archeologia in Egitto tra grandi scoperte e grandi saccheggi*, trad. it. di M.E. Craveri, Corbaccio, Milano 2006.

– (2007), *Return to Babylon. Travelers, Archaeologists, and Monuments in Mesopotamia*, ed. rivista e aggiornata, University Press of Colorado, Boulder (Colorado).

Fales, F.M. (2011), *Transition. The Assyrians at the Euphrates between the 13th and the 12th Century* BC, in *Empires after the Empire. Anatolia, Syria and Assyria after Suppiluliuma II (ca. 1200-800/700* BC*)*, a cura di K. Strobel, LoGisma, Roma pp. 9-59.

– (2017), *Phoenicia in the Neo-Assyrian Period. An Updated Overview*, in «State Archives of Assyria Bulletin», 23, pp. 181-295.

Fantalkin, A. (2001), *Low Chronology and Greek Protogeometric and Geometric Pottery in the Southern Levant*, in «Levant», 33, pp. 117-25.

– e Finkelstein, I. (2006), *The Sheshonq I Campaign and the 8th Century* BCE *Earthquake. More on the Archaeology and History of the South in the Iron I-IIA*, in «Tel Aviv», 33, pp. 18-42.

– Finkelstein, I. e Piasetzky, E. (2015), *Late Helladic to Middle Geometric Aegean and Contemporary Cypriot Chronologies. A Radiocarbon View from the Levant*, in «Bulletin of the American Schools of Oriental Research», 373, pp. 25-48.

– *et al.* (2020), *Aegean Pottery in Iron IIA Megiddo. Typological, Archaeometric and Chronological Aspects*, in «Mediterranean Archaeology and Archaeometry», 20, 3, pp. 135-47.

Faulseit, R.K. (2016), *Collapse, Resilience, and Transformation in Complex Societies. Modelling Trends and Understanding Diversity*, in *Beyond Collapse. Archaeological Perspectives on Resilience, Revitalization, and Transformation in Complex Societies*, a cura di R.K. Faulseit, Visiting Scholar Conference Volumes: Center for Archaeological Investigations Occasional Paper n. 42, Southern Illinois University Press, Carbondale, pp. 3-26.

Faust, A. (2007), *Israel's Ethnogenesis. Settlement, Interaction, Expansion and Resistance,* Equinox, London.

– (2011), *The Interests of the Assyrian Empire in the West. Olive Oil Production as a Test-Case*, in «Journal of the Economic and Social History of the Orient», 54, pp. 62-86.

– (2012), *Between Israel and Philistia. Ethnic Negotiations in the South during Iron Age I*, in *The Ancient Near East in the 12th-10th Centuries* BCE. *Culture and History; Proceedings of the International Conference Held at the University of Haifa, 2-5 May 2010*, a cura di G. Galil *et al.*, Alter Orient und Altes Testament 392, Ugarit-Verlag, Münster, pp. 121-35.

– (2016), *The Emergence of Israel and Theories of Thenogenesis*, in *The Wiley Companion to Ancient Israel*, a cura di S. Niditch, Wiley Blackwell, Oxford.

– (2019), «*The Inhabitants of Philistia*». *On the Identity of the Iron I Settlers in the Periphery of the Philistine Heartland*, in «Palestine Exploration Quarterly», 151, 2, pp. 105-33.

Field, C.B. *et al.*, a cura di (2012), *Managing the Risks of Extreme Events and Disasters to Advance Climate Change Adaptation,* Special Report of Working Groups I and II of the Intergovernmental Panel on Climate Change (IPCC), Cambridge University Press, Cambridge.

Finkelberg, M. (2011), *Dorians*, in *The Homer Encyclopedia*, a cura di M. Finkelberg, Oxford University Press, Oxford, 1, pp. 217-18.

Finkelstein, I. (1988), *The Archaeology of the Israelite Settlement*, Brill, Leiden.

– (1995), *The Date of the Settlement of the Philistines in Canaan*, in «Tel Aviv», 22, pp. 213-39.

– (1996), *The Archaeology of the United Monarchy. An Alternative View*, in «Levant», 28, pp. 177-87.

– (1999), *Hazor and the North in the Iron Age. A Low Chronology Perspective*, in «Bulletin of the American Schools of Oriental Research», 314, pp. 55-70.

– (2002), *The Campaign of Shoshenq I to Palestine. A Guide to the 10th Century* BCE *Polity*, in «Zeitschrift des Deutschen Palästina-Vereins», 118, 2, pp. 109-35.

– (2013), *The Forgotten Kingdom. The Archaeology and History of Northern Israel*, Society of Biblical Literature, Atlanta. Ed. it. *Il regno dimenticato. Israele e le origini nascoste della Bibbia*, trad. it. di F. Bianchi, Carocci, Roma 2014.

– (2014), *The Southern Steppe of the Levant ca. 1050-750* BCE. *A Framework for a Territorial History*, in «Palestine Exploration Quarterly», 146, 2, pp. 89-104.

– (2016), *The Levant and the Eastern Mediterranean in the Early Phases of the Iron Age. The View from Micro-archaeology*, in *Assyria to Iberia. Art and Culture in the Iron Age*, a cura di J. Aruz e M. Seymour, Metropolitan Museum of Art, New York, pp. 112-22.

– (2020), *The Arabah Copper Polity and the Rise of Iron Age Edom. A Bias in Biblical Archaeology?*, in «Antiguo Oriente», 18, pp. 11-32.

– e Fantalkin, A. (2012), *Khirbet Qeiyafa. An Unsensational Archaeological and Historical Interpretation*, in «Tel Aviv», 39, 1, pp. 38-63.

– e Langgut, D. (2018), *Climate, Settlement History, and Olive Cultivation in the Iron Age Southern Levant*, in «Bulletin of the American Schools of Oriental Research», 379, pp. 153-69.

– e Lipschits, O. (2011), *The Genesis of Moab. A Proposal*, in «Levant», 43, 2, pp. 139-52.

–, Na'aman, N. e Römer, T. (2019), *Restoring Line 31 in the Mesha Stele. The «House of David» or Biblical Balak?*, in «Tel Aviv», 46, 1, pp. 3-11.

–, Weiner, S. e Boaretto, E. (2015), *Preface*, in *The Iron Age in Israel. The Exact and Life Sciences Perspectives*, in «Radiocarbon», 57, 2, pp. 197-206.

Finné, M. *et al.* (2017), *Late Bronze Age Climate Change and the Destruction of the Mycenaean Palace of Nestor at Pylos*, in «PLOS ONE», 12, 12, e0189447: https://doi.org/10.1371/journal.pone.0189447.

– *et al.* (2019), *Holocene Hydro-climatic Variability in the Mediterranean. A Synthetic Multi-proxy Reconstruction*, in «Holocene», 29, 5, pp. 847-63.

Fletcher, R.N. (2012), *Opening the Mediterranean. Assyria, the Levant and the Transformation of Early Iron Age Trade*, in «Antiquity», 86, pp. 211-20.

Folke, C. (2006), *Resilience. The Emergence of a Perspective for Social-Ecological Systems Analyses*, in «Global Environmental Change», 16, pp. 253-67.

– *et al.* (2010), *Resilience Thinking. Integrating Resilience, Adaptability and Transformability*, in «Ecology and Society», 15, 4, 20: https://www.ecologyandsociety.org/vol15/iss4/art20.

Foster, B.R. ([1993] 2005), *Before the Muses. An Anthology of Akkadian Literature*, CDL Press, Bethesda (Maryland).

Fourrier, S. (2013), *Constructing the Peripheries. Extra-urban Sanctuaries and Peer-Polity Interaction in Iron Age Cyprus*, in «Bulletin of the American Schools of Oriental Research», 370, pp. 103-22.

Frahm, E. (2009), *Historische und historisch-literarische Texte*, Keilschrifttexte aus Assur literarischen Inhalts 3, Wissenschaftliche Veroffentlichungen der Deutschen Orient-Gesellschaft 121, Harrassowitz, Wiesbaden.

– (2011), *Die Inschriftenreste auf den Obeliskfragmenten aus Assur*, in *Die Obeliskenfragmente aus Assur. Mit einem Beitrag zu den Inschriften von Eckart Frahm*, a cura di J. Orlamünde, Wissenschaftliche Veroffentlichungen der Deutschen Orient-Gesellschaft 135, Harrassowitz, Wiesbaden, pp. 59-75.

– (2017), *The Neo-Assyrian Period (ca. 1000-609 BCE)*, in *A Companion to Assyria*, a cura di E. Frahm, Wiley Blackwell, Oxford, pp. 161-208.

– (2019), *The Neo-Assyrian Royal Inscriptions as Text. History, Ideology, and Intertextuality*, in *Writing Neo-Assyrian History. Sources, Problems, and Approaches*, a cura di G. Lanfranchi, R. Mattila e R. Rollinger, State Archives of Assyria Studies 29, Neo-Assyrian Text Corpus Project, Helsinki, pp. 139-59.

– (2023), *Assyria. The Rise and Fall of the World's First Empire*, Basic Books, New York.

Frame, G. (1995), *Rulers of Babylonia from the Second Dynasty of Isin to the End of Assyrian Domination (1157-612 BC)*, University of Toronto Press, Toronto.

Frankenstein, S. (1979), *The Phoenicians in the Far West. A Function of Neo-Assyrian Imperialism*, in *Power and Propaganda. A Symposium on An-*

cient Empires, a cura di M.T. Larsen, Akademisk Forlag, Copenhagen, pp. 263-94.

Franklin, N. (2017), *Entering the Arena. The Megiddo Stables Reconsidered*, in *Re-thinking Israel. Studies in the History and Archaeology of Ancient Israel in Honor of Israel Finkelstein*, a cura di O. Lipschits, Y. Gadot e M.J. Adams, Eisenbrauns, Winona Lake (Indiana), pp. 87-101.

Fuchs, A. (2017), *Assyria and the North. Anatolia*, in *A Companion to Assyria*, a cura di E. Frahm, Wiley Blackwell, Oxford, pp. 249-58.

Galil, G. (2010), *Most Ancient Hebrew Biblical Inscription Deciphered*, in «EurekAlert!», American Association for the Advancement of Science, 7 gennaio: https://www.eurekalert.org/news-releases/649504. Vedi anche «Science Daily», 8 gennaio: https://www.sciencedaily.com/releases/2010/01/100107183037.htm.

Gambash, G., Pestarino, B. e Friesem, D. (2022), *From Murex to Fabric. The Mediterranean Purple*, in «Technai», 13, pp. 85-113.

Gardner, J.M. (1923), *Pharaohs Resurrected*, Sorg Publishing, New York.

Garfinkel, Y. (2017), *The Iron Age City of Khirbet Qeiyafa*, in *The Shephelah during the Iron Age. Recent Archaeological Studies*, a cura di O. Lipschits e A.M. Maeir, Penn State University Press / Eisenbrauns, University Park, pp. 115-31.

– (2021), *The 10th Century BCE in Judah. Archaeology and the Biblical Tradition*, in «Jerusalem Journal of Archaeology», 1, pp. 126-54.

– e Ganor, S. (2008), *Khirbet Qeiyafa. Sha'arayimn*, in «Journal of Hebrew Scriptures», 8: https://doi.org/10.5508/jhs.2008.v8.a22.

– e Ganor, S. (2010), *Khirbet Qeiyafa 1. Excavation Report 2007-2008*, Israel Exploration Society, Jerusalem.

– *et al.* (2015), *The 'Išba'al Inscription from Khirbet Qeiyafa*, in «Bulletin of the American Schools of Oriental Research», 373, pp. 217-33.

– e Pietsch, M. (2021), *Hazor, Megiddo, and Gezer. Bronze Age Cities in Iron Age Context*, in «Vetus Testamentum», 30 luglio, pp. 1-17.

Garnand, B.K. (2020), *Phoenicians and Greeks as Comparable Contemporary Migrant Groups*, in *A Companion to Greeks across the Ancient World*, a cura di F. De Angelis, John Wiley & Sons, Boston, pp. 139-72.

Genz, H. (2013), *«No Land Could Stand before Their Arms, from Hatti... On...»? New Light on the End of the Hittite Empire and the Early Iron Age in Central Anatolia*, in *The Philistines and Other «Sea Peoples» in Text and Archaeology*, a cura di A.E. Killebrew e G. Lehmann, Society of Biblical Literature, Atlanta, pp. 469-77.

Georgiadis, M. (2009), *The South-Eastern Aegean in the LH IIIC Period. What Do the Tombs Tell Us?*, in *Forces of Transformation. The End of the Bronze*

Age in the Mediterranean, a cura di C. Bachhuber e G. Roberts, Oxbow Books, Oxford, pp. 92-99.

Georgiou, A. (2011), *The Settlement Histories of Cyprus at the Opening of the Twelfth Century* BC, in *Centre d'études chypriotes 41. Actes du* POCA, *Lyon 2011 (Postgraduate Cypriote Archaeology)*, a cura di A. Cannavó e A. Carbillet, Édition-Diffusion De Boccard, Paris, pp. 109-31.

– (2015), *Cyprus during the «Crisis Years» Revisited*, in *The Mediterranean Mirror. Cultural Contacts in the Mediterranean Sea between 1200 and 750* BC; *International Post-doc and Young Researcher Conference; Heidelberg, 6th-8th October 2012*, a cura di A. Babbi *et al.*, Verlag des Römisch-Germanischen Zentralmuseums, Mainz, pp. 129-45.

– (2017), *Flourishing amidst a «Crisis». The Regional History of the Paphos Polity at the Transition from the 13th to the 12th Centuries* BCE, in *«Sea Peoples» Up-to-Date. New Research on Transformations in the Eastern Mediterranean in the 13th-11th Centuries* BCE; Proceedings of the ESF Workshop Held at the Austrian Academy of Sciences, Vienna, 3-4 novembre 2014, a cura di P.M. Fischer e T. Bürge, Österreichischen Akademie der Wissenschaften, Vienna, pp. 207-27.

– e Iacovou, M. (2020), *Cyprus*, in *A Companion to the Archaeology of Early Greece and the Mediterranean*, a cura di I.S. Lemos e A. Kotsonas, Wiley Blackwell, London, 2, pp. 1133-62.

Gilboa, A. (2005), *Sea Peoples and Phoenicians along the Southern Phoenician Coast. A Reconciliation. An Interpretation of Šikila* (SKL) *Material Culture*, in «Bulletin of the American Schools of Oriental Research», 337, pp. 47-78.

– (2006-07), *Fragmenting the Sea Peoples, with an Emphasis on Cyprus, Syria and Egypt. A Tel Dor Perspective*, in «Scripta Mediterranea», 27-28, pp. 209-44.

– (2015), *Dor and Egypt in the Early Iron Age. An Archaeological Perspective of (Part of) the Wenamun Report*, in «Egypt and the Levant», 25, pp. 247-74.

– (2022), *The Southern Levantine Roots of the Phoenician Mercantile Phenomenon*, in «Bulletin of ASOR», 387, pp. 31-53.

– e Namdar, D. (2015), *On the Beginnings of South Asian Spice Trade with the Mediterranean Region. A Review*, in «Radiocarbon», 57, 2, pp. 265-83.

– e Sharon, I. (2008), *Between the Carmel and the Sea. Tel Dor's Iron Age Reconsidered*, in «Near Eastern Archaeology», 71, 3, pp. 146-70.

– Sharon, I. e Boaretto, E. (2008), *Tel Dor and the Chronology of Phoenician «Pre-colonisation» Stages*, in *Beyond the Homeland. Markers in Phoenician Chronology*, a cura di C. Sargona, Ancient Near Eastern Studies Supplement 28, Peeters Press, Leuven, pp. 113-204.

- Waiman-Barak, P. e Jones, R. (2015), *On the Origin of Iron Age Phoenician Ceramics at Kommos, Crete. Regional and Diachronic Perspectives across the Bronze Age to Iron Age Transition*, in «Bulletin of the American Schools of Oriental Research», 374, pp. 75-102.
- Waiman-Barak, P. e Sharon, I. (2015), *Dor, the Carmel Coast and Early Iron Age Mediterranean Exchanges*, in *The Mediterranean Mirror. Cultural Contacts in the Mediterranean Sea between 1200 and 750 BC*, a cura di A. Babbi *et al.*, Verlag des Römisch-Germanischen Zentralmuseums, Mainz, pp. 85-109.

Gilibert, A. (2011), *Syro-Hittite Monumental Art and the Archaeology of Performance. The Stone Reliefs at Carchemish and Zincirli in the Earlier First Millennium BCE*, in «Topoi. Berlin Studies of the Ancient World», Walter de Gruyter, Berlin.

Glassner, J.-J. (2004), *Mesopotamian Chronicles*, a cura di B.R. Foster, Society for Biblical Literature, Atlanta.

Gnanadesikan, A.E. (2009), *The Writing Revolution. Cuneiform to the Internet*, Wiley-Blackwell, Malden (Massachusetts).

Goedegebuure, P. *et al.* (2020), *Türkmen-Karahöyük 1. A New Hieroglyphic Luwian Inscription from Great King Hartapu, Son of Mursili, Conqueror of Phrygia*, in «Anatolian Studies», 70, pp. 29-43.

Goelet, O. (2016), *Tomb Robberies in the Valley of the Kings*, in *The Oxford Handbook of the Valley of the Kings*, a cura di R.H. Wilkinson e K.R. Weeks, Oxford University Press, Oxford, pp. 448-66.

Gonzalez, R.A. (2018), *Inter-cultural Communications and Iconography in the Western Mediterranean during the Late Bronze Age and the Early Iron Age*, Verlag Marie Leidorf, Rahden.

Graefe, E. e Belova, G., a cura di (2010), *The Royal Cache TT 320. A Re-examination*, Supreme Council of Antiquities Press, Il Cairo.

Grayson, A.K. ([1975] 2000), *Assyrian and Babylonian Chronicles*, J.J. Augustin, Locust Valley (New York).

- (1987), *Assyrian Rulers of the Third and Second Millennia BC (to 1115 BC)*, University of Toronto Press, Toronto.
- (1991), *Assyrian Rulers of the Early First Millennium BC: I (1114-859 BC)* University of Toronto Press, Toronto.
- (1996), *Assyrian Rulers of the Early First Millennium BC: II (858-745 BC)* University of Toronto Press, Toronto.
- (2005), *Shalmaneser III and the Levantine States. The «Damascus Coalition Rebellion»*, in «Journal of Hebrew Scriptures», 5: https://doi.org/10.5508/jhs.2004.v5.a4.

Grimal, N. (1988), *A History of Ancient Egypt*, trad. ingl. di I. Shaw, Blackwell, Oxford.

Gunderson, L.H. (2003), *Adaptive Dancing. Interactions between Social Resilience and Ecological Crises*, in *Navigating Social-Ecological Systems. Building Resilience for Complexity and Change*, a cura di F. Berkes, J. Colding e C. Folke, Cambridge University Press, Cambridge, pp. 33-52.

– e Holling, C.S., a cura di (2002), *Panarchy. Understanding Transformations in Human and Natural Systems*, Island Press, Washington DC.

Gur-Arieh, S. e Maeir, A.M. (2020), *The Excavations in Area C*, in *Tell Es-Safi / Gath II. Excavations and Studies*, a cura di A.M. Maeir e J. Uziel, Zaphon, Münster, pp. 117-88.

Haggis, D.C. (2020), *Kavousi and the Mirabello Region*, in *A Companion to the Archaeology of Early Greece and the Mediterranean*, a cura di I.S. Lemos e A. Kotsonas, Wiley Blackwell, London, 2, pp. 1071-87.

Haldon, J. *et al.* (2020a), *Demystifying Collapse. Climate, Environment, and Social Agency in Pre-modern Societies*, in «Millennium», 17, 1, pp. 1-33.

– *et al.* (2020b), *Lessons from the Past, Policies for the Future. Resilience and Sustainability in Past Crises*, in «Journal of Environment Systems and Decisions»: https://doi.org/10.1007/s10669-020-09778-9.

– *et al.* (2021), *Between Resilience and Adaptation. A Historical Framework for Understanding Stability and Transformation of Societies to Shocks and Stress*, in *COVID-19. Systemic Risk and Resilience; Risk, Systems and Decisions*, a cura di I. Linkov, J.M. Keenan e B.D. Trump, Springer, Cham (Svizzera), pp. 235-68.

– *et al.* (2022), *SDG 13. How Societies Succeeded or Failed to Respond to Environmental Disruption*, in *Before the SDGs. A Historical Companion to the UN Sustainable Development Goals*, a cura di M. Gutmann e D. Gorman, Oxford University Press, Oxford, pp. 385-424.

Hall, J.M. (1997), *Ethnic Identity in Greek Antiquity*, Cambridge University Press, Cambridge.

– (2002), *Hellenicity. Between Ethnicity and Culture*, University of Chicago Press, Chicago.

– (2003), *The Dorianization of the Messenians*, in *Helots and Their Masters in Laconia and Messenia. Histories, Ideologies, Structures*, a cura di N. Luraghi e S.E. Alcock, cap. 6, Hellenic Studies Series 4, Center for Hellenic Studies, Washington DC.

– (2006), *Dorians*, in *Encyclopedia of Ancient Greece*, a cura di N. Wilson, Routledge, New York, pp. 240-42.

– (2007), *A History of the Archaic Greek World, ca. 1200-479 BCE*, Blackwell Publishing, Oxford.

– e Osborne, J.F., a cura di (2022), *The Connected Iron Age. Interregional Networks in the Eastern Mediterranean, 900-600* BCE, University of Chicago Press, Chicago.

Hall, T.D. (2014), *A «Perfect Storm» in the Collapse of Bronze Age Civilization? Useful Insights and Roads Not Taken*, in «Cliodynamics», 5, 1, pp. 75-86.

Hallo, W.W. e Simpson, W.K. (1998), *The Ancient Near East. A History*, II ed., Harcourt Brace College Publishers, New York.

Hammond, N.G.L. (1931-32), *Prehistoric Epirus and the Dorian Invasion*, in «BSA» Suppl 32, British School at Athens, London, pp. 131-79.

Handmer, J. *et al.* (2012), *Changes in Impacts of Climate Extremes. Human Systems and Ecosystems*, in *Managing the Risks of Extreme Events and Disasters to Advance Climate Change Adaptation*, a cura di C.B. Field *et al.*, Special Report of Working Groups I and II of the Intergovernmental Panel on Climate Change (IPCC), Cambridge University Press, Cambridge, pp. 231-90.

Harland, J.P. (1941), *Review of Kerameikos I*, in «Classical Journal», 36, pp. 429-32.

Harmansah, O. (2007), «*Source of the Tigris*». *Event, Place and Performance in the Assyrian Landscapes of the Early Iron Age*, in «Archaeological Dialogues», 14, 2, pp. 179-204.

Harrison, T.P. (2009a), *Lifting the Veil on a «Dark Age». Ta'yinat and the North Orontes Valley during the Early Iron Age*, in *Exploring the Longue Durée. Essays in Honor of Lawrence E. Stager*, a cura di J.D. Schloen, Eisenbrauns, Winona Lake (Indiana), pp. 171-84.

– (2009b), *Neo-Hittites in the «Land of Palistin». Renewed Investigations at Tell Ta'yinat on the Plain of Antioch*, in «Near Eastern Archaeology», 72, 4, pp. 174-89.

– (2010), *The Late Bronze / Early Iron Age Transition in the North Orontes Valley*, in *Societies in Transition. Evolutionary Processes in the Northern Levant between Late Bronze Age II and Early Iron Age; Papers Presented on the Occasion of the 20th Anniversary of the New Excavations in Tell Afis, Bologna, 15th November 2007*, a cura di F. Venturi, Clueb, Bologna, pp. 83-102.

– (2013), *Tayinat in the Early Iron Age*, in *Across the Border. Late Bronze-Iron Age Relations between Syria and Anatolia; Proceedings of a Symposium Held at the Research Center of Anatolian Studies, Koç University, Istanbul, May 31-June 1 2010*, a cura di K.A. Yener, Peeters Publishers, Leuven, pp. 61-87.

- (2014), *Recent Discoveries at Tayinat (Ancient Kunulua / Calno) and Their Biblical Implications*, in *Congress Volume Munich 2013*, a cura di C.M. Maier, Brill, Leiden, pp. 396-425.
- (2016), *The Neo-Assyrian Provincial Administration at Tayinat (Ancient Kunalia)*, in *The Provincial Archaeology of the Assyrian Empire*, a cura di J. MacGinnis, D. Wicke e T. Greenfield, McDonald Institute for Archaeological Research, Cambridge, pp. 253-64.
- (2021), *The Iron Age I-II Transition in the Northern Levant. An Emerging Consensus*, in «Jerusalem Journal of Archaeology», 1, pp. 325-51.

Hatzaki, E. e Kotsonas, A. (2020), *Knossos and North Central Crete*, in *A Companion to the Archaeology of Early Greece and the Mediterranean*, a cura di I.S. Lemos e A. Kotsonas, Wiley Blackwell, London, 2, pp. 1029-53.

Hawass, Z. (2010), *Preface*, in *The Royal Cache TT 320. A Re-examination*, a cura di E. Graefe e G. Belova, Supreme Council of Antiquities Press, Cairo, pp. 1-2.

- *et al.* (2012), *Revisiting the Harem Conspiracy and Death of Ramesses III. Anthropological, Forensic, Radiological, and Genetic Study*, in «British Medical Journal», 345, e8268: http://www.bmj.com/content/345/bmj.e8268.

Hawkins, J.D. (1988), *Kuzi-Tešub and the «Great Kings» of Karkamiš*, in «Anatolian Studies», 38, pp. 99-108.

- (1995), *Great Kings and Country Lords at Malatya and Karkamis*, in *Studio Historiae Ardens. Ancient Near Eastern Studies Presented to Philo H.J. Houwink ten Cate*, a cura di Th.P.J. van den Hout e J. de Roos, Nederlands Historisch-Archaeologisch Instituut te Istanbul, Istanbul, pp. 75-86.
- (2000), *Corpus of Hieroglyphic Luwian Inscriptions*, vol. 1, *Inscriptions of the Iron Age*, Walter de Gruyter, Berlin.
- (2009), *Cilicia, the Amuq and Aleppo. New Light in a Dark Age*, in «Near Eastern Archaeology», 72, 4, pp. 164-73.
- (2011), *The Inscriptions of the Aleppo Temple*, in «Anatolian Studies», 61, pp. 35-54.
- e Peker, H. (2014), *Karkemish in the Iron Age*, in *Karkemish. An Ancient Capital on the Euphrates*, a cura di N. Marchetti, AnteQuem, Bologna, pp. 107-10.
- e Weeden, M. (2016), *Sketch History of Karkemish in the Earlier Iron Age (Iron I-IIB)*, in *Carchemish in Context. The Land of Carchemish Project, 2006-2010*, a cura di T.J. Wilkinson, E. Peltenburg e E.B. Wilkinson, Oxbow Books, Oxford, pp. 9-21.

Heurtley, W.A. (1926-27), *A Prehistoric Site in Western Macedonia and the Dorian Invasion*, in «Annual of the British School at Athens», 28, pp. 158-94.

Hitchcock, L.A. e Maeir, A.M. (2019), *Pirates of the Crete-Aegean. Migration, Mobility, and Post-palatial Realities at the End of the Bronze Age*, in *Proceedings of the 12th International Congress of Cretan Studies, Heraklion, 21-25.9.2016*, Society of Cretan Historical Studies, Herakleio, pp. 1-12.

Hodos, T. (2020), *The Archaeology of the Mediterranean Iron Age. A Globalising World c. 1100-600 BCE*, Cambridge University Press, Cambridge.

– (2022), *Globalizing the Mediterranean's Iron Age*, in *The Connected Iron Age. Interregional Networks in the Eastern Mediterranean, 900-600 BCE*, a cura di J.M. Hall e J.F. Osborne, University of Chicago Press, Chicago, pp. 214-32.

Hoffman, G.L. (1997), *Imports and Immigrants. Near Eastern Contacts with Iron Age Crete*, University of Michigan Press, Ann Arbor.

Höflmayer, F. e Gundacker, R. (2021), *Sheshonq (Shishak) in Palestine. Old Paradigms and New Vistas*, in «Ancient Near East Today», 9, 4.

Hogarth, D.G. (1911), *Hittite Problems and the Excavation of Carchemish*, British Academy, London.

Hoglund, K.G. (1994), *Edomites*, in *Peoples of the Old Testament World*, a cura di A.J. Hoerth, G.L. Mattingly e E.M. Yamauchi, Baker Books, Grand Rapids (Michigan), pp. 335-47.

Holling, C.S. (1973), *Resilience and Stability of Ecological Systems*, in «Annual Review of Ecology and Systematics», 4, pp. 1-23.

– (1986), *The Resilience of Terrestrial Ecosystems. Local Surprise and Global Change*, in *Sustainable Development of the Biosphere*, a cura di W.C. Clark e R.E. Munn, Cambridge University Press, Cambridge, pp. 292-317.

– (2001), *Understanding the Complexity of Economic, Ecological, and Social Systems*, in «Ecosystems», 4, 5, pp. 390-405.

– *et al.* (2002), *Discoveries for Sustainable Futures*, in *Panarchy. Understanding Transformations in Human and Natural Systems*, a cura di L.H. Gunderson e C.S. Holling, Island Press, Washington DC, pp. 395-417.

– e Gunderson, L.H. (2002), *Resilience and adaptive cycles*, in *Panarchy. Understanding Transformations in Human and Natural Systems*, a cura di L.H. Gunderson e C.S. Holling, Island Press, Washington DC, pp. 25-62.

–, Gunderson, L.H. e Ludwig, D. (2002), *In Quest of a Theory of Adaptive Change*, in *Panarchy. Understanding Transformations in Human and Natural Systems*, a cura di L.H. Gunderson e C.S. Holling, Island Press, Washington DC, pp. 2-22.

Hooker, J.T. (1979), *New Reflections on the Dorian Invasion*, in «Klio», 61, pp. 353-60.

Horn, S.H. (1986), *Why the Moabite Stone Was Blown to Pieces*, in «Biblical Archaeology Review», 12, 3, pp. 50-61.

Howard, D.M. (1994), *Philistines*, in *Peoples of the Old Testament World*, a cura di A.J. Hoerth, G.L. Mattingly e E.M. Yamauchi, Baker Books, Grand Rapids (Michigan), pp. 231-50.

Iacovou, M. (1994), *The Topography of Eleventh Century* BC *Cyprus*, in *Cyprus in the 11th Century* BC. *Proceedings of the International Symposium, Nicosia, 30-31 October 1993*, a cura di V. Karageorghis, A.G. Leventis Foundation, Nicosia, pp. 149-65.

– (1999), *The Greek Exodus to Cyprus. The Antiquity of Hellenism*, in «Mediterranean Historical Review», 14, 2, pp. 1-28.

– (2002), *From Ten to Naught. Formation, Consolidation and Abolition of Cyprus' Iron Age Polities*, in «Cahiers du Centre d'Études Chypriotes», 32, pp. 73-85.

– (2005a), *Cyprus at the Dawn of the First Millennium* BC. *Cultural Homogenization versus the Tyranny of Ethnic Identifications*, in *Archaeological Perspectives on the Transmission and Transformation of Culture in the Eastern Mediterranean*, a cura di J. Clarke, Oxbow, Oxford, pp. 125-34.

– (2005b), *The Early Iron Age Urban Forms of Cyprus*, in *Mediterranean Urbanization 800-600* BC, a cura di R. Osborne e B. Cunliffe, Proceedings of the British Academy 126, Oxford University for the British Academy, Oxford, pp. 17-43.

– (2006a), *From the Mycenaean* QA-SI-RE-U *to the Cypriote* PA-SI-LE-WO-SE. *The Basileus in the Kingdoms of Cyprus*, in *Ancient Greece from the Mycenaean Palaces to the Age of Homer*, a cura di S. Deger-Jalkotzy e I.S. Lemos, Edinburgh University Press, Edinburgh, pp. 315-35.

– (2006b), *«Greeks», «Phoenicians» and «Eteocypriots». Ethnic Identities in the Cypriote Kingdoms*, in *Sweet Land... Lectures on the History and Culture of Cyprus*, a cura di J. Chrysostomides e C. Dendrinos, Porphyrogenitus, Camberley, pp. 27-59.

– (2007), *Advocating Cyprocentricism. An Indigenous Model for the Emergence of State Formation on Cyprus*, in *«Up to the Gates of Ekron» (1 Samuel 17:52)*, in *Essays on the Archaeology and History of the Eastern Mediterranean in Honor of Seymour Gitin*, a cura di S. White Crawford *et al.*, Israel Exploration Society, Jerusalem, pp. 461-75.

– (2008), *Cultural and Political Configurations in Iron Age Cyprus. The Sequel to a Protohistoric Episode*, in «American Journal of Archaeology», 112, 4, pp. 625-57.

– (2012), *External and Internal Migrations during the 12th Century* BC. *Setting the Stage for an Economically Successful Early Iron Age in Cyprus*, in *Cyprus and the Aegean in the Early Iron Age. The Legacy of Nicolas Coldstream*, a cura di M. Iacovou, Bank of Cyprus Cultural Foundation, Nicosia, pp. 207-27.

– (2013), *Historically Elusive and Internally Fragile Island Polities. The Intricacies of Cyprus's Political Geography in the Iron Age*, in «Bulletin of the American Schools of Oriental Research», 370, pp. 15-47.

– (2014a), *Beyond the Athenocentric Misconceptions: The Cypriote Polities in Their Economic Context*, in *Basileis and Poleis on the Island of Cyprus. The Cypriote Polities in Their Mediterranean Context*, a cura di M. Hatzopoulos e M. Iacovou, in «Cahiers du Centre d'Études Chypriotes», 44, pp. 95-117.

– (2014b), *Cyprus during the Iron Age I Period (Late Cypriot IIC-IIIA)*, in *The Oxford Handbook of the Archaeology of the Levant, c. 8000-332 BCE*, a cura di M.L. Steiner e A.E. Killebrew, Oxford University Press, Oxford, pp. 660-74.

– (2014c), *Cyprus during the Iron Age through the Persian Period*, in *The Oxford Handbook of the Archaeology of the Levant, c. 8000-332 BCE*, a cura di M.L. Steiner e A.E. Killebrew, Oxford University Press, Oxford, pp. 795-824.

Iakovides, S. (1980), *Excavations of the Necropolis at Perati*, Institute of Archaeology, University of California, Los Angeles.

Ilan, D. (2019), *The «Conquest» of the Highlands in the Iron Age I*, in *The Social Archaeology of the Levant. From Prehistory to the Present*, a cura di A. Yasur-Landau, E.H. Cline e Y. Rowan, Cambridge University Press, Cambridge, pp. 283-309.

Ilieva, P. (2019), *Phoenicians, Cypriots and Euboeans in the Northern Aegean. A Reappraisal*, in «Aura», 2, pp. 65-102.

Jackson, R. *et al.* (2022), *Disjunctures of Practice and the Problems of Collapse*, in *Perspectives on Public Policy in Societal-Environmental Crises. What the Future Needs from History*, a cura di A. Izdebski, J. Haldon e P. Filipkowski, Springer, Cham (Svizzera), pp. 75-108.

James, P. e Van der Veen, P.G., a cura di (2015), *Solomon and Shishak. Current Perspectives from Archaeology, Epigraphy, History and Chronology; Proceedings of the Third BICANE Colloquium Held at Sidney Sussex College, Cambridge, 26-27 March 2011*, BAR International Series 2732, Archaeopress, Oxford, pp. 137-47.

Janes, S. (2010), *Negotiating Island Interactions. Cyprus, the Aegean and the Levant in the Late Bronze to Early Iron Ages*, in *Material Connections in the Ancient Mediterranean. Mobility, Materiality and Mediterranean Identities*, a cura di P. van Dommelen e A.B. Knapp, Routledge, London, pp. 127-46.

– (2013), *Death and Burial in the Age of the Cypriot City-Kingdoms. Social Complexity Based on the Mortuary Evidence*, in «Bulletin of the American Schools of Oriental Research», 370, pp. 145-68.

– (2014), *An Entangled Past. Island Interactions, Mortuary Practices and the Negotiation of Identitites on Early Iron Age Cyprus*, in *The Cambridge Prehistory of the Bronze and Iron Age Mediterranean*, a cura di A.B. Knapp e P. van Dommelen, Cambridge University Press, Cambridge, pp. 571-84.

Janeway, B. (2006-07), *The Nature and Extent of Aegean Contact at Tell Ta'yinat and Vicinity in the Early Iron Age. Evidence of the Sea Peoples?*, in «Scripta Mediterranea», 27-28, pp. 123-46.

– (2017) *Sea Peoples of the Northern Levant? Aegean-Style Pottery from Early Iron Age Tell Tayinat*, in *Studies in the Archaeology and History of the Levant*, vol. 7, Brill, Leiden.

Jarus, O. (2021), *King Solomon's Mines in Spain? Not Likely, Experts Say*, in «Live Science», 4 maggio: https://www.livescience.com/king-solomon-mining-expedition-claim.html.

Jeffers, J.A. (2013), *Tiglath-Pileser I. A Light in a «Dark Age»*, tesi di Ph.D., University of Pennsylvania.

Johnson, S.A. (2017), *Why Did Ancient Civilizations Fail?*, Routledge, New York.

Johnston, P.A. e Kaufman, B. (2019), *Metallurgy and Other Technologies*, in *The Oxford Handbook of the Phoenician and Punic Mediterranean*, a cura di C. López-Ruiz e B.R. Doak, Oxford University Press, Oxford, pp. 401-22.

Jones, D.W. (2000), *External Relations of Early Iron Age Crete, 1100-600 BC*, AIA Monographs New Series, min. 4, Kendall / Hunt Publishing, Dubuque (Indiana).

Jung, R. (2023), *Synchronizing Palace Destructions in the Eastern Mediterranean*, in *Synchronizing the Destructions of the Mycenaean Palaces*, a cura di R. Jung e E. Kardamaki, Austrian Academy of Sciences Press, Vienna, pp. 255-322.

– e Kardamaki, E. (2023), *Introduction*, in *Synchronizing the Destructions of the Mycenaean Palaces*, a cura di R. Jung e E. Kardamaki, Austrian Academy of Sciences Press, Vienna, pp. 11-33.

Kaniewski, D., Guiot, J. e Van Campo, E. (2015), *Drought and Societal Collapse 3200 Years Ago in the East Mediterranean. A Review*, in «WIRES Climate Change», 6, pp. 369-82: https://doi.org/10.1002/wcc.345.

– *et al.* (2013), *Environmental Roots of the Late Bronze Age Crisis*, in «PLOS ONE», 8, 8, e71004: https://doi.org/10.1371/journal.pone.0071004.

– *et al.* (2019a), *300-Year Drought Frames Late Bronze Age to Early Iron Age Transition in the Near East. New Palaeoecological Data from Cyprus and

Syria, in «Regional Environmental Change», 19, pp. 2287-97: https://doi.org/10.1007/s10113-018-01460-w.

– *et al.* (2019b), *Cold and Dry Outbreaks in the Eastern Mediterranean 3200 Years Ago*, in «Geology», 47, 10, pp. 933-37.

– *et al.* (2020), *Climate Change and Social Unrest. A 6,000-Year Chronicle from the Eastern Mediterranean* in «Geophysical Research Letters», 47, 7: https://doi.org/10.1029/2020GL087496.

Kapucu, N., Hawkins, C.V. e Rivera, F.I., a cura di (2013), *Disaster Resiliency. Interdisciplinary Perspectives,* Routledge, New York.

Karageorghis, V. (1983), *Palaepaphos-Skales. An Iron Age Cemetery in Cyprus,* Alt-Paphos 3, Universitätsverlag, Konstanz.

– (1994), *The Prehistory of an Ethnogenesis*, in *Cyprus in the 11th Century* BC. *Proceedings of the International Symposium, Nicosia, 30-31 October 1993*, a cura di V. Karageorghis, A.G. Leventis Foundation, Nicosia, pp. 1-9.

Kardamakis, E. (2015), *Conclusions from the New Deposit at the Western Staircase Terrace at Tiryns*, in *Mycenaeans Up to Date. The Archaeology of the Northeastern Peloponnese. Current Concepts and New Directions*, a cura di A-.L. Schallin e I. Tournavitou, Swedish Institute at Athens, Stockholm, pp. 79-97.

Karkkainen, B.C. (2005), *Panarchy and Adaptive Change. Around the Loop and Back Again*, in «Minnesota Journal of Law, Science & Technology», 7, 1, pp. 59-77.

Kassianidou, V. (2012), *The Origin and Use of Metals in Iron Age Cyprus*, in *Cyprus and the Aegean in the Early Iron Age. The Legacy of Nicolas Coldstream*, a cura di M. Iacovou, Bank of Cyprus Cultural Foundation, Nicosia, pp. 229-59.

– (2013), *The Exploitation of the Landscape. Metal Resources and the Copper Trade during the Age of the Cypriot City-Kingdoms*, in «Bulletin of the American Schools of Oriental Research», 370, pp. 49-82.

– (2014), *Cypriot Copper for the Iron Age World of the Eastern Mediterranean*, in *Structure, Measurement and Meaning. Studies on Prehistoric Cyprus in Honour of David Frankel*, a cura di J.M. Webb, Studies in Mediterranean Archaeology 143, Åströms Förlag, Uppsala, pp. 261-71.

Katzenstein, H.J. (1973), *The History of Tyre. From the Beginning of the Second Millennium* BCE *until the Fall of the Neo-Babylonian Empire in 538* BCE, Schoken Institute for Jewish Research, Jerusalem.

Kealhofer, L., Grave, P. e Voigt, M.M. (2019), *Dating Gordion. The Timing and Tempo of Late Bronze Age and Iron Age Political Transformation*, in «Radiocarbon», 61, 2, pp. 495-514.

Kearns, C.M. (2015), *Unruly Landscapes. The Making of 1st Millennium* BCE *Polities on Cyprus*, tesi di Ph.D., Cornell University.

– (2019), *Discerning «Favorable» Environments. Science, Survey Archaeology, and the Cypriot Iron Age*, in *New Directions in Cypriot Archaeology*, a cura di C.M. Kearns e S.W. Manning, Cornell University Press, Ithaca (New York), pp. 266-94.

– (2022), *The Rural Landscapes of Archaic Cyprus. An Archaeology of Environmental and Social Change*, Cambridge University Press, Cambridge.

Kemp, L. (2019), *Civilisational Collapse Has a Bright Past – but a Dark Future*, in «Aeon», 21 maggio: https://aeon.co/ideas/civilisational-collapse-has-a-bright-past-but-a-dark-future.

– e Cline, E.H. (2022), *Systemic Risk and Resilience. Synchronous Failures and the Bronze Age Collapse*, in *Perspectives on Public Policy in Societal-Environmental Crises. What the Future Needs from History*, a cura di A. Izdebski, J. Haldon e P. Filipkowski, Springer, Cham (Svizzera), pp. 207-23.

Kiderlen, M. *et al.* (2016), *Tripod Cauldrons Produced at Olympia Give Evidence for Trade with Copper from Faynan (Jordan) to South West Greece, c. 950-750 BCE*, in «Journal of Archaeological Science: Reports», 8, pp. 303-13.

Kilani, M. (2020), *Byblos in the Late Bronze Age. Interactions between the Levantine and Egyptian Worlds*, Brill, Leiden.

Killebrew, A.E. (2005), *Biblical Peoples and Ethnicity. An Archaeological Study of Egyptians, Canaanites, Philistines, and Early Israel, 1300-1100 BCE*, Society of Biblical Literature, Atlanta.

– (2014), *Israel during the Iron Age II Period*, in *The Oxford Handbook of the Archaeology of the Levant, c. 8000-332 BCE*, a cura di M.L. Steiner e A.E. Killebrew, Oxford University Press, Oxford, pp. 730-42.

– (2019), *Canaanite Roots, Proto-Phoenicia, and the Early Phoenician Period*, in *The Oxford Handbook of the Phoenician and Punic Mediterranean*, a cura di C. López-Ruiz e B.R. Doak, Oxford University Press, Oxford, pp. 39-52.

King, L.W. (1915), *Bronze Reliefs from the Gates of Shalmaneser, King of Assyria BC 860-825*, British Museum, London.

Kingsley, S. (2021), *Seeking Solomon on the High Seas*, in «Wreckwatch», 5-6, pp. 48-58.

Kirleis, W. e Herles, M. (2007), *Climatic Change as a Reason for Assyro-Aramaean Conflicts? Pollen Evidence for Drought at the End of the 2nd Millennium BC*, in «State Archives of Assyria Bulletin», 16, pp. 7-37.

Kitchen, K.A. (1973), *The Third Intermediate Period in Egypt (1100-650 BC)*, Aris & Phillips, Warminster.

– (2012), *Ramesses III and the Ramesside Period*, in *Ramesses III. The Life and Times of Egypt's Last Hero*, a cura di E.H. Cline e D.B. O'Connor, University of Michigan Press, Ann Arbor, pp. 1-26.

Kleiman, A. (2016), *The Damascene Subjugation of the Southern Levant as a Gradual Process (ca. 842-800 BCE)*, in *In Search for Aram and Israel. Politics, Culture, and Identity*, a cura di O. Sergi, M. Oeming e I.J. de Hulster, Mohr Siebeck, Tübingen, pp. 57-76.

Knapp, A.B. (2014), *Mediterranean Archaeology and Ethnicity*, in *A Companion to Ethnicity in the Ancient Mediterranean*, a cura di J. McInerney, John Wiley & Sons, London, pp. 34-49.

– (2021), *Migration Myths and the End of the Bronze Age in the Eastern Mediterranean*, Cambridge University Press, Cambridge.

– e Meyer, N. (2020), *Cyprus. Bronze Age Demise, Iron Age Regeneration*, in *Collapse and Transformation. The Late Bronze Age to Early Iron Age in the Aegean*, a cura di G.M. Middleton, Oxbow books, Oxford, pp. 237-46.

Knodell, A.R. (2021), *Societies in Transition in Early Greece. An Archaeological History*, University of California Press, Berkeley.

Koch, I. (2020), *On Philistines and Early Israelite Kings. Memories and Perceptions*, in *Saul, Benjamin, and the Emergence of Monarchy in Israel. Biblical and Archaeological Perspectives*, a cura di J.J. Krause, O. Sergi e K. Weingart, SBL Press, Atlanta, pp. 7-31.

– (2021), *Colonial Encounters in Southwest Canaan during the Late Bronze and the Early Iron Age*, Brill, Leiden.

Kohler, T.A. e Rockman, M. (2020), *The IPCC. A Primer for Archaeologists*, in «American Antiquity», 85, 4, pp. 627-51.

Kohlmeyer, K. (2009), *The Temple of the Storm God in Aleppo during the Late Bronze and Early Iron Ages*, in «Near Eastern Archaeology», 72, 4, pp. 190-202.

– (2011), *Building Activities and Architectural Decoration in the 11th Century BC. The Temples of Taita, King of Padasatini / Palistin in Aleppo and 'Ain Dara*, in *Empires after the Empire. Anatolia, Syria and Assyria after Suppiluliuma II (ca. 1200-800/700 BC)*, a cura di K. Strobel, LoGisma, Roma, pp. 255-80.

Kostoglou, M. (2010), *Iron, Connectivity and Local Identities in the Iron Age to Classical Mediterranean*, in *Material Connections in the Ancient Mediterranean. Mobility, Materiality and Identity*, a cura di P. van Dommelen e A.B. Knapp, Routledge, New York, pp. 170-89.

Kotsonas, A. (2006), *Wealth and Status in Iron Age Knossos*, in «Oxford Journal of Archaeology», 25, 2, pp. 149-72.

– (2016), *Politics of Periodization and the Archaeology of Early Greece*, in «American Journal of Archaeology», 120, 2, pp. 239-70.

– (2018), *Homer, the Archaeology of Crete and the «Tomb of Meriones» at Knossos*, in «Journal of Hellenic Studies», 138, pp. 1-35.

– (2019), *Early Iron Age Knossos and the Development of the City of the Historical Period*, in *Proceedings of the 12th International Congress of Cretan Studies, Heraklion, 21-25.9.2016*, Society of Cretan Historical Studies, Herakleio, pp. 1-13.

– (2020), *History of Research*, in *A Companion to the Archaeology of Early Greece and the Mediterranean*, a cura di I.S. Lemos e A. Kotsonas, Wiley Blackwell, London, 1, pp. 75-96.

– (2021), *Making Cretan Cities. Urbanization, Demography and Economies of Production in the Early Iron Age and the Archaic Period*, in *Making Cities. Economies of Production and Urbanization in Mediterranean Europe, 1000-500 BC*, a cura di M. Gleba, B. Marín-Aguilera e B. Dimova, McDonald Institute for Archaeological Research, Cambridge, pp. 57-76.

– (2022), *Early Greek Alphabetic Writing. Text, Context, Material Properties, and Socialization*, in «American Journal of Archaeology», 126, 2, pp. 167-200.

– *et al.* (2018), *Early Iron Age Knossos. An Overview from the Knossos Urban Landscape Project (KULP)*, in *Proceedings of 11th International Congress of Cretan Studies, Rethymno, 21-27 October 2011*, a cura di E. Gavrilaki, Historical and Folklore Society of Rethymno, Rethymno, pp. 61-77.

– e Mokrišová, J. (2020), *Mobility, Migration, and Colonization*, in *A Companion to the Archaeology of Early Greece and the Mediterranean*, a cura di I.S. Lemos e A. Kotsonas, Wiley Blackwell, London, 2, pp. 217-46.

Kourou, N. (2000), *Phoenician Presence in Early Iron Age Crete Reconsidered*, in *Actas del IV Congreso Internacional de Estudios Fenicios y Púnicos, Cádiz, 2 al 6 de Octubre de 1995*, Universidad de Cádiz, Cádiz, 3, pp. 1067-81.

– (2004), *Inscribed Imports, Visitors and Pilgrims at the Archaic Sanctuaries of Camiros*, in *Χάρις Χαίρε. Studies in Memory of Charis Kantzia*, vol. B, a cura di A. Giannikouri, Archaiologiko Institouto Aigaiakon Spoudon, Atene, pp. 11-30.

– (2008a), *The Aegean and the Levant in the Early Iron Age. Recent Developments*, in *Interconnections in the Eastern Mediterranean. Lebanon in the Bronze and Iron Ages; Proceedings of the International Symposium*, Beirut 2008, «Bulletin d'Archéologie et d'Architecture Libanaises (BAAL)», n.s., 6, pp. 361-74.

– (2008b), *The Evidence from the Aegean*, in *Beyond the Homeland. Markers in Phoenician Chronology*, a cura di C. Sargona, Ancient Near Eastern Studies Supplement 28, Peeters Press, Leuven, pp. 305-64.

– (2012), *Phoenicia, Cyprus and the Aegean in the Early Iron Age. J.N. Coldstream's Contribution and the Current State of Research*, in *Cyprus and the Aegean in the Early Iron Age. The Legacy of Nicolas Coldstream*, a cura di M. Iacovou, Bank of Cyprus Cultural Foundation, Nicosia, pp. 33-51.

– (2016), *A Cypriot Sequence in Early Iron Age Crete. Heirlooms, Imports and Adaptations*, in «Cahiers du Centre d'Études Chypriotes», 46, pp. 51-69.

– (2019), *Cyprus and the Aegean in the Geometric Period. The Case of Salamis*, in *Salamis of Cyprus. History and Archaeology from the Earliest Times to Late Antiquity*; *Conference in Nicosia, 21-23 May 2015*, a cura di S. Rogge, C. Ioannou e T. Mavrojannis, Waxmann Verlag, Münster, pp. 77-97.

Kramer-Hajos, M. (2016), *Mycenaean Greece and the Aegean World. Palace and Province in the Late Bronze Age*, Cambridge University Press, Cambridge.

– (2020), *The Euboean Gulf*, in *Collapse and Transformation. The Late Bronze Age to Early Iron Age in the Aegean*, a cura di G.M. Middleton, Oxbow Books, Oxford, pp. 201-08.

Kreppner, F.J. (2002), *Public Space in Nature. The Case of Neo-Assyrian Rock-Reliefs*, in «Altorientalische Forschungen», 29, 2, pp. 367-83.

Kristiansen, K. (2018), *The Rise of Bronze Age Peripheries and the Expansion of International Trade 1950-1100 BC*, in *Trade and Civilisation. Economic Networks and Cultural Ties, from Prehistory to the Early Modern Era*, a cura di K. Kristiansen, T. Lindkvist e J. Myrdal, Cambridge University Press, Cambridge, pp. 87-112.

Kroll, S. *et al.* (2012), *Introduction*, in *Biainili-Urartu. The Proceedings of the Symposium Held in Munich, 12-14 October 2007*, a cura di S. Kroll *et al.*, Peeters, Louvain, pp. 1-38.

Kuecker, G.D. e Hall, T.D. (2011), *Resilience and Community in the Age of World-System Collapse*, in «Nature and Culture», 6, 1, pp. 18-40.

Kuhrt, A. (1995), *The Ancient Near East c. 3000-330 BC*, voll. 1 e 2, Routledge, London.

Kuzucuoğlu, C. (2015), *The Rise and Fall of the Hittite State in Central Anatolia. How, When, Where, Did Climate Intervene?*, in *La Cappadoce méridionale de la préhistoire à l'époque byzantine. 3e rencontres d'archéologie de IFEA, Istanbul, 8-9 novembre 2012*, a cura di D. Beyer, O. Henry e A. Tibet, Institut français d'études anatoliennes, Istanbul, pp. 17-41.

LaFayette Hogue, S. (2016), *New Evidence of Post-destruction Reuse in the Main Building of the Palace of Nestor at Pylos*, in «American Journal of Archaeology», 120, 1, pp. 151-57.

Langgut, D. *et al.* (2014), *Dead Sea Pollen Record and History of Human Activity in the Judean Highlands (Israel) from the Intermediate Bronze into the Iron Ages (2500-500 BCE)*, in «Palynology», 38, 2, pp. 280-302.

– *et al.* (2015), *Vegetation and Climate Changes during the Bronze and Iron Ages (~3600-600 BCE) in the Southern Levant Based on Palynological Records*, in «Radiocarbon», 57, 2, pp. 217-35.

Lantzas, K. (2016), *Reconsidering Collapse. Identity, Ideology, and Postcollapse Settlement in the Argolid*, in *Beyond Collapse. Archaeological Perspectives on Resilience, Revitalization, and Transformation in Complex Societies*, a cura di R.K. Faulseit, Visiting Scholar Conference Volumes: Center for Archaeological Investigations Occasional Paper n. 42, Southern Illinois University Press, Carbondale, pp. 459-85.

Larson, M.T. (2017), *The Archaeological Exploration of Assyria*, in *A Companion to Assyria*, a cura di E. Frahm, Wiley Blackwell, Oxford, pp. 583-98.

Lavell, A. (1999), *Natural and Technological Disasters. Capacity Building and Human Resource Development for Disaster Management*, concept paper commissionato da Emergency Response Division, United Nations Development Program, Geneva (Svizzera).

– *et al.* (2012), *Climate Change. New Dimensions in Disaster Risk, Exposure, Vulnerability, and Resilience*, in *Managing the Risks of Extreme Events and Disasters to Advance Climate Change Adaptation*, a cura di C.B. Field *et al.*, Special Report of Working Groups I and II of the Intergovernmental Panel on Climate Change (IPCC), Cambridge University Press, Cambridge, pp. 25-64.

Layard, A.H. (1849), *The Monuments of Nineveh. From Drawings Made on the Spot*, Murray, London.

Lehmann, G. (2008), *North Syria and Cilicia, ca. 1200-330 BCE*, in *Beyond the Homeland. Markers in Phoenician Chronology*, a cura di C. Sargona, Ancient Near Eastern Studies Supplement 28, Peeters Press, Leuven, pp. 205-46.

– (2019), *The Levant*, in *The Oxford Handbook of the Phoenician and Punic Mediterranean*, a cura di C. López-Ruiz e B.R. Doak, Oxford University Press, Oxford, pp. 465-79.

– (2021), *The Emergence of Early Phoenicia*, in «Jerusalem Journal of Archaeology», 1, pp. 272-324.

Lemaire, A. (1994), *«House of David» Restored in Moabite Inscription*, in «Biblical Archaeology Review», 20, 3, pp. 30-37.

Lemos, I.S. (2002), *The Protogeometric Aegean. The Archaeology of the Late Eleventh and Tenth Centuries BC*, Oxford University Press, Oxford.

– (2006), *Athens and Lefkandi. A Tale of Two Sites*, in *Ancient Greece. From the Mycenaean Palaces to the Age of Homer*, a cura di S. Deger-Jalkotzy e I.S. Lemos, Edinburgh University Press, Edinburgh, pp. 505-30.

– (2014), *Communities in Transformation. An Archaeological Survey from the 12th to the 9th Century BC*, in «Pharos», 20, pp. 161-91.

– (2020), *Euboea*, in *A Companion to the Archaeology of Early Greece and the Mediterranean*, a cura di I.S. Lemos e A. Kotsonas, Wiley Blackwell, London, 2, pp. 787-813.

– e Kotsonas, A. (2020), *Preface*, in *A Companion to the Archaeology of Early Greece and the Mediterranean*, a cura di I.S. Lemos e A. Kotsonas, Wiley Blackwell, Boston, 1, pp. XXIII-XXVI.

Levin, Y. (2017), *Gath of the Philistines in the Bible and on the Ground. The Historical Geography of Tell es-Safi / Gath*, in «Near Eastern Archaeology», 80, 4, pp. 232-40.

Levy, T.E. *et al.* (2008), *High-Precision Radiocarbon Dating and Historical Biblical Archaeology in Southern Jordan*, in «PNAS», 105, 43, pp. 16460-65.

–, Münger, S. e Najjar, M. (2014), *A Newly Discovered Scarab of Sheshonq I. Recent Iron Age Explorations in Southern Jordan*, in «Antiquity», 341, 88: https://www.antiquity.ac.uk/projgall/levy341.

–, Najjr, M. e Ben-Yosef, E., a cura di (2014), *New Insights into the Iron Age Archaeology of Edom, Southern Jordan*, voll. 1 e 2, Cotsen Institute of Archaeology Press, Los Angeles.

Lichtheim, M. (2019), *The Report of Wenamun*, in *Ancient Egyptian Literature*, a cura di M. Lichtheim, University of California Press, Berkeley, pp. 561-68.

Lipiński, E. (2006), *On the Skirts of Canaan in the Iron Age. Historical and Topographical Researches*, Peeters, Leuven.

Liss, B. *et al.* (2020), *Up the Wadi. Development of an Iron Age Industrial Landscape in Faynan, Jordan*, in «Journal of Field Archaeology», 45, 6, pp. 413-27.

Liston, M.A. e Papadopoulos, J.K. (2004), *The «Rich Athenian Lady» Was Pregnant. The Anthropology of a Geometric Tomb Reconsidered*, in «Hesperia», 73, pp. 7-38.

Liverani, M. (1988a), *Antico oriente. Storia, società, economia*, Laterza, Roma-Bari.

– (1988b), *The Growth of the Assyrian Empire in the Habur / Middle Euphrates Area. A New Paradigm*, in «State Archives of Assyria Bulletin», 2, 2, pp. 81-98.

– (2011), *Antico oriente. Storia, società, economia*, nuova ed. aggiornata, Laterza, Roma-Bari.

Livieratou, A. (2020), *East Lokris-Phokis*, in *Collapse and Transformation. The Late Bronze Age to Early Iron Age in the Aegean*, a cura di G.M. Middleton, Oxbow Books, Oxford, pp. 97-106.

Lloyd, M. (2013), *Warfare and the Recovery from Palatial Collapse in the 12th Century BC. A Case Study of the Argolid and Achaea*, in *Tough Times. The Archaeology of Crisis and Recovery; Proceedings of the Graduate Archaeology at Oxford Conferences in 2010 and 2011*, a cura di E.M. van der Wilt e J. Martínez Jiménez, BAR International Series 2478, Archaeopress, Oxford, pp. 109-14.

– (2015), *Death of a Swordsman, Death of a Sword. The Killing of Swords in the EarlyIron Age Aegean (ca. 1050 to ca. 690 BCE)*, in «Ancient Warfare», 1, pp. 14-31.

– (2017), *Why Study Dark Age Greece?*, in «Josho Brouwers», 6 dicembre: https://www.ancientworldmagazine.com/articles/why-study-dark-age-greece/.

– (2018), *Bending in the Grave. Killing Weapons in the Early Iron Age Aegean*, in «Ancient World Magazine», 16 gennaio: https://www.ancientworldmagazine.com/articles/bending-grave-killing-weapons-early-iron-age-aegean.

Lloyd, S. (1980), *Foundations in the Dust. The Story of Mesopotamian Exploration*, ed. rivista e accresciuta, Thames and Hudson, London.

López-Ruiz, C. (2021), *Phoenicians and the Making of the Mediterranean*, Harvard University Press, Cambridge (Massachusetts).

– (2022), *Phoenicians and the Iron Age Mediterranean*, in *The Connected Iron Age. Interregional Networks in the Eastern Mediterranean, 900-600 BCE*, a cura di J.M. Hall e J.F. Osborne, University of Chicago Press, Chicago, pp. 27-48.

– e Doak, B.R., a cura di (2019), *The Oxford Handbook of the Phoenician and Punic Mediterranean*, Oxford University Press, Oxford.

Macalister, R.A.S. (1914), *The Philistines. Their History and Civilization*, Oxford University Press, London.

MacGinnis, J. e Matney, T. (2009), *Ziyaret Tepe. Digging the Frontier of the Assyrian Empire*, in «Current World Archaeology», 37, pp. 30-40.

Maeir, A.M., a cura di (2012), *Tell es-Safi / Gath I. The 1996-2005 Seasons*, Harrassowitz Verlag, Wiesbaden.

– (2017a), *Can Material Evidence of Aramean Influences and Presence in Iron Age Judah and Israel Be Found?*, in *Wandering Arameans. Arameans outside Syria; Textual and Archaeological Perspectives*, a cura di A. Berlejung, A.M. Maeir e A. Schüle, Harrassowitz Verlag, Wiesbaden, pp. 53-67.

– (2017b), *Philistine Gath after 20 Years. Regional Perspectives on the Iron Age at Tell es-Safi / Gath*, in *The Shephelah during the Iron Age. Recent Archaeological Studies*, a cura di O. Lipschits e A.M. Maeir, Penn State University Press / Eisenbrauns, University Park, pp. 133-54.

– (2019), *Philistine and Israelite Identities. Some Comparative Thoughts*, in «Die Welt des Orients», 49, pp. 151-60.

– (2020), *A «Repertoire of Otherness»? Identities in Early Iron Age Philistia*, in *From the Prehistory of Upper Mesopotamia to the Bronze and Iron Age Societies of the Levant. Volume 1. Proceedings of the 5th «Broadening Horizons» Conference*, Udine, 5-8 giugno 2017, a cura di M. Iamoni, Edizioni università di Trieste, Trieste, pp. 161-70.

– (2021), *Identity Creation and Resource Controlling Strategies. Thoughts on Edomite Ethnogenesis and Development*, in «Bulletin of ASOR», 386, pp. 209-20.

– (2022a), *Archaeology and Cultural History*, in *Encyclopedia of Material Culture in the Biblical World. A New Biblisches Reallexikon*, a cura di A. Berlejung *et al.*, Mohr Siebeck, Tübingen, pp. 29-53.

– (2022b), *Between Philistia, Phoenicia, and Beyond. A View from Tell es-Safi-Gath*, in *Material, Method, and Meaning. Papers in Eastern Mediterranean Archaeology in Honor of Ilan Sharon*, a cura di U. Davidovich, N. Yahalom-Mack e S. Matskevich, Zaphon, Münster, pp. 185-94.

– (2022c), *Jerusalem and the West – via Philistia. An Early Iron Age Perspective from Tell es-Safi / Gath*, in *Jerusalem and the Coastal Plain in the Iron Age and Persian Periods. New Studies on Jerusalem's Relations with the Southern Coastal Plain of Israel / Palestine (c. 1200-300 BCE)*, a cura di F. Hagemeyer, Mohr Siebeck, Tübingen, pp. 7-21.

– (2022d), *You've Come a Long Way, Baby! Changing Perspectives on the Philistines*, in «Journal of Eastern Mediterranean Archaeology and Heritage Studies», 10, 3-4, pp. 216-39.

– (2023), *«Their Voice Carries throughout the Earth, Their Words to the End of the World» (Ps 19, 5). Thoughts on Long-Range Trade in Organics in the Bronze and Iron Age Levant*, in *«And in Length of Days Understanding» (Job 12:12)*, in *Essays on Archaeology in the 21st Century in Honor of Thomas E. Levy*, a cura di E. Ben-Yosef e I.W.N. Jones, Springer, Cham (Svizzera).

– e Gur-Arieh, S. (2011), *Comparative Aspects of the Aramean Siege System at Tell es-Safi / Gath*, in *The Fire Signals of Lachish. Studies in the Archaeology and History of Israel in the Late Bronze Age, Iron Age, and Persian Period in Honor of David Ussishkin*, a cura di I. Finkelstein e N. Na'aman, Eisenbrauns, Winona Lake (Indiana), pp. 227-44.

– e Uziel, J., a cura di (2020), *Tell Es-Safi / Gath II. Excavations and Studies*, Zaphon, Münster.

Maggidis, C. (2020), *Glas and Boeotia*, in *Collapse and Transformation. The Late Bronze Age to Early Iron Age in the Aegean*, a cura di G.M. Middleton, Oxbow Books, Oxford, pp. 107-20.

Mahieu, B. (2018), *The Old and Middle Assyrian Calendars, and the Adoption of the Babylonian Calendar by Tiglath-Pileser I (Attested in the «Doppeldatierungen» and in the Broken Obelisk)*, in «State Archives of Assyria Bulletin», 24, pp. 63-95.

Manning, S.W. *et al.* (2020), *Beyond Megadrought and Collapse in the Northern Levant. The Chronology of Tell Tayinat and Two Historical Inflection*

Episodes, around 4.2ka BP, *and Following 3.2ka* BP, in «PLOS ONE», 15, 10, e0240799: https://doi.org/10.1371/journal.pone.0240799.

– *et al.* (2023), *Severe Multi-year Drought Coincident with Hittite Collapse around 1198-96* BC, in «Nature», 614, pp. 719-24: https://doi.org/10.1038/s41586-022-05693-y.

Manolova, T. (2020), *The Levant*, in *A Companion to the Archaeology of Early Greece and the Mediterranean*, a cura di I.S. Lemos e A. Kotsonas, Wiley Blackwell, London, 2, pp. 1185-214.

Maran, J. (2006), *Coming to Terms with the Past. Ideology and Power in Late Helladic* IIIC, in *Ancient Greece. From the Mycenaean Palaces to the Age of Homer*, a cura di S. Deger-Jalkotzy e I.S. Lemos, Edinburgh University Press, Edinburgh, pp. 123-50.

– (2016), *Against the Currents of History. The Early 12th-Century* BCE *Resurgence of Tiryns*, in RA-PI-NE-U. *Studies on the Mycenaean World Offered to Robert Laffineur for His 70th Birthday*, a cura di J. Driessen, Presses universitaires de Louvain, Louvain-la-Neuve, pp. 201-20.

– (2023), *The Demise of the Mycenaean Palaces. The Need for an Interpretative Reset*, in *Synchronizing the Destructions of the Mycenaean Palaces*, a cura di R. Jung e E. Kardamaki, Austrian Academy of Sciences Press, Vienna, pp. 231-53.

– e Papadimitriou, A. (2020), *Mycenae and the Argolid*, in *A Companion to the Archaeology of Early Greece and the Mediterranean*, a cura di I.S. Lemos e A. Kotsonas, Wiley Blackwell, London, 2, pp. 699-718.

– e Wright, J.C. (2020), *The Rise of the Mycenaean Culture, Palatial Administration and Its Collapse*, in *A Companion to the Archaeology of Early Greece and the Mediterranean*, a cura di I.S. Lemos e A. Kotsonas, Wiley Blackwell, London, 1, pp. 99-132.

Marchetti, N. (2012), *Karkemish on the Euphrates. Excavating a City's History*, in «Near Eastern Archaeology», 75, pp. 132-47.

– (2014), *A Century of Excavations at Karkemish. Filling the Gaps*, in *Karkemish. An Ancient Capital on the Euphrates*, a cura di N. Marchetti, Ante-Quem, Bologna, pp. 21-43.

– e Peker, H. (2018), *The Stele of Kubaba by Kamani and the Kings of Karkemish in the 9th Century* BC, in «Zeitschrift für Assyriologie», 108, 1, pp. 81-99.

Markoe, G.E. (2000), *Phoenicians*, University of California Press, Berkeley.

Master, D.M. (2021), *The Philistines in the Highlands. A View from Ashkelon*, in «Jerusalem Journal of Archaeology,» 1, pp. 203-20.

Matney, T. *et al.* (2017), *Ziyaret Tepe. Exploring the Anatolian Frontier of the Assyrian Empire*, Cornucopia Books, Istanbul.

Matsui, T. *et al.* (2022), *The Manufacture and Origin of the Tutankhamen Meteoritic Iron Dagger*, in «Meteoritics & Planetary Science», 57, 4, pp. 747-58: https://doi.org/10.1111/maps.13787.

Mattingly, G.L. (1994), *Moabites*, in *Peoples of the Old Testament World*, a cura di A.J. Hoerth, G.L. Mattingly e E.M. Yamauchi, Baker Books, Grand Rapids (Michigan), pp. 317-33.

Mazar, A. (1994), *The 11th Century* BC *in the Land of Israel*, in *Cyprus in the 11th Century* BC. *Proceedings of the International Symposium, Nicosia, 30-31 October 1993*, a cura di V. Karageorghis, A.G. Leventis Foundation, Nicosia, pp. 39-58.

– (2022a), *Tel Rehov. The Site and Its Excavation*, in «Near Eastern Archaeology», 85, 2, pp. 84-89.

– (2022b), *Tel Rehov in the Tenth and Ninth Centuries* BCE, in «Near Eastern Archaeology», 85, 2, pp. 110-25.

– U. Davidovich *et al.* (2022), *The Canaanite City at Tel Rehov. From the Early Bronze Age to the End of the Iron Age I*, in «Near Eastern Archaeology», 85, 2, pp. 96-109.

– e Kourou, N. (2019), *Greece and the Levant in the 10th-9th Centuries* BC, in «Opuscula», 12, pp. 369-92.

– e Mullins, R.A. (2022), *Facing Assyria. Tel Rehov in the Late Ninth and the Eighth Centuries* BCE, in «Near Eastern Archaeology», 85, 2, pp. 146-51.

– e Panitz-Cohen, N., a cura di (2020), *Tel Rehov. A Bronze and Iron Age City in the Beth-Shean Valley*, voll. 1-5, Qedem 59, Istituto di archeologia, Università ebraica di Gerusalemme, Jerusalem.

–, Panitz-Cohen, N. e Bloch, G. (2022), *The Apiary at Tel Rehov. An Update*, in «Near Eastern Archaeology», 85, 2, pp. 126-31.

Mazarakis Ainian, A. (2006), *The Archaeology of Basileis*, in *Ancient Greece. From the Mycenaean Palaces to the Age of Homer*, a cura di S. Deger-Jalkotzy e I.S. Lemos, Edinburgh University Press, Edinburgh, pp. 181-211.

McAnany, P.A. e Yoffee, N. (2010), *Why We Question Collapse and Study Human Resilience, Ecological Vulnerability, and the Aftermath of Empire*, in *Questioning Collapse. Human Resilience, Ecological Vulnerability, and the Aftermath of Empire*, a cura di P.A. McAnany e N. Yoffee, Cambridge University Press, Cambridge, pp. 1-17.

McDowall, C. (2014), *The Silver Pharaoh. Psusennes I Facing the Afterlife in Style*, in «Culture Concept»: https://www.thecultureconcept.com/the-silver-pharaoh-psusennes-i-facing-the-afterlife-in-style.

Megginson, L.C. (1963), *Lessons from Europe for American Business*, in «Southwestern Social Science Quarterly», 44, 1, pp. 3-13.

Middleton, G.D. (2017a), *Do Civilisations Collapse?*, in «Aeon»: https://aeon.co/essays/what-the-idea-of-civilisational-collapse-says-about-history.

– (2017b), *The Show Must Go On. Collapse, Resilience, and Transformation in 21st-Century archaeology*, in «Reviews in Anthropology»: https://doi.org/10.1080/00938157.2017.1343025.

– (2017c), *Understanding Collapse. Ancient History and Modern Myths*, Cambridge University Press, Cambridge.

– (2018a), *«I Would Walk 500 Miles and I Would Walk 500 More». The Sea Peoples and Aegean Migration at the End of the Late Bronze Age*, in *Change, Continuity, and Connectivity. North-Eastern Mediterranean at the Turn of the Bronze Age and in the Early Iron Age*, a cura di Ł. Niesiołowski-Spanò e M. Węcowski, Harrassowitz Verlag, Wiesbaden, pp. 95-115.

– (2018b), *Should I Stay or Should I Go? Mycenaeans, Migration, and Mobility in the Late Bronze Age and Early Iron Age Eastern Mediterranean*, in «Journal of Greek Archaeology», 3, pp. 115-43.

–, a cura di (2020a), *Collapse and Transformation. The Late Bronze Age to Early Iron Age in the Aegean*, Oxbow Books, Oxford.

– (2020b), *Introducing Collapse*, in *Collapse and Transformation. The Late Bronze Age to Early Iron Age in the Aegean*, a cura di G.M. Middleton, Oxbow Books, Oxford, pp. 1-8.

– (2020c), *Mycenaean Collapse(s) c. 1200 BC*, in *Collapse and Transformation. The Late Bronze Age to Early Iron Age in the Aegean*, a cura di G.M. Middleton, Oxbow Books, Oxford, pp. 9-22.

– (2020d), *Review of «The Evolution of Fragility. Setting the Terms» by N. Yoffee*, in «American Journal of Archaeology», 124, 4: https://www.ajaonline.org/book-review/4150.

– (2020e), *A Tale of Three Cities. Urban and Cultural Resilience and Heritage between the Late Bronze and Early Iron Age in the Eastern Mediterranean*, in «Urban History», pp. 1-25.

Millard, A. (1994), *The Eponyms of the Assyrian Empire, 910-612 BC*, State Archive of Assyria Studies 2, Neo-Assyrian Text Corpus Project, Helsinki.

Miller, D.S. e Rivera, J.D., a cura di (2011), *Community Disaster Recovery and Resiliency. Exploring Global Opportunities and Challenges*, CRC Press, Boca Raton (Florida).

Millek, J.M. (2020), *What Actually Happened in Syria at the End of the Late Bronze Age?*, in «Ancient Near East Today», 8, 7, luglio.

– (2020-21), *«Our City Is Sacked. May You Know It!». The Destruction of Ugarit and Its Environs by the «Sea People»*, in «Archaeology & History in the Lebanon», 52-53, pp. 102-32.

– (2021), *Just What Did They Destroy? The Sea Peoples and the End of the Late Bronze Age*, in *The Mediterranean Sea and the Southern Levant. Archaeological and Historical Perspectives from the Bronze Age to Medieval Times*, a cura di J. Kamlah e A. Lichtenberger, Harrassowitz Verlag, Wiesbaden, pp. 59-98.

– (2023), *Destruction and Its Impact on Ancient Societies at the End of the Bronze Age*, Lockwood Press, Atlanta.

– e Hayes, J.H. (2006), *A History of Ancient Israel and Judah*, II ed., Westminster John Knox Press, Louisville (Kentucky).

Misgav, H., Garfinkel, Y. e Ganor, S. (2009), *The Ostracon*, in *Khirbet Qeiyafa I. Excavation Report 2007-2008*, a cura di Y. Garfinkel e S. Ganor, Israel Exploration Society, Jerusalem, pp. 243-57.

Molloy, B. (2022), *Was There a 3.2 ka Crisis in Europe? A Critical Comparison of Climatic, Environmental, and Archaeological Evidence for Radical Change during the Bronze Age-Iron Age Transition*, in «Journal of Archaeological Research», 2 agosto: https://doi.org/10.1007/s10814-022-09176-6.

Monroe, C.M. (2018), *Marginalizing Civilization. The Phoenician Redefinition of Power ca. 1300-800 BCE*, in *Trade and Civilisation. Economic Networks and Cultural Ties, from Prehistory to the Early Modern Era*, a cura di K. Kristiansen, T. Lindkvist e J. Myrdal, Cambridge University Press, Cambridge, pp. 195-241.

Montet, P. (1951), *Les constructions et le tombeau de Psousennes à Tanis*, CNRS, Paris.

Montiglio, S. (2006), *Review of «Hellenicity. Between Ethnicity and Culture» by J.M. Hall*, in «Review of Metaphysics», 60, 1, pp. 160-62.

Moran, W.L. (1992), *The Amarna Letters*, Baltimore, MD, Johns Hopkins University Press.

Morris, I (1987), *Burial and Ancient Society: The Rise of the Greek City-State*, Cambridge University Press, Cambridge.

– (1989), *Circulation, Deposition and the Formation of the Greek Iron Age*, in «Man», n.s., 24, 3, pp. 502-19.

– (1993), *Response to Papadopoulos (I). The Kerameikos Stratigraphy and the Character of the Greek Dark Age*, in «Journal of Mediterranean Archaeology», 6, 2, pp. 207-21.

– (1996), *Negotiated Peripherality in Iron Age Greece. Accepting and Resisting the East*, in «Journal of World-Systems Research», 2, 1, p. 409: https://doi.org/10.5195/jwsr.1996.92.

– (1997), *Periodization and the Heroes. Inventing a Dark Age*, in *Inventing Ancient Culture. Historicism, Periodization and the Ancient World*, a cura di M. Golden e P. Toohey, Routledge, London, pp. 96-131.

– (1999), *Iron Age Greece and the Meanings of «Princely Tombs»*, in *Les princes de la protohistoire et l'émergence de l'état. Actes de la table ronde internationale organisée par le Centre Jean Bérard et l'École française de Rome, Naples, 27-29 octobre 1994*, a cura di P. Ruby, École française de Rome, Roma, pp. 57-80.

– (2000), *Archaeology as Cultural History. Words and Things in Iron Age Greece*, Blackwell, Oxford.

– (2005), *The Growth of Greek Cities in the First Millennium* BC, in «Princeton / Stanford Working Papers in Classics», 120509, 30 giugno, pp. 2-29: https://dx.doi.org/10.2139/ssrn.1426835.

– (2006), *The Collapse and Regeneration of Complex Society in Greece, 1500-500* BC, in *After Collapse. The Regeneration of Complex Societies*, a cura di G.M. Schwartz e J.J. Nichols, University of Arizona Press, Tucson, pp. 72-84.

Morris, S.P. (1989), *Daidalos and Kadmos. Classicism and «Orientalism»*, in *The Challenge of Black Athena*, numero speciale di «Arethusa», autunno, pp. 39-54.

– (1992a), *Daidalos and the Origins of Greek Art*, Princeton University Press, Princeton (New Jersey).

– (1992b), *Introduction*, in *Greece between East and West, 10th-8th Centuries* BC, a cura di G. Kopcke e I. Tokumaru, Philipp von Zabern, Mainz, pp. XIII-XVIII.

– (2022), *Close Encounters of the Lasting Kind. Greeks, Phoenicians, and Others in the Iron Age Mediterranean*, in *The Connected Iron Age. Interregional Networks in the Eastern Mediterranean, 900-600* BCE, a cura di J.M. Hall e J.F. Osborne, University of Chicago Press, Chicago, pp. 98-123.

Mühlenbruch, T. (2009), *Tiryns. The Settlement and Its History in* LH IIIC, in LH IIIC *Chronology and Synchronisms* III. LH IIIC *Late and the Transition to the Early Iron Age; Proceedings of the International Workshop Held at the Austrian Academy of Sciences at Vienna, February 23rd and 24th, 2007*, a cura di S. Deger-Jalkotzy e A.E. Bächle, Verlag der Österreichischen Akademie der Wissenschaften, Vienna, pp. 313-26.

– (2020), *The Argolid*, in *Collapse and Transformation. The Late Bronze Age to Early Iron Age in the Aegean*, a cura di G.M. Middleton, Oxbow Books, Oxford, pp. 121-32.

Muhly, J.D. (1980), *The Bronze Age Setting*, in *The Coming of the Age of Iron*, a cura di T.A. Wertime e J.D. Muhly, Yale University Press, New Haven (Connecticut), pp. 25-67.

– (1992), *The Crisis Years in the Mediterranean World. Transition or Cultural Disintegration?*, in *The Crisis Years. The 12th Century* BC, a cura di

W.A. Ward e M.S. Joukowsky, Kendall / Hunt Publishing, Dubuque (Indiana), pp. 10-22.

– (2003), *Greece and Anatolia in the Early Iron Age. The Archaeological Evidence and the Literary Tradition*, in *Symbiosis, Symbolism, and the Power of the Past. Canaan, Ancient Israel, and Their Neighbors from the Late Bronze Age through Roman Palaestina; Proceedings of the Centennial Symposium, W.F. Albright Institute of Archaeological Research and American Schools of Oriental Research, Jerusalem, May 29-31, 2000*, a cura di W.G. Dever e S. Gitin, Eisenbrauns, Winona Lake (Indiana), pp. 23-35.

– (2011), *Archaic and Classical Greece Would Not Have Been the Same without the Dark Ages*, in *The «Dark Ages» Revisited. Acts of an International Symposium in Memory of William D.E. Coulson, University of Thessaly (Volos, 14-17 June 2007)*, a cura di A. Mazarakis Ainian, University of Thessaly Press, Volos, pp. 45-53.

– *et al.* (1985), *Iron in Anatolia and the Nature of the Hittite Iron Industry*, in «Anatolian Studies», 35, pp. 67-84.

– e Kassianidou, V. (2012), *Parallels and Diversities in the Production, Trade and Use of Copper and Iron in Crete and Cyprus from the Bronze Age to the Iron Age*, in *Parallel Lives. Ancient Island Societies in Crete and Cyprus*, a cura di G. Cadogan *et al.*, British School at Athens Studies 20, British School at Athens, London, pp. 119-40.

Muhs, B. (2022), *Egypt and the Mediterranean in the Early Iron Age*, in *The Connected Iron Age. Interregional Networks in the Eastern Mediterranean, 900-600 BCE*, a cura di J.M. Hall e J.F. Osborne, University of Chicago Press, Chicago, pp. 194-213.

Murray, S.C. (2017), *The Collapse of the Mycenaean Economy. Imports, Trade, and Institutions 1300-700 BCE*, Cambridge University Press, Cambridge.

– (2018a), *Imported Exotica and Mortuary Ritual at Perati in Late Helladic IIIC East Attica*, in «American Journal of Archaeology», 122, 1, pp. 33-64.

– (2018b), *Imported Objects in the Aegean beyond Elite Interaction. A Contextual Approach to Eastern Exotica on the Greek Mainland*, in *Change, Continuity, and Connectivity. North-Eastern Mediterranean at the Turn of the Bronze Age and in the Early Iron Age*, a cura di Ł. Niesiołowski-Spanò e M. Węcowski, Harrassowitz Verlag, Wiesbaden, pp. 221-34.

– (2018c) *Lights and Darks. Data, Labeling, and Language in the History of Scholarship on Early Greece*, in «Hesperia», 87, 1, pp. 17-54.

– (2020), *The Changing Economy*, in *Collapse and Transformation. The Late Bronze Age to Early Iron Age in the Aegean*, a cura di G.M. Middleton, Oxbow Books, Oxford, pp. 201-08.

– e Lis, B. (2023), *Documenting a Maritime Mercantile Community through Surface Survey. Porto Rafti Bay in the Post-Collapse Aegean*, in «Antiquity», 13 aprile: https://doi.org/10.15184/aqy.2023.49.

Muscarella, O.W. (1995), *The Iron Age Background to the Formation of the Phrygian State*, in «Bulletin of the American Schools of Oriental Research», 299, 300, pp. 91-101.

Mushett Cole, E. (2016), *Decline in Ancient Egypt? A Reassessment of the Late New Kingdom and Third Intermediate Period*, tesi di Ph.D., University of Birmingham.

– (2017), *«The Year of Hyenas When There Was a Famine». An Assessment of Environmental Causes for the Events of the Twentieth Dynasty*, in *Global Egyptology. Negotiations in the Production of Knowledges on Ancient Egypt in Global Contexts*, a cura di C. Langer, Golden House Publications, London, pp. 3-17.

Na'aman, N. (1995), *Hazael of 'Amqi and Hadadezer of Beth-Rehob*, in «Ugarit Forschungen», 27, pp. 381-94.

– (1997), *King Mesha and the Foundation of the Moabite Monarchy*, in «Israel Exploration Journal», 47, 1-2, pp. 83-92.

– (2000), *Three Notes on the Aramaic Inscription from Tel Dan*, in «Israel Exploration Journal», 50, 1-2, pp. 92-104.

– (2006), *The Story of Jehu's Rebellion. Hazael's Inscription and the Biblical Narrative*, in «Israel Exploration Journal», 56, 2, pp. 160-66.

– (2017), *Was Khirbet Qeiyafa a Judahite City? The Case against It*, in «Journal of Hebrew Scriptures», 17, 7: https://doi.org/10.5508/jhs.2017.v17.a7.

– (2019a), *The Alleged «Beth David» in the Mesha Stele. The Case against It*, in «Tel Aviv», 46, 2, pp. 192-97.

– (2019b), *Hiram of Tyre in the Book of Kings and in the Tyrian Records*, in «Journal of Near Eastern Studies», 78, 1, pp. 75-85.

– (2021), *Biblical Archaeology and the Emergence of the Kingdom of Edom*, in «Antiguo Oriente», 19, pp. 11-40.

Nagy, G. (2019a), *Thinking Comparatively about Greek Mythology* XVI, *with a Focus on Dorians Led by Kingly «Sons» of Hēraklēs the Kingmaker*, in «Classical Inquiries», 8 novembre: https://classical-inquiries.chs.harvard.edu/thinking-comparatively-about-greek-mythology-xvi-with-a-focus-on-dorians-led-by-kingly-sons-of-herakles-the-kingmaker.

– (2019b), *Thinking Comparatively about Greek Mythology* XVII, *with Placeholders That Stem from a Conversation with Tom Palaima, Starting with This Question: was Hēraklēs a Dorian?*, in «Classical Inquiries», 15 novembre: https://classical-inquiries.chs.harvard.edu/thinking-comparatively-about-greek-mythology-xvii-with-placeholders-that-stem-from-a-conversation-with-tom-palaima-starting-with-this-question-was-herakles-a-dorian/.

Nahm, W. (2022), *Tiglath-Pileser's River-Man*, in «Nouvelles Assyriologiques Brèves et Utilitaires (N.A.B.U.)», 3, settembre, pp. 236-37.

Nakassis, D. (2020), *The Economy*, in *A Companion to the Archaeology of Early Greece and the Mediterranean*, a cura di I.S. Lemos e A. Kotsonas, Wiley Blackwell, London, 1, pp. 271-91.

Namdar, D. *et al.* (2013), *Cinnamaldehyde in Early Iron Age Phoenician Flasks Raises the Possibility of Levantine Trade with South East Asia*, in «Mediterranean Archaeology and Archaeometry», 12, 3, pp. 1-19.

National Research Council (2011), *Building Community Disaster Resilience through Private-Public Collaboration*, National Academies Press, Washington DC: https://doi.org/10.17226, 13028.

Naveh, J. (1989), *Early History of the Alphabet*, E.J. Brill, Leiden.

Nelson, M. (2007), *The First Olympic Games*, in *Onward to the Olympics. Historical Perspectives on the Olympic Games*, a cura di G.P. Schaus e S.R. Wenn, Wilfrid Laurier University Press, Waterloo (Oregon), pp. 47-58.

Neumann, J. e Parpola, S. (1987), *Climatic Change and the Eleventh-Tenth Century Eclipse of Assyria and Babylonia*, in «Journal of Near Eastern Studies», 16, 3, pp. 161-82.

Newhard, J.M.L. e Cline, E.H. (2022), *Panarchy and the adaptive cycle. A Case Study from Mycenaean Greece*, in *Perspectives on Public Policy in Societal-Environmental Crises. What the Future Needs from History*, a cura di A. Izdebski, J. Haldon e P. Filipkowski, Springer, Cham (Svizzera), pp. 225-35.

Nicoll, K. e Zerboni, A. (2019), *Is the Past Key to the Present? Observations of Cultural Continuity and Resilience Reconstructed from Geoarchaeological Records*, in «Quaternary International», 545, pp. 119-27.

Niemeyer, H.G. (2006), *The Phoenicians in the Mediterranean. Between Expansion and Colonization; A Non-Greek Model of Overseas Settlement and Presence*, in *Greek Colonisation. An Account of Greek Colonies and Other Settlements Overseas*, a cura di G.R. Tsetskhladze, Brill, Leiden, 1, pp. 143-68.

Nowicki, K. (2000), *Defensible Sites in Crete c. 1200-800 BC*, Aegaeum 21, Université de Liège, Liège.

Oates, J. (1979), *Babylon*, Thames and Hudson, London.

O'Brien, K. *et al.* (2012), *Toward a Sustainable and Resilient Future*, in *Managing the Risks of Extreme Events and Disasters to Advance Climate Change Adaptation*, a cura di C.B. Field *et al.*, Special Report of Working Groups I and II of the Intergovernmental Panel on Climate Change (IPCC), Cambridge University Press, Cambridge, pp. 437-86.

O'Brien, S. (2017), *Boredom with the Apocalypse. Resilience, Regeneration, and Their Consequences for Archaeological Interpretation*, in *Crisis to Col-*

lapse. The Archaeology of Social Breakdown, a cura di T. Cunningham e J. Driessen, UCL Presses, Louvain, pp. 295-303.

O'Connor, M. (1977), *The Rhetoric of the Kilamuwa Inscription*, in «Bulletin of the American Schools of Oriental Research», 226, pp. 15-29.

Oldfather, C.H. (1933), *Diodorus Siculus. Library of History, Volume I, Books 1-2.34*, Loeb Classical Library 279, Harvard University Press, Cambridge (Massachusetts).

Olsen, B.A. (2020), *The People*, in *A Companion to the Archaeology of Early Greece and the Mediterranean*, a cura di I.S. Lemos e A. Kotsonas, Wiley Blackwell, London, 1, pp. 293-316.

Ortiz, S.M. e Wolff, S.R. (2021), *New Evidence for the 10th Century* BCE *at Tel Gezer*, in «Jerusalem Journal of Archaeology», 1, pp. 221-40.

Osborne, J.F. (2013), *Sovereignty and Territoriality in the City-State. A Case Study from the Amuq Valley, Turkey*, in «Journal of Anthropological Archaeology», 32, pp. 774-90.

– (2014), *Settlement Planning and Urban Symbology in Syro-Anatolian Cities*, in «Cambridge Archaeological Journal», 24, pp. 195-214.

– (2015), *Ancient Cities and Power. The Archaeology of Urbanism in the Iron Age Capitals of Northern Mesopotamia*, in «International Journal of Urban Sciences», 19, 1, pp. 7-19.

– (2021), *The Syro-Anatolian City-States. An Iron Age Culture*, Oxford University Press, Oxford.

– *et al.* (2019), *Urban Built Environments in Early 1st Millennium* BCE *Syro-Anatolia. Results of the Tayinat Archaeological Project, 2004-2016*, in «Bulletin of the American Schools of Oriental Research», 382, pp. 261-312.

– *et al.* (2020), *The City of Hartapu. Results of the Türkmen-Karahöyük Intensive Survey Project*, in «Anatolian Studies», 70, pp. 1-27.

– e Hall, J.M. (2022), *Interregional Interaction in the Eastern Mediterranean during the Iron Age*, in *The Connected Iron Age. Interregional Networks in the Eastern Mediterranean, 900-600* BCE, a cura di J.M. Hall e J.F. Osborne, University of Chicago Press, Chicago, pp. 1-26.

Osborne, R. (1996), *Greece in the Making. 1200-479* BC, Routledge, London.

Page, D. (1962), *The Homeric World*, in *The Greek World*, a cura di H. Lloyd-Jones, Penguin Books, Baltimore, pp. 13-25.

Palaima, T.G. (2002), *Special vs. Normal Mycenaean. Hand 24 and Writing in the Service of the King?*, in A-NA-QO-TA. *Studies Presented to J.T. Killen = Minos 33-34 (1998-99)*, a cura di J. Bennet e J. Driessen, Ediciones universidad de Salamanca, Salamanca, pp. 205-21.

– (2006), *Wanaks and Related Power Terms in Mycenaean and Later Greek*, in *Ancient Greece from the Mycenaean Palaces to the Age of Homer*, a cura di S. Deger-Jalkotzy e I. Lemos, Edinburgh University Press, Edinburgh, pp. 53-71.

Palmisano, A., Bevan, A. e Shennan, S. (2017), *Comparing Archaeological Proxies for Long-Term Population Patterns. An Example from Central Italy*, in «Journal of Archaeological Science», 87, pp. 59-72.

– *et al.* (2019), *Holocene Landscape Dynamics and Long-Term Population Trends in the Levant*, in «Holocene», 29, 5, pp. 708-27: https://doi.org/10.1177/0959683619826642.

– *et al.* (2021a), *Long-Term Demographic Trends in Prehistoric Italy. Climate Impacts and Regionalised Socio-Ecological Trajectories*, in «Journal of World Prehistory», 34, pp. 381-432.

– *et al.* (2021b), *Holocene Regional Population Dynamics and Climatic Trends in the Near East. A First Comparison Using Archaeo-Demographic Proxies*, in «Quaternary Science Reviews», 252, 106739: https://doi.org/10.1016/j.quascirev.2020.106739.

Panitz-Cohen, N. e Mazar, A. (2022), *The Exceptional Ninth-Century* BCE *Northwestern Quarter at Tel Rehov*, in «Near Eastern Archaeology», 85, 2, pp. 132-45.

Papadimitriou, A. (2006), *The Early Iron Age in the Argolid. Some New Aspects*, in *Ancient Greece. From the Mycenaean Palaces to the Age of Homer*, a cura di S. Deger-Jalkotzy e I.S. Lemos, Edinburgh University Press, Edinburgh, pp. 531-47.

Papadopoulos, J.K. (1993), *To Kill a Cemetery. The Athenian Kerameikos and the Early Iron Age in the Aegean*, in «Journal of Mediterranean Archaeology», 6, 2, pp. 175-206.

– (1996a), *Dark Age Greece*, in *The Oxford Companion to Archaeology*, a cura di B.M. Fagan, Oxford University Press, New York, pp. 253-55.

– (1996b), *The Original Kerameikos of Athens and the Siting of the Classical Agora*, in «Greek, Roman and Byzantine Studies», 37, 2, pp. 107-28.

– (2014), *Greece in the Early Iron Age. Mobility, Commodities, Polities, and Literacy*, in *The Cambridge Prehistory of the Bronze and Iron Age Mediterranean*, a cura di A.B. Knapp e P. van Dommelen, Cambridge University Press, Cambridge, pp. 178-95.

– (2022), *Greeks, Phoenicians, Phrygians, Trojans, and Other Creatures in the Aegean*, in *The Connected Iron Age. Interregional Networks in the Eastern Mediterranean, 900-600* BCE, a cura di J.M. Hall e J.F. Osborne, University of Chicago Press, Chicago, pp. 142-68.

– e Smithson, E.L. (2017), *The Athenian Agora* XXXVI. *The Early Iron Age; The Cemeteries*, American School of Classical Studies at Athens, Princeton (New Jersey).

Pappa, E. (2020), *The Western Mediterranean*, in *A Companion to the Archaeology of Early Greece and the Mediterranean*, a cura di I.S. Lemos e A. Kotsonas, Wiley Blackwell, London, 2, pp. 1325-47.

Parkinson, E.W. *et al.* (2021), *Radiocarbon Dated Trends and Central Mediterranean Prehistory*, in «Journal of World Prehistory», 34, pp. 317-79.

Pausania, *Pausanias, Description of Greece*, trad. ingl. di W.H.S. Jones, 1918, Harvard University Press Cambridge (Massachusetts); William Heinemann, London. Ed. it. *Viaggio in Grecia. Guida antiquaria e artistica*, a cura di S. Rizzo, Rizzoli, Milano 1981.

Peden, A.J. (1994), *Egyptian Historical Inscriptions of the Twentieth Dynasty*, Documenta Mundi Aegyptiaca 3, Paul Åströms Förlag, Jonsered (Svezia).

Peker, H. (2016), *Texts from Karkemish I. Luwian Hieroglyphic Inscriptions from the 2011-2015 Excavations*, OrientLab Series Maior 1, AnteQuem, Bologna: http://www.orientlab.net/pubs.

Petit, T. (2019), *La naissance des cités-royaumes cypriotes*, Archaeopress, Oxford.

Podany, A.H. (2014), *The Ancient Near East. A Very Short Introduction*, Oxford University Press, New York.

Pollard, D. (2021), *All Equal in the Presence of Death? A Quantitative Analysis of the Early Iron Age Cemeteries of Knossos, Crete*, in «Journal of Anthropological Archaeology», 63: https://doi.org/10.1016/j.jaa.2021.101320.

– (2022), *An Icarus' Eye View? GIS Approaches to the Human Landscape of Early Iron Age Crete*, in *Diversity in Archaeology. Proceedings of the Cambridge Annual Student Archaeology Conference 2020/2021*, a cura di E. Doğan *et al.*, Archaeopress, Oxford, pp. 318-38.

Pomeroy, S.B. *et al.* (2020), *A Brief History of Ancient Greece. Politics, Society, and Culture*, IV ed., Oxford University Press, Oxford.

Popham, M.R. e Sackett, L.H. (1980), *Lefkandi I. The Iron Age (Text); The Settlement (and) the Cemeteries*, Thames and Hudson / The British School of Archaeology at Athens, London.

–, Touloupa, E. e Sackett, L.H. (1982), *The Hero of Lefkandi*, in «Antiquity», 56, pp. 169-74.

–, Calligas, P.G. e Sackett, L.H., a cura di (1993), *Lefkandi II. 2. The Protogeometric Building at Toumba; The Excavation, Architecture and Finds*, in «BSA» Suppl 23, British School at Athens, London.

Porter, B.W. (2016), *Assembling the Iron Age Levant. The Archaeology of Communities, Polities, and Imperial Peripheries*, in «Journal of Archaeological Research», 24, pp. 373-420.

Postgate, J.N. (1992), *The Land of Assur and the Yoke of Assur*, in «World Archaeology», 23, 3, pp. 247-63.

Potts, D.T. (1999), *The Archaeology of Elam. Formation and Transformation of an Ancient Iranian State*, Cambridge University Press, Cambridge.

Powell, W. *et al.* (2021), *From Peaks to Ports. Insights into Tin Provenance, Production, and Distribution from Adapted Applications of Lead Isotopic Analysis of the Uluburun Tin Ingots*, in «Journal of Archaeological Science», 134, 105455: https://doi.org/10.1016/j.jas.2021.105455.

– *et al.* (2022), *Tin from Uluburun Shipwreck Shows Small-Scale Commodity Exchange Fueled Continental Tin Supply across Late Bronze Age Eurasia*, in «Science Advances», 8, 48, eabq3766: https://www.science.org/doi/10.1126/sciadv.abq3766.

Prent, M. (2014), *Ritual and Ideology in Early Iron Age Crete. The Role of the Past and the East*, in *The Cambridge Prehistory of the Bronze and Iron Age Mediterranean*, a cura di A.B. Knapp e P. van Dommelen, Cambridge University Press, Cambridge, pp. 650-64.

Pritchard, J.B. ([1958] 2011), *The Journey of Wen-Amon to Phoenicia*, in *The Ancient Near East. An Anthology of Literature of Texts and Pictures*, a cura di J.B. Pritchard, ristampa (con una nuova prefazione) dell'edizione del 1958, Princeton University Press, Princeton (New Jersey), pp. 14-21.

–, a cura di (1978), *Recovering Sarepta, a Phoenician City. Excavations at Sarafund, 1969-1974, by the University Museum of the University of Pennsylvania*, Princeton University Press, Princeton (New Jersey).

Quinn, J.C. (2018a), *In Search of the Phoenicians*, Princeton University Press, Princeton (New Jersey).

– (2018b), *Were There Phoenicians?*, in «Ancient Near East Today», 6, 7, luglio.

– (2019), *Phoenicians and Carthaginians in Greco-Roman Literature Cities*, in *The Oxford Handbook of the Phoenician and Punic Mediterranean*, a cura di C. López-Ruiz e B.R. Doak, Oxford University Press, Oxford, pp. 671-83.

– *et al.* (2014), *Augustine's Canaanites*, in «Papers of the British School at Rome», 82, pp. 175-97.

Radner, K. (2011), *Assyrians and Urartians*, in *The Oxford Handbook of Ancient Anatolia. 10,000-323 BCE*, a cura di S.R. Steadman e G. McMahon, Oxford University Press, New York, pp. 734-51.

– (2012), *The Stele of Adad-nerari III and Nergal-ereš from Dur-Katlimmu (Tell Śaih Hamad)*, in «Altorientalische Forschungen», 39, 2, pp. 265-77.

– (2014a), *An Imperial Communication Network. The State Correspondence of the Neo-Assyrian Empire*, in *State Correspondence in the Ancient World. From New Kingdom Egypt to the Roman Empires*, a cura di K. Radner, Oxford University Press, Oxford, pp. 64-93.

– (2014b), *The Neo-Assyrian Empire*, in *Imperien und Reiche in der Weltgeshichte. Epochenübergreifende und globalhistorische Vergleiche; Teil 1, Imperien des Altertums, Mittelalterliche und frühneuzeitliche Imperien*, a cura di M. Gehler e R. Rollinger, Harrassowitz Verlag, Wiesbaden, pp. 101-19.

– (2015), *Ancient Assyria. A Very Short Introduction*, Oxford University Press, New York.

– (2016), *Revolts in the Assyrian Empire. Succession Wars, Rebellions against a False King and Independence Movements*, in *Revolt and Resistance in the Ancient Classical World and the Near East. In the Crucible of Empire*, a cura di J.J. Collins e J.G. Manning, Brill, Leiden, pp. 41-54.

– (2017), *Economy, Society, and Daily Life in the Neo-Assyrian Period*, in *A Companion to Assyria*, a cura di E. Frahm, Wiley Blackwell, Hoboken (New Jersey), pp. 209-28.

– (2018), *The City of Aššur and the Kingdom of Assyria. Historical Overview*, in *The Assyrians. Kingdom of the God Aššur from Tigris to Taurus*, a cura di K. Köroğlu e S.F. Adali, Yapi Kredi Yayinlari, Istanbul, pp. 2-23.

Rassam, H. (1897), *Asshur and the Land of Nimrod*, Curts & Jennings, Cincinnati.

Reculeau, H. (2011), *Climate, Environment and Agriculture in Assyria*, Studia Chaburensia 2, Harrassowitz Verlag, Wiesbaden.

Redford, S. (2002), *The Harem Conspiracy. The Murder of Ramesses III*, Northern Illinois University Press, DeKalb.

Redman, C.L. (2005), *Resilience Theory in Archaeology*, in «American Anthropologist», 107, 1, pp. 70-77.

– e Kinzig, A.P. (2003), *Resilience of Past Landscapes. Resilience Theory, Society, and the «Longue Durée»*, in «Conservation Ecology», 7, 1, p. 14: http://www.consecol.org/vol7/iss1/art14.

Reese, D.S. (1987), *Palaikastro Shells and Bronze Age Purple-Dye Production in the Mediterranean Basin*, in «Annual of the British School at Athens», 82, pp. 201-06.

– (2010), *Shells from Sarepta (Lebanon) and East Mediterranean Purple-Dye Production*, in «Mediterranean Archaeology and Archaeometry», 10, 1, pp. 113-41.

Reeves, N. (1990), *Valley of the Kings. The Decline of a Royal Necropolis*, Kegan Paul International, London.

– (2000), *Ancient Egypt. The Great Discoveries*, Thames and Hudson, London.

– e Wilkinson, R.H. (1996), *The Complete Valley of the Kings*, Thames and Hudson, London.

Regev, D. (2021), *Painting the Mediterranean Phoenician. On Canaanite-Phoenician Trade-Nets*, Equinox, Sheffield.

Reisner, G.A., Fisher, C.S. e Lyon, D.G. (1924), *Harvard Excavations at Samaria, 1908-1910*, 2 voll., Harvard University Press, Cambridge (Massachusetts).

Renfrew, C. (1978), *Trajectory Discontinuity and Morphogenesis. The Implications of Catastrophe Theory for Archaeology*, in «American Antiquity», 43, 2, pp. 203-22.

– (1979), *Systems Collapse as Social Transformation*, in *Transformations. Mathematical Approaches to Culture Change*, a cura di C. Renfrew e K.L. Cooke, Academic Press, New York, pp. 481-506.

Richelle, M. (2018), *The Bible & Archaeology*, Tyndale House Publishers, Carol Stream (Illinois).

Richey, M. (2019), *Inscriptions*, in *The Oxford Handbook of the Phoenician and Punic Mediterranean*, a cura di C. López-Ruiz e B.R. Doak, Oxford University Press, Oxford, pp. 223-40.

Roller, D.W. (2019), *Phoenician Exploration*, in *The Oxford Handbook of the Phoenician and Punic Mediterranean*, a cura di C. López-Ruiz e B.R. Doak, Oxford University Press, Oxford, pp. 645-53.

Rollston, C. (2008), *The Dating of the Early Royal Byblian Phoenician Inscriptions. A Response to Benjamin Sass*, in «Maarav», 15, 1, pp. 57-93.

– (2010), *Writing and Literacy in the World of Ancient Israel. Epigraphic Evidence from the Iron Age*, Brill, Leiden.

– (2011), *The Khirbet Qeiyafa Ostracon. Methodological Musings and Caveats*, in «Tel Aviv», 38, pp. 67-82.

– (2016), *Phoenicia and the Phoenicians*, in *The World around the Old Testament. The People and Places of the Ancient Near East*, a cura di B.T. Arnold e B.A. Strawn, Baker Book House, Grand Rapids (Michigan), pp. 267-308.

– (2019), *The Alphabet Comes of Age. The Social Context of Alphabetic Writing in the First Millennium* BCE, in *The Social Archaeology of the Levant. From Prehistory to the Present*, a cura di A. Yasur-Landau, E.H. Cline e Y. Rowan, Cambridge University Press, Cambridge, pp. 371-89.

– (2020), *The Emergence of Alphabetic Scripts*, in *A Companion to Ancient Near Eastern Languages*, a cura di R. Hasselbach-Andee, Wiley Blackwell, London, pp. 65-81.

Rose, C.B. (2012), *The Archaeology of Phrygian Gordion, Royal City of Midas*, Gordion Special Studies 7, Museum Monograph 136, University of Pennsylvania Press, Philadelphia.

– e Darbyshire, G., a cura di (2011), *The New Chronology of Iron Age Gordion*, Gordion Special Studies 6, Museum Monograph 133, University of Pennsylvania Press, Philadelphia.

Rupp, D.W. (1987), *Vive le Roi. The Emergence of the State in Iron Age Cyprus*, in *Western Cyprus Connections. An Archaeological Symposium*, a cura di D.W. Rupp, Paul Åströms Förlag, Gothenburg, pp. 147-68.

– (1988), *The «Royal Tombs» at Salamis (Cyprus). Ideological Messages of Power and Authority*, in «Journal of Mediterranean Archaeology», 1, 1, pp. 111-39.

– (1989), *Puttin' on the Ritz. Manifestations of High Status in Iron Age Cyprus*, in *Early Society in Cyprus*, a cura di E. Peltenburg, University of Edinburgh Press, Edinburgh, pp. 336-62.

Ruppenstein, F. (2020a), *The End of the Bronze Age in Attica and the Origin of the Polis of Athens*, in *Athens and Attica in Prehistory. Proceedings of the International Conference, Athens, 27-31 May 2015*, a cura di N. Papadimitriou *et al.*, Archaeopress, Oxford, pp. 569-74.

– (2020b), *Migration Events in Greece at the End of the Second Millennium* BC *and Their Possible Balkanic Background*, in *Objects, Ideas and Travelers. Contacts between the Balkans, the Aegean and Western Anatolia during the Bronze and Early Iron Age. Volume to the memory of Alexandru Vulpe; Proceedings of the Conference in Tulcea, 10-13 November 2017*, a cura di J. Maran *et al.*, Verlag Dr. Rudolf Habelt GmbH, Bonn, pp. 107-22.

Sabatini, S. e Lo Schiavo, F. (2020), *Late Bronze Age Metal Exploitation and Trade. Sardinia and Cyprus*, in «Materials and Manufacturing Processes», 35, 13, pp. 1501-18.

Sader, H. (2014), *The Northern Levant during the Iron Age I Period*, in *The Oxford Handbook of the Archaeology of the Levant, c. 8000-332* BCE, a cura di M.L. Steiner e A.E. Killebrew, Oxford University Press, Oxford, pp. 607-23.

– (2019a), *The Archaeology of Phoenician Cities*, in *The Oxford Handbook of the Phoenician and Punic Mediterranean*, a cura di C. López-Ruiz e B.R. Doak, Oxford University Press, Oxford, pp. 125-38.

– (2019b), *The History and Archaeology of Phoenicia*, SBL Press, Atlanta.

Sagrillo, T.L. (2015), *Shoshenq I and Biblical Šîšaq. A Philological Defense of Their Traditional Equation*, in *Solomon and Shishak. Current Perspectives from Archaeology, Epigraphy, History and Chronology; Proceedings of the Third* BICANE *Colloquium Held at Sidney Sussex College, Cambridge, 26-27*

March 2011, a cura di P. James e P.G. Van der Veen, BAR International Series 2732, Archaeopress, Oxford, pp. 61-81.

Saltini Semerari, G. (2017), *Towards an Archaeology of Disentanglement*, in «Journal of Archaeological Method and Theory», 24, pp. 542-78.

Samaras, V. (2015), *Piracy in the Aegean during the Postpalatial Period and the Early Iron Age*, in *The Mediterranean Mirror. Cultural Contacts in the Mediterranean Sea between 1200 and 750 BC; International Post-doc and Young Researcher Conference; Heidelberg, 6th-8th October 2012*, a cura di A. Babbi *et al.*, Verlag des Römisch-Germanischen Zentralmuseums, Mainz, pp. 189-204.

Sass, B. (2002), *Wenamun and His Levant. 1075 BC or 925 BC*, in «Egypt and the Levant», 12, pp. 247-55.

– (2005), *The Alphabet at the Turn of the Millennium. The West Semitic Alphabet ca. 1150-850 BCE*, Yass Publications in Archaeology, Tel Aviv.

– (2021), *Was the Age of Solomon without Monumental Art? The Frankfort-Albright Dispute, More Than Sixty Years Later*, in *Travels through the Orient and the Mediterranean World. Essays Presented to Eric Gubel*, a cura di V. Boschloos *et al.*, OLA 302, Peeters Publishers, Leuven, pp. 345-66.

Satraki, A. (2012), *Cypriot Polities in the Early Iron Age*, in *Cyprus and the Aegean in the Early Iron Age. The Legacy of Nicolas Coldstream*, a cura di M. Iacovou, Bank of Cyprus Cultural Foundation, Nicosia, pp. 261-83.

Schachner, A. (2009), *Assyriens Könige an einer der Quellen des Tigris. Archäologische Forschungen im Höhlensystem des sogenannten Tigris-Tunnels*, Ernst Wasmuth, Tübingen.

– (2020a), *The 14th and 13th Centuries BC in the Hittite Capital City Hattuša. A (Re-)Assessment*, in *Anatolia between the 13th and the 12th Century BCE*, a cura di S. de Martino e E. Devecchi, LoGisma editore, Torino, pp. 381-410.

– (2020b), *Anatolia*, in *A Companion to the Archaeology of Early Greece and the Mediterranean*, a cura di I.S. Lemos e A. Kotsonas, Wiley Blackwell, London, 2, pp. 1107-31.

Scheffer, M. *et al.* (2021), *Loss of Resilience Preceded Transformations of Pre-Hispanic Pueblo Societies*, in «PNAS», 118, 18, e2024397118.

Schipper, B.U. (2019), *A Concise History of Ancient Israel. From the Beginnings through the Hellenistic Era*, trad. ingl. di M.J. Lesley, Eisenbrauns, University Park (Pennsylvania). Ed. it. *Storia di Israele nell'antichità. Con 4 cartine e 2 illustrazioni*, trad. it. di A.M. Berruto, Claudiana, Torino, 2023.

Schliemann, H. (1880), *Mycenae. A Narrative of Researches and Discoveries at Mycenae and Tiryns*, Arno Press, New York.

Schnapp-Gourbeillon, A. (1979), *Le mythe dorien*, in «A.I.O.N. Annali di archeologia e storia antica», 1, pp. 1-11.

– (2002), *Aux origins de la Greèce (XIIIe-VIIIe siècle avant notre ère). La genèse du politique*, Les belles lettres, Paris.

Schneider, T.J. (2014), *Mesopotamia (Assyrians and Babylonians) and the Levant*, in *The Oxford Handbook of the Archaeology of the Levant, c. 8000-332 BCE*, a cura di M.L. Steiner e A.E. Killebrew, Oxford University Press, Oxford, pp. 98-106.

Schniedewind, W.M. (1996), *Tel Dan Stela. New Light on Aramaic and Jehu's Revolt*, in «Bulletin of the American Schools of Oriental Research», 302, pp. 75-90.

Schwartz, G.M. (2006), *From Collapse to Regeneration*, in *After Collapse. The Regeneration of Complex Societies*, a cura di G.M. Schwartz e J.J. Nichols, University of Arizona Press, Tucson, pp. 3-17.

– e Nichols, J.J., a cura di (2006), *After Collapse. The Regeneration of Complex Societies*, University of Arizona Press, Tucson.

Scott, A. *et al.* (2020), *Exotic Foods Reveal Contact between South Asia and the Near East during the Second Millennium BCE*, in «PNAS», 118, 2, e2014956117: https://doi.org/10.1073/pnas.2014956117.

Scott, J.C. (2017), *Against the Grain. A Deep History of the Earliest States*, Yale University Press, New Haven (Connecticut). Ed. it. *Le origini della civiltà. Una controstoria*, trad. it. di M. Ferrara, Einaudi, Torino, 2018.

Seeher, J. (2010), *After the Empire. Observations on the Early Iron Age in Central Anatolia*, in *Ipamati kistamati pari tumatimis. Luwian and Hittite Studies Presented to J. David Hawkins on the Occasion of His 70th Birthday*, a cura di I. Singer, Tel Aviv Institute of Archaeology, Tel Aviv, pp. 220-29.

Sergi, O. (2017), *The Battle of Ramoth-Gilead and the Rise of the Aramean Hegemony in the Southern Levant during the Second Half of the 9th Century BCE*, in *Wandering Arameans. Arameans outside Syria; Textual and Archaeological Perspectives*, a cura di A. Berlejung, A.M. Maeir e A. Schule, Harrassowitz Verlag, Wiesbaden, pp. 81-97.

– e Kleiman, A. (2018), *The Kingdom of Geshur and the Expansion of Aram-Damascus into the Northern Jordan Valley. Archaeological and Historical Perspectives*, in «Bulletin of the American Schools of Oriental Research», 379, pp. 1-18.

Shalvi, G. (2018), *The Early Purple Dye Industry in Israel. A View from Tel Shikmona*, in *Out of the Blue*, a cura di O. Meiri, Y. Bloch e Y. Kaplan, Bible Lands Museum, Jerusalem, pp. 65-77.

– (2020), *Tel Shiqmona. A Forgotten Phoenician Site on the Carmel Coast*, in *Un viaje entre el Oriente y el Occidente del Mediterráneo / A Journey between East and West in the Mediterranean. Proceedings of the IX Congreso Interna-*

cional de Estudios Fenicios y Púnicos / International Congress of Phoenician and Punic Studies, a cura di S.C. Pérez e E.R. González, Mytra 5, Instituto de Arqueología, Mérida, pp. 1885-92.

– e Gilboa, A. (2023), *Between Israel and Phoenicia. The Iron IIA-B Fortified Purple-dye Production Centre at Tel Shiqmona*, in «Tel Aviv», 50, pp. 75-110.

Sharon, I. e Gilboa, A. (2013), *The SKL Town. Dor in the Early Iron Age*, in *The Philistines and Other «Sea Peoples» in Text and Archaeology*, a cura di A.E. Killebrew e G. Lehmann, Society of Biblical Literature, Atlanta, pp. 393-468.

Sherratt, S. (1992), *Immigration and Archaeology. Some Indirect Reflections*, in *Acta Cypria. Acts of an International Congress on Cypriote Archaeology Held in Göteborg on 22-24 August 1991, Part 2*, a cura di P. Åström, Paul Åströms Förlag, Jonsered (Svezia), pp. 316-47.

– (1994), *Commerce, Iron and Ideology. Metallurgical Innovation in 12th-11th Century Cyprus*, in *Cyprus in the 11th Century BC. Proceedings of the International Symposium, Nicosia, 30-31 October 1993*, a cura di V. Karageorghis, A.G. Leventis Foundation, Nicosia, pp. 59-106.

– (2000), *Circulation of Metals and the End of the Bronze Age in the Eastern Mediterranean*, in *Metals Make the World Go Round. The Supply and Circulation of Metals in Bronze Age Europe*, a cura di C.F.E. Pare, Oxbow Books, Oxford, pp. 82-98.

– (2003), *The Mediterranean Economy. «Globalization» at the End of the Second Millennium BCE*, in *Symbiosis, Symbolism, and the Power of the Past. Canaan, Ancient Israel, and Their Neighbors, from the Late Bronze Age through Roman Palaestina*, a cura di W.G. Dever e S. Gitin, Eisenbrauns, Winona Lake (Indiana), pp. 37-62.

– (2010), *Greeks and Phoenicians. Perceptions of Trade and Traders in the Early First Millennium BC*, in *Social Archaeologies of Trade and Exchange. Exploring Relationships among People, Places, and Things*, a cura di A. Agbe-Davies e A. Bauer, Left Coast Press, Walnut Creek (California), pp. 119-42.

– (2015), *Cyprus and the Near East. Cultural Contacts (1200-750 BC)*, in *The Mediterranean Mirror. Cultural Contacts in the Mediterranean Sea between 1200 and 750 BC; International Post-doc and Young Researcher Conference; Heidelberg, 6th-8th October 2012*, a cura di A. Babbi *et al.*, Verlag des Römisch-Germanischen Zentralmuseums, Mainz, pp. 71-83.

– (2016), *From «Institutional» to «Private». Traders, Routes and Commerce from the Late Bronze Age to the Iron Age*, in *Dynamics of Production in the Ancient Near East, 1300-500 BC*, a cura di J.C. Moreno García, Oxbow Books, Oxford, pp. 289-301.

– (2019), *Phoenicians in the Aegean and Aegean Silver, 11th-9th Centuries* BC, in *Les phéniciens, les puniques et les autres. Échanges et identités en Méditerranée ancienne*, a cura di L. Bonadies, I. Chirpanlieva e É. Guillon, Éditions de Boccard, Paris, pp. 129-58.

– (2020), *From the Near East to the Far West*, in *A Companion to the Archaeology of Early Greece and the Mediterranean*, a cura di I.S. Lemos e A. Kotsonas, Wiley Blackwell, London, 1, pp. 187-215.

Sherratt, A.G. e Sherratt, S. (1993), *The Growth of the Mediterranean Economy in the Early First Millennium* BC, in «World Archaeology», 24, 3, pp. 361-78.

Shibata, D. (2022), *The Assyrian King of the Broken Obelisk, the Date of the Archive from Giricano, and the Timing of the Assyrian Calendar Reform*, in «Journal of Cuneiform Studies», 74, pp. 109-29.

Simon, Z. (2012), *Where Is the Land of Sura of the Hieroglyphic Luwian Inscription* KARKAMIŠ *A4b and Why Were Cappadocians Called Syrians by Greeks?*, in «Altorientalische Forschungen», 39, pp. 167-80.

Singer, I. (2012), *The Philistines in the North and the Kingdom of Taita*, in *The Ancient Near East in the 12th-10th Centuries* BCE. *Culture and History; Proceedings of the International Conference Held at the University of Haifa, 2-5 May 2010*, a cura di G. Galil *et al.*, Alter Orient und Altes Testament 392, Ugarit-Verlag, Münster, pp. 451-72.

Sinha, A. *et al.* (2019), *Role of Climate in the Rise and Fall of the Neo-Assyrian Empire*, in «Science Advances», 5, 11, eaax6656: https://doi.org/10.1126/sciadv.aax6656.

Smith, J.S. (2008), *Cyprus, the Phoenicians and Kition*, in *Beyond the Homeland. Markers in Phoenician Chronology*, a cura di C. Sagona, Ancient Near Eastern Studies Supplement 28, Peeters, Leuven, pp. 261-303.

Smithson, E.L. (1968), *The Tomb of a Rich Athenian Lady, ca. 850* BC, in «Hesperia», 37, pp. 77-116.

– (1969), *The Grave of an Early Athenian Aristocrat*, in «Archaeology», 22, 1, pp. 18-25.

Snape, S. (1996), *The Deir El-Bahri Cache*, in *Tombs, Graves & Mummies. 50 Discoveries in World Archaeology*, a cura di P.G. Bahn, Barnes and Nobles Books, New York, pp. 188-91.

– (2012), *The Legacy of Ramesses III and the Libyan Ascendancy*, in *Ramesses III. The Life and Times of Egypt's Last Hero*, a cura di E.H. Cline e D.B. O'Connor, University of Michigan Press, Ann Arbor, pp. 404-41.

Snodgrass, A.M. (1967), *Arms and Armour of the Greeks*, Cornell University Press, Ithaca (New York). Ed. it. *Armi ed armature dei greci*, trad. it. di C. Fasella, L'Erma di Bretschneider, Roma 1991.

– (1971) *The Dark Age of Greece. An Archaeological Survey of the Eleventh to the Eighth centuries* BC, Edinburgh University Press, Edinburgh.

– (1980), *Iron and Early Metallurgy in the Mediterranean*, in *The Coming of the Age of Iron*, a cura di T.A. Wertime e J.D. Muhly, Yale University Press, New Haven (Connecticut), pp. 335-74.

– (1983), *Cyprus and the Beginnings of Iron Technology in the Eastern Mediterranean*, in *Early Metallurgy in Cyprus, 4000-500* BC, a cura di J.D. Muhly, R. Maddin e V. Karageorghis, Department of Antiquities, Nicosia, pp. 285-94.

– (1988), *Cyprus and Early Greek History*, Bank of Cyprus, Nicosia.

– (1993), *The Rise of the Polis*, in *The Ancient Greek City-State*, a cura di M. Hansen, Royal Danish Academy of Sciences and Letters, Copenhagen, pp. 30-40.

– (1994) *Gains, Losses and Survivals. What We Can Infer for the Eleventh Century* BC, in *Cyprus in the 11th Century* BC*. Proceedings of the International Symposium, Nicosia, 30-31 October 1993*, a cura di V. Karageorghis, A.G. Leventis Foundation, Nicosia, pp. 167-75.

Sogas, J.M. (2019), *Was Knossos a Home for Phoenician Traders?*, in *Greek Art in Motion. Studies in Honour of Sir John Boardman on the Occasion of his 90th Birthday*, a cura di R. Morais, D. Leão e D. Rodríguez Pérez, con D. Ferreira, Archaeopress, Oxford, pp. 408-16.

Stampolidis, N.C. (2019), *The Aegean*, in *The Oxford Handbook of the Phoenician and Punic Mediterranean*, a cura di C. López-Ruiz e B.R. Doak, Oxford University Press, Oxford, pp. 493-503.

– e Kotsonas, A. (2006), *Phoenicians in Crete*, in *Ancient Greece from the Mycenaean Palaces to the Age of Homer*, a cura di S. Deger-Jalkotzy e I.S. Lemos, Edinburgh University Press, Edinburgh, pp. 337-60.

– *et al.* (2019), *Crete. Emerging Cities; Aptera, Eleutherna, Knossos; Three Ancient Cities Revived*, Museum of Cycladic Art, Atene.

Starr, C.G. (1961), *The Origins of Greek Civilization, 1100-650* BC, Alfred A. Knopf, New York. Ed. it. *Le origini della civiltà greca*, Res Gestae, Milano 2013.

– (1992), *History and Archaeology in the Early First Millennium* BC, in *Greece between East and West, 10th-8th centuries* BC*. Papers of the Meeting at the Institute of Fine Arts, New York University, March 15-16th, 1990*, a cura di G. Kopcke e I. Tokumaru, Philipp von Zabern, Mainz, pp. 1-6.

Steele, P.M. (2020), *Script and Literacy*, in *A Companion to the Archaeology of Early Greece and the Mediterranean*, a cura di I.S. Lemos e A. Kotsonas, Wiley Blackwell, London, 1, pp. 247-69.

Steiner, M. (2014), *Moab during the Iron Age II Period*, in *The Oxford Handbook of the Archaeology of the Levant, c. 8000-332 BCE*, a cura di M.L. Steiner e A.E. Killebrew, Oxford University Press, Oxford, pp. 770-81.

Stern, E. (1998), *Buried Treasure. The Silver Hoard from Dor*, in «Biblical Archaeological Review», 24, 4, pp. 46-62.

– (2001), *The Silver Hoard from Tel Dor*, in *Hacksilber to Coinage. New Insights into the Monetary History of the Near East and Greece; A Collection of Eight Papers Presented at the 99th Annual Meeting of the Archaeological Institute of America*, a cura di M.S. Balmuth, Numismatic Studies 24, American Numismatic Society, New York, pp. 19-26.

– (2013), *The Material Culture of the Northern Sea Peoples in Israel,* Eisenbrauns, Winona Lake (Indiana).

Stieglitz, R.R. (1994), *The Minoan Origin of Tyrian Purple*, in «Biblical Archaeologist», 57, 1, pp. 46-54.

Storey, R. e Storey, G.R. (2016), *Requestioning the Classic Maya Collapse and the Fall of the Roman Empire. Slow Collapse*, in *Beyond Collapse. Archaeological Perspectives on Resilience, Revitalization, and Transformation in Complex Societies*, a cura di R.K. Faulseit, Visiting Scholar Conference Volumes, Center for Archaeological Investigations Occasional Paper n. 42, Southern Illinois University Press, Carbondale, pp. 99-123.

Strabone, *The Geography of Strabo*, vol. 2, trad. ingl. di H.L. Jones, 1932, Harvard University Press Cambridge (Massachusetts); William Heinemann, London. Ed. it. N. Biffi, *Il Medio Oriente di Strabone. Libro XVI della Geografia* (XVI.2.23), Edipuglia, Bari 2002.

Strouhal, E. (1996), *Traces of a Smallpox Epidemic in the Family of Ramesses V of the Egyptian 20th Dynasty*, in «Anthropologie», 34, 3, pp. 315-19.

Stub, S.T. (2020), *The Price of Purple*, in «Archaeology», novembre-dicembre: https://www.archaeology.org/issues/403-2011/letter-from/9133-israel-purple-dye?tmpl=component&print=1.

Stuckenberg, D.J. e Contento, A.L. (2018), *Water Scarcity. The Most Understated Global Security Risk*, in «Harvard Law School National Security Journal», 18 maggio: https://harvardnsj.org/2018/05/18/water-scarcity-the-most-understated-global-security-risk/.

Sukenik, N. *et al.* (2021), *Early Evidence of Royal Purple Dyed Textile from Timna Valley (Israel)*, in «PLOS ONE», 16, 1, e0245897.

Summers, G.D. (2000), *The Median Empire Reconsidered. A View from Kerkenes Dag*, in «Anatolian Studies», 50, pp. 37-54.

Swaddling, J. (1999), *The Ancient Olympic Games*, British Museum Press, London.

Tainter, J.A. (1988), *The Collapse of Complex Societies*, Cambridge University Press, Cambridge.

– (1999), *Post-collapse Societies*, in *Companion Encyclopedia of Archaeology*, a cura di G. Barker, Routledge, London, pp. 988-1039.

Taleb, N.N. ([2004] 2008), *Fooled by Randomness. The Hidden Role of Chance in Life and in the Markets*, II ed., Random House, New York. Ed. it. *Giocati dal caso. Il ruolo della fortuna nella finanza e nella vita*, trad. it. di G. Monaco, Il Saggiatore, Milano 2008.

– (2007), *The Black Swan. The Impact of the Highly Improbable*, Penguin, London. Ed. it. *Il cigno nero. Come l'improbabile governa la nostra vita*, trad. it. di E. Nifosi, Il Saggiatore, Milano 2009.

– (2014), *Antifragile. Things That Gain from Disorder*, ed. tascabile, New York, Random House. Ed. it. *Antifragile. Prosperare nel disordine*, trad. it. D. Antongiovanni, Il Saggiatore, Milano 2013.

Tappy, R.E. (1992), *The Archaeology of Israelite Samaria*, vol. 1, *Early Iron Age through the Ninth Century* BCE, in *Harvard Semitic Studies 44*, Scholars Press, Atlanta.

– (2001), *The Archaeology of Israelite Samaria*, vol. 2, *The Eighth Century*, in *Harvard Semitic Studies 50*, Eisenbrauns, Winona Lake (Indiana).

Taylor, J.G. (1865), *Travels in Kurdistan, with Notices of the Sources of the Western Tigris, and Ancient Ruins in Their Neighbourhood*, in «Journal of the Royal Geographical Society of London», pp. 21-56: https://www.jstor.org/stable/pdf/3698077.pdf.

Tercatin, R. (2021), *Biblical «Royal Purple» Found at Timna Offers Look at King David Wardrobe*, in «Jerusalem Post», 29 gennaio: https://www.jpost.com/archaeology/biblical-royal-purple-found-at-timna-offers-look-at-king-david-wardrobe-657082.

Thareani, Y. (2016a), *The Empire and the «Upper Sea». Assyrian Control Strategies along the Southern Levantine Coast*, in «Bulletin of the American Schools of Oriental Research», 375, pp. 77-102.

– (2016b), *Enemy at the Gates? The Archaeological Visibility of the Aramaeans at Dan*, in *In Search for Aram and Israel. Politics, Culture, and Identity*, a cura di O. Sergi, M. Oeming e I.J. de Hulster, Mohr Siebeck, Tübingen, pp. 169-97.

– (2019a), *Archaeology of an Imagined Community. Tel Dan in the Iron Age IIa*, in *Research on Israel and Aram. Autonomy, Independence and Related Issues; Proceedings of the First Annual* RIAB *Center Conference, Leipzig, June 2016*, a cura di A. Berlejung e A.M. Maeir, Mohr Siebeck, Tübingen, pp. 263-76.

– (2019b), *Changing Allegiances in Disputed Borderlands. Dan's Political Status on the Eve of the Aramaean Invasion*, in «Palestine Exploration Quarterly», 151, 3-4, pp. 184-201.

Thomas, Z. e Ben-Yosef, E. (2023), *David and Solomon's Invisible Kingdom*, in «Biblical Archaeology Review», 49, 2, estate, pp. 40-45.

Thompson, C. e Skaggs, S. (2013), *King Solomon's Silver? Southern Phoenician Hacksilber Hoards and the Location of Tarshish*, in «Internet Archaeology», 35: https://doi.org/10.11141/ia.35.6.

Thompson, J. (2015), *Wonderful Things. A History of Egyptology*, vol. 2, *The Golden Age. 1881-1914*, AUC Press, Il Cairo.

Tronchetti, C. (2014), *Cultural Interactions in Iron Age Sardinia*, in *The Cambridge Prehistory of the Bronze and Iron Age Mediterranean*, a cura di A.B. Knapp e P. van Dommelen, Cambridge University Press, Cambridge, pp. 266-84.

Tsipopoulou, M. (2005), *«Mycenoans» at the Isthmus of Ierapetra. Some (Preliminary) Thoughts on the Foundation of the (Eteo)Cretan Cultural Identity, in Ariadne's Threads. Connections between Crete and the Mainland in Late Minoan III (LM IIIA2 to LM IIIC); Proceedings of an International Workshop Held in Athens, Scuola Archeologica Italiana, 5-6 April 2003 (Tripodes 3)*, a cura di A.L. D'Agata e J. Moody, Scuola archeologica italiana di Atene, Atene, pp. 303-33.

Tucidide, *Thucydides*, trad. ingl. di B. Jowett, 1881, Clarendon Press, Oxford. Ed. it. *La guerra del Peloponneso*, a cura di L. Canfora, Einaudi, Torino 1996.

Tucker, D.J. (1994), *Representations of Imgur-Enlil on the Balawat Gates*, in «Iraq», 56, pp. 107-16.

Ussishkin, D. (2022), *The Function of the Iron Age Site of Khirbet Qeiyafa*, in «Israel Exploration Journal», 72, 1, pp. 49-65.

Van Damme, T. (2023), *The Mycenaean Fountain and the Transformation of Space on the Athenian Acropolis. 1200 to 675 BC*, in «*Hesperia*», 92, 1, pp. 111-90.

Van Loon, M.N. (1966) *Urartian Art. Its Distinctive Traits in the Light of New Excavations*, Nederlands Historisch-Archaeologisch Instituut, Istanbul.

Veropoulidou, R. (2014), *Molluscan Exploitation in the Neolithic and Bronze Age Communities at the Former Thermaic Gulf, North Aegean*, in PHYSIS. *L'environnement naturel et la relation homme-milieu dans le monde égéen protohistorique; Actes de la 14e rencontre égéenne internationale, Paris, Institut national d'histoire de l'art (INHA), 11-14 décembre 2012*, a cura di G. Touchais, R. Laffineur e F. Rougemont, AEGAEUM 37, Peeters, Leuven, pp. 415-22.

–, Andreou, S. e Kotsakis, K. (2008), *Small Scale Production Purple-Dye Production in the Bronze Age of Northern Greece. The Evidence from the Thessaloniki Toumba*, in *Purpureae vestes. II Symposium internacional sobre textiles y tintes del Mediterráneo en el mundo antiguo*, a cura di C. Alfaro e L. Karali, Universitat de Valencia, Valencia, pp. 171-79.

Voigt, M.M. e Henrickson, R.C. (2000), *Formation of the Phrygian State. The Early Iron Age at Gordion*, in «Anatolian Studies», 50, pp. 37-54.

Voskos, I. e Knapp, A.B. (2008), *Cyprus at the End of the Late Bronze Age. Crisis and Colonization or Continuity and Hybridization?*, in «American Journal of Archaeology», 112, 4, pp. 659-84.

Voutsaki, S. (2000), *Review of «Argolis Lakonien Messenien. Vom Ende der mykenischen Palastzeit biszur Einwanderung der Dorier» by B. Eder*, in «Classical Review», 50, 1, pp. 232-33.

Waal, W. (2018), *On the «Phoenician Letters». The Case for an Early Transmission of the Greek Alphabet from an Archaeological, Epigraphic, and Linguistic Perspective*, in «Aegean Studies», 1, pp. 83-125.

– (2020), *Mother or Sister? Rethinking the Origins of the Greek Alphabet and Its Relation to the Other «Western» Alphabets*, in *Understanding Relations between Scripts* II, a cura di P.J. Boyes e P.M. Steele, Oxbow Books, Oxford, pp. 109-24.

Wachter, R. (2021), *The Genesis of the Local Alphabets of Archaic Greece*, in *The Early Greek Alphabets. Origin, Diffusion, Uses*, a cura di R. Parker e P.M. Steele, Oxford University Press, Oxford, pp. 21-31.

Waldbaum, J.C. (1978), *From Bronze to Iron*, Studies in Mediterranean Archaeology 54, Paul Aströms Förlag, Gothenburg.

– (1980), *The First Archaeological Appearance of Iron and the Transition to the Iron Age*, in *The Coming of the Age of Iron*, a cura di T.A. Wertime e J.D. Muhly, Yale University Press, New Haven (Connecticut), pp. 69-98.

– (1982), *Bimetallic Objects from the Eastern Mediterranean and the Question of the Dissemination of Iron*, in *Early Metallurgy in Cyprus, 4000-500 BC*, a cura di J.D. Muhly, R. Maddin e V. Karageorghis, Tmēma Archaiotētōn, Nicosia, pp. 325-47.

– (1994), *Early Greek contacts with the Southern Levant ca. 1000-600 BC. The Eastern Perspective*, in «Bulletin of the American Schools of Oriental Research», 293, pp. 53-66.

– (1999), *The Coming of Iron in the Eastern Mediterranean. Thirty Years of Archaeological and Technological Work*, in *The Archaeometallurgy of the Asian Old World*, a cura di V.C. Pigott, University of Pennsylvania Museum, Philadelphia, pp. 27-57.

Walker, B. *et al.* (2004), *Resilience, Adaptability and Transformability in Social-Ecological Systems*, in «Ecology and Society», 9, 2, p. 5: http://www.ecologyandsociety.org/vol9/iss2/art5.

– e Salt, D. (2006), *Resilience Thinking. Sustaining Ecosystems and People in a Changing World*, Island Press, Washington DC.

Wallace, S. (2006), *The Gilded Cage? Settlement and Socioeconomic Change after 1200 BC. A Comparison of Crete and Other Aegean Regions*, in *Ancient Greece. From the Mycenaean Palaces to the Age of Homer*, a cura di S. Deger-Jalkotzy e I.S. Lemos, Edinburgh University Press, Edinburgh, pp. 619-64.

– (2010), *Ancient Crete. From Successful Collapse to Democracy's Alternatives, Twelfth to Fifth Centuries BC,* Cambridge University Press, Cambridge.

– (2017), *The Classic Crisis? Some Features of Current Crisis Narratives for the Aegean Late Bronze-Early Iron Age*, in *Crisis to Collapse. The Archaeology of Social Breakdown*, a cura di T. Cunningham e J. Driessen, UCL Presses, Louvain, pp. 65-85.

– (2018), *Travelers in Time. Imagining Movement in the Ancient Aegean World,* Routledge, London.

– (2020), *Economies in Crisis. Subsistence and Landscape Technology in the Aegean and East Mediterranean after c. 1200 BC*, in *Collapse and Transformation. The Late Bronze Age to Early Iron Age in the Aegean*, a cura di G.M. Middleton, Oxbow Books, Oxford, pp. 247-58.

Waters, M. (2013), *Elam, Assyria, and Babylonia in the Early First Millennium BC*, in *The Oxford Handbook of Ancient Iran*, a cura di D.T. Potts, Oxford University Press, New York, pp. 478-92.

Watrous, L.V. (2021), *Minoan Crete. An Introduction,* Cambridge University Press, Cambridge.

Wedde, M. (1999), *War at Sea. The Mycenaean and Early Iron Age Oared Galley*, in *Polemos. Le context guerrier en Égée à l'Âge du Bronze; Actes de la 7ième rencontre égéenne international*, a cura di R. Laffineur, Aegeum 19, Université de Liège, Liège, pp. 465-74.

– (2000), *Towards a Hermeneutics of Aegean Bronze Age Ship Imagery,* Peleus Band 6, Bibliopolis, Mannheim.

– (2006), *Pictorial Evidence for Partial System Survival in the Greek Bronze to Iron Age Transition*, in *Pictorial Pursuits. Figurative Painting on Mycenaean and Geometric Pottery*, a cura di E. Rystedt e B. Wells, Swedish Institute at Athens, Stockholm, pp. 255-69.

Weeden, M. (2013), *After the Hittites. The Kingdoms of Karkamish and Palistin in Northern Syria*, in «Bulletin of the Institute of Classical Studies», 56, 2, pp. 1-20.

Weiberg, E. (2012), *What Can Resilience Theory Do for (Aegean) Archaeology?*, in *Matters of Scale. Processes and Courses of Events in Archaeology and Cultural History*, a cura di N.M. Burström e F. Fahlander, Stockholm Studies in Archaeology 56, Stockholm University, Stockholm, pp. 147-65.

– *et al.* (2010), *Social and Environmental Dynamics in Bronze and Iron Age Greece*, in *The Urban Mind. Cultural and Environmental Dynamics*, a cura di P.J.J. Sinclair *et al.*, Uppsala University, Uppsala, pp. 149-94.

– e Finné, M. (2018), *Resilience and Persistence of Ancient Societies in the Face of Climate Change. A Case Study from Late Bronze Age Peloponnese*, in «World Archaeology», 50, 4, pp. 584-602: https://doi.org/10.1080/00438243.2018.1515035.

Weinstein, J.M. (2012), *Egypt and the Levant in the Reign of Ramesses III*, in *Ramesses III. The Life and Times of Egypt's Last Hero*, a cura di E.H. Cline e D.B. O'Connor, University of Michigan Press, Ann Arbor, pp. 160-80.

Welton, L. e Charaf, H. (2019-20), *The Iron Age I in the Levant. A View from the North; Prologue*, in «Archaeology & History in Lebanon», 50-51, pp. 2-7.

– *et al.* (2019), *Shifting Networks and Community Identity at Tell Tayinat in the Iron I (ca. 12th to Mid 10th Century BCE)*, in «American Journal of Archaeology», 123, 2, pp. 291-333.

– e Charaf, H. (2020-21), *The Iron Age I in the Levant. A View from the North; Epilogue*, in «Archaeology & History in Lebanon», 52-53, pp. 133-54.

Wente, E.F. Jr. (2003), *The Report of Wenamon*, in *The Literature of Ancient Egypt*, a cura di W.K. Simpson, III ed., Yale University Press, New Haven (Connecticut), pp. 116-24.

Wertime, T.A. (1980), *The Pyrotechnological Background*, in *The Coming of the Age of Iron*, a cura di T.A. Wertime e J.D. Muhly, Yale University Press, New Haven (Connecticut), pp. 1-24.

Whitley, J. (1991), *Style and Society in Dark Age Greece. The Changing Face of a Pre-literate Society, 1100-700 BC*, Cambridge University Press, Cambridge.

– (1993), *Response to Papadopoulos (II). Woods, Trees and Leaves in the Early Iron Age of Greece*, in «Journal of Mediterranean Archaeology», 6, 2, pp. 223-29.

Wilson, E.L. (1887), *Finding Pharaoh*, in «Century Magazine», 34, pp. 1-10.

Winter, I.J. (1995), *Homer's Phoenicians. History, Ethnography or Literary Trope?*, in *The Ages of Homer. A Tribute to Emily Townsend Vermeule*, a cura di J.B. Carter e S.P. Morris, University of Texas Press, Austin, pp. 247-71.

Wood, J.R. (2018), *The Transmission of Silver and Silver Extraction Technology across the Mediterranean in Late Prehistory. An Archaeological Science Approach to Investigating the Westward Expansion of the Phoenicians*, tesi di Ph.D., University College London.

–, Montero-Ruiz, I. e Martinón-Torres, M. (2019), *From Iberia to the Southern Levant. The Movement of Silver across the Mediterranean in the Early Iron Age*, in «Journal of World Prehistory», 32, pp. 1-31: https://doi.org/10.1007/s10963-018-09128-3.

–, Bell, C. e Montero-Ruiz, I. (2020), *The Origin of Tel Dor Hacksilver and the Westward Expansion of the Phoenicians in the Early Iron Age. The Cypriot Connection*, in «Journal of Eastern Mediterranean Archaeology & Heritage Studies» 8, 1, pp. 1-21: https://www.jstor.org/stable/10.5325/jeasmedarcherstu.8.1.0001.

Woolley, C.L. (1920), *Dead Towns and Living Men*, Oxford University Press, London.

Yadin, Y. (1970), *Megiddo of the Kings of Israel*, in «Biblical Archaeologist», 33, pp. 66-96.

– (1976), *In Defense of the Stables at Megiddo*, in «Biblical Archaeology Review», 2, pp. 18-22.

Yahalom-Mack, N. (2022), *Metalworking at Tel Rehov*, in «Near Eastern Archaeology», 85, 2, pp. 159-63.

– *et al.* (2014), *New Insights into Levantine Copper Trade. Bronze and Iron Ages in Israel*, in «Journal of Archaeological Science», 45, pp. 159-77.

– e Eliyahu-Behar, A. (2015), *The Transition from Bronze to Iron in Canaan. Chronology, Technology, and Context*, in «Radiocarbon», 57, 2, pp. 285-305.

Yamada, K. (2005), «*From the Upper Sea to the Lower Sea*». *The Development of the Names of Seas in the Assyrian Royal Inscriptions*, in «Orient», 40, pp. 31-55.

Yamada, S. (2000), *The Construction of the Assyrian Empire. A Historical Study of the Inscriptions of Shalmaneser III (859-824) Relating of His Campaigns to the West*, Brill, Leiden.

Yasur-Landau, A. (2010), *The Philistines and Aegean Migration at the End of the Late Bronze Age*, Cambridge University Press, Cambridge.

– (2019), *The Memory Machine. How 12th-Century* BCE *Iconography Created Memories of the Philistines (and Other Sea Peoples)*, in *MNHMH / MNEME. Past and Memory in the Aegean Bronze Age; Proceedings of the 17th International Aegean Conference, University of Udine, Department of Humanities and Cultural Heritage, Ca' Foscari University of Venice, Department of Humanities, 17-21 April 2018*, a cura di E. Borgna *et al.*, Peeters, Leuven, pp. 413-21.

Yoffee, N. (2006), *Notes on Regeneration*, in *After Collapse. The Regeneration of Complex Societies*, a cura di G.M. Schwartz e J.J. Nichols, University of Arizona Press, Tucson, pp. 222-27.

– e Cowgill, G.L., a cura di (1988), *The Collapse of Ancient States and Civilization,* University of Arizona Press, Tucson.

–, a cura di (2019), *The Evolution of Fragility. Setting the Terms,* McDonald Institute for Archaeological Research, Cambridge.

Younger, K.L. Jr. (2016), *A Political History of the Arameans. From Their Origins to the End of Their Polities,* SBL Press, Atlanta.

– (2017), *Tiglath-Pileser I and the Initial Conflicts of the Assyrians with the Arameans*, in *Wandering Arameans. Arameans outside Syria; Textual and Archaeological Perspectives*, a cura di A. Berlejung, A.M. Maeir e A. Schüle, Harrassowitz Verlag, Wiesbaden, pp. 195-228.

– (2020), *Reflections on Hazael's Empire in Light of Recent Study in the Biblical and Ancient Near Eastern Texts*, in *Writing and Rewriting History in Ancient Israel and Near Eastern Cultures*, a cura di I. Kalimi, Harrassowitz Verlag, Wiesbaden, pp. 79-102.

Younker, R.W. (1994), *Ammonites*, in *Peoples of the Old Testament World*, a cura di A.J. Hoerth, G.L. Mattingly e E.M. Yamauchi, MI Baker Books, Grand Rapids (Michigan), pp. 293-316.

– (2014), *Ammon during the Iron Age II Period*, in *The Oxford Handbook of the Archaeology of the Levant, c. 8000-332 BCE*, a cura di M.L. Steiner e A.E. Killebrew, Oxford University Press, Oxford, pp. 757-69.

Zimansky, P.E. (1985), *Ecology and Empire. The Structure of the Urartian State,* SAOC 41, Oriental Institute of Chicago, Chicago.

– (2011), *Urartian and the Urartians*, in *The Oxford Handbook of Ancient Anatolia, 10,000-323 BCE*, a cura di S.R. Steadman e G. McMahon, Oxford University Press, New York, pp. 548-59.

Indice delle illustrazioni, delle mappe e delle tabelle

(Le mappe di questo volume sono state disegnate da Michele Angel)

Indice dei nomi, dei luoghi e dei popoli

Saggi. Storia

Eric H. Cline

1177 a.C.

Il collasso della civiltà

Nuova edizione rivista e accresciuta

Vennero dal mare. Sappiamo il loro nome e poco altro: li chiamiamo «Popoli del Mare» e al loro arrivo caddero regni millenari e l'intera Civiltà del Bronzo collassò repentinamente. Dopo, seguirono solo lunghi secoli bui.
A lungo si è pensato che il mondo di tremila anni fa fosse un luogo primitivo, con un'economia ridotta su breve scala, ma gli ultimi decenni di scavi archeologici hanno invece portato alla luce un mondo incredibilmente organizzato e vasto, tanto da poterlo definire «globalizzato». Il quadro archeologico ci restituisce un'organizzazione solida e funzionale, che sembrava intramontabile, come la nostra, ma che cadde di schianto. I nomi dei regni antichi evocano avvenimenti lontani – egizi, ittiti, assiri, babilonesi, mitanni, minoici, micenei, amorrei, ugariti, cretesi, ciprioti, cananei –, ma le loro vicende sono così «moderne» che la loro storia suona ormai come un monito rivolto al nostro mondo. Caduto il primo anello, caddero tutti gli altri, in pochi anni. Fu solo a causa dei misteriosi Popoli del Mare?
A raccontarci questa storia è Eric Cline, uno dei protagonisti degli scavi archeologici dell'Età del Bronzo. Il suo racconto ha una trama narrativa irresistibile, come un giallo dell'antichità, con racconti in presa diretta e flashback che rendono viva e palpabile una vicenda così antica, eppure terribilmente vicina alla nostra.
A quasi dieci anni dalla prima edizione di *1177 a.C.*, che tanto ha appassionato e ammaliato i lettori incuriositi da questa misteriosa civiltà remota, Cline ha rimesso mano al suo libro più celebre, aggiornandolo alle più recenti scoperte, e arricchendolo con un nuovo intero capitolo sugli enigmatici Popoli del Mare.

Bollati Boringhieri

Saggi Tascabili Bollati Boringhieri

Eric H. Cline

Tre pietre fanno un muro

La storia dell'archeologia

In *Tre pietre fanno un muro* c'è tutto quello che una persona curiosa del mondo antico vorrebbe conoscere. C'è la prima scoperta di Pompei, del 1594, e la lunga storia degli scavi nei secoli successivi; ci sono i pionieri della prima archeologia ottocentesca, l'epopea di Troia e Micene; ci sono Petra, Masada, le silenziose guardie di terracotta a difesa di una tomba imperiale cinese, ci sono gli ittiti, i minoici, gli inca e gli aztechi. E poi Stonehenge, Altamira, Roma, Olimpia, Cnosso, Ebla, Abu Simbel, Nimrud, Babilonia, Palmira, Ur, Qumran, Mesa Verde, Palenque, Machu Picchu, le misteriose Linee di Nazca. Quasi cento siti archeologici di tutto il mondo, in un racconto entusiasmante della loro storia, accompagnato dalla voce vivida e appassionata di uno dei più importanti archeologi del nostro tempo, che non risparmia aneddoti personali e coinvolgenti resoconti delle ultime tecniche di ricerca e scavo.
A quasi settant'anni dalla pubblicazione dell'ormai classico *Civiltà sepolte* di C.W. Ceram, Eric Cline scrive un grande racconto epico: una storia dell'archeologia in grande stile, che racchiude tutte le vicende dell'umanità antica.

CELVM STELLATVM

Bollati Boringhieri

Saggi. Storia

Eric H. Cline

Negli scavi

L'archeologia raccontata da chi la fa

Immaginate una campagna di scavo di un'antica città del Medio Oriente. Quello che viene riportato alla luce sono perlopiù le pietre di alcuni muri, vasellame e – se va bene – qualche oggetto prezioso e qualche iscrizione incompleta.
Ma come facciamo, da questi pochi indizi polverosi, a ricostruire con tanta precisione in che modo la gente che abitava quel luogo in un lontano passato effettivamente viveva, cosa mangiava, come si vestiva, che aspetto aveva?
Eric Cline ci racconta tutto questo, a partire dai consigli pratici che un esperto archeologo potrebbe dare a un giovane apprendista. Come si fa a sapere dove scavare? E come si scava, nella pratica? E quando hai trovato un reperto, come fai a sapere quanto è vecchio? E cosa succede a quel reperto dopo che è stato estratto dal terreno, che percorso fa? Sono tutte domande che ci poniamo e alle quali Cline dà risposte chiare, informate e avvincenti.
Per finire col raccontarci le descrizioni del funzionamento delle più moderne tecniche di studio sul campo, quelle basate su tecnologie che gli archeologi dell'epoca classica non potevano neppure immaginare, e che oggi permettono di svelare particolari incredibili del nostro remoto passato.
Seguito ideale del precedente *Tre pietre fanno un muro*, *Negli scavi* introduce il lettore nel meccanismo stesso dell'archeologia moderna, soddisfacendo tutte le domande che ogni mente curiosa si pone quando legge le storie meravigliose delle antiche civiltà sepolte.

Bollati Boringhieri

Saggi Tascabili Bollati Boringhieri

Eric H. Cline

Gerusalemme assediata

Dall'antica Canaan allo Stato d'Israele

La prima battaglia documentabile per la conquista di Gerusalemme deve essere avvenuta attorno al 1350 a.C. e riguarda un certo Abdi-Heba, piccolo monarca di una località che gli egizi chiamano Urushalim, sulle colline oltre il deserto al di là del Mar Rosso; il re probabilmente viene circondato da qualche popolo cananeo e chiede aiuto al faraone, implorando: «Sono come una nave nel mezzo del mare!». È la prima volta che viene scritto, ma la sindrome da accerchiamento si ripeterà ancora e ancora, molte volte nel corso dei secoli, sulle colline di Yerushalàim, Jerusalem, Al Quds «la santa». La prima conquista documentata della città è quella di re Davide, mille anni prima dell'èra volgare, e da lì in poi non passerà secolo, spesso neppure decennio, senza che qualcuno abbia combattuto attorno alle mure della città. Verrà Hazael, re di Aram, Sennacherib l'assiro e Nabucodonosor il babilonese; verrà Tolomeo, poi Antioco, i maccabei e Ircano; verranno i parti e Erode, Tito e poi Adriano; verrà il califfo Umar, poi gli abbasidi e a seguire i fatimidi; verranno i selgiuchidi e i Crociati, Saladino e Federico II, i damasceni, i mongoli e i mamelucchi; verranno gli ottomani e poi gli inglesi del generale Allenby con i primi carri armati; fino a giungere ai giorni nostri e agli scontri sanguinosi tra israeliani e palestinesi.
Sullo sfondo di tutto ciò c'è la città che il salmista chiama «città della pace», il simbolo sfortunato di troppi interessi e di infinite contese, la città «d'oro, di rame e di luce» cantata in una celebre canzone.

Bollati Boringhieri